高等教育“十三五”规划教材

道路勘测设计

主　编　胡功宏　张　苛
副主编　王　强　郭　峰　雷小磊
　　　　张宝成　焦　玲
主　审　范云飞

中国矿业大学出版社

内容提要

本教材全面系统地阐述了道路勘测设计的基本原理和方法，重点阐述了公路和城市道路设计的技术要求和设计理念。本教材共分10章，内容包括绪论、平面设计、纵断面设计、横断面设计、道路线形质量评定与方法、道路选线与定线、平面交叉口设计、立体交叉设计、道路设计新理念与新技术、道路排水设计等。书中吸取了国内外道路勘测设计的经验和方法，参考了最新的标准规范及相关研究成果，取材丰富，内容详实。

本教材可作为高等学校道路桥梁与渡河工程专业、交通工程专业以及土木工程专业的教学用书，也可供从事公路、城市道路及有关道路工程设计的工程技术人员和研究人员参考。

图书在版编目(CIP)数据

道路勘测设计 / 胡功宏，张苛主编. — 徐州 ：中国矿业大学出版社，2018.8

ISBN 978-7-5646-4095-8

Ⅰ. ①道… Ⅱ. ①胡… ②张… Ⅲ. ①道路测量－高等学校－教材②道路工程－设计－高等学校－教材 Ⅳ. ①U412

中国版本图书馆CIP数据核字(2018)第193346号

书　　名 道路勘测设计
主　　编 胡功宏　张　苛
责任编辑 杨　洋
出版发行 中国矿业大学出版社有限责任公司
（江苏省徐州市解放南路　邮编221008）
营销热线 (0516)83885307　83884995
出版服务 (0516)83885767　83884920
网　　址 http://www.cumtp.com　**E-mail**:cumtpvip@cumtp.com
印　　刷 江苏淮阴新华印刷厂
开　　本 787×1092　1/16　**印张** 21.25　**字数** 530千字
版次印次 2018年8月第1版　2018年8月第1次印刷
定　　价 36.00元

前　言

本书为煤炭高等教育“十三五”规划教材。本教材根据高等学校道路桥梁与渡河工程、交通工程专业“道路勘测设计”课程教学大纲，依据现行道路标准和规范，根据新形势下教育改革趋势和土木工程类院校的教学特点，结合编写组教师的长期教学经验编写而成。在编写过程中，力求内容全面、资料新颖、数据准确，强调系统性和实用性。

近年来，公路与城市道路建设与改造日新月异，道路勘测设计理念和方法不断更新，相关标准、规范也在不断修订更新，特别是《公路路线设计规范》(JTG D20—2017)的颁布实施，对公路路线设计标准进行了很多改动和更新，很多教材部分内容已经不适应发展需求。本书即在此背景下编写，依据最新的标准规范，注意理论联系实际并充分反映国内外道路勘测设计新理念、新技术与新方法，注重在基本原理、分析思路和技术方法等方面进行论述。

本书由安徽理工大学胡功宏和阜阳师范学院张苛担任主编，安徽理工大学王强、雷小磊，洛阳理工学院郭峰，吉林交通职业技术学院张宝成，许昌学院焦玲担任副主编。

本书共分10章，具体编写分工如下：安徽理工大学胡功宏编写前言，第1章；安徽理工大学王强编写第4章；许昌学院焦玲编写第3章；吉林交通职业技术学院张宝成编写第2章；阜阳师范学院张苛编写第5章、第9章；安徽理工大学雷小磊编写第6章；洛阳理工学院郭峰编写第7章、第8章；全书由胡功宏负责统稿，苏交科集团股份有限公司范云飞担任本书主审，对本书的编写提出许多宝贵的建议，特致谢意。

作者在认真分析、充分吸收当前各个出版社出版的《道路勘测设计》教材的基础上，结合相关技术和理念的发展编写本教材。内容进一步体现了我国进入21世纪以来在道路勘察设计理念和设计技术方面的更新变化情况。重点做了以下补充：

(1) 对绪论的结构进行了调整，更新了部分内容。

(2) 根据《公路路线设计规范》(JTG D20—2017)对相关内容做了调整。

(3) 在介绍道路设计基本原理和基本方法的同时，介绍了道路设计的新理念与新技术。

编写过程中主要参考了《公路工程技术标准》(JTG B01—2014)、《公路路线设计规范》(JTG D20—2017)、《城市道路工程设计规范》(CJJ 37—2012)、《新理念公路设计指南》(2005 版)、《降低造价公路设计指南》(2005 版)等规范书籍，同时也参考了相关的专业教材(详见参考文献)。在此谨向相关作者表示诚挚的感谢。

由于作者水平和能力有限，书中定有许多不足或不当之处，敬请批评指正，以便进一步修整补充。

作者

2018 年 5 月

目　　录

1 绪 论

〖内容提要〗 本章主要介绍现代交通运输系统的构成，不同运输系统的特点及地位，我国道路发展概况与发展规划，道路的分类、分级和技术标准，道路勘测设计的控制要素，道路工程建设的程序以及道路勘测设计的发展方向。

〖能力要求〗 通过本章的学习，学生应达到了解道路运输的特点及我国道路的发展概况，熟悉道路勘测设计的阶段划分及相应的任务；掌握道路分类、分级及技术标准的主要内容，掌握道路勘测设计的控制要素及道路工程建设的程序；了解道路勘测设计未来的发展方向的能力。

1.1 现代交通运输系统构成

为满足社会生产与消费的需要，人们必须克服空间上的障碍，实现人和物的移动，为实现这种移动提供服务所进行的经济活动称为运输。交通运输是指劳动者使用运输工具和设备，实现人和物空间位移的有目的的生产活动。交通运输是经济发展的基本需要和先决条件，现代社会的生存基础和文明标志，社会经济的基础设施和重要纽带，现代工业的先驱和国民经济的先行部门，资源配置和宏观调控的重要工具，国土开发、城市和经济布局形成的重要因素，对促进社会分工、大工业发展和规模经济的形成、巩固国家的政治统一和加强国防建设和扩大国际经贸合作和人员往来发挥重要作用。交通运输具有重要的经济、社会、政治和国防意义。

交通运输业是指国民经济中专门从事运送货物和旅客的社会生产部门，是一个独立的、特殊的物质部门，是发展国民经济、提高人民物质文化生活水平的重要基础设施。交通运输具有物质生产的三个要素：从事交通运输生产的劳动者；线路、机场、码头、机车、车辆、船舶、通讯、信号等劳动资料；作为劳动对象的旅客或货物。在交通运输生产的三个要素中，劳动者和劳动资料可由运输部门控制，但劳动对象即运送的旅客和货物，运输部门只是提供服务而不能自由支配，所以运输业虽然是一个物质生产部门，但还具有服务的功能。服务功能决定了交通运输业在各个运输方式的协调配合、合作分工的条件下，要能安全、舒适、快捷地满足运输需求，以适应国民经济和社会发展的需要。

交通运输系统是在社会生产发展到一定历史阶段产生的。18 世纪蒸汽机的发明，使交通领域逐渐出现了列车、机动船、汽车、飞机和管道等新型运输工具。采用新型的运输工具，需要配套的工程技术设备和相应的科学组织管理，从而构成了新型的运输方式。

现代交通运输系统主要由铁路运输（railway transportation)、道路运输（road transportation)、航空运输（aerial transportation)、管道运输（pipeline transportation) 和水路运输（shipment transportation) 5 种运输方式组成。这些运输方式的点、线、面交通运输组成国家综合运输系统。同时，由于各种运输方式的技术经济特征不同，各有其优劣性，因此不同运输方式都有其适宜的使用范围。

1.1.1 铁路运输

铁路运输是一种陆上运输方式，以机车牵引列车在两条平行的铁轨上行走，广义的铁路运输尚包括磁悬浮列车、缆车、索道等非钢轮行进的方式，或称轨道运输。铁路运输是现代运输主要方式之一，也是构成陆上货物运输的两个基本运输方式之一。它在整个运输领域中占有重要的地位，并随着近年来高速铁路、城市地铁、轻轨的迅速发展，在运输系统中发挥着越来越重要的作用。铁路运输适合大宗笨重的中远程运输、要求准时到达的远程客货运输以及容易死亡、变质的活物、鲜货的中远程运输。铁路运输的特点主要有以下几个方面：

(1) 准确性、连续性好。铁路运输几乎不受气候影响，一年四季可以不分昼夜地进行定期的、有规律的、准确的运转。

(2) 运行速度快。铁路运输每昼夜可达几百公里以上，一般普通列车的速度可达100 km/h左右，而高速铁路的速度则更快，远高于海上运输。

(3) 运输能力大。铁路一列货物列车一般能运送3 000～5 000 t货物，能承担大量货物和人的运输，远远高于航空运输和汽车运输。

(4) 成本较低。铁路运输费用仅为汽车运输费用的几分之一到十几分之一，尤其是运距越长、运输量越大，单位成本越低。

(5) 安全可靠。铁路运输风险远比海上运输小。

(6) 高速铁路载客量高且舒适方便，座椅宽敞舒适，走行性能好，运行非常平稳。

(7) 城市轨道交通是城市公共交通的主干线，客流运送的大动脉，是世界公认的低能耗、少污染的“绿色交通”。

(8) 初期投资大。铁路运输需要铺设轨道、建造桥梁和隧道，建路工程艰巨复杂；需要消耗大量钢材、木材；占用土地，其初期投资大大超过其他运输方式。

(9) 无法实现“门对门”的运输，通常要依靠其他运输方式配合，才能完成运输任务，除非托运人和收货人均有铁路支线。

(10) 铁路运输中的货损率较高，而且由于装卸次数多，货物损毁或丢失事故通常比其他运输方式多。

铁路在国民经济中的作用非常重要，责任重大，特别是近年来高速铁路网迅猛发展，占世界高铁里程60%以上。国内煤电油运的形势依然紧张，铁路不仅需要加强自身的建设、挖潜提效、多拉快跑，还要融入经济社会，在西部大开发、振兴东北老工业基地、促进中部崛起、推动区域协调发展，发挥铁路在交通运输上的多种优势，为国民经济的平稳较快发展和构建社会主义和谐社会贡献力量。

1.1.2 道路运输

道路运输，是一种在道路上进行运输活动的运输方式，是一种能实现“门到门”的最快捷的陆上运输方式。道路运输适合少量货物的短途运输、短途客运以及容易死亡、变质的活物、鲜货的短途运输。道路运输的特点主要有以下几个方面：

(1) 机动灵活，适应性强。能适应各种地形条件，可在规定时间和地点分散和集中货物和旅客。

(2) 可实现“门到门”直达运输。汽车体积较小，中途不需要换装，从而节省时间和费用，可以把旅客和货物从始发地门口直接运送到目的地门口，实现“门到门”直达运输。

(3) 通达性好。道路运输能深入边远地区或山区，可直接与任何工矿企业区或居民点相连。

(4) 运送速度较快，投资回收快。公路运输与铁、水、航运输方式相比，所需固定设施简单，车辆易于驾驶且购置费用较低，投资回收期短。

(5) 投资少，社会效益高。同铁路、航空运输相比，公路运输投资较少、见效快，公路建设还能给沿线地区带来显著地社会、经济效益。

(6) 运输量较小，运输成本偏高。在几种运输方式中，汽车运输是仅次于航空运输，成本第二高的运输方式。

(7) 运行持续性差，安全性较低，污染环境较大。在几种运输方式中，道路运输的运距最短，因道路交通事故致死、致残的人员数量较高。同时，汽车尾气和车辆噪声也严重威胁着人类的健康，是城市环境污染的最大污染源之一。

道路运输是国民经济的重要组成部分，对国民经济具有举足轻重的促进和制约作用。改革开放以来，我国道路建设得到了持续、快速、健康的发展，取得了举世瞩目的成就。多年来，国家和地方一直致力于道路管理体制的建设、完善，为最终建立科学合理的道路管理体制和强化道路的行业管理，积累了宝贵的经验，奠定了扎实的基础。目前，道路运输已成为世界各国广泛采用的一种主要运输方式。

1.1.3 水路运输

水路运输是以船舶为主要运输工具，以港口或港站为运输基地，以水域包括海洋、河流和湖泊为运输活动范围的一种运输方式。水运具有悠久的历史，较适于担负大宗、低值、笨重和各种散装货物的中长距离运输，其中特别是海运，更适于承担各种外贸货物的进出口运输。水路运输的特点主要有以下几个方面：

(1) 通航能力不受限制。水运主要利用江、河、湖泊和海洋的“天然航道”来进行。水上航道四通八达，通航能力几乎不受限制，而且投资省。

(2) 运量大，成本低。水上运输可以利用天然的有利条件，实现大吨位、长距离的运输，运量大、成本低的特点非常适合大宗货物的运输。

(3) 是开展国际贸易的主要方式，是发展经济和友好往来的主要交通工具。

(4) 受自然条件的限制与影响大。受海洋与河流的地理分布及其地质、地貌、水文与气象等条件和因素的明显制约与影响。

(5) 对综合运输的依赖性较大。河流与海洋的地理分布有相当大的局限性，水运航线无法在广大陆地上任意延伸。

水路运输是国民经济发展的润滑剂。水路运输按其航行的区域，大体上可划分为远洋运输、沿海运输和内河运输三种形式。远洋运输通常是指除沿海运输以外所有的海上运输，沿海运输是指利用船舶在我国沿海区域各地之间的运输，内河运输是指利用船舶、排筏和其他浮运工具，在江、河、湖泊、水库及人工水道上从事的运输。作为水路运输重要组成部分之一的内河运输，为国民经济的繁荣发展，特别是沿江、沿河等内陆省份经济的繁荣发展起到了重要作用。

1.1.4 航空运输

航空运输又称飞机运输，它是在具有航空线路和飞机场的条件下，利用飞机作为运输工具进行货物运输的一种运输方式。近年来，采用航空运输的方式日趋普遍，航空货运量越来越大，航空运输的地位日益提高。航空运输适合贵重、急需但数量不大的货物、大城市和国际的快速客运及报刊、邮件运输等。航空运输的特点主要有以下几个方面：

(1) 运行速度快。由于在空中较少受到目标条件的限制，因此航空线一般取两点间的最短距离。这样，航空运输能够实现两点间的高速、直达运输，尤其在远程直达上更体现其优势。

(2) 破损率低、安全性高。航行支持设施，如地面通信设施、航空导航系统、着陆系统以及保安监测设施的迅速改进与发展更提高了其安全性。且航空运输的地面操作流程环节比较严格，管理制度比较完善，这就使货物破损率很低，安全性较好。尽管飞行事故中会出现机毁人亡(事故严重性大)，但按单位货物周转量或单位飞行时间损失率来衡量。航空运输的安全性是很高的。

(3) 营运成本较高。航空运输的成本及运价均高于铁路、水运，是一种价格较高的运输方式。航空运输通常不如其他运输方式普及，尤其是在不发达国家。

(4) 节省包装等费用、加快资金周转。运输速度快，商品在途时间短、交货速度快，可降低商品的库存数量，减少仓储费、保险费和利息支出等。另外，货损货差较少，包装可相应地简化，降低了包装费用和保险费用。产品流通速度加快，也加快了资金周转速度。

(5) 基建周期短、投资少，不需要向地面交通线路建设那样投入大量的基建费用。

(6) 受气候条件制约影响大。因出行条件要求高(保证安全)，航空运输在一定程度上受到气候条件的限制，从而影响运输的准确性与正常性。

航空运输是一个对国民经济贡献极大的行业，航空运输对区域经济具有显著的推动作用。航空运输受益于改革开放，又反过来直接促进改革开放。GDP 对民航有拉动作用，即社会对民航运输的需求量不断上升，民航也为 GDP 的增长做出了贡献。随着我国工农业生产和整个国民经济的发展，民用航空运输对于国民经济活动的关系也越来越密切，正在日益发挥它的独特作用。民用航空运输根据自己的特点和分工，和其他运输方式相互配合，相互补充，密切衔接，共同努力，就能迅速、及时、质量良好地把货物从生产地运到消费地。

1.1.5 管道运输

管道运输是一种以管道输送流体货物的一种方式，而货物通常是液体和气体，是统一运输网中干线运输的特殊组成部分。管道适合大宗流体货物运输，其特点主要有以下几个方面：

(1) 运量大。管道运输可省去水运或陆运的中转环节，缩短运输周期，降低运输成本，提高运输效率。当前管道运输中管道的口径不断增大，运输能力大幅度提高；管道的运距迅速增加；运输物资由石油、天然气、化工产品等流体逐渐扩展到煤炭、矿石等非流体。

(2) 建设投资相对较小，占地面积少，受地理条件限制少。管道建设的投资和施工周期均不到铁路的1/2。管道埋于地下，只有泵站、首末站占用一些土地，占用土地少。管道可以从河流、湖泊、铁路、公路下部穿过，也可以翻越高山，横穿沙漠，一般不受地形与坡度的限制，可以缩短运输里程。

(3) 由于管道埋于地下，受气候和环境的影响较小，可以长期稳定运行。

(4) 可实现远程控制，自动化程度高。管道输送流体能源，主要依靠增压站提供压力能，设备运行比较简单，易于就地自动化和进行集中遥控。先进的管道增压站可做到无人值守，生产效率高。

(5) 耗能少、成本低、效益好。管道运输是一种连续工程，运输系统不存在空载行程，运输效率高，理论分析和实践经验已证明，管道口径越大，运输距离越远，运输量越大，运输成本就越低，以运输石油为例，管道运输、水路运输、铁路运输的运输成本之比为 1∶1∶1.7。

(6) 沿线不产生噪声，泄漏污染少，有利于环境保护。据近十年西欧石油管道统计，泄露污染仅为输送量的 4％。随着对环境问题的日益重视和管廊技术的进步完善，管道泄漏事故必将更加罕见。

(7) 灵活性差，专用性强。管道运输不如其他运输方式（如道路运输）灵活，不容随便扩展管线。管道运输常与铁路运输或道路运输、水路运输配合才能完成全程输送。运输对象受到限制，承运的货物比较单一。只适合运输诸如石油、天然气、化学品、碎煤浆等气体和液体货物。

随着石油、天然气工业的不断发展，管道运输在国民经济中地位也越来越重要，发展步伐不断加快。目前，是中国管道工业的黄金期，除得益于中国经济的持续快速发展和能源结构的改变，建设的中俄输气管线、内蒙古苏格里气田开发后将兴建的苏格里气田外输管线、土库曼斯坦和西西伯利亚至中国的输气管线等，不仅为中国，也为世界管道业提供了发展机遇。但长输管道在运行中的泄漏问题，既造成了资源的浪费，也对自然环境产生了污染，是一个亟须解决的问题。

美国曾对铁路、公路、水运和航空四种运输方式的优缺点进行过一项民意测验，结果与上述分析吻合较好，如表 1-1 所示。“1”表示最好，“5”表示最差。

表 1-1　　不同运输方式比较表

比较项目 \ 方式	铁路	公路	水运	航空
成本	3	4	2	5
时间	3	2	4	1
可靠性	2	1	4	3
服务能力	1	2	4	3
可达性	2	1	4	3
安全性	3	2	4	1

交通运输是现代经济社会正常运行的基础保障，经济社会实现现代化首先要求交通运输现代化。近年来，我国的铁路、公路、水运和民航等运输方式均得到较快的发展，而且随着交通运输事业市场化程度的不断提高，各种运输方式之间的市场竞争也已全面展开。综合以上五种交通运输方式，道路运输除运输成本高以外，具有其他运输方式不可比拟的优势，也是一种最活跃的运输方式，显示出广阔的发展前景。

1.1.6 道路运输在国民经济中的地位和作用

道路运输是交通运输系统的重要组成部分，是为国民经济、社会发展和人民生活服务的基础设施。社会经济的发展和交通运输的需求决定了道路运输的发展进程，而道路运输的发展也影响和制约着社会经济和交通运输的发展水平。道路运输以其机动性、灵活性等特点深入影响政治、经济、文化、教育、军事及人们的日常生活等各个方面。随着国家经济实力的发展和科学技术水平的不断提高，道路运输的地位越来越重要。

道路运输与国民经济的发展存在着相互促进、相互制约的对立统一的关系，道路运输在国民经济中的地位和作用主要表现在以下几个方面：

(1) 道路运输是最便捷且唯一具有直达功能的运输方式。道路运输可以实现门到门的运输，自成运输体系，这种直达的运输作用是其他运输方式所不具备的。

(2) 道路运输可以为其他运输方式集散、接运客货。道路运输灵活性、区域性的特点可将其他运输方式连接成网，充分发挥运输业在经济和社会发展中的重要作用。

(3) 道路运输的通达深度广、覆盖面大。道路运输可以将地区、城乡、企业、不同用户之间的经济活动连接起来，为各个产业的生产活动提供服务。

(4) 道路运输成为世界各国发展最快和主要的运输方式。道路运输的发达程度已成为衡量一个国家经济实力和现代化水平的重要标志。

1.2 我国道路建设成就与发展规划

1.2.1 我国道路发展与建设成就

我国道路发展史可以追溯到公元前 3 世纪那条长达 7 000 km 的通往中亚细亚和欧洲的“丝绸之路”，它是当时欧亚大陆的通商交通动脉，是中西文化、宗教交流的主要路线，它促进了世界文明的孕育和发展，成为我国人民和中西亚、欧洲人民友好往来的象征。

我国道路的发展史大体经历了如下三个阶段。

(1) 古代道路(公元前 21 世纪～公元 1911 年)

早在公元前 2000 年，我国已出现可行驶牛、马车的道路。西周时期有匠人营国，国中九经九纬，其平如砥，其直如矢，经涂九轨，环涂七轨，野涂五轨。秦朝时期，强调“车同轨、书同文”，秦始皇为巩固政权、便利通商，大修驰道，形成了全国性的基本道路网，古史有“皇帝坐车，任重而道远”的记载。汉代时期，十里一亭，三十里一驿，作为交通运输中继站，伸展运输距离。唐代是我国古代道路发展的鼎盛时期，初步形成了以城市为中心的四通八达的道路网。清代道路网系统分为三等，即“官马大路”、“大路”、“小路”。“官马大路”分东北路、东路、西路和中路四大干线，共长 2 000 多公里。

(2) 近代道路(1912～1949 年)

至 1949 年，旧中国只修建了 13 万 km，并且路况差，标准不一，其中通车里程仅有 8.1 万 km。这一时期可细分为四个阶段：

一是清末和北洋政府时期，是中国公路的萌芽阶段。1902 年，上海出现汽车，汽车公路开始在中国发展；1906 年，我国开始修建广西友谊关到龙州公路开始，我国第一条公路是 1908 年在广西南部边防兴建的龙州至那甚公路，长 30 km。截至 1927 年，全国公路通车里程约为 29 000 km。

二是国民党政府时期(1927～1936 年)，是我国公路开始纳入国家建设规划阶段。1927 年国民党政府的交通部和铁道部草拟了全国道路规划及公路工程标准。截至 1936 年 6 月，全国通车里程达 117 300 km。

三是抗日战争时期(1937～1945 年)，由于战争的影响和破坏，公路发展缓慢。当时为了抗战的需要,1937 年底至 1938 年 8 月,经过 20 万人的艰苦努力,全中国甚至全世界瞩目的滇缅公路建成通车,为抗日战争做出了卓越的贡献。

四是解放战争时期(1946～1949 年),公路交通以军用为主,公路建设进展不大。特别是国民党军队溃退时,公路遭到严重破坏。截至中华人民共和国成立前夕,全国通车里程只有 75 000 km。

(3) 现代公路(1949 年以后)

中国特定的历史原因,留给我们的公路“数量少,质量差”,使我国的公路建设负担沉重,但新中国成立后,我国大力改善发展公路,使我国的公路建设事业飞跃发展。这一时期可细分为五个阶段:

一是国民经济恢复时期(1949～1952 年),全国从上到下建立了公路管理机构,并建立了设计、施工和养护的专业队伍。国家还颁布了一系列有关公路建设的重要法规,进行了全国公路普查,全国恢复并改善了原有公路。截至 1952 年底,公路通车里程达 12.6 万 km,有路面里程达 5.5 万 km。

二是第一个五年计划时期(1953～1957 年),是公路稳步发展阶段。公路通车里程和有路面里程都增长了 1 倍,分别达到 25.4 万 km 和 12.1 万 km。桥梁达 3.5 万座、55.1 万延米。

三是“大跃进”和国民经济调整时期(1958～1966 年),是公路数量猛增,再进行巩固的阶段。截至 1966 年底,公路通车里程达 51.4 万 km,有路面里程达 30.5 万 km,桥梁达 10.4 万座、156.6 万延米,公路绿化里程达 18 万 km。

四是“文化大革命”时间(1966～1976 年)。公路建设仍有发展,渣油路面发展较快,10 年来增长了 10 万 km。截至 1976 年底,公路里程达 82.3 万 km,有路面里程达 57.9 万 km,桥梁达 11.7 万座、293 万延米。公路绿化里程达 25.4 万 km。

五是社会主义经济建设时期(1977 年以后),随着改革开放和商品经济的发展,我国公路交通事业在国民经济中的地位、作用和效益,日益为各方面所认识和接受,在公路建设方面主要表现在:公路里程增加,公路等级提高;公路科学技术取得巨大进步;公路养护管理有了新的进展。截至 2016 年底,全国通车里程达 469.63 万 km,二级以上公路达 60.12 万 km。

1.2.2 道路现状评价

(1) 现状概况

对于拥有 13 亿人口和 960 万平方公里国土面积的国家而言,交通对国民经济的发展具有基础性、先导性的作用。我国政府始终把发展交通运输作为国家经济建设的重点。政府已形成的理念是“经济发展,交通先行”,老百姓已形成的理念是“要想富,先修路”。目前,我国的道路发展现状主要存在以下特点:

一是我国公路建设规模快速增长。截至 2017 年底,全国公路总里程达 477.35 万 km,比上年增加 7.82 万 km。公路密度为 49.72 km/100 km^2,增加 0.81 km/100 km^2。公路养护里程 467.46 万 km,占公路总里程 97.9%。二级及以上等级公路里程 62.22 万 km,增加 2.28 万 km,占公路总里程 13.0%。国道 35.84 万 km,省道 33.38 万 km。

二是高速公路从无到有,发展迅速。从 1988 年第一条高速公路沪嘉高速公路建成通车,到 2017 年底,高速公路里程达到 13.65 万 km,稳居世界第一。

三是农村公路建设稳步推进。改革开放初期，我国农村公路只有 59 万 km，到 2017 年底，农村公路里程 400.93 万 km，其中县道 55.07 万 km，乡道 115.77 万 km，村道 230.08 万 km。全国通公路的乡(镇)占全国乡(镇)总数 99.99%，其中通硬化路面的乡(镇)占全国乡(镇)总数 99.39%；通公路的建制村占全国建制村总数 99.98%，其中通硬化路面的建制村占全国建制村总数 98.35%。

四是桥隧建设举世瞩目。近年来，我国相继建成一批深水基础、大跨径、施工难度高的大桥或特大桥。港珠澳跨海大桥、龙江特大桥、矮寨特大悬索桥、三水河特大桥等桥梁的顺利通车标志着我国桥梁建设已由桥梁大国步入桥梁强国。在隧道建设方面，我国相继建成了秦岭终南山隧道、麦积山特长隧道、虹梯关隧道等一批(特)长隧道。2016 年，全长 9.485 km 的六盘山特长隧道顺利通车，是我国高原地区最长高速公路隧道。截止 2017 年年底，全国公路桥梁 83.25 万座、5 225.62 万 m，比上年增加 2.72 万座、308.66 万 m，其中特大桥梁 4646 座、826.72 万 m，大桥 91 777 座、2424.37 万 m。全国公路隧道 16 229处、1 528.51 万 m，增加 1 048 处、124.54 万 m，其中特长隧道 902 处、401.32 万 m，长隧道 3 841 处、659.93 万 m。

(2) 存在问题

① 公路。低等级公路所占比重太大，高速公路虽然已经基本形成网络，但总量仍显不足，且分布不平衡，高速公路的管理技术仍达不到西方发达国家的技术水平。按国土面积计算的公路网密度仍然很低。因此，在今后相当长的时期内，加快新建公路和低等级公路的改建，仍是我国公路建设的主要任务。另外，近年来新建的公路已逐渐进入维修养护期，公路的养护任务繁重，公路养护的各项规章制度也有待完善。

② 城市交通。城市交通结构不合理，城市交通基础设施相对薄弱，建设速度仍然跟不上城市车辆增加的速度。许多城市只重建设不重管理，交通管理水平不高，交通拥堵、乘车难问题突出，交通违纪违规现象严重。增加城市道路建设投资、加快城市道路建设速度、特别是提高现代化城市交通管理水平是各城市改善城市交通状况的主要途径。另外，城市交通污染问题日益严重，绿色交通、低碳交通已经成为城市交通发展的重要方向。

1.2.3 道路发展规划

为科学发展我国公路交通，交通运输部于 2013 年 6 月 20 日正式公布了中国公路发展规划《国家公路网规划(2013 年～2030 年)》。国家公路网规划的目标是：形成“布局合理、功能完善、覆盖广泛、安全可靠”的国家干线公路网络，实现首都辐射省会、省际多路联通、城市高速通达、县县国道覆盖。1 000 km 以内的省会间可当日到达，东中部地区省会到地市可当日往返、西部地区省会到地市可当日到达；区域中心城市、重要经济区、城市群内外交通联系密切，形成多中心放射的路网格局；沿边、沿海公路连续贯通，形成环绕边境线的沿边沿海普通国道路线；有效连接陆路门户城市和重要边境口岸，形成重要国际运输通道，与东北亚、中亚、南亚、东南亚的联系更加便捷。

国家公路网规划方案由高速公路和普通国道两个路网层次构成，总规模约 40 万 km。其中：普通国道网由 12 条首都放射线、47 条南北纵线、60 条东西横线和 81 条联络线，总规模约 26.5 万公里。普通国道将全面连接县级及以上行政区、交通枢纽、边境口岸和国防设施。

(1) 国家高速公路网规划

国家高速公路网规划采用放射线与纵横网格相结合的布局方案，形成由中心城市向外放射以及横连东西、纵贯南北的大通道，由 7 条首都放射线、9 条南北纵向线和 18 条东西横向线组成，简称为“7918 网”，总规模约 8.5 万公里，其中：主线 6.8 万公里，地区环线、联络线等其他路线约 1.7 万公里。要实现这个规划目标，预计需要 30 年的时间。建成时，将把我国人口超过 20 万的城市全部用高速公路连接起来，覆盖 10 亿人口，形成高效运输网络。

国家高速公路规划“7918”网：

① 首都放射线 7 条：北京—上海、北京—台北、北京—港澳、北京—昆明、北京—拉萨、北京—乌鲁木齐、北京—哈尔滨。

② 南北纵向线 9 条：鹤岗—大连、沈阳—海口、长春—深圳、济南—广州、大庆—广州、二连浩特—广州、包头—茂名、兰州—海口、重庆—昆明。

③ 东西横向线 18 条：绥芬河—满洲里、珲春—乌兰浩特、丹东—锡林浩特、荣成—乌海、青岛—银川、青岛—兰州、连云港—霍尔果斯、南京—洛阳、上海—西安、上海—成都、上海—重庆、杭州—瑞丽、上海—昆明、福州—银川、泉州—南宁、厦门—成都、汕头—昆明、广州—昆明。

此外，规划方案还包括：辽中环线、成渝环线、海南环线、珠三角环线、杭州湾环线共 5 条地区性环线，2 段并行线和 30 余段联络线。

国家高速公路网规划的最终目标是实现连接省会城市，形成国家安全保障网络；连接各大经济区，形成省际高速公路网络；连接大中城市，形成城际高速公路网络；连接周边国家，形成国际高速公路通道；连接交通枢纽，形成高速集疏运公路网络，如图 1-1 所示。

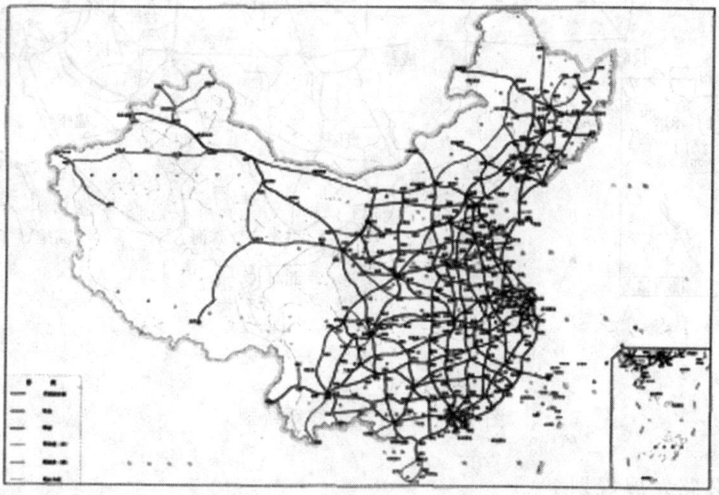

图 1-1 国家高速公路网布局方案

(2) 国道主干线系统规划

在国家干线网中，具有全国性的政治、经济、国防意义，并经规划确定为国家级干线的公路，称为国道。国道划分方法：首都放射线，如 G101(1 打头)；南北纵线，如 G201(2 打头)；东西横线，如 G301 (3 打头)。

国道主干线系统规划始于 20 世纪 80 年代，当时随着改革开放的推进和经济社会的发展，交通基础设施对国民经济发展的瓶颈制约进一步加剧。为此，原交通部编制了《“五纵七横”国道主干线系统规划》，并于1992年得到国务院认可，1993年正式发布实施。该规划由5条南北纵线和7条东西横线组成，简称“五纵七横”，总里程3.5万公里，总投资9 000多亿元。该规划全部是高速公路和一、二级公路，其中高速公路约占76%，连接了首都、各省会、直辖市、经济特区、主要交通枢纽和重要对外开放口岸，覆盖了全国所有人口在100万以上的特大城市和93%的人口50万以上的大城市，是具有全国性政治、经济、国防意义的重要干线公路规划。国道主干线系统规划如图1-2所示。

图1-2　国道主干线系统规划

(3) 农村公路发展规划

2005年国务院审议通过《农村公路建设规划》，目标是到2020年，具备条件的乡(镇)和行政村通沥青(水泥)路，全国农村公路里程达370万km(目前通车里程已实现)，全面提高农村公路的密度和服务水平、形成以县道为局域骨干、乡村公路为基础的干支相连、布局合理、具有较高服务水平的农村公路网，适应全面建设小康社会的要求。

目前建设规划通车里程已实现，但是当前农村公路发展依然存在基础不牢固、区域发展不平衡、养护任务重且资金不足、危桥险段多、安全设施少、等级较低、宽度较窄、运输服务水平不高等突出问题，与全面建成小康社会的要求还存在较大差距。但大多数农村公路随着我国农村地区经济的发展和机械化水平的提高，私人汽车、农用机械车等机动车辆迅速增加，农村公路已经满足不了日益增长的交通需求。因此，当前农村公路建设的重要任务是升级改造、拓宽以前等级低、宽度窄的村村互通的道路。

在此背景下，2014 年 3 月 4 日中共中央总书记、国家主席、中国共产党中央军事委员会主席习近平提出了“四好农村路”的目标。习近平指出“要求农村公路建设要因地制宜、以人为本，与优化村镇布局、农村经济发展和广大农民安全便捷出行相适应，要进一步把农村公路建好、管好、护好、运营好，逐步消除制约农村发展的交通瓶颈，为广大农民脱贫致富奔小康提供更好的保障。”2015 年 5 月 26 日，交通运输部印发《关于推进“四好农村路”建设的意见》，其中提出到 2020 年，全国乡镇和建制村全部通硬化路，养护经费全部纳入财政预算，具备条件的建制村全部通客车，基本建成覆盖县、乡、村三级农村物流网络，实现“建好、管好、护好、运营好”农村公路的总目标。交通运输部将通过采取加强组织领导、夯实工作责任、开展示范县创建活动、加强监督考核、加强资金保障等有效措施，确保到 2020 年实现乡镇和建制村通硬化路率达到 100％，县、乡道安全隐患治理率基本达到 100％，县、乡级农村公路管理机构设置率达到 100％，具备条件的建制村通客车比例通客车比例达到 100％等“四好农村路”建设目标。

1.3 道路分类、分级

1.3.1 道路的分类

道路是提供各种车辆（无轨）和行人等通行的工程设施。目前，我国道路分类由于各种道路管理机构不同，处于多样化的状态，按照用途道路大体上可分为公路、城市道路、厂矿道路、林区道路和乡村道路等。

(1) 公路(Highway)

公路是指连接城市、乡村，主要供汽车行驶的具备一定技术条件和设施的道路。根据《公路路线设计规范》(JTG D20—2017)（以下简称《规范》）规定，公路按照交通功能分为干线公路、集散公路和支线公路。干线公路分为主要干线公路和次要干线公路，集散公路分为主要集散公路和次要集散公路。根据公路的作用和使用性质，又将公路划分为国家干线公路、省级干线公路、县级公路和乡级公路（简称国道、省道、县道、乡道）以及专用公路。一般把国道和省道称为干线公路（在公路网中起骨架作用的公路），县道和乡道称为支线公路（在公路网中起连接作用的一般公路）。

(2) 城市道路(Urban Road)

城市道路是指在城市范围内供车辆及行人通行的具备一定技术条件和设施的道路。根据道路对交通运输所起的作用区分，可分为全市性道路、区域性道路、环路、放射路、过境道路等；根据承担的主要运输性质区分，可分为客运道路、货运道路及客货运道路等；根据道路所处环境区分，从道路在规划布局所处区域环境划分，可分为中心区道路、仓库区道路、文教区道路、行政区道路、住宅区道路、风景游览区道路等；从道路本身服务特征及街面建筑布置情况划分，可分为商业性道路、文化娱乐性道路、科教卫生性道路、生活性道路、火车站道路、游览性道路、林荫路等。

根据国外资料，城市道路分类都趋向简化。总的来讲，城市道路有两大类：交通干道与生活道路。前者是以交通功能为主的，应保证行车速度与畅通、安全；后者是服务性与生活性道路，以人的活动为主。

我国《城市道路工程设计规范》(CJJ 37—2012)(以下简称《城规》)根据城镇道路在道路网中的地位、交通功能以及对沿线建筑物的服务功能等分为快速路、主干路、次干路、支路。

城市道路的功能除了把城市各部分联系起来为城市各种交通服务外，还起到形成城市结构布局的骨架；提供通风、采光；保持城市生活环境空间以及为防火、绿化提供场地的作用。

(3) 厂矿道路(Factories and Nines Road)

厂矿道路是为工厂、矿山、油田、港口、仓库等企业服务的，主要供各种厂矿车辆通行的，具备一定技术条件和设施的道路，分为厂外道路、厂内道路和露天矿山道路。厂外道路为厂矿企业与公路、城市道路、车站、港口原料基地、其他厂矿企业等相衔接的对外道路；厂内道路为厂(场)区、库区、站区、港区等的内部道路。露天矿山道路为矿区范围内采矿场与卸车点之间、厂(场)区之间的道路；或通往附属厂、辅助设施的道路。厂矿道路的等级和主要技术指标应根据厂矿规模、企业类型、道路性质和使用要求(包括道路服务年限、交通量、车型等)、当地地形地质并考虑将来的发展综合确定。

(4) 林区道路(Forest Road)

修建在林区，主要供各种林业运输工具通行的道路；目前我国尚无林区道路的相关规范。林区道路建在林区，主要供各种林业运输工具通行的道路。林区道路类型：一是集材道路。由木材采伐点至装车场间所开辟的简易道路，专供集材使用。一般线路较短，无严格标准。二是运材道路。为林区道路的主体，直接承担木材由装车场到贮木场的输送任务。根据运材工具和运量大小的不同，道路构筑的形式与标准有很大差别。三是营林道路。根据造林、育林、护林等工作的需要所修筑的正规道路。平常交通量甚小，为确保长期使用，都具有一定的技术标准，运材道路与营林道路往往融为一体。四是防火道路。一般情况下路面宽度、厚度、强度等能满足护林防火的需要即可

(5) 乡村道路(Country Road)

修建在乡村、农场主要供行人及各种农业交通运输工具通行的道路。在目前"大力推进新农村建设"政策的推动下，村镇道路等基础设施的建设尚缺乏相应的依据。

1.3.2 公路的分类与技术标准

《公路工程技术标准》(JTG B01—2014)(以下简称《标准》)明确了以功能为主导确定公路技术等级与公路等级选用。为不同层次的出行提供畅通直达、汇集疏散和接入服务的功能，详见表 1-2。

表 1-2　　公路的分类(按功能)

	主要干线公路	次要干线公路	主要集散公路	次要集散公路	支线公路
适应地域与路网连续性	人口 20 万以上的大中城市	人口 10 万以上重要的市县	人口 5 万以上的县城或连接干线公路	连接干线公路与支线公路	直接对应于交通发生源
路网服务指数	≥15	10～15	5～10	1～5	<1
期望速度	80 km/h 以上	60 km/h 以上	40 km/h 以上	30 km/h 以上	不要求
出入控制	全部控制出入	部分控制出入或接入管理	接入管理	视需要控制横向干扰	不控制

1.3.2.1 公路(技术)等级的划分

公路根据功能和适应的交通量分为高速公路、一级公路、二级公路、三级公路、四级公路五个技术等级。

(1) 高速公路

高速公路速为专供汽车分向、分车道行驶并全部控制出入的多车道公路。高速公路应能适应将各种汽车折合成小客车的年平均日交通量宜在 15 000 辆以上。

各国尽管对高速公路的命名不同,但都是专指有 4 车道以上、两向分隔行驶、完全控制出入口、全部采用立体交叉的公路。此外,有不少国家对部分控制出入口、非全部采用立体交叉的直达干线也称为高速公路。一般来说,高速公路有 4 个以上车道的宽度;中间设置分隔带,采用沥青混凝土或水泥混凝土高级路面,设有齐全的标志、标线、信号及照明装置;禁止行人和非机动车在路上行走,与其他线路采用立体交叉、行人跨线桥或地道通过。从定义可以看出,一般来讲高速公路应符合下列 4 个条件:① 只供汽车高速行驶;② 设有多车道、中央分隔带,将往返交通完全隔开;③ 设有立体交叉口;④ 全线封闭,出入口控制,只准汽车在规定的一些立体交叉口进出公路。

(2) 一级公路

一级公路为供汽车分向、分车道行驶,可根据需要控制出入的多车道公路。一级公路应能适应将各种汽车折合成小客车的年平均日交通量宜在 15 000 辆以上。

一级公路是连接高速公路或是某些大城市的城乡接合部、开发区经济带及人烟稀少地区的干线公路。它实际上是有两种不同的任务和功能:一种是具有干线功能,部分控制出入;另一种是可以采用平交的距离不长的连接线等。一级公路强调必须分向、分车道行驶,《标准》规定一级公路一般应设置中央分隔带。当受特殊条件限制时,必须设置分隔设施,不允许用画线代替。

(3) 二级公路

二级公路为供汽车行驶的双车道公路。二级公路应能适应将各种汽车折合成小客车的年平均日交通量为 5 000～15 000 辆。二级公路为中等以上城市的干线公路或者是通往大工矿区、港口的公路。

(4) 三级公路

三级公路为主要供汽车、非汽车交通混合行驶的双车道公路。三级公路应能适应将各种车辆折合成小客车的年平均日交通量为 2 000～6 000 辆,主要为沟通县、城镇之间的集散公路。

(5) 四级公路

四级公路为主要供汽车、非汽车交通混合行驶的双车道公路或单车道公路,一般为沟通乡、村等地的地方公路。双车道四级公路能适应按各种车辆折合成小客车的年平均日交通量为 2 000 辆以下;单车道四级公路能适应各种车辆折合成小客车的年平均日交通量为 400 辆以下。

1.3.2.2 公路(技术)等级的选用

公路技术等级选用应遵循下列原则:

(1) 应根据路网规划、公路功能,并结合交通量,充分考虑项目所在地区的综合运输体系、远期发展等,经论证后确定。

(2) 主要干线公路应选用高速公路，次要干线公路应选用二级及二级以上公路。

(3) 主要集散公路宜选用一、二级公路，次要集散公路宜选用二、三级公路。

(4) 支线公路宜选用三、四级公路。

(5) 一条公路，可分段选用不同的公路等级或同一公路等级不同的设计车速、路基宽度，但不同的公路等级、设计车速、路基宽度间的衔接应协调，过渡应顺适。

1.3.3 城市道路的分类与技术标准

根据道路在城市道路网中的地位、交通功能以及对沿线建筑物的服务功能等，分为快速路、主干路、次干路、支路四个等级。

(1) 快速路：为城市中大量、长距离、快速交通服务。快速路上的机动车道两侧不应设置非机动车道。快速路应中央分隔、全部控制出入、控制出入口间距及形式，应实现交通连续通行，单向设置不应少于两条车道，并应设有配套的交通安全与管理设施。快速路沿线两侧不应设置吸引大量车流、人流的公共建筑物的出入口。

(2) 主干路：为连接城市各主要分区的干路，以交通功能为主。主干路上的机动车与非机动车应分道行驶，非机动车交通量大时，宜采用机动车与非机动车分隔形式，如三幅路或四幅路。主干路一般不设立体交叉，而是采用扩宽交叉口引道的办法来提高通行能力。主干路两侧不宜设置吸引大量车流、人流的公共建筑物出入口。

(3) 次干路：与主干路结合组成城市干路网，应以集散功能为主，兼有服务功能。次干路是城市中数量较多的一般的交通性道路，配合主干路组成城市于道网，起联系各部分和集散交通的作用。次干路一般不设立体交叉，部分交叉口可以扩大，并加以渠化。次干路兼有服务功能，允许两侧布置吸引人流的公共建筑，但应设停车场。

(4) 支路：宜与次干路和居民区、工业区、交通设施等内部道路相连接，应以解决局部地区交通，以服务功能为主。支路是一个地区内(如居住区内)的道路，是地区通向干道的道路。支路可与平行于快速路的道路相接，但不得与快速路直接相接。支路需要与快速路交叉时应采用分离式立体交叉跨过或穿过快速路。

各类城市道路分级的主要技术指标见表1-3。

表1-3　各类城市道路主要技术指标

类别 \ 项目	设计速度/(km/h)	机动车道宽度/m	分隔带设置	采用横断面形式
快速路	100,80	3.75(大型车或混行)	必须设	四幅(设辅路)
	60	3.50(小客车专用)		两幅(不设辅路)
主干道	60,50,40	3.5(大型车或混行)	—	四幅或三幅
		3.25(小客车专用)		
次干路	50,40,30	3.5(大型车或混行)	—	单幅或两幅
		3.25(小客车专用)		
支路	40,30,20	3.5(大型车或混行)	—	单幅
		3.25(小客车专用)		

在规划阶段确定道路等级后，当遇特殊情况需变更级别时，应进行技术经济论证，并报

规划审批部门批准。当道路为货运、防洪、消防、旅游等专用道路使用时，除应满足相应道路等级的技术要求外，还应满足专用道路及通行车辆的特殊要求。城市道路应做好总体设计，并应处理好与公路以及不同等级道路之间的衔接过渡。

城市道路规划交通量达到饱和状态时的设计年限，《城规》规定：快速路、主干路应为20年；次干路应为15年；支路宜为10～15年。

1.4 道路勘测设计的控制要素

在开展道路的设计工作前，应首先明确该道路在道路网中的地位和作用，根据确定的设计小时交通量和道路设计通行能力，分析确定道路的横断面，进而根据有关设计控制条件进行平面、纵断面、交叉口、交通设施、照明、公交站点等一系列设计工作。影响道路设计的要素有很多，这些控制要素包括交通元素、驾驶员与行人特性及环境（如地形、公路所处的特定位置、气候）等。上述要素是设计者选择或决定的，它们决定了道路的等级，同时又为线形设计提供依据。设计控制要素是道路几何设计的重要依据，在实际工程中还需考虑经济、安全、美观等各个方面的控制因素。

1.4.1 设计车辆

公路的路幅组成、弯道加宽、交叉口设计等均与车辆外廓尺寸及性能有关，它是公路线形设计的一个重要控制因素。设计车辆的最小转弯半径影响道路圆曲线最小半径的设定，设计车辆的爬坡能力（输出功率与重量之比）影响道路纵坡和坡长的设计，设计车辆的行驶速度和车身宽度还影响道路车道宽度的确定。

在公路上行驶的车辆主要是汽车，根据我国行驶车辆的具体情况，汽车发展远景规划和经济发展水平，出于经济和实用的考虑，设计车辆的外廓尺寸是按现有车型尺寸进行统计后，我国《标准》规定：把“设计车辆”分为五类，即小客车、大型客车、铰接客车、载重汽车和鞍式列车。根据不同情况采用其中的一种。

鞍式列车适用于大型集装箱运输，可作为高速公路、一级公路和有大型集装箱营运的公路设计的依据，其他公路必须保证小型汽车及载重车的安全和顺适通行。

我国公路设计采用的车辆外廓尺寸如表1-4所示。

表1-4　　公路设计车辆外廓尺寸　　m

车辆类型	总长	总宽	总高	前悬	轴距	后悬
小客车	6	1.8	2	0.8	3.8	1.4
大型客车	13.7	2.55	4	2.6	6.5+1.5	3.1
铰接客车	18	2.5	4	1.7	5.8+6.7	3.8
载重汽车	12	2.5	4	1.5	6.5	4
铰接列车	18.1	2.55	4	1.5	3.3+11	2.3

注：铰接列车的轴距“3.3+11”中“3.3 m”为第一轴至铰接点的距离，“11 m”为铰接点至最后轴的距离。

我国城镇道路设计采用的机动车设计车辆包括小客车、大型车、铰接车，其外廓尺寸应符合表1-5的规定。

表 1-5　　机动车设计车辆外廓尺寸　　m

车辆类型	总长	总宽	总高	前悬	轴距	后悬
小客车	6	1.8	2.0	0.8	3.8	1.4
大型车	12	2.5	4.0	1.5	6.5	4.0
铰接车	18	2.5	4.0	1.7	5.8+6.7	3.8

非机动车设计车辆包括自行车、三轮车等。其外廓尺寸应符合表 1-6 的规定。

表 1-6　　非机动车设计车辆外廓尺寸　　m

车辆类型	总长	总宽	总高
自行车	1.93	0.60	2.25
三轮车	3.40	1.25	2.25

1.4.2　设计速度

“设计速度”是指气候和交通条件正常情况下，汽车行驶只受公路本身条件(如路线的几何要素、路面、附属设施等)的影响时，一般驾驶员能安全、顺适地行驶的最大速度。公路几何线形设计(如平曲线半径、超高率、视距等)的各种要素的临界值都以设计行车速度为依据而确定，车道和路肩宽度也与设计车速有密切关系。

设计速度应根据公路的功能、等级及交通组成，结合沿线地形、地物、地质状况等，论证选用。各级公路的设计速度见表 1-7。

表 1-7　　各级公路设计速度　　km/h

公路等级	高速			一级			二级		三级		四级	
设计车速	120	100	80	100	80	60	80	60	40	30	30	20

(1) 高速公路作为国家及省的重要干线公路，或作为交通量大的国家及省干线公路，或位于地形、地质良好的平原、丘陵地段时，经技术经济论证其设计速度宜采用 120 km/h 或 100 km/h。当受地形等自然条件制约时，经技术论证其设计速度可选用 80 km/h。个别特殊困难地段，且因新建工程可能诱发病害时，经技术经济论证并报主管部门批准，其局部路段可采用 60 km/h 的设计速度，但该局部路段不宜大于 15 km，或仅局限于相邻两互通式立体交叉之间，与其相邻路段的设计速度不应大于 80 km/h。

(2) 一级公路作为国家及省的干线公路，且纵、横向干扰小时，经技术经济论证，其设计速度宜采用 100 km/h 或 80 km/h，同时必须采取确保较高运行速度和安全的措施。一级公路作为大、中城市城乡接合部混合交通量大的集散公路时，应集合平面交叉的数量、安全措施等进行技术经济论证，其设计速度可采用 80 km/h 或 60 km/h，且应设置相应设施以确保通行能力和安全。

(3) 二级公路作为国家及省干线公路或城市间的干线公路时，可选用 80 km/h；二级公路作为城乡接合部混合交通量大的集散公路，其设计速度宜选用 60 km/h；位于地形、地质等自然条件复杂的山区，经论证可采用 40 km/h 的设计速度。

(4) 三级公路作为支线公路时，宜采用 40 km/h；位于地形、地质等自然条件复杂的路段，设计速度可采用 30 km/h。

(5) 四级公路的设计速度宜采用 30 km/h；在地形、地质等自然条件复杂的山区，或交通量很小的路段，可采用设计速度为 20 km/h。

设计行车速度不仅是公路设计的依据，也是开放交通后限制行车速度的基础，"设计速度"对一特定路段而言是一固定值。这一值作为基础参数，用于规定一个路段的最低设计标准，但在实际的驾驶运行中，没有一个驾驶员自始至终地保持这一固定速度。现有路段观测结果表明，设计速度的设计方法不能保证线形标准的一致性。车辆在公路上的运行速度是随公路线形、沿线交通量、车辆动力性能及驾驶员的技术、心理需求等的变化而改变。只要条件允许，驾驶者总是随倾向于采用较高的速度行驶。从公路使用者的安全角度考虑，在进行公路线形设计时，不能简单地以设计速度来控制公路线形指标，因为车辆是连续行驶的，需要以动态的观点来考虑车辆进入曲线时的运行速度，所选择的设计速度要与车辆运行速度相适应，从而提高公路的安全性。

针对设计车速方法存在的主要问题，德、法等欧洲国家和美国、澳大利亚等发达国家广泛运用了以运行速度概念为基础的路线设计方法。运行速度是指中等技术水平的驾驶员在良好的气候条件、实际道路状况和交通条件下多能保持的安全速度。通常采用测定的第 85 百分位行驶速度作为运行速度(简称 V_{85})。

运行速度考虑了公路上绝大多数驾驶员的心理需求，以车辆的实际运行速度作为线形设计速度，从而有效地保证了路线所有相关要素如视距、超高、竖曲线半径等指标与设计速度的合理搭配，可以获得连续、一致的均衡设计。引入运行车速，可以有效地解决路线设计指标与实际行驶速度所要求的线形指标脱节的问题。《标准》建议设计人员在设计速度变化路段、爬坡车道、超高等受限制路段进行验算。

城市各级道路设计速度应符合表 1-8 的规定。

表 1-8 **各级城市道路设计速度** km/h

道路等级	快速路			主干路			次干路			支路		
设计车速	100	80	60	60	50	40	50	40	30	40	30	20

快速路和主干路的辅路设计速度宜为主路的 0.4～0.6 倍；在立体交叉范围内，主路设计速度应与路段一致，匝道及集散车道设计速度宜为主路的 0.4～0.7 倍；平面交叉口内的设计速度宜为路段的 0.5～0.7 倍。

1.4.3 交通量

公路上某一断面，单位时间通过的来往各种车辆总数称为交通量，亦称交通流量或车流量。时间单位以小时计的称为小时交通量，若以日计的称为日(昼夜)交通量。其具体数值由交通调查和交通预测确定。交通调查、分析和交通预测是公路建设项目可行性研究阶段进行现状评价、综合分析建设项目的必要性和可行性的基础，也是确定公路建设项目的建设规模、技术等级、工程设施、经济效益评价及公路几何线形设计的主要依据。可见，交通调查、分析及交通量预测水平的高低，尤其是预测的水平、质量和可靠程度，将直接影响项目决策的科学性和工程技术设计的经济合理性。设计交通量是指待建公路到达远景设计年限末年时能达到的交通量，有设计年平均日交通量和设计小时交通量。

(1) 设计年平均日交通量

交通量是确定公路等级的主要依据，但公路设计不能以现有的交通量为依据。在规划道路等级时，应考虑将来经济发展和路况改善所引起交通量变化的需要，即采用预测设计年限的年平均日交通量(AADT)作为设计的依据。设计年平均日交通量的计算公式如下：

$$\mathrm{AADT}=\mathrm{ADT}\times(1+\gamma)^{n-1} \tag{1-1}$$

式中 AADT——设计年平均日交通量，pcu/d；

ADT——起始年平均日交通量，pcu/d；

γ——年平均增长率，%；

n——预测年限，年。

年平均日交通量是一项重要的规划指标，用作道路、交通设施规划，确定道路等级以及论证道路、交通设施建设可行性等的依据。其他平均交通量用作把某一日交通量换算为年平均日交通量。

(2) 设计小时交通量

设计小时交通量是确定车道数的依据，也是确定公路等级、评价公路运行状态和服务水平的重要参数。设计小时交通量越小，公路的建设规模就越小，建设费用也就越低。但是，不恰当地降低设计小时交通量会使公路的交通条件恶化、交通阻塞和交通事故增多，公路的综合经济效益降低。因此将全年小时交通量从大到小按序排列，设计小时交通量的位置一般采用第 30 位小时，即将一年中测得的 8 760 h 的交通量，按大小排列，取第 30 位小时交通量作为设计小时交通量，但对于交通量季节性变动特大的道路，如旅游用的道路等，交通量排序曲线斜率的缓和段不一定从第 30 位开始，则应根据实际情况，控制在第 20～40 位小时之间。

在确定设计小时交通量时，应根据平时观测资料绘制出各条路线交通量变化曲线，没有观测资料的路段可参考性质相似、交通情况相仿的其他道路观测资料进行确定。设计小时交通量的计算公式如下：

$$\mathrm{DDHV}=\mathrm{AADT}\times D\times k \tag{1-2}$$

式中 DDHV——主要方向设计小时交通量，pcu/h；

AADT——设计年平均日交通量，pcu/d；

D——方向不均匀系数，一般取 0.5～0.6；

k——设计小时交通量系数，%，无气候分区时可按表 1-9 取值。

表 1-9　　设计交通量系数 k　　%

地区		华北	东北	华东	中南	西南	西北
		京、津、冀、晋、蒙	辽、吉、黑	沪、苏、浙、皖、闽、赣、鲁	豫、湘、鄂、桂、琼	川、滇、黔、藏	陕、甘、青、宁、新
城市近郊	高速公路	8.0	9.5	8.5	8.5	9.5	9.5
	一级公路	9.5	11.0	10.0	10.0	10.0	11.0
	二、三级公路	11.5	13.5	12.0	12.5	13.0	13.5

续表 1-9

地 区		华北 京、津、冀、晋、蒙	东北 辽、吉、黑	华东 沪、苏、浙、皖、闽、赣、鲁	中南 豫、湘、鄂、桂、琼	西南 川、滇、黔、藏	西北 陕、甘、青、宁、新
城间公路	高速公路	12.0	13.5	12.5	12.5	13.0	13.5
	一级公路	13.5	15.0	14.0	14.0	14.5	15.0
	二、三级公路	15.5	17.5	16.0	16.5	17.0	17.5

(3) 车辆折算系数

道路上行驶的车辆种类较多,其速度、行驶规律以及占用道路的净空差异较大,但作道路设计的交通量应折算成某一种标准车型。我国《标准》规定标准车型为小客车,用于道路规划与技术等级划分的机动车折算系数按表 1-10 采用。对于非机动车占较大比重的混合交通道路,自行车、行人、畜力车等作为横向干扰因素不再参与交通量折算。三、四级公路上行驶的拖拉机当每小时大于 10 辆时,每辆拖拉机可折算为 4 辆小客车。

表 1-10　　各型汽车的折算

汽车代表车型	车辆折算系数	说明
小客车	1.0	座位≤19 座的客车和载质量≤2 t 的货车
中型车	1.5	座位>19 座的客车和 2 t<载质量≤7 t 的货车
大型车	2.5	7 t<载质量≤20 t 的货车
拖挂车	4.0	载质量>20 t 的货车

注:1. 畜力车、人力车、自行车等非机动车,按路侧干扰因素计。
2. 公路上行驶的拖拉机每辆折算为 4 辆小客车。
3. 公路通行能力分析所要求的车辆折算系数应针对路段、交叉口等形式,按不同的地形条件和交通需求,采用相应的折算系数。

《城规》对城市道路上各种车辆的折算系数规定见表 1-11。

表 1-11　　各型汽车的折算系数

车辆类型	小客车	大型客车	大型货车	铰接车
换算系数	1.0	2.0	2.5	3.0

1.4.4 通行能力与服务水平

道路上的通行能力,是指一条道路在单位时间内,道路与交通正常条件下,保持一定车速、安全、连续行驶时,可能通过的车辆数。

道路的服务水平主要以道路上的运行速度和交通量与可能通行能力之比综合反映道路的服务质量。《标准》采用 V/C 值来衡量拥挤程度作为评价服务水平的主要指标,同时采用小客车实际行驶速度与自由流速度之差作为次要评价指标,将服务水平分为六级,分别代表一定运行条件下驾驶员的感受。高速公路、一级公路以 V/C(在基准条件下,最大服务交通量与基准通行能力之比)作为主要指标;二三级公路以延误率和平均运行速度作为主要指标;交叉口则用车辆延误来描述其服务水平。

在公路规划和设计中,应进行通行能力与服务水平的分析与评价。对于高速公路、一级公路的路段和互通式立体交叉的匝道及其交织区段必须分别进行通行能力的评价,使全线服务水平保持均衡一致。对二级公路、三级公路的路段和一级公路的平面交叉,应进行通行能力与服务水平的分析、评价。对二级公路、三级公路的平面交叉,根据其重要程度宜进行通行能力与服务水平的分析和评价。

公路设计服务水平应根据公路功能、技术等级、地形条件等合理选用,并不低于表 1-12 的规定。承担集散功能的一级公路或路段,设计服务水平可降低一级。公路长隧道及特长隧道路段、非机动车及行人密集路段、条件受限的互通式立体交叉匝道、分合流及交织区段,设计服务水平可降低一级。

表 1-12　　各级公路设计采用的服务水平

公路等级	高速公路	一级公路	二级公路	三级公路	四级公路
服务水平	三级	三级	四级	四级	

1.4.5　其他控制要素

(1) 地形条件

地形决定了选线条件,并直接影响道路的技术标准和指标。按道路布线范围内地表形态、相对高差、倾斜度及平整度,路线所在地形条件可分为两大类:一类是平原、微丘地区;另一类是山岭、重丘地区。平原、微丘地形区,布线一般不受地形限制;山岭、重丘地形区,路线平、纵、横面大部分受地形限制。

(2) 气候条件

气候状况直接或间接地影响地面水的数量、地下水位高度、路基水文状况,以及泥泞期、冬季积雪和冰冻期等,影响路线平面位置和竖向高度的确定。

(3) 水文地质条件

工程地质条件主要是指岩土类别、岩石的风化程度、岩层走向等。工程地质条件决定了地基和路基附近岩层的稳定性,决定路线方案和布设,同时也决定了土石方施工的难易程度和筑路材料的质量。

水文条件主要是路线所处位置的地下水位高低,不同频率的洪水位标高以及当地植被和暴雨径流等。水文条件决定排水结构物的位置、数量和大小,不良的水文条件也影响路线的走向和高程。

(4) 道路建筑限界

道路建筑限界又称为道路净空,是为保证道路上各种车辆、人群的正常通行与安全,在一定的高度和宽度范围内不允许有任何障碍物侵入的空间界限,是保证车辆安全通行的最小空间要求。在进行道路的横断面设计时,应充分研究组成路幅要素的相互关系及道路的各种设施的设置规划,在有限空间内作出合理的安排。不允许桥台、桥墩及照明、护栏、信号机、道路标志牌、行道树、电杆等设施侵入建筑限界以内。

道路建筑限界由净高和净宽两部分组成。

① 净高即净空高度,是指道路在横断面范围内保证安全通行所必须满足的竖向高度。

净高应根据汽车装载高度、安全高度及路面铺装等因素确定。我国载重汽车的装载高度限制为 4.0 m,外加 0.5 m 的安全高度,一般采用 4.5 m 的净高。考虑到大型设备运输的发展、路面积雪和路面铺装在养护中的加厚等因素,规定高速公路和一级、二级公路的净高为 5.0 m,三、四级公路为 4.5 m。三、四级公路的路面类型若为砂石路面时,考虑今后路面面层需要改造提高,净空高度可预留 20 cm。一条公路应采用相同的净高,当构造物位于凹形竖曲线上方时,长大车辆通过会形成弦空而降低构造物下有效净高,设计时应保证有效净高的要求;公路下穿时应保证公路距构造物底部任意点均应满足净高的需要。城市道路最小净高:各种汽车 4.5 m,无轨电车 5.0 m,有轨电车 5.5 m,自行车和行人 2.5 m,其他非机动车 3.5 m。

② 净宽是指道路在横断面范围内保证安全通行所必须满足的横向宽度。净宽包括行车带、路肩、中间带、绿带等宽度。路肩是在净空范围之内,因此道路上各种设施(标志、护栏等)均应设置在右路肩以外的保护性路肩上,而且必须保证其伸入部分在净高以上。设于中间带和路肩上的桥墩或门式支柱不应紧靠建筑限界设置,应留有设置防护栏位置(不小于 0.5 m)的余地。桥梁、隧道及高架道路的净空一般应与路段相同,有时为了降低造价需压缩净空时,其压缩部分主要体现在侧向宽度上。但在桥梁、隧道中需设人行道,且当人行道宽度大于侧向宽度时,其增加的宽度应包括在净宽之内。人行道、自行车道、检修道与行车道分开设置时,其净高一般为 2.5 m。

《规范》要求各级公路建筑限界应符合图 1-3 的规定。

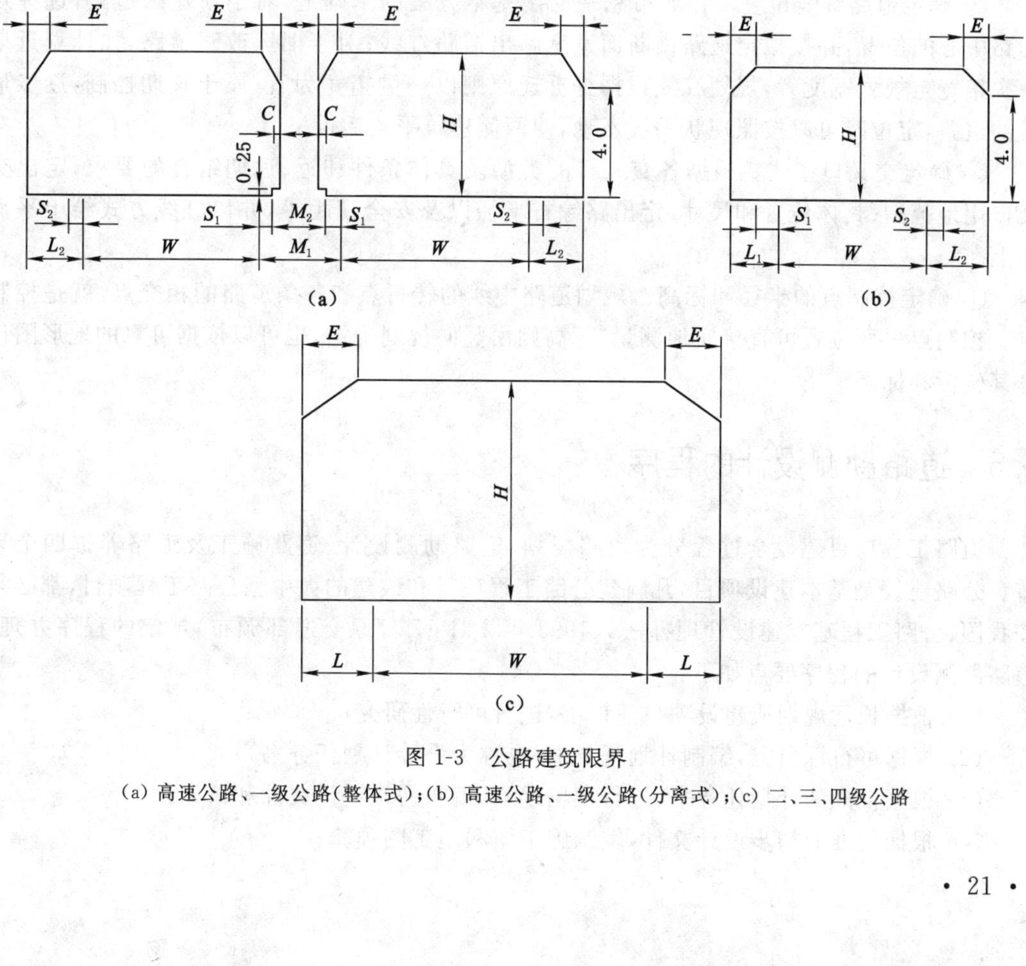

图 1-3 公路建筑限界

(a) 高速公路、一级公路(整体式);(b) 高速公路、一级公路(分离式);(c) 二、三、四级公路图中，W 为行车道宽度；L_1 为左侧硬路肩宽度；L_2 为右侧硬路肩宽度；S_1 为左侧路缘带宽度；S_2 为右侧路缘带宽度；L 为侧向宽度，二级公路的侧向宽度为硬路肩宽度，三、四级公路的侧向宽度为路肩宽度减去 0.25 m，设置护栏时应根据护栏需要的宽度加宽路基；C 为当设计速度大于 100 km/h 时为 0.5 m，小于或等于 100 km/h 时为 0.25 m；D 为路缘石高度，小于或等于 0.25；M_1 为中间带宽度；M_2 为中央分隔带宽度；E 为建筑限界顶角宽度，当 $L \leqslant 1$ m 时，$E=L$；当 $L>1$ m 时，$E=1$ m；H 为净空高度。

(5) 道路红线

道路红线是指通过城市规划或道路系统专项规划确定的各等级城市道路的路幅边界控制线，及城市道路用地与其他用地的分界控制线。红线宽度为道路用地的规划范围，包括车行道、人行道、绿化带等在内的规划道路的总宽度，或称规划路幅。

城市道路的红线规划，是依据城市总体规划确定道路网的形式、道路的功能、走向和位置、一次修建还是分期逐步改造、新建道路还是旧路改造等因素而定。

城市道路红线规划的主要工作内容有：

① 确定道路红线宽度。根据道路的功能与性质，考虑适当的横断面型式和确定机动车道、非机动车道、人行道、绿带等各组成部分的合理宽度，从而确定道路的总宽度，即红线宽度。红线宽度规划太窄不能满足日益发展的城市交通和其他各方面的要求，给以后改建带来困难；太宽，沿线建筑要从现在路边后退很多，会给近期建设带来困难。所以，确定红线宽度时应充分考虑“近远结合，以近为主”的原则。

② 确定道路红线位置。在城市总平面图基本方案的基础上，对于新建区道路，选择规划路中心的位置，并按拟定道路横断面宽度画出道路红线；对于旧区改建道路，如计划近期一次拓宽至规划宽度者，规划红线根据少拆迁原则以一侧拓宽为宜；属于长期控制，逐步形成的道路，定位时可以按照现状中线不动，使两侧建筑平均后退。

③ 确定交叉口型式。根据各交叉日的类型及具体条件和近、远期结合的要求，定出交叉口用地范围、具体位置和尺寸，定出路缘石半径以及安全视距等，并以红线方式绘于平面图上。

④ 确定控制点的半径和标高。规划道路中线的转折点和各条道路的相交点，就是控制点。控制点平面位置可直接实地测量，标高则由竖向规划确定，也可以依据可靠的地形图计算其坐标和标高。

1.5 道路勘测设计的程序

道路工程项目建设全过程分为道路规划、道路勘测设计、道路施工及道路养护四个环节。公路建设是基本建设项目，凡新建公路工程项目和改建的大中型公路工程项目，都必须按我国《公路工程基本建设管理办法》(1993 年 2 月 17 日原交通部颁布)规定的程序办理。道路勘测设计的程序要点如下：

(1) 根据长远规划或建设项目建议书，进行可行性研究；

(2) 根据可行性研究，编制计划任务书(也称为设计计划任务书)；

(3) 根据批准的计划任务书，进行现场勘测，编制初步设计文件和概算；

(4) 根据批准的初步设计文件，编制施工图和施工图预算；

(5) 列入年度基本建设计划；

(6) 进行施工前的各项准备工作；

(7) 编制实施性施工组织设计及开工报告，报上级主管部门审批；

(8) 严格执行有关施工的规程和规定，坚持正常施工次序，做好施工记录，建立技术档案；

(9) 编制竣工图表和工程决算，办理竣工验收。

以上程序，在符合审批制度的前提下可根据具体情况进行合理的交叉，小型项目可根据具体情况适当减免。

1.5.1 道路工程项目建议书

项目建议书是基本建设前期工作的一项重要内容，是基本建设程序的重要组成部分，是进行项目决策和编制计划任务书的科学依据。道路工程项目建议书编制的目的是对待建工程的必要性、技术可行性、经济合理性、实施可能性等进行综合研究，推荐最佳方案，进行投资估算，并做出经济评价，为建设项目的决策和审批提供依据。

道路工程的项目建议书一般包括下列内容：

(1) 概述：论述建设任务依据、历史发展背景、建设范围与主要内容，研究的主要结论。

(2) 现状及问题：论述建设地区交通运输网的现状和存在的主要问题，拟建公路在区域运输网中的作用，原有公路的技术状况和不适应程度。

(3) 发展预测：进行全面的交通调查和经济调查，论述该地区的经济特征，项目与经济发展的内在联系，预测交通运输量的发展情况。

(4) 建设规模和标准：论述项目建设规模和采用的等级及其主要技术指标。

(5) 建设条件和方案比选：调查建设项目所处地理位置的地形、地质、地震、气候、水文等自然条件和社会条件、主要建筑材料的来源及运输条件，进行方案的比选，并对环境影响做出分析。

(6) 投资估算与资金筹措：包括主要工程数量、公路建设用地及拆迁、单价拟定、投资估算和资金筹措等。

(7) 工程建设实施计划：包括勘测设计和工程施工的计划和要求、工程管理人员和技术人员的培训等。

(8) 经济评价：包括运输成本等经济参数的确定、建设项目直接经济效益分析、建设项目间接效益分析、建设项目费用估算等，对于贷款项目还需要进行项目的财务评价。

根据上述研究成果，通过综合分析评价，提出技术先进、投资少、效益好的最优建设方案。

1.5.2 道路工程项目可行性研究

道路工程项目可行性研究是从“需要”和“可能”两个方面，运用可行性研究这一科学的完整的工作方法体系，深入具体地研究一个道路建设项目建设的必要性、技术的可行性、经济的合理性、实施的可能性，选择项目实施的最佳方案，避免项目实施的盲目性，减小项目投资的风险性。这是建设项目投资决策前进行技术经济论证的一门综合性工作，是基本建设前期工作的重要环节。

在可行性研究阶段要回答的问题可归纳为五个方面，即说明五个“w”：

what——说明要干什么，提出建设项目的基本情况。

why——说明为什么要投资建设这个项目，准备采用的工艺及其技术上的可能性，决定企业规模（道路的等级）、经济上的盈利性（效益）。

where——说明项目建在何处，并说明当地的自然条件和社会条件。

when——说明项目何时开始投资、何时建成、何时回收投资，选择最佳时机。

who——说明项目的资金来源、工程建设与经营管理等事项由谁来承担。

道路工程项目可行性研究的作用包括五个方面：

① 作为项目建设投资决策和编制设计任务书的依据。

② 作为向银行申请贷款的依据。

③ 作为建设项目初步设计的基础。

④ 作为新技术、新设备的采用、研制计划的依据。

⑤ 作为公路建设项目后评价的参考与依据。

道路工程项目可行性研究分为两个阶段，即预可行性研究阶段（简称预可）和工程可行性研究阶段（简称工可）。

预可行性研究阶段要求通过实地踏勘和调查；重点研究必要性和建设时机；初步确定项目通道和走廊带；对项目规模、技术标准、建设资金、经济效益进行必要论证，是项目建议书的依据。

工程可行性研究阶段要求充分的调查研究，通过必要的测量和地质勘探，对可能的建议方案从技术、经济、安全、环境等方面综合比选论证。研究确定项目的起终点，提出推荐方案，确定建设规模、技术标准，估算项目投资，分析投资项目，编制报告。批准的工程可行性研究是初步设计的依据。

预可和工可在深度要求方面存在着一定的差异：

（1）方案比选

预可——初步比选，确定通道或走廊带。

工可——进一步比选，有比较价值的方案，要求同深度比选技术、建设费用和经济效益；从技术、经济、安全、环境等方面综合比选论证。

（2）路线方案

预可——1∶50 000或更大，特殊地形1∶10 000；

工可——1∶10 000或更大，特殊地形1∶2 000。

（3）手段

预可——实地踏勘和调查；

工可——充分的调查，并通过必要的测量和地质勘察，对长大桥梁、隧道等控制性工程进行专项地质勘探和调查（遥感、物探、地质调绘等），地形地质复杂时进行必要的钻探。

（4）投资

工可阶段的投资估算与初步设计概算之差，应控制在投资估算的10%以内。

预可行性研究报告的主要内容包括：概述、经济社会和交通运输发展现状及规划、交通量分析及预测、建设的必要性、建设条件、技术标准及建设方案、投资估算及资金筹措、经济评价、节能评价、社会评价、风险分析、问题与建议。

工程可行性研究报告的主要内容包括：概述、经济社会和交通运输发展现状及规划、交通量分析及预测、技术标准、建设方案、投资估算及资金筹措、经济评价、实施方案、土地利用评价、工程环境影响分析、节能评价、社会评价、风险分析、问题与建议。

道路工程项目可行性研究报告编制的步骤如下：

① 组成可行性研究组。研究组包括以下人员：项目负责人、公路经济人员、交通工程人员、公路路线工程人员、桥隧工程人员、地质及水文人员、工程概预算人员等。

② 拟定工作计划和进度表。编写外业调查勘测提纲和外业分工、可行性研究章节目录和执笔分工、报告编写统一格式等。

③ 外业踏勘和调查。

④ 调查资料的整理、计算与分析。

⑤ 主要问题研究，包括公路运输量、交通量预测和评价、工程规模与技术标难研究，路线和隧道方案、环境保护工作、工程量估算、投资估算与资金来源研究、经济评价、建设安排。

⑥ 编写报告文本及绘制附表、附图。

⑦ 出版、送审。

1.5.3 计划任务书

道路勘测设计工作是根据批准的计划任务书进行的。计划任务书应包括下述内容：建设的依据和意义；路线的建设规模和修建性质；路线的基本走向和主要控制点；工程技术等级和主要技术标准；勘测设计的阶段划分及各阶段完成的时间；建设期限，投资估算，需要钢、木、水泥的数量；施工力量的原则安排。

计划任务书经上级批准后，如对建设规模、期限、技术等级标准及路线走向等重大问题有变更时，应报原批准机关审批同意。

1.5.4 道路勘测设计阶段划分

根据路线的设计和要求，道路勘测设计可分为一阶段测设、二阶段测设和三阶段测设。

(1) 一阶段设计：直接根据批准的设计任务书的要求，一次作详细测量并编制施工图设计和工程预算，适用于技术简单、方案明确的小型公路工程。

(2) 二阶段设计：为公路测设的主要程序，为一般公路所采用的测设程序，即按初步设计和施工图设计两个阶段进行。

初步设计主要任务：拟定设计原则；选定设计方案；计算主要工程数量；提出施工方案意见，编制设计概算并提供文字说明和图表资料。

施工图设计主要任务：进一步对审定的设计原则、设计方案、技术决定加以具体和深化，最终确定各项工程数量和尺寸，提出文字说明和满足施工需要的图表资料及施工组织计划并编制施工图预算。

(3) 三阶段设计：对于技术上复杂而又缺乏经验的建设项目或建设项目中的个别路段、特殊大桥、互通式立体交叉、隧道等，必要时应采用三阶段设计，即分初步设计、技术设计、施工图设计三个阶段进行。

初步设计是项目决策后，根据设计任务书要求所做的具体实施方案，应能满足项目投资包干、招标承包、材料、设备订货、土地征用和施工准备等要求。根据批准的设计任务书和收集的勘测设计资料编制初步设计文件，确定设计原则、技术标准、工程规模、工程数量、工程概算、材料数量等。其组成内容为：① 设计说明书，包括设计依据及概述，设计技术准备，对道路工程设计的各个方案进行技术经济论证和提出推荐方案，存在问题和注意事项等；② 主要工程数量和主要材料数量表；③ 工程概算，说明编制概算所采用的定额，各项费率标准，材料价格、施工方法及施工费用的依据；④ 设计图纸，包括道路位置示意图、平面地形图（包括征地、拆迁线）、纵断面图、横断面图、道路交叉、广场设计图、绿化、照明布置等。

技术设计主要用于技术上相当复杂的道路工程。初步设计经审批后就可进行技术勘测，根据技术勘测资料做技术设计或施工图设计。技术设计是对初步设计中一些复杂工程内容，如道路和广场的竖向设计，难度较大的道路交叉，交通组织措施，全面性的综合排水设计，有关地上、地下管线平面和立面的综合协调等进行深一步的较详细的技术设计。

施工图设计内容包括绘制道路平面、纵断面、横断面、平面交叉口、立体交叉、广场设计等各部详细尺寸和标高；路面结构设计组成及厚度；排水设计；中小桥、涵洞、灌溉渠道连通管及其他附属构筑物的位置、标高、孔径、结构设计等施工详图和必要的施工说明，提出征地、房屋拆迁、迁移管线和障碍物等的数量，编制工程预算。当与初步设计有较大变动时，应修正初步设计和概算，报上级批准后实施。

1.5.5 设计文件的编制

设计文件是道路勘测设计的最后成果，经审查批准后是道路施工等的依据。道路勘测设计文件的组成、内容和要求随设计阶段而异。

根据《公路工程基本建设项目设计文件编制办法》规定，道路勘测设计文件的组成和具体内容如下：

(1) 初步设计文件

由总说明书、总体设计、路线、路基路面、桥梁涵洞、隧道、路线交叉、交通工程及沿线设施、环境保护与景观设计、其他工程、筑路材料、施工方案、设计概算共 13 篇和附件所组成。其表达形式有文字说明、设计图、表格三种。

(2) 施工图设计文件

由总说明书、总体设计、路线、路基路面、桥梁涵洞、隧道、路线交叉、交通工程及沿线设施、环境保护与景观设计、其他工程、筑路材料、施工组织设计和施工图预算共 13 篇及附件所组成。

1.6 课程体系

1.6.1 本课程的特点

道路是一条带状的空间三维结构物，它涉及人、车、路和环境等诸多因素的影响和约束。道路交通特性、驾驶员的心理状态与道路几何设计都有着密切的关系，这就要求在设计时要深入调查，综合研究各方面产生的作用，从而设计出技术先进、方案合理、坚固耐用、经济节约的道路。

本课程与各基础课程及其他专业课程有着密切的联系，涉及较多课程，如工程制图、工程测量、工程地质、桥涵水文、桥梁工程、路基路面、道路建筑材料、道路工程经济与管理等。本课程与这些课程应紧密结合、综合运用。

1.6.2 本课程的研究内容

本课程的内容包括道路的相关基本概念、道路的平面设计、纵断面设计、横断面设计、道路线形质量分析与评定、道路的选线、平面交叉口、立体交叉等项设计以及现代道路勘测设计新理念与新技术等，其中均包含公路与城市道路两个系统的内容。

如何进行合理的道路线形几何设计和路线勘测是本课程研究的重点。有关道路结构设计的内容将在路基路面、桥梁工程、隧道工程、桥涵水文等专业课中学习。

1.6.3　道路勘测设计的发展方向

随着计算机技术与测绘技术的发展，道路勘测设计实现了从手工绘图到人机交互半自动化制图的跨越。未来，随着高分辨遥感、海量数据处理技术、高性能计算机和移动通信网络的迅速发展，公路勘察设计技术将会实现突飞猛进的发展，逐渐实现勘测的时效化、精准化和设计的智能化、网络化。

(1) 遥感测图逐渐精准化和时效化

具有我国自主知识产权的亚米级高分辨率卫星影像图，打破了高分辨率卫星图像一直被美国等国家控制的被动局面，其高时间分辨率、高空间分辨率的特征，也将为道路勘察设计的手段和方法带来重大变革，如利用卫星影像制作大比例尺地形图，利用卫星影像进行公路选线、平面设计、土石方计算，利用三维的卫星正射影像开展模拟飞行、预览路线走廊带实地景观，利用卫星影像实现公路勘察设计各阶段室内仿真设计等，都将是未来比较实用的技术和方法。

(2) 道路勘测设计逐渐智能化和信息化

随着“3S”技术和大数据、云计算等技术的发展，尤其是“3S”技术的集成应用，一些企业和科研机构一直在探索公路智能化、公路信息化设计的技术和方法，并取得了一定的成果。可以预见，在不久的将来，我国的道路勘测设计会是以“GIS 为基础、GPS 为工具、RS 为手段”的全方位、多层次、立体化设计的新模式，其设计速度和效率将大大提高。

(3) 道路勘测设计逐渐协同化和可视化

我国的道路工程计算机辅助设计（简称 CAD）技术经过了“七五”推动、“八五”发展和“九五”集成，在“互联网＋”、建筑信息模型（Building Information Modeling，即 BIM）设计理念的影响下，也已开始走进道路 CAD 的新时代，即逐步向道路协同设计和可视化设计发展。

道路勘测协同设计的优势特点是支持主导设计者和参与设计者的协同工作，做到设计者之间及时交流相关信息、协调设计工作进展情况，及时发现并解决设计过程中出现的矛盾和冲突等，从而达到避免或尽可能减少反复修改设计方案造成的人力、物力、财力浪费的目的。

道路工程是由平面、纵断面、横断面组成的立体构造物，在道路勘测设计中引入可视化技术，将传统线条式的设计信息以三维立体的形式直观、真实地表现出来，实现道路的可视化展示、协调设计、模拟施工、仿真运营和方案优化等，将大大提高设计效率和设计方案的实用性。可视化设计（BIM）技术已逐渐应用到工程领域。数字化地形扫描仪及卫星、遥感空间技术可为道路设计提供三维数字地形图，全新的 BIM 技术可在三维数字地形图上直接进行道路几何设计。未来还需要以三维数字地形图和 BIM 技术为平台开发新一代的三维道路协同设计软件。

(4) 道路设计理念的不断创新

传统的道路设计存在许多安全隐患，如边沟安全隐患、边坡安全隐患等。近年来，在设计理念上，提出“宽容设计”理念，即以人为本、预防、容错、纠错。司机过错不应以生命为代价的“容错”理念，如提高边坡净宽、引入挡墙端部等。2004 年“全国公路勘察设计工作会议”提出了“六个坚持六个树立”的理念：① 以人为本，安全至上；② 保护环境，和谐自然；③ 节约资源，持续发展；④ 质量第一，公众满意；⑤ 指标恰当，创作设计；⑥ 系统思想，周期成本。近几年，又提出了绿色生态的公路与城市道路设计理念。

未来，道路勘测设计技术将不再是一个简单的学科应用，而是随着数据处理技术、信息技术和空间技术的综合应用，逐渐实现勘测技术和设计技术的精准化、时效化、智能化、信息化、协同化和可视化等方面的变革和创新，逐渐完善和升华道路勘测设计的新理念，进而提高我国道路勘测设计的水平和效率。

习　题

1. 简述现代交通运输系统的组成及各自的优缺点？
2. 公路为什么要分级？分级依据是什么？
3. 城市道路分类的依据是什么？是如何分类和分级的？
4. 什么是设计年平均日交通量和设计小时交通量？两者是如何确定的？
5. 道路勘测设计的控制要素有哪些？分别控制道路的哪些方面？
6. 简述公路工程基本建设的程序与内容？

2 平面线形设计

〖内容提要〗 本章主要内容包括:概述、直线、圆曲线、缓和曲线、平面线形设计的一般原则与组合平面设计成果等。本章的教学重点为圆曲线半径指标;缓和曲线参数的确定方法;平面线形要素组合形式。

〖能力要求〗 通过本章的学习,学生应达到了解道路平面设计的基本要求,掌握直线、圆曲线及缓和曲线线形指标的应用及组合,熟悉道路平面图绘制方法的能力。

2.1 概述

2.1.1 路线

道路是一条三维空间带状实体构造物,该实体表面的中线是一条空间曲线。该空间曲线即为道路中线,即通常所说的路线。道路中线在水平面上的投影称为路线的平面线形;沿着中线竖直剖切,再行展开则是路线的纵断面线形;中线各点的法向切面是道路在该点的横断面。路线的平面、纵断面和各个横断面是道路路线的几何组成,如图 2-1 所示。道路路线设计是指确定路线空间位置和各部分几何尺寸的工作,为研究与应用的方便,把它分解为平面线形设计、纵断面线形设计和横断面线形设计,三者是相互关联的,设计一条道路,对路线的平、纵、横三个方面既要分别进行,又要综合考虑。

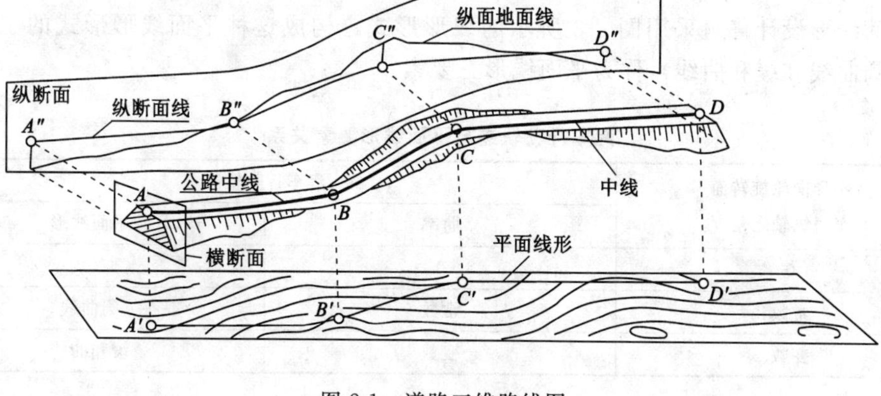

图 2-1 道路三维路线图

线形是道路的骨架,它不仅对行车的速度、安全、舒适、经济及道路的通行能力起决定性的影响,而且直接影响道路构造物设计、排水设计、土石方数量、路面工程及其他构造物,同时对沿线的经济发展、土地利用、工农业生产、居民生活及自然景观、环境协调也有很大影响。

2.1.2 汽车行驶轨迹与平面线形要素

现代道路是为汽车行驶服务的，要保证汽车在道路上行驶安全、迅速、经济、舒适、低公害的要求，道路工程的规划和设计，必须要考虑并满足其使用对象——载运工具的运行特性要求。例如，道路的几何设计要能容纳车辆在体积尺寸和通行能力方面的使用要求，同时还要满足汽车能快速、舒适、安全、经济的行驶，而道路的结构设计则要能经受住车辆质量的重复作用等。

因此，道路工程的规划和设计人员，虽然不需要了解和掌握运载工具的设计、制造和使用知识，但必须了解它们的运行特性，以便规划和设计出能满足其使用要求的各项道路工程设施。

为了更好地满足汽车在道路上快速、舒适、安全、经济行驶，从理论上讲，道路的平面线形的构成要素应与汽车行驶的轨迹相吻合。

汽车在行驶过程中，车轮在路面上留下的痕迹可粗略地看成汽车的行驶轨迹。观察发现任何一辆正常行驶的汽车，无论直行还是拐弯，留下的轨迹都是一条光滑连续的优美线形。经过大量的观测研究表明，汽车行驶轨迹在几何性质上有以下特征：

(1) 轨迹线是连续圆滑的，即在任何一点上不出现错头、折点或间断；

(2) 轨迹线的曲率是连续的，即轨迹上任何一点不出现两个曲率值；

(3) 轨迹线的曲率对里程或时间的变化率是连续的，即轨迹上任一点不出现两个曲率变化率值。

如图 2-2 所示，该线形不满足第二、三条特征，但满足第一条特征，满足了车辆的直行和转向要求，但在直线和圆弧相接处却出现了曲率的不连续(直线上曲率为 0，圆弧上曲率为 $1/R$)，与汽车行驶轨迹之间产生较大偏离。于是现代道路在直线和圆曲线之间引入了一条曲率逐渐变化的“缓和曲线”，使整条线形符合汽车行驶轨迹特征的第一条和第二条，保持了线形的曲率连续，如图 2-3 所示。虽然它不满足第三条要求，不是最理想的，但与汽车行驶轨迹接近，很好地满足了汽车的行驶，同时，考虑到道路线形要满足汽车行驶轨迹第三条要求，路线勘测设计将非常烦琐，施工测量也非常复杂，增加了工程的难度和造价。因此，现代道路平面线形设计普遍采用图 2-3 所示的线形形式。构成这种平面线形形式的三种线形(直线、圆曲线和缓和曲线)，称为平面线形三要素。

表 2-1　　汽车行驶轨迹与平面线形要素关系

汽车导向轮旋转面与车身纵轴之角度	汽车行驶轨迹	
	曲率	平面线形
0	0	直线
常数	常数	圆曲线
变数	变数	缓和曲线

平面线形三要素是道路平面线形设计的基本组成，现代道路平面线形设计，是根据汽车行驶的力学性质和行驶轨迹要求，合理地确定各线形要素的组合、比例以及几何参数，保持线形的连续性和均衡性，并注意使线形与地形、地物、环境和景观等协调。对于车速较高的道路，线形设计还应考虑汽车行驶美学及驾驶员视觉和心理上的要求。

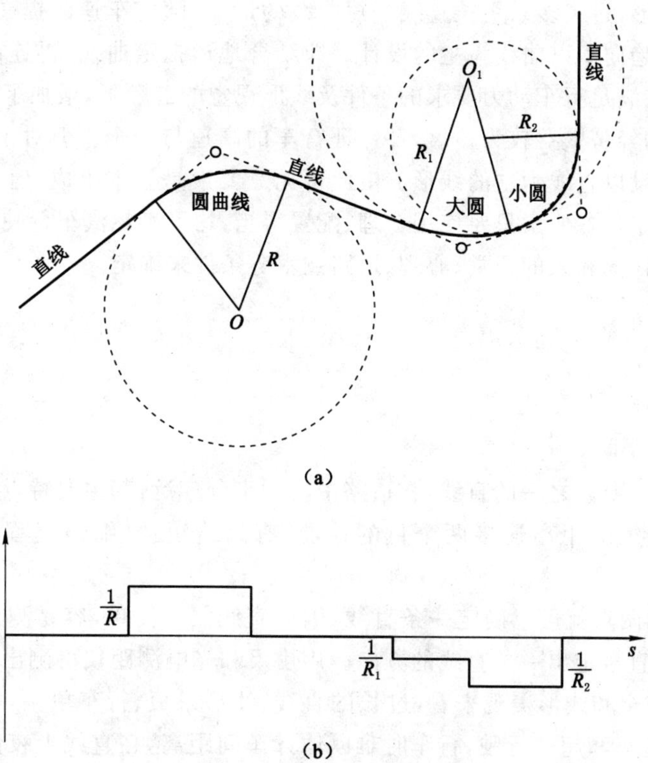

图 2-2 曲率不连续的道路平面线形

(a) 路线图；(b) 曲率图

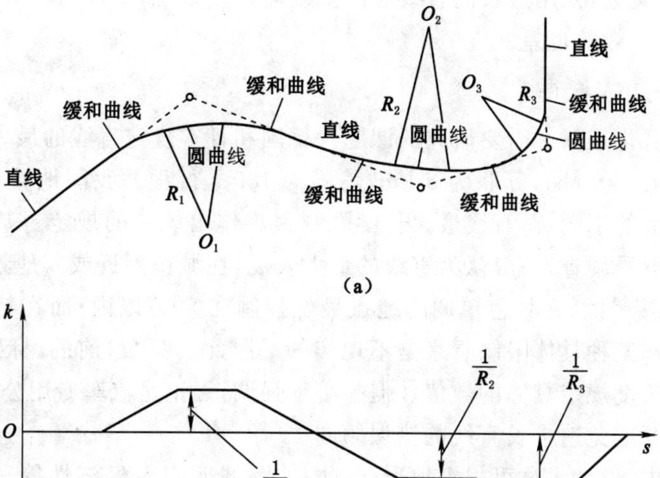

图 2-3 曲率连续的道路平面线形

(a) 路线图；(b) 曲率图

道路平面线形，过去多采用长直线—短曲线的形式，随着车速的提高及交通量的增长，对于高速公路已趋向于以曲线为主的设计。即结合地形拟定曲线，再连以缓和曲线或直线的方法，使路线在满足行车动力要求的条件及线形视觉的舒顺下，增加了结合地形设置线形的自由，使线形的经济效益较为显著，并保证行车的高速与安全。但对于城市和平原地区，还应首先考虑敷设以直线为主的线形。由此可见三要素是基本组成，但各要素所占比例及使用频率并无规定。各要素只要使用合理、配置得当，均可满足汽车行驶要求。至于它们的参数则要视地形情况和人的视觉、心理、道路技术等条件来确定。

2.2 直线

2.2.1 直线的特点

作为平面线形要素之一的直线，在道路中使用十分广泛，其主要特点如下：

① 直线以最短的距离连接两个目的地，具有路线短捷，缩短里程，行车方向明显等特点。

② 由于已知两点就可以确定一条直线，因而直线线形简单，容易测设。在测设中用花杆和经纬仪即可直接定出一条直线的方向。用皮尺和光电测距仪可测出直线的长度。

③ 从行车安全和线形美观来看，过长的直线、线形呆板、行车单调，易使驾驶员产生疲劳，也容易发生超车和超速行驶，行车时难以估计车间距离，在直线上夜间行车相向行车会产生眩光等。这些都是影响行车安全的不利因素，因而直线段，特别是长直线，行车安全性差，往往是发生交通事故较多的路段。

④ 直线虽然方向明确，但只能满足两个控制点的要求，难以与地形及周围环境协调。特别是在山区、丘陵区，采用过长的直线会严重破坏自然景观，不仅与环境协调差，而且造成大挖大填，工程经济效益也差。

2.2.2 直线的最大长度

“长直线”的量化是一个需要研究的课题。德国和日本规定直线的最大长度(以米计)为 $20V$(计算行车速度，km/h)，苏联为 8 km，美国为 180 s 行程。我国地域辽阔，地形条件在不同的地区有很大的不同，对直线最大长度限制很难作出统一的规定。基于对驾驶人员和乘客心理反应和感受调查，一般认为直线的最大长度，在城镇附近或其他景色有变化的地点大于 $20V$ 是可以接受的；在景色单调的地点最好控制在 $20V$ 以内；而在特殊的地理条件下应特殊处理。若作某种具体限制看来是不现实的。因此，我国目前的《标准》和《规范》中均未对直线的最大长度规定具体的数值。但是必须强调，无论是汽车专用公路还是一般公路，在任何情况下都要避免追求长直线的错误倾向。

在实际工作中，设计人员可根据地形、地物、自然景观以及经济性等来判断和决定直线的最大长度，既不可强求长直线，也不硬性设置不必要的曲线。当采用长的直线线形时，为弥补景观单调之缺陷，应结合沿线具体情况采取相应的技术措施。道路两侧过于空旷时，宜采取植不同树种或设置一定建筑物、雕塑、广告牌等措施，以改善单调的景观。当长直线下坡路段的尽头接平曲线，除曲线半径、超高、视距等必须符合规定外，还必须采取设置标志、增加路面抗滑能力等安全措施。

2.2.3 直线的最小长度

考虑到线形的连续和驾驶的方便，相邻两曲线之间应有一定的直线长度，这个直线长度是指前一曲线的终点（缓直点 HZ 或圆直点 YZ）到后一曲线的起点（直缓点 ZH 或直圆点 ZY）之间的长度。

(1) 同向曲线间的直线最小长度

同向曲线是指两个转向相同的相邻曲线之间连以直线而形成的平面线形，如图 2-4(a) 所示。当直线较短时，在视觉上容易产生把直线和两端的曲线看成反弯的错觉，如图 2-5 所示。当直线过短甚至把两个曲线看成一个曲线，这种线形破坏了公路整体线形的连续性，形成了所谓的“断背曲线”，容易造成驾驶操作的失误，设计中应尽量避免。因此《规范》规定，当计算行车速度≥60 km/h 时，同向曲线间直线最小长度（以 m 计）以不小于行车速度（以 km/h 计）的 6 倍为宜；当计算行车速度≤40 km/h 时，可参照上述规定执行。在受到条件限制时，宜将同向曲线改为大半径曲线或将两曲线作为复曲线、卵形曲线或 C 形曲线。

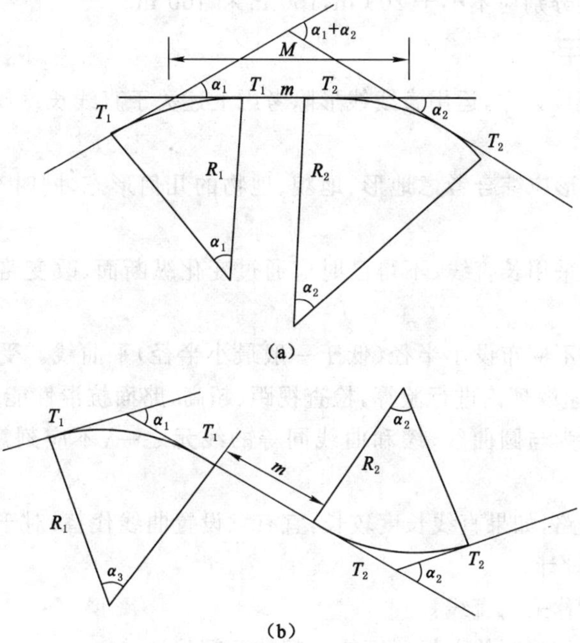

图 2-4 曲线间的直线

(a) 同向曲线；(b) 反向曲线

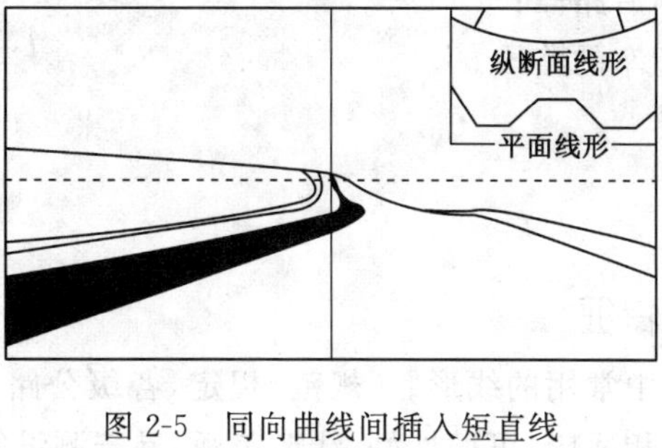

图 2-5 同向曲线间插入短直线

（2）反向曲线间的直线最小长度

反向曲线是指两个转向相反的相邻曲线之间连以直线所形成的平面线形，如图2-4(b)所示，由于两弯道方向相反，考虑到为设置超高和加宽缓和段的需要，以及驾驶人员转向操作的需要，其间的直线最小长度应予以限制。《规范》规定：当计算行车速度≥60 km/h时，反向曲线间直线最小长度（以m计）以不小于行车速度（以km/h计）的2倍为宜；当计算行车速度≤40 km/h时，可参照上述规定执行。特别困难的山岭区三、四级公路设置超高时，中间直线长度不得小于15 m。若两反向曲线已设缓和曲线，在受到条件限制的地点可中间不设直线段直接相连，构成S形曲线，但被连接的两缓和曲线和圆曲线应满足一定的技术条件。

（3）相邻回头曲线间直线最小长度

回头曲线是指山区公路为克服高差在同一坡面上回头展线时所采用的曲线。两相邻回头曲线之间应争取有较长的距离。由一个回头曲线的终点至下一个回头曲线起点的距离，在二、三、四级公路上分别应不小于200 m，150 m和100 m。

2.2.4 直线的运用

在道路路线平面设计中，运用直线线形除考虑上述关于直线长度规定外，还应注意以下几点：

（1）选用直线线形应综合考虑地形、地貌、地物的几何形态，同时充分考虑驾驶人员的视觉、心理感受。

（2）应尽量避免采用长直线，不得已时应通过变化纵断面、改变路测环境等技术手段，尽量避免驾驶人疲劳。

（3）长直线尽头不应布设小半径（低于一般最小半径）平曲线。受条件限制，相接半径较小时，应采用运行速度理论进行验算，检查视距、超高、路面抗滑性能是否满足要求。

（4）应将直线作为与圆曲线、缓和曲线同等的线元之一，不应刻意追求零比例直线的线形。

（5）对于高速公路，如果直线长度较长，宜有意设置曲线代替；对于双车道公路，如无其他要求，可维持直线设计。

（6）下述路段推荐采用直线：

① 不受地形、地物限制的平坦地区或山间的开阔谷地；

② 市镇及其近邻，或规划方正的农耕区；

③ 过长过大桥梁、隧道等构造物路段；

④ 路线交叉点及其前后路段；

⑤ 双车道公路提供超车的路段。

2.3 圆曲线

2.3.1 圆曲线的线形特征

圆曲线也是平面线形中常用的线形。《规范》规定，各级公路不论转角大小均应设置圆曲线。圆曲线具有与地形相适应、可循性好、线形美观、易于测设等优点，所以在设计中使用

相当广泛,其主要特点如下:

① 曲线上任意一点的曲率半径为常数,故测设比缓和曲线简便。

② 能较好地适应地形的变化,适应范围较广而灵活。

③ 较大半径的圆曲线具有线形美观、顺适、行车舒适的特点。

④ 圆曲线上的每一点都在不断地改变方向,汽车受到离心力作用,同时汽车比直线段多占用宽度。

⑤ 圆曲线半径较小时,汽车在圆曲线内侧行驶,视线受到路堑边坡或其他障碍物的影响,视距条件差,容易发生交通事故。

2.3.2 圆曲线半径

2.3.2.1 圆曲线半径计算的一般公式

汽车在曲线上行驶时,除受重力作用以外,还受到离心力的作用,也正是离心力的作用,使行驶在平曲线上的汽车有两种横向不稳定的危险:一是汽车向外滑移;二是汽车向外倾覆。

在平曲线上行驶的汽车所受到的离心力 F 如图 2-6 所示,其计算公式为:

$$F=\frac{G}{g}\cdot\frac{v^2}{R}=\frac{GV^2}{127R}$$

式中 G——汽车所受重力,N;

R——圆曲线的半径,m;

g——重力加速度,9.81m/s²;

v、V——汽车的行驶速度,分别以 m/s、km/h 计。

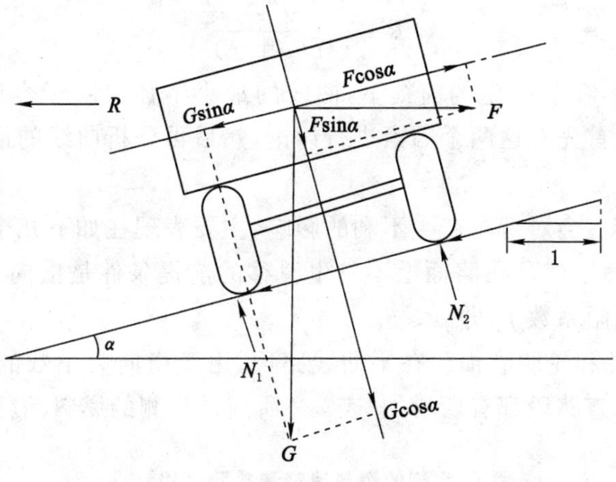

图 2-6 曲线上汽车的受力分析

为减小离心力的作用,保证汽车在平曲线上行驶的稳定性,把路面做成外侧高的单向横坡形式,也就是超高。汽车在具有超高的平曲线上行驶,重力的水平分力可以抵消一部分离心力的作用,其余可由横向摩阻力来平衡。

沿着平行于路面的横向力方向 X 和垂直于路面的竖直力方向 Y 对离心力 F 和汽车重力 G 进行分解,可得下式:

$$\begin{cases} X=F\cos\alpha-G\sin\alpha \\ Y=F\sin\alpha+G\cos\alpha \end{cases}$$

由于路面的横向倾角 α 一般很小，$\sin\alpha=\tan\alpha=i_h$，$\cos\alpha\approx1$，其中 i_h 称为横向超高坡度（也称超高率）。因此可以得到：

$$X=F-Gi_h=\frac{G}{g}\cdot\frac{v^2}{R}-Gi_h=G\left(\frac{v^2}{gR}-i_h\right)$$

在汽车行驶的过程中，横向力 X 是一个不稳定的因素，为了表示汽车所受横向力的程度，采用了单位车重所受的横向力这个概念，也就是用横向力系数来衡量汽车所受横向力的程度，即：

$$\mu=\frac{X}{G}=\frac{v^2}{gR}-i_h$$

将车速 v(m/h)变成 V(km/h)，可以得到：

$$\mu=\frac{V^2}{127R}-i_h \tag{2-1}$$

式中 μ——横向力系数；

i_h——超高横坡度（或称超高率）；

V——计算行车速度，km/h；

R——平曲线半径，m。

上式表达了横向力系数与车速、平曲线半径及超高率之间的关系，从中可以看到，横向力系数越大，汽车行驶的稳定性越差。

对式(2-1)进行变形可得：

$$R=\frac{V^2}{127(\mu\pm i_h)} \tag{2-2}$$

由上式可以看出，在 V 一定的前提下，曲线的最小半径取决于容许的最大横向力系数和最大超高率。因此首先对这两个因素进行讨论，然后再分析曲线的最小半径的计算。

(1) 横向力系数 μ

横向力系数的存在会对行车产生不利的影响，主要表现在如下几个方面：

① 行车安全方面。汽车在路面上不发生滑移的前提条件是横向力系数 μ 不大于轮胎与路面之间的横向摩阻系数 f，即 $\mu\leqslant f$。

② 增进燃料消耗和轮胎磨损。在平曲线路段，由于横向力系数的存在，使车辆的燃油消耗和轮胎磨损较平直路段都有所增加，表 2-2 所列是实测的燃料消耗和轮胎磨损情况。

表 2-2　实测的燃料消耗和轮胎磨损

横向力系数 μ	燃料消耗/%	轮胎磨损/%	横向力系数 μ	燃料消耗/%	轮胎磨损/%
0	100	100	0.15	115	300
0.05	105	160	0.20	120	390
0.1	110	220			

③ 乘客感觉不舒适。横向力系数的存在不仅造成驾驶员操作的困难、燃油消耗及轮胎磨损的增进，还对乘客的乘车感觉造成不良影响，在 μ 过大时，乘客的感觉不舒适。据试验，

乘客的心理随 μ 的变化如下：

当 $\mu<0.10$ 时，不感到有曲线存在，很平稳；

当 $\mu=0.15$ 时，稍感到有曲线存在，尚平稳；

当 $\mu=0.20$ 时，已感到有曲线存在，稍感不稳定；

当 $\mu=0.35$ 时，感到有曲线存在，不稳定；

当 $\mu>0.40$ 时，非常不稳定，车辆有倾覆的危险。

综上所述，μ 值的采用关系到行车安全、经济与舒适，必须确定一个合理的限界。通过研究一般认为 0.11～0.16 是比较合理的一个范围，在设计中可以根据公路等级采用不同的值。根据我国研究资料，采用最大横向力系数值如表 2-3 所示。

表 2-3　最大横向力系数

设计速度/(km/h)	120	100	80	60	40	30	20
最大横向力系数	0.10	0.12	0.13	0.15	0.15	0.16	0.17

(2) 超高横坡度 i_h

设置超高是为了抵消部分离心力作用，但公路上行驶车辆的速度并不一致，特别是在混合交通的公路上，不仅要照顾快车，也要考虑慢车。因此选择合适的超高率才能保证行车安全。

确定最大的超高率，除了根据公路所在的地区的气候条件外，还应充分考虑驾驶员和乘客的心理反应。对重山区、城市附近、交叉口及有相当数量的非机动车的公路，最大超高率比一般路段要小些。《标准》明确规定，超高的横坡度按设计速度、半径大小，结合路面类型、自然条件和车辆组成等情况确定，见表 2-4。当超高横坡度的计算值小于路拱坡度时，应设置等于路拱的超高。

《城规》规定的城市道路最大超高横坡度见表 2-5。

表 2-4　各级公路最大超高横坡度

公路所在地区的气候	高速公路、一级公路	二、三、四级公路
一般地区/%	10 或 8	8
积雪冰冻地区/%	6	
城镇区域	4	

表 2-5　城市道路最大超高横坡度

计算行车速度/(km/h)	80	60	50	40	30	20
最大横坡度/%	6	4		2		

2.3.2.2 圆曲线最小半径

圆曲线最小半径包括极限最小半径、一般最小半径、不设超高的最小半径。

(1) 极限最小半径

极限最小半径是指按设计速度行驶的车辆，能保证其安全行驶的最小半径。计算时，μ 值视设计车速采用 0.11～0.16；i_h 值视道路的不同环境而定，公路用 0.10、0.08 或 0.06，城市道路用 0.06、0.04 或 0.02。我国《标准》和《城规》中所制定的极限最小半径是考虑了我国的具体情况并参照国外资料，取适当的 μ_{max} 和 $i_{h,max}$ 代入式(2-2)计算整理出的。

极限最小半径是设计采用的极限值，是在特殊困难的条件下不得已才使用的，通常不轻易采用。

(2) 一般最小半径

一般最小半径指按设计速度行驶的车辆能保证其安全性和舒适性的最小半径，它是通常情况下推荐采用的最小半径值。它介于极限最小半径与不设超高的最小半径之间，其超高值随半径增大而按比例减小。一般最小半径的 μ 和 i_h 取值见表 2-6。

表 2-6　公路一般最小半径的 μ 和 i_h 取值

设计速度/(km/h)	120	100	80	60	50	40	30	20
μ	0.05	0.05	0.06	0.06	0.06	0.06	0.05	0.05
i_h	0.06	0.06	0.07	0.08	0.07	0.07	0.06	0.06

(3) 不设超高的最小半径

不设超高的最小半径是指曲线半径较大，离心力较小，轮胎与路面间的摩阻力就足以保证汽车安全稳定行驶所采用的最小半径，这时路面就可以不设超高。从舒适角度考虑，此时 μ 的取值比极限最小半径所用的 μ 要小得多。《标准》规定不设超高最小半径是按 $\mu=0.035$，$i_h=-0.015$ 和式(2-2)计算后取整得来的。《城规》规定的城市道路不设超高最小半径是按 $\mu=0.06$，$i_h=-0.015$ 和式(2-2)计算后取整得来的。

《标准》和《城规》规定，圆曲线最小半径见表 2-7 和表 2-8。

表 2-7　公路圆曲线最小半径

设计速度/(km/h)		120	100	80	60	40	30	20
圆曲线最小半径(一般值)/m		1 000	700	400	200	100	65	30
圆曲线最小半径(极限值)/m	$I_{max}=4\%$	810	500	300	150	65	40	20
	$I_{max}=6\%$	710	440	270	135	60	35	15
	$I_{max}=8\%$	650	400	250	125	60	30	15
	$I_{max}=10\%$	570	360	220	115	—	—	—
不设超高最小半径/m	路拱≤2.0%	5 500	4 000	2 500	1 500	600	350	150
	路拱>2.0%	7 500	5 250	3 350	1 900	800	450	200

表 2-8　城市道路圆曲线最小半径

计算行车速度/(km/h)	80	60	50	40	30	20
不设超高最小半径/m	1 000	600	400	300	150	70
设超高的一般最小半径/m	400	300	200	150	85	40
极限最小半径/m	250	150	100	70	40	20

2.3.2.3 圆曲线最大半径

选用圆曲线半径时，在地形等条件允许的前提下，应尽量采用大半径曲线，使行车舒适。

但半径过大,使圆曲线太长,对测设和施工都不利,且过大的半径,其几何性质与直线无多大差异。因此,《规范》规定,圆曲线最大半径值不宜超过 10 000 m。

2.3.2.4 **圆曲线半径的确定**

圆曲线能较好地适应地形变化,并可获得圆滑的线形,使用范围较广且灵活。在道路平面线形设计确定圆曲线半径时,应遵循以下原则:

① 一般情况下宜采用极限最小半径的 4~8 倍或超高为 2%~4%的圆曲线半径;

② 地形条件受限制时,应采用大于或接近于一般最小半径的圆曲线半径;

③ 地形条件特别困难不得已时,方可采用极限最小半径;

④ 应同前后线形要素相协调,使之构成连续、均衡的曲线线形;

⑤ 应同纵面线形相配合,应避免小半径曲线与陡坡相重叠;

⑥ 每个弯道半径值的确定,应根据实地的地形、地物、地质、人工构造物及其他条件的要求,用外距、切线长、曲线长、曲线上任意点线位、合成纵坡等控制条件反算,并结合标准综合确定。

2.3.3 圆曲线的几何要素

四级公路可以不设缓和曲线,其他各级公路当曲线半径大于或等于“不设超高的圆曲线半径”时,也可不设缓和曲线,所以此类弯道的平曲线中只有圆曲线。如图 2-7 所示,简单圆曲线的几何要素计算如下:

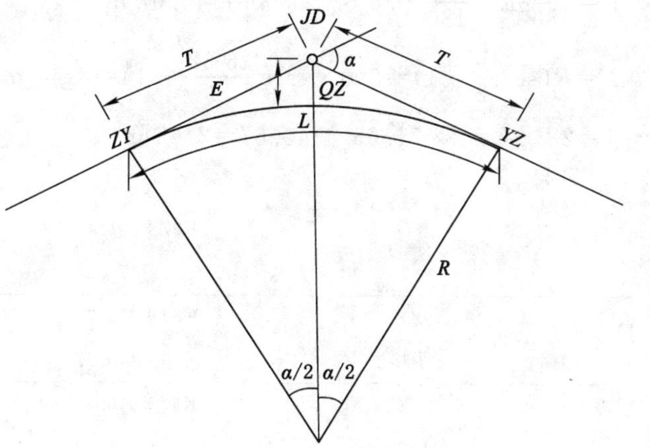

图 2-7 圆曲线几何要素

$$T=R\tan\frac{\alpha}{2} \tag{2-3}$$

$$L=\frac{\pi}{180}\alpha R \tag{2-4}$$

$$E=R\left(\sec\frac{\alpha}{2}-1\right) \tag{2-5}$$

$$J=2T-L \tag{2-6}$$

式中 T——切线长,m;

L——曲线长,m;

E——外距，m；

J——超距或切曲差，m；

α——转角，(°)；

R——圆曲线半径，m。

2.3.3 单圆曲线的设计计算

对于不设缓和曲线，和直线相连的圆曲线上有三个主点桩，如图 2-7 所示，其里程桩号计算如下：

$$ZY(\text{桩号})=JD(\text{桩号})-T \tag{2-7}$$

$$YZ(\text{桩号})=ZY(\text{桩号})+L \tag{2-8}$$

$$QZ(\text{桩号})=YZ(\text{桩号})-L/2 \tag{2-9}$$

$$JD(\text{桩号})=QZ(\text{桩号})+J/2 \tag{2-10}$$

〖例 2-1〗 某弯道交点桩号为 K87＋441.41，$\alpha_{右}=26°52'$，$R=300$ m，试计算曲线要素和曲线主点桩号。

解 (1) 计算圆曲线要素

由已知条件可知：

$$T=R\tan\frac{\alpha}{2}=300\times\tan\frac{26°52'}{2}=71.66 \text{ m}$$

$$L=\frac{\pi}{180}\alpha R=\frac{\pi}{180}\times 26°52'\times 300=140.67 \text{ m}$$

$$E=R(\sec\frac{\alpha}{2}-1)=300\times(\sec\frac{26°52'}{2}-1)=8.44 \text{ m}$$

$$J=2T-L=2\times 71.66-140.67=2.65 \text{ m}$$

(2) 计算曲线主点桩号

JD	K87＋441.41
$-T$	71.66
ZY	K87＋369.75
$+L$	140.67
YZ	K87＋510.42
$-L/2$	70.33
QZ	K87＋440.09
$+J/2$	1.32
JD	K87＋441.41
	(校核无误)

2.4 缓和曲线

2.4.1 缓和曲线的特点与作用

缓和曲线是设置在直线和圆曲线之间或半径相差较大的两个同向的圆曲线之间的一种

曲率逐渐变化的曲线，是道路平面线形要素之一。《标准》规定，除四级公路可不设缓和曲线外，其余各级公路都应按要求设置缓和曲线。在城市道路上，缓和曲线也被广泛使用，《城规》规定，当设计车速大于等于 40 km/h 时，应按要求设置缓和曲线。

2.4.1.1 **缓和曲线的特点**

从满足行车要求来看，缓和曲线具有以下线形特点：

① 缓和曲线曲率渐变，设于直线与圆曲线间，其线形符合汽车转弯时的行车轨迹，从而使线形缓和，消除了曲率突变点；

② 由于曲率渐变，使道路线形顺适美观，有良好的视觉效果和心理舒适感；

③ 在直线和圆曲线间加入缓和曲线后，使平面线形更为灵活，线形自由度提高，更能与地形、地物及环境相适应、协调、配合，使平面线形布置更加灵活、经济、合理；

④ 与圆曲线相比，缓和曲线计算及测设均较复杂。

2.4.1.2 **缓和曲线的作用**

① 缓和曲线通过其曲率逐渐变化，可更好地适应汽车转向的行驶轨迹。

汽车在转弯过程中，其行驶轨迹是一条曲率连续变化的轨迹线，它的形式和长短则随行车速度、曲率半径和司机转动方向盘的快慢而定。从安全角度出发，缓和曲线的合理设计有利于车辆在行驶过程中不致偏离车道，从而保证行车安全。

② 汽车从一曲线过渡到另一曲线的行驶过程中使离心加速度逐渐变化。

汽车行驶在曲线上会产生离心力，离心力的大小与曲线的曲率成正比。从直线驶入圆曲线，如果不设缓和曲线，其曲率会产生突变，在一定的车速情况下，乘客就会有不舒适的感觉。设置了缓和曲线，其曲率是直线到圆曲线逐渐过渡的，离心加速度的过渡也是逐渐的，乘客就不会有不舒服的感觉。

③ 缓和曲线可以作为超高和加宽变化的过渡段。

道路路线在弯道上要设置超高和加宽，从双面横坡过渡到单面横坡，和由直线上的正常宽度过渡到圆曲线上的加宽宽度，这一过程变化一般是在缓和曲线长度内完成的。

④ 与圆曲线配合得当，增加线形美观。

圆曲线与直线相连接，其曲率是突变的，在视觉上有明显不平顺的感觉。设置缓和曲线以后，线形连续圆滑，增加了线形的透视美，同时驾驶人员也会感到安全，如图 2-8 所示。

(a)

(b)

图 2-8 直线与曲线连接效果图

(a) 不设缓和曲线感觉路线扭曲；(b) 设缓和曲线后变得平顺美观

2.4.2 缓和曲线的表达形式

汽车由直线进入圆曲线，其行驶轨迹的曲率是逐渐变化的。假定汽车是等速行驶，司机匀速转动方向盘，当方向盘转动角为 φ 时，前轮相应转动角度为 ϕ，如图 2-9 所示。它们之间的关系为：

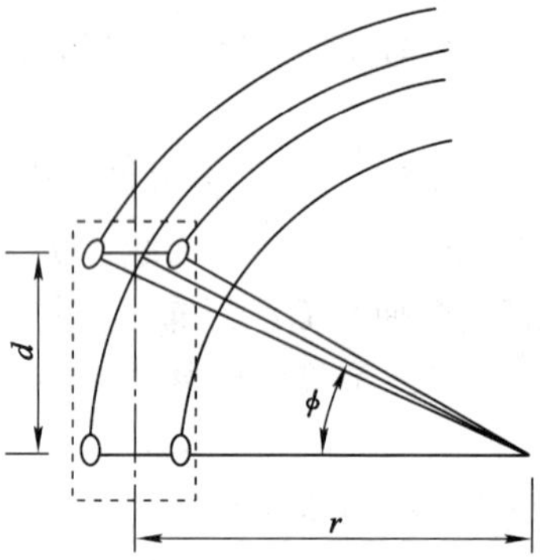

图 2-9 汽车转弯简化图

$$\phi = k\varphi \ (\text{rad}) \quad (k<1)$$

方向盘转动的角速度为 ω，则汽车前轮转动的角度为 $\phi = k\varphi = k\omega t$。根据图 2-6，可以得知：

$$r = \frac{d}{\tan \phi}$$

因为 ϕ 很小，因此可以近似地表示为：

$$r = \frac{d}{\phi} = \frac{d}{k\omega t}$$

汽车以 v 等速行驶，因此存在如下关系 $l = vt$ 代入上式并整理得到 $l = v\dfrac{d}{k\omega r}$。式中 v、d、k、ω 都为常数，因此定义

$$\frac{vd}{k\omega} = C$$

故得到：

$$l = \frac{C}{r} \quad \text{或} \quad rl = C \tag{2-11}$$

式中 l——汽车自曲线起点开始转弯，经 t(s)后行驶的距离，m；

r——汽车行驶 t(s)后的曲率半径，m；

C——常数。

推证说明，汽车匀速从直线进入圆曲线（或相反）其行驶轨迹的弧长与曲线的曲率半径之乘积为一常数。这一性质与数学上的回旋线正好相符。我国的道路线形设计采用回旋线作为缓和曲线，由于 rl 的量纲是 m^2，因此为使量纲一致，故令常数 $C = A^2$，其基本公式为：

$$rl = A^2 \tag{2-12}$$

式中 r——回旋线上任意点的曲率半径，m；

l——回旋线上任意点到原点的长度，m；

A——回旋线的参数，m，表示回旋线的曲率变化的缓急程度。

对于回旋线的终点处 $r=R, l=L_S$，则上式可以表示为：

$$RL_S=A^2 \quad 或 \quad A=\sqrt{RL_S} \tag{2-13}$$

式中 R——回旋线所连接的圆曲线的半径，m；

L_S——缓和曲线的长度，m。

回旋线作为缓和曲线，所使用的范围是曲率半径 $R=\infty$ 至 $R=R'$（圆曲线半径），其数学计算式推导如下。由图 2-10 可知：

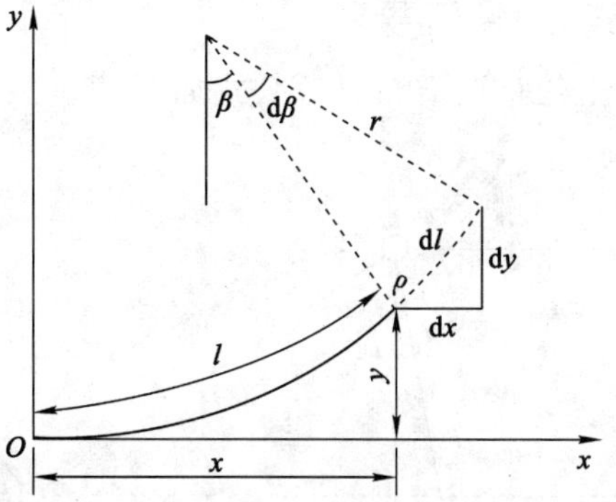

图 2-10 回旋线图

$$\begin{cases} dl=r d\beta \\ dx=dl \cdot \cos\beta \\ dy=dl \cdot \sin\beta \end{cases} \tag{2-14}$$

以 $rl=A^2$ 代入得：$dl=A^2 d\beta$，$dl=\frac{A^2}{l}d\beta$，积分得：$l^2=2A^2\beta$，则缓和曲线角：

$$\beta=\frac{l^2}{2A^2} \tag{2-15}$$

将 $dl=\frac{A^2}{l}d\beta$ 代入式(2-14)，则得：

$$\begin{cases} dx=\frac{A^2}{l}\cos\beta d\beta=\frac{A}{\sqrt{2\beta}}\cos\beta d\beta \\ dy=\frac{A^2}{l}\sin\beta d\beta=\frac{A}{\sqrt{2\beta}}\sin\beta d\beta \end{cases} \tag{2-16}$$

将上式积分并将 $\cos\beta \cdot \sin\beta$ 用级数展开整理得：

$$\begin{cases} x=l-\frac{l^3}{40r^2}+\frac{l^5}{3\ 456r^4}-\cdots \\ y=\frac{l^2}{6r}-\frac{l^4}{336r^3}+\frac{l^6}{42\ 240r^5}-\cdots \end{cases} \tag{2-17}$$

在回旋线终点处，$l=L_S$（L_S为回旋线长度），$r=R$，代入上式得：

$$\begin{cases} x=x_0=L_S-\dfrac{L_S^3}{40R^2}+\dfrac{L_S^5}{3\ 456R^4}-\cdots \\ y=y_0=\dfrac{L_S^2}{6R}-\dfrac{L_S^4}{336R^3}+\dfrac{L_S^6}{42\ 240R^5}-\cdots \end{cases} \tag{2-18}$$

如果用切线支距法敷设缓和曲线，则可用下列近似公式：

$$\begin{cases} x\approx l-\dfrac{l^3}{40r^2} \quad 或 \quad x\approx l-\dfrac{l^5}{40C^2} \\ y\approx\dfrac{l^2}{6r}-\dfrac{l^4}{336r^3} \quad 或 \quad y\approx\dfrac{l^3}{6C}-\dfrac{l^7}{336C^3} \end{cases} \tag{2-19}$$

2.4.3 缓和曲线(回旋线)的几何要素

如图 2-11 所示，回旋线上任意点 P 的计算公式如下：

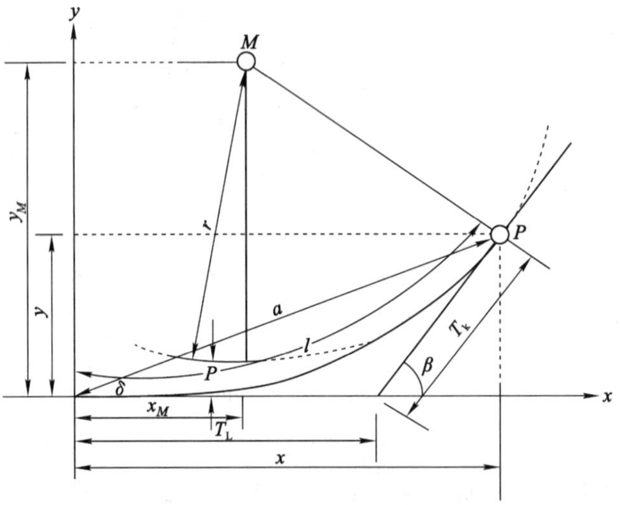

图 2-11 回旋线要素

P 点的曲率半径：

$$r=\frac{A}{\sqrt{2\beta}} \tag{2-20}$$

P 点的回旋线长：

$$l=A\sqrt{2\beta} \tag{2-21}$$

缓和曲线角：

$$\beta=\frac{l^2}{2A^2}=\frac{l^2}{2rl}=\frac{l}{2r} \tag{2-22}$$

长切线长：

$$T_L=x-y\cos\beta \tag{2-23}$$

短切线长：

$$T_K=\frac{y}{\sin\beta} \tag{2-24}$$

P 点的弦长：

$$a=\frac{y}{\sin\delta} \tag{2-25}$$

P 点的偏角：

$$\delta=\arctan\frac{y}{x}\approx\frac{\beta}{3} \tag{2-26}$$

设置缓和曲线的公路平曲线的几何要素计算如下：

公路平面线形的基本组合为：直线—缓和曲线—圆曲线—缓和曲线—直线，如图 2-12 所示。其几何元素的计算公式如下：

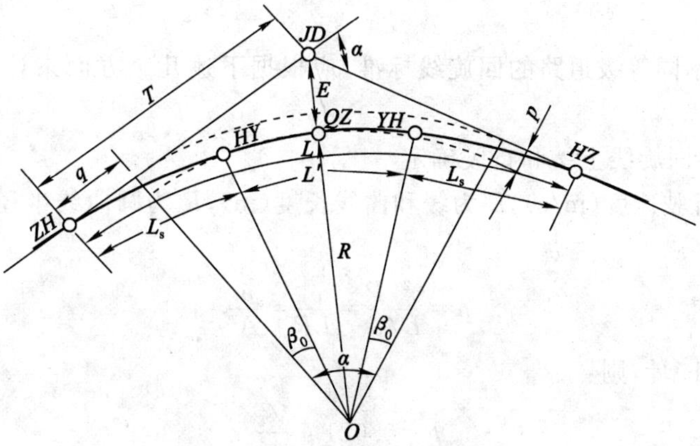

图 2-12 基本型平曲线

$$q=\frac{L_S}{2}-\frac{L_S^3}{240R^2} \tag{2-27}$$

$$p=\frac{L_S^2}{24R}-\frac{L_S^4}{2\,688R^3} \tag{2-28}$$

$$\beta_0=28.647\,9\frac{L_S}{R} \tag{2-29}$$

$$T=(R+p)\tan\frac{\alpha}{2}+q \tag{2-30}$$

$$L=(\alpha-2\beta_0)\frac{\pi}{180}R+2L_S \tag{2-31}$$

$$E=(R+p)\sec\frac{\alpha}{2}-R \tag{2-32}$$

$$J=2T-L \tag{2-33}$$

式中 q——缓和曲线起点到圆曲线原起点的距离，也称为切线增值，m；

p——设缓和曲线后圆曲线内移值，m；

β_0——缓和曲线终点缓和曲线角，(°)；

L_s——缓和曲线长，m；

R——圆曲线半径，m；

α——转角，(°)；

T——切线长，m；

L——曲线长，m；

E——外距，m；

J——超距，m。

2.4.4 缓和曲线参数 A 的确定

回旋线是缓和曲线的常用曲线形式。所有的回旋线在几何上都是相似的，参数 A 是长度的量度，可认为是放大的倍数。$RL=A^2$，如设 $R/A=r$，$L/A=l$，则单位回旋线方程为 $rl=1$，即参数 A 越大，对缓和曲线长度 L 来说，回旋线的弯曲度越缓，回旋线的整体大小度也越大。这种性质与圆曲线类同，圆曲线半径越大，圆弧弯曲度越平缓，整个圆也就变得越大是一样的。

参数 A 作为不同等级道路的回旋线标准，应根据下述几个方面来计算，最好综合加以确定。

(1) 从汽车在回旋线上缓和行驶确定

设 v 为汽车行驶速度(m/s)，L 为缓和曲线长度(m)，R 为圆曲线半径(m)，则离心加速度变化率为：

$$p=\frac{v^2/R}{L/v}=\frac{v^3}{LR}=\frac{v^3}{A^2}$$

若 V 以(km/h)计，则：

$$p=0.0214\frac{V^3}{A^2}$$

所以有：

$$A=\sqrt{\frac{0.0214}{p}}\sqrt{V^3}\quad(\text{m})\tag{2-34}$$

p 值可参照下述规定，高速公路及快速路推荐值为 0.35、绝对最小值为 0.5；一般公路及 $V<60$(km/h)的匝道、地方道路为 0.6；山岭区公路为 0.75；其他特殊地区道路为 0.775。

(2) 依行驶时间确定

设汽车在回旋线上行驶必要的最小时间为 t(s)，汽车车速为 v(m/s)，则 $L=vt$，所以：

$$A=\sqrt{RL}=\sqrt{vRt}\quad(\text{m})$$

以 V(km/h)代 v(m/s)，并取 t 为 3 s，则：

$$A=\sqrt{3vR}=\sqrt{\frac{VR}{1.2}}\quad(\text{m})\tag{2-35}$$

(3) 根据视觉条件确定

确定合理的缓和曲线参数 A，可以使线形达到顺适与美观的要求。根据跟踪司机的视觉发现，当缓和曲线角小于 3°时，曲线极不明显，在视觉上容易被忽略；当缓和曲线角大于 29°时，曲线过于弯曲，很难与相接的圆曲线顺接。保持缓和曲线角 β 在 3°～29°之间，就可以确定合适的 A 值。

因为有：

$$\beta_0=28.6479\frac{L_S}{R}$$

所以有：

$$L_S=\frac{R\beta_0}{28.6479}$$

故而：

$$A=\sqrt{RL_S}=R\sqrt{\frac{\beta_0}{28.6479}} \tag{2-36}$$

在回旋线终点，$\beta=\beta_0$，将 $\beta_0=3°$ 和 $\beta_0=29°$ 分别代入式(2-36)，则大致有下面的关系：

$$\frac{R}{3}\leqslant A\leqslant R$$

不过上述关系只适用 R 在某种范围内。经验证明，设计时，一般当 $R\approx100$ m 时，取 $A=R$；$R<100$ m 时，取 $A\geqslant R$；$100<R<3\,000$ m 时，取 $A=R/3$；当 $R>3\,000$ m 时，取 $A<R/3$。

2.4.5　缓和曲线的最小长度

由于车辆要在缓和曲线上完成不同曲率的过渡行驶，所以要求缓和曲线有足够的长度，以使驾驶员能从容地操纵方向盘。这样乘客感觉舒适，道路线形美观流畅，圆曲线上的超高和加宽的过渡也能在缓和曲线段内比较合理地完成，所以应当规定缓和曲线的最小长度。为此，可从以下几个方面考虑计算。

(1) 依离心加速度变化率

即离心加速度从直线上的零增加到进入圆曲线时的最大值，离心加速度变化率限制在一定的范围内。

离心加速度变化率为：

$$p=\frac{v^3}{L_sR}\quad(\mathrm{m/s^3})$$

设置缓和曲线通常采用 $p\leqslant0.6(\mathrm{m/s^3})$，并以 V(km/h)代替 v(m/s)，则：

$$L_s=0.036\frac{V^3}{R}\quad(\mathrm{m}) \tag{2-37}$$

(2) 依驾驶员操作反应时间

$$L_s=vt=\frac{1}{3.6}Vt\quad(\mathrm{m})$$

一般要求操作反应时间 t 不小于 3 s，则：

$$L_s=\frac{3V}{3.6}=0.83V\quad(\mathrm{m}) \tag{2-38}$$

(3) 依视觉条件

从回旋线特性知 $RL_s=C$，经验认为 $C=\frac{R^2}{9}\sim R^2$ 即可使线形舒顺协调，所以有：

$$L_s=\frac{R}{9}\sim R \tag{2-39}$$

实际采用的缓和曲线长度应取上述计算中的大值(一般取 5 m 的整倍数)。《规范》规定了各级公路缓和曲线最小长度，见表 2-9。《城规》规定了城市道路的缓和曲线最小长度，见表 2-10。

表 2-9　　各级公路缓和曲线最小长度

公路等级	高速公路			一			二		三		四
设计速度/(km/h)	120	100	80	100	80	60	80	60	40	30	20
最小缓和曲线长度/m	100	85	70	85	70	50	70	50	35	25	20

注:四级公路为超高加宽缓和段的长度。

表 2-10　　城市道路缓和曲线最小长度

设计速度/(km/h)	100	80	60	50	40	30	20
最小缓和曲线长度/m	85	70	50	45	35	25	20

2.4.6　缓和曲线的省略

在直线和圆曲线之间设置缓和曲线后,圆曲线在原来与直线相切的基础上产生了一个内移值 p,在缓和曲线长度 L_s 一定的情况下,p 与圆曲线半径成反比,当 R 大到一定程度时,p 值甚微,即使直线与圆曲线径相连接,汽车也能完成缓和曲线的行驶,因为在路面的富余宽度中已经包含了这个内移值。因此,《规范》规定,在下列情况下可不设回旋线:

(1) 直线与圆曲线间缓和曲线的省略

《规范》规定,当圆曲线半径大于或等于表 2-4 中不设超高的圆曲线最小半径时可不设缓和曲线;四级公路可将直线和圆曲线径相连接,在圆曲线两端的直线上设置超高缓和段、加宽缓和段。

《城规》规定,当计算行车速度小于 40 km/h 时,可以省略缓和曲线;大于 40 km/h 时,如半径大于不设缓和曲线的最小圆曲线半径时,缓和曲线可以省略,见表 2-11。

表 2-11　　城市道路不设缓和曲线的最小圆曲线半径

设计速度/(km/h)	80	60	50	40
不设缓和曲线的最小圆曲线半径/m	2 000	1 000	700	500

(2) 半径不同的圆曲线间缓和曲线的省略

半径不同的圆曲线间缓和曲线的省略有以下两种:

① 小圆半径大于表 2-4 中不设超高的圆曲线最小半径时,可以省略缓和曲线。

② 小圆半径大于表 2-12 中所列半径,且符合下列条件之一时,均可省略缓和曲线:

a. 小圆曲线按规定设置相当于最小回旋曲线长的回旋线时,其大圆与小圆的内移值之差不超过 0.10 m;

b. 设计速度≥80 km/h 时,大圆半径与小圆半径之比小于 1.5;

c. 设计速度<80 km/h 时,大圆半径与小圆半径之比小于 2。

表 2-12　　复曲线中小圆临界曲线半径

公路等级	高速公路			一			二		三	
设计速度/(km/h)	120	100	80	100	80	60	80	60	40	30
曲线半径/m	2 100	1 500	900	1 500	900	500	900	500	250	130

〖例 2-2〗 在平原区某二级公路(V=80 km/h)有一弯道 R=250 m,交点 JD 的桩号为 K17+568.38,转角 $\alpha=38°30'00''$,试计算该曲线上设置缓和曲线后的五个基本桩号。

解 (1) 缓和曲线长度 L_s

平原区二级公路设计速度为 80 km/h,则:

$$L_s=0.036\frac{V^3}{R}=0.036\times\frac{80^3}{250}=73.73\ (\text{m})$$

$$L_s\geqslant\frac{V}{3.6}\times 3=\frac{80}{3.6}\times 3=66.67\ (\text{m})$$

$$L_s=\frac{R}{9}\sim R=\frac{250}{9}\sim 250=27.78\sim 250\ (\text{m})$$

取整数 5 m 的倍数,采用缓和曲线长 75 m(《标准》规定:V=80 km/h 时,最小缓和曲线长为 70 m)。

(2) 圆曲线的内移值 p 和切曲差 q

$$p=\frac{L_s^2}{24R}=\frac{75^2}{24\times 250}=0.94\ (\text{m})$$

$$q=\frac{L_s}{2}-\frac{L_s^3}{240R^2}=\frac{75}{2}-\frac{75^3}{240\times 250^2}=37.47\ (\text{m})$$

(3) 总切线长 T

$$T=(R+p)\tan\frac{\alpha}{2}+q=(250+0.94)\times\tan\frac{38°30'}{2}+37.47=125.10\ (\text{m})$$

(4) 曲线总长度 L

$$\beta_0=\frac{L_s}{2R}\cdot\frac{180}{\pi}=8°35'55''$$

$$L=(\alpha-2\beta_0)\frac{\pi}{180}R+2L_s=(38°30'00''-2\times 8°35'55'')\times\frac{\pi}{180}\times 250+2\times 75=242.99\ (\text{m})$$

(5) 五个基本桩号

JD	K17+568.38
$-T$	125.10
ZH	K17+443.28
$+L_s$	75
HY	K17+518.28
$+(L-L_s)$	167.99
HZ	K17+686.27
$-L_s$	75
YH	K17+611.27
$-1/2(L-2L_s)$	46.495
QZ	K17+564.775
$+J/2$	3.605
JD	K17+568.38
	(校核无误)

(其中超距 $J=2T-L=2\times 125.10-242.99=7.21$ m)

2.5 平面线形设计的一般原则与组合

2.5.1 平面线形设计的一般原则

(1) 平面线形应与地形、地物相适应,与周围环境相协调

路线要与地形相适应,这既是美学问题,也是经济问题和保护生态环境的问题。在地势平坦开阔的平原微丘区,路线以方向为主导,线形应直接舒顺,平面线形三要素中以直线为主;在地势起伏很大的山岭重丘区,路线以高程为主导,为了适应地形,路线多弯曲,则曲线所占比例较大。如果在没有任何障碍物的开阔地区(如戈壁、草原)故意设置一些不必要的曲线,或者在高低起伏的山地硬拉长直线,都将给人以不协调的感觉。直线、圆曲线、缓和曲线的选用与合理组合取决于地形、地物等具体条件,片面强调路线要以直线为主或以曲线为主,或人为规定三者的比例都是错误的。

(2) 保持平面线形的均衡与连贯

为使一条道路上的车辆尽量以均匀的速度行驶,应注意各线形要素保持连续性而不出现技术指标的突变。以下几点在设计时应充分注意。

① 长直线尽头不能接以小半径曲线。长直线和大半径曲线会导致较高的车速,若突然出现小半径曲线,会因减速不及而造成事故,特别是在下坡方向的尽头更要注意。若由于地形所限小半径曲线在所难免时,中间应插入中等曲率的过渡性曲线,并使纵坡不要过大。

② 高、低标准之间要有过渡。同一等级的道路由于地形的变化在指标的采用上会有变化,同一条道路按不同设计速度的各设计路段之间也会形成技术标准的变化。遇有这种高、低标准变化的路段,除满足有关设计路段在长度上的要求外,还应结合地形的变化,使路线的平面线形指标逐渐过渡,避免出现突变。

(3) 平曲线应有足够的长度

平曲线太短,汽车在曲线上行驶时间过短会使驾驶操纵来不及调整,一般都应控制平曲线(包括圆曲线及其两端的缓和曲线)的最小长度,见表 2-13、表 2-14、表 2-15 和表 2-16。

公路弯道在一般情况下是由两段缓和曲线(或超高、加宽缓和段)和一段圆曲线组成。缓和曲线的长度不能小于该级公路对其最小长度的规定,中间圆曲线的长度宜有大于 3 s 的行程,当条件受限时,可将缓和曲线在曲率相等处对接,此时的圆曲线长度为零。

路线转角的大小反映了路线的舒顺程度,但如果转角过小,即使设置了较大的半径也容易把曲线长看成比实际的要短,造成急转弯的错觉。这种倾向转角越小越显著,以致造成驾驶者枉作减速转弯的操作。一般认为,$\theta<7°$应属于小转角弯道。对于小转角弯道应设置较长的平曲线,其长度应大于表 2-14 中规定的“一般值”。但受地形及其他特殊情况限制时,可减短至表中的“低限值”。

表 2-13　平曲线最小长度

设计速度/(km/h)		120	100	80	60	40	30	20
平曲线最小长度/m	一般值	600	500	400	300	200	150	100
	最小值	200	170	140	100	70	50	40

表 2-14 **公路转角等于或小于7°时的平曲线最小长度**

设计速度/(km/h)		120	100	80	60	40	30	20
平曲线长度/m	一般值	1 400/α	1 200/α	1 000/α	700/α	500/α	350/α	280/α
	最小值	200	170	140	100	70	50	40

注：表中的α角为路线转角值，(°)，$\alpha<2°$时按2°计算。

表 2-15 **城市道路平曲线与圆曲线最小长度**

设计车速/(km/h)	80	60	50	40	30	20
平曲线最小长度/m	140	100	85	70	50	40
圆曲线最小长度/m	70	50	40	35	25	20

表 2-16 **城市道路小转角平曲线最小长度**

设计车速/(km/h)	80	60	50	40	30	20
平曲线最小长度/m	1 000/θ	700/θ	600/θ	500/θ	350/θ	280/θ

注：当$\theta<2°$时，按2°计。

2.5.2 平面线形的组合

平面线形由直线、圆曲线和缓和曲线三个几何要素组成，三个线形要素可以组合成不同的组合线形。

(1) 简单形

当一个弯道由直线与圆曲线组合时称为简单型曲线，即按直线—圆曲线—直线的顺序组合，如图 2-10 所示。

简单形组合曲线在 ZY 和 YZ 点处有曲率突变点，对行车不利。当半径较小时，该处线形也不顺适，一般限于四级公路采用。在其他等级公路中，当平曲线半径大于不设超高半径时，省略缓和曲线后也可以构成简单型。

(2) 基本形

直线—回旋线—圆曲线—回旋线—直线的组合，如图 2-13 所示。

基本形的两个回旋线应符合缓和曲线的规定，但不必要求相等，也可根据地形等条件设计成非对称形曲线。为使线形连续协调，回旋线—圆曲线—回旋线的长度之比最好设计成1∶1∶1或1∶2∶1。

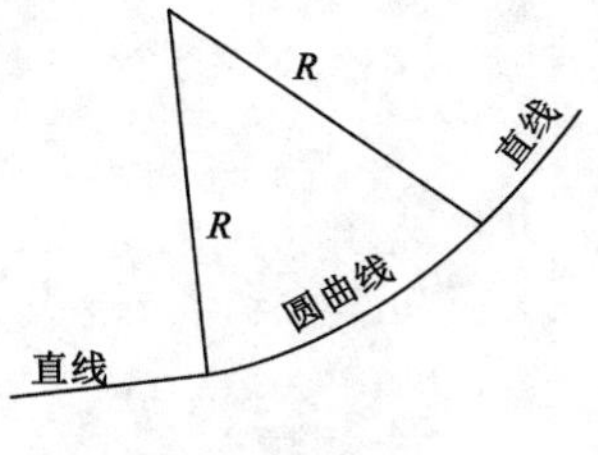

图 2-13 简单型

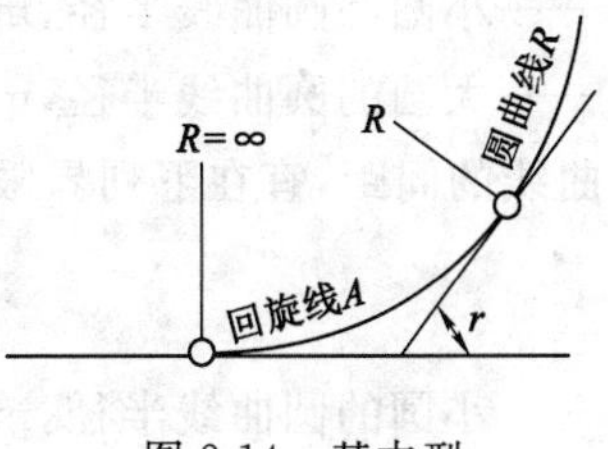

图 2-14 基本型

(3) S形回旋线

用两个回旋线连接两个反向圆曲线的组合，如图 2-15 所示。S形相邻两个回旋线参数 A_1 与 A_2 宜相等。当采用不同的参数时，A_1 与 A_2 之比应小于 2.0，有条件时，以小于 1.5

为宜。此外，在S形曲线上，两个反向缓和曲线之间不应设置直线。不得已插入直线时，必须尽量短，其短直线的长度或重合段的长度应符合下列公式：

$$l \leqslant \frac{A_1 + A_2}{40} \tag{2-40}$$

式中 l——反向回旋线间短直线或重合段的长度，m；

A_1、A_2——回旋线参数。

S形两圆曲线半径之比不宜过大，一般应控制在：

$$\frac{R_1}{R_2} = 1 \sim \frac{1}{3} \tag{2-41}$$

式中 R_1——小圆的圆曲线半径，m；

R_2——大圆的圆曲线半径，m。

(4) 卵形回旋线

用一个回旋线连接两个同向圆曲线的组合，如图2-16所示。

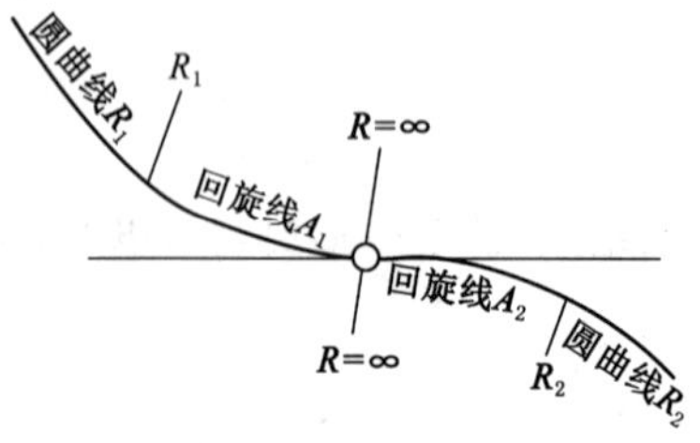

图2-15 S形

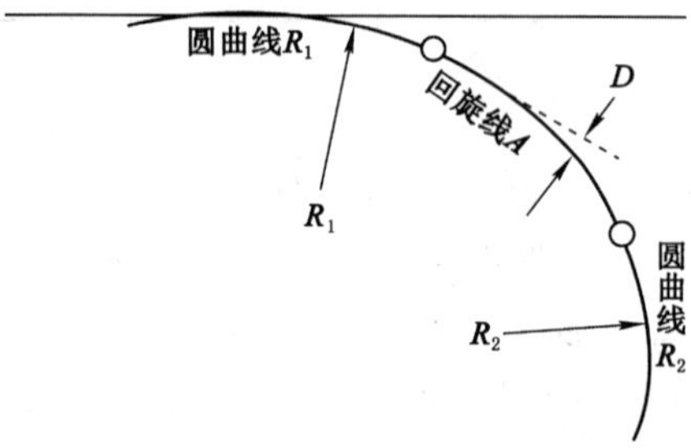

图2-16 卵形

卵形回旋线的参数宜符合下式规定范围：

$$\frac{R_1}{2} \leqslant A \leqslant R_1 \tag{2-42}$$

式中 A——回旋线参数，m；

R_1——小圆的圆曲线半径，m。

两圆曲线半径之比应控制在下式范围之内：

$$0.2 \leqslant \frac{R_1}{R_2} \leqslant 0.8 \tag{2-43}$$

式中 R_1——小圆的圆曲线半径，m；

R_2——大圆的圆曲线半径，m。

两圆曲线的间距，宜在下列界限之内：

$$0.003 \leqslant \frac{D}{R_1} \leqslant 0.03 \tag{2-44}$$

式中 R_1——小圆的圆曲线半径，m，

D——两圆曲线的最小间距，m。

(5) 凸形回旋线

两同向回旋线间不插入圆曲线而直接径向衔接的组合，如图2-17所示。

一般情况下，最好不采用凸形回旋线，只有在地形受限制的山嘴等处使用。

(6) 复合形回旋线

两个以上同向回旋线间在曲率相等处相互衔接的组合，如图 2-18 所示。复合形回旋线的两回旋线之比以 1∶1.5 为宜。

复合形回旋线除因地形或其他特殊原因限制外，一般很少使用。

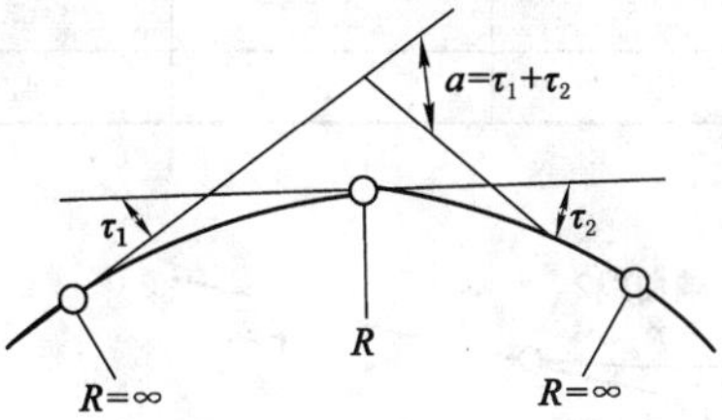

图 2-17　凸形

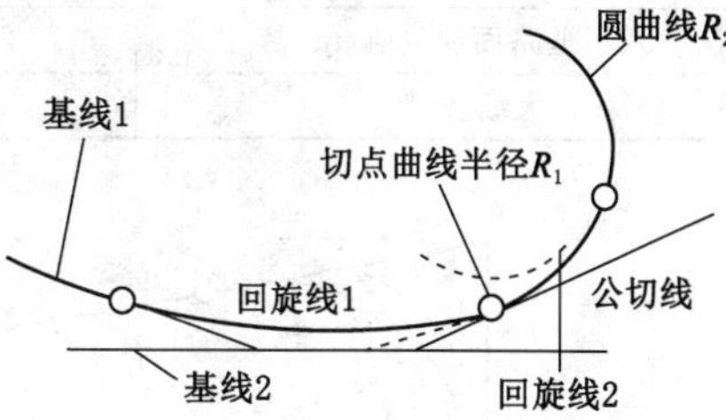

图 2-18　复合形

(7) C 形回旋线

同向曲线的两回旋线在曲率为零处径相连接的形式，如图 2-19 所示。其连接处的曲率为零，相当于两基本型的同向曲线中间直线长度为零，这种线形对行车也会产生不利影响。因此，C 形曲线只有在特殊地形条件下方可采用。

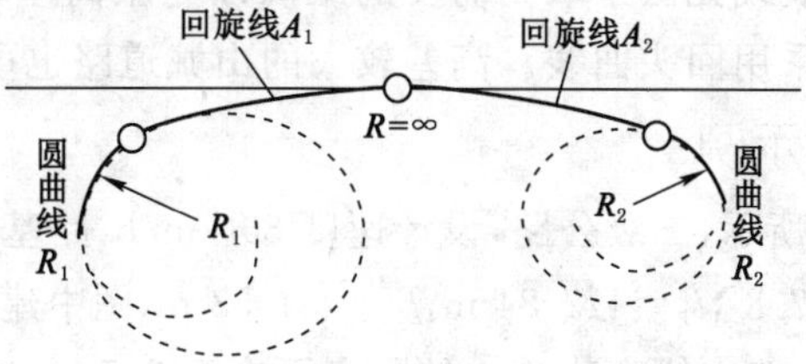

图 2-19　C 形

(8) 回头曲线

如图 2-20 所示，山区道路为克服高差，在同一坡面上转角接近或大于 ，一般由主曲线和辅曲线组合的形式称为回头曲线。图中 R_0，R_1，R_2 表示圆曲线，A_0，A_1，A_2 表示回旋线。回头曲线的上线一般应设辅曲线，以免出现长直下坡接小半径平曲线的不安全组合，下线辅曲线视地形可设可不设。主曲线与辅曲线之间可设直线段也可不设。主、辅曲线可以是反向曲线或同向曲线，应根据地形条件确定。上线辅曲线半径 R_1 与主曲线半径 R_0 比值不宜大于 2.0。主曲线技术指标规定如表 2-17 所示。两相邻回头曲线间应尽可能拉开距离，由一个回头曲线(主曲线)的终点至下一个回头曲线起点的距离，当路线设计速度为 40 km/h、30 km/h、20 km/h 时，应分别不小于 200 m、150 m、100 m。

表 2-17　　回头曲线技术指标

项目	公路等级			
	三			四
回头曲线设计速度/(km/h)	35	30	25	20
主曲线最小半径/m	40	30	20	15

续表 2-17

项目	公路等级			
	三			四
缓和曲线最小长度/m	35	30	25	20
超高横坡度/%	6	6	6	6
双车道路面加宽值/m	2.5	2.5	2.5	3
最大纵坡/%	3.5	3.5	4	4.5

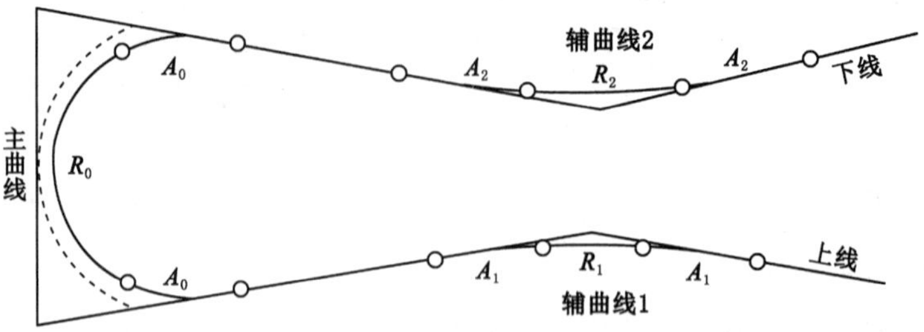

图 2-20　回头曲线

三、四级公路在自然展线无法争取到需要的距离以克服高差，或因地形、地质条件所限不能采用自然展线时，可采用回头曲线。高差较大的山城道路也可采用回头曲线。

2.5.3　平面线形设计示例

〖例 2-3〗　如图 2-21 所示，二级公路，设计速度 80 km/h，路基宽度 12 m，$\alpha_1=35°37'45''$，$\alpha_2=35°09'29''$，$\alpha_1=29°13'27.8''$，$l_1=412.84$ m，$l_1=431.53$ m，图中建筑物离 JD_2 的垂直距离为 29.7 m。要求路线布设后，路中线离建筑物的距离不小于 8.5 m，试推荐 JD_1，JD_2，JD_3 的半径和缓和曲线长度。

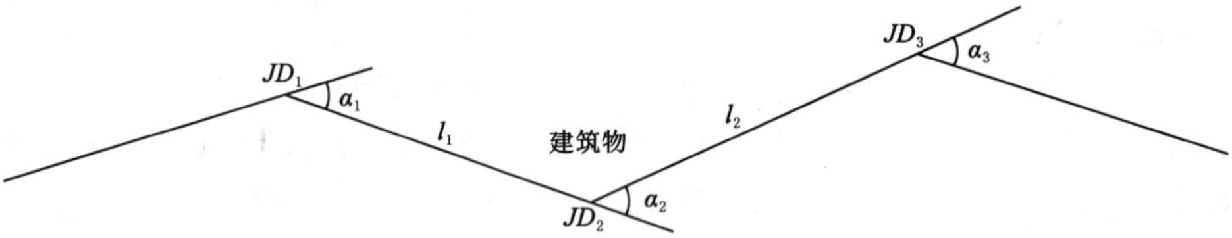

图 2-21　平面线形设计示例图

分析：将 JD_1，JD_2，JD_3 的半径均取极限最小半径 250 m 和该半径下的缓和曲线长度 110 m 时，切线长分别为 135.89 m，134.75 m，120.61 m，而根据直线最小长度要求 $2V=160$ m，$l_1<135.89+134.75+160$，$l_2>134.75+120.61+160$，因此 JD_1，JD_2 适合做成 S 形曲线，JD_2，JD_3 可做成大于 $2V$ 的反向曲线，也可做成 S 形曲线，但从线形角度考虑，宜做成 S 形曲线。又 JD_2 的曲线内侧有建筑物，收外距控制，因此宜先推 JD_2 的缓和曲线长度和圆曲线半径，再由切线长反算 JD_3 的圆曲线半径。

解　由外距反算 JD_2 的半径：

由图 2-21 可知，$E=29.7-8.5=21.2$ m，选定 $L_{s2}=120$ m，解算 R_2 并取整得 $R_2=400$ m，经验算缓和曲线长度满足超高、线形的要求。

由切线长反算 JD_1，JD_3 的半径：

由 JD_2 切线长 $T_2=187.16$ m，选定 $L_{s1}=145$ m，解算得 $R_1=475.03$ m，缓和曲线长度满足要求。

同样可得 $L_{s3}=160$ m，$R_3=628.96$ m。

〖例 2-4〗　如图 2-22 所示，某三级公路，设计速度为 30 km/h，$\alpha_1=109°30'18''$，$\alpha_2=108°14'01''$，$l=175.04$ m。要求布设一回头曲线，而且路线布设后，曲线与基线 AB 严格相切，试推荐该曲线半径和缓和曲线长度。

分析：上述情况布设曲线时，如不要求严格相切，可按虚交的相关做法计算圆曲线半径，然后推荐缓和曲线长度。如严格相切，可用非对称型单曲线解算圆曲线半径。即在切点处将曲线划分为两个非对称型单曲线，拟定缓和曲线长度，将 AB 表示为半径的函数，即可求得圆曲线半径。

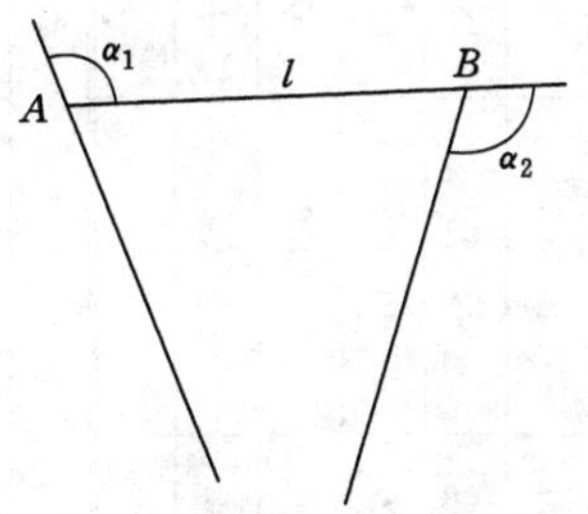

图 2-22　回头曲线设计示例图

解　拟定缓和曲线长度为 40 m，设半径为 R。

前一个曲线的 T_2 即为 A 到公切点的距离，后一个曲线的 T_1 即为公切点到 B 的距离。

则：

$$T^2+T_1=AB$$

由非对称性单曲线计算公式：

$$T_2=(R+P_2)\tan\frac{\alpha_1}{2}+q_2+\frac{P_1-P_2}{\sin\alpha_1}$$

$$T_1=(R+P_1)\tan\frac{\alpha_2}{2}+q_1-\frac{P_1-P_2}{\sin\alpha_2}$$

其中，$P_2=0$，$P_1=1\,600/(24R)$，$q_2=0$；

$P_1=0$，$P_2=1\,600/(24R)$，$q_1=0$。

由上述两式解关于 R 的方程得：$R=61.76$ m。

2.6　平面设计成果

2.6.1　直线、曲线及转角一览表

直线、曲线及转角一览表全面反映了路线的平面位置和路线平面线形的各项指标，它是道路设计的主要成果之一。只有在完成“直线、曲线及转角一览表”以后，才能据此计算“逐桩坐标表”和绘制“路线平面设计图”，同时在作路线的纵断面设计、横断面设计和其他构造物设计时都要使用本表的数据。该表的格式见表 2-18。本表对公路和城市道路都适用，其中“交点坐标”一栏视道路等级和测设情况取舍。

表 2-18　　某公路某段直线、曲线及转角表

交点号	交点坐标		交点桩号	转角值	曲线要素值					
	x	y			半径	缓和曲线长度	切线长度	曲线长度	外距	校正值
1	2	3	4	5	6	7	8	9	10	11
起点	41 808.204	90 033.595	K0+000.000							
2	41 317.589	90 464.099	K0+652.716	右 35°35 ?　25.0″	800.000	0.000	256.777	496.934	40.199	16.620
3	40 796.308	90 515.912	K1+159.946	左 57°32′52.0″	250.000	50.000	162.511	301.100	35.692	23.922
4	40 441.519	91 219.007	K1+923.562	左 34°32′06.0″	150.000	40.000	66.753	130.412	7.545	3.094
5	40 520.204	91 796.474	K2+503.273	右 78°53′21.0″	200.000	45.000	187.380	320.375	59.533	54.385
6	40 221.113	91 898.700	K2+764.966	左 51°40′28.0″	224.130	40.000	128.667	242.140	25.224	15.194
7	40 047.399	92 390.466	K3+271.318	左 34°55′51.0″	150.000	40.000	67.323	131.449	7.715	3.197
8	40 190.108	92 905.941	K3+802.980	右 22°25′25.0″	600.000	0.000	118.932	234.820	11.674	3.044
终点	40 120.034	93 480.920	K4+379.175							

交点号	曲线位置					直线长度及方向			测量断链		备注
	第一缓和曲线起点	第一缓和曲线终点或圆曲线起点	曲线中点	第二缓和曲线起点或圆曲线终点	第二缓和曲线终点	直线长度 /m	交点间距 /m	计算方位角或计算方向角	桩号	增减长度 /m	
1	12	13	14	15	16	17	18	19	20	21	22
起点								138°44′00.0″			
2		K0+395.939	K0+644.406	K0+592.873		395.939	652.716	174°19′25.0″			
3	K0+997.435	K1+047.435	K1+147.985	K1+248.535	K1+298.535	104.562	523.850	116°46′33.0″			
4	K1+856.809	K1+896.809	K1+922.015	K1+947.221	K1+987.221	558.274	787.538	82°14′27.0″			
5	K2+315.893	K2+360.893	K2+476.081	K2+591.268	K2+636.268	328.672	582.805	161°07′48.0″			
6	K2+636.299	K2+676.299	K2+757.369	K2+838.439	K2+878.439	0.031	316.078	109°27′20.0″			
7	K3+203.995	K3+243.995	K3+269.720	K3+295.444	K3+335.440	325.556	521.546	74°31′29.0″			
8		K3+684.048	K3+801.458	K3+918.868		348.604	534.589	96°56′54.0″			
终点						460.307	579.239				

2.6.2 逐桩坐标表

逐桩坐标表是高等级公路平面设计成果组成之一，是道路中线放样的重要资料。高等级公路的线形指标高，表现在平面上是圆曲线半径较大，缓和曲线较长，在测设和放样时需采用坐标法，方能保证其测量精度。

逐桩坐标表即各个中桩的坐标，见表 2-19，其计算和测量的方法是按"从整体到局部"的原则进行的。一般是根据导线点坐标用全站仪或 GPS 测量路线交点坐标或从图上直接量取(纸上定线时)交点坐标，计算交点转角和方位角、交点间距。再根据选定的曲线半径和缓和曲线长度，计算中线上各桩的坐标。

表 2-19　　某公路某段逐桩坐标表

桩号	坐标/m		方向角	桩号	坐标/m		方向角
	x	y			x	y	
K1+500.00	40 632.336	90 840.861	116°46′33.0″	K2+140.00	40 471.158	91 436.529	82°14′27.0″
K1+540.00	40 614.316	90 876.572	116°46′33.0″	K2+160.00	40 473.858	91 456.346	82°14′27.0″
K1+570.00	40 600.801	90 903.355	116°46′33.0″	K2+180.00	40 476.558	91 476.163	82°14′27.0″
K1+600.00	40 587.286	90 930.139	116°46′33.0″	K2+200.00	40 479.258	91 495.980	82°14′27.0″
K1+630.33	40 573.623	90 957.216	116°46′33.0″	K2+220.00	40 481.959	91 515.797	82°14′27.0″
K1+669.00	40 556.202	90 991.740	116°46′33.0″	K2+240.00	40 484.659	91 535.613	82°14′27.0″
K1+680.00	40 551.246	91 001.561	116°46′33.0″	K2+260.00	40 487.359	91 555.430	82°14′27.0″
K1+700.00	40 542.236	91 019.416	116°46′33.0″	K2+280.00	40 490.059	91 575.247	82°14′27.0″
K1+720.00	40 533.226	91 037.272	116°46′33.0″	K2+300.00	40 492.759	91 595.064	82°14′27.0″
K1+750.00	40 519.711	91 064.055	116°46′33.0″	ZH2+315.89	40 494.905	91 610.809	82°14′27.0″
K1+780.00	40 506.196	91 090.838	116°46′33.0″	K2+340.00	40 497.902	91 634.730	84°05′26.5″
K1+800.00	40 497.186	91 108.694	116°46′33.0″	HY2+360.89	40 499.302	91 655.568	88°41′08.7″
K1+820.00	40 488.176	91126.549	116°46′33.0″	K2+380.00	40 498.828	91 674.665	94°09′37.3″
K1+840.00	40 479.166	91 144.405	116°46′33.0″	K2+400.00	40 496.383	91 694.506	99°53′23.8″
ZH1+856.31	40 471.593	91 159.412	116°46′33.0″	K2+420.00	40 491.969	91 714.005	105°37′10.3″
K1+870.00	40 465.708	91 171.216	115°56′42.1″	K2+440.00	40 485.631	91 732.965	111°20′56.7″
HY1+896.81	40 455.191	91 195.860	109°08′09.7″	K2+460.00	40 477.431	91 751.198	117°04′43.2″
K1+900.00	40 454.177	91 198.885	107°55′03.1″	QZ2+476.08	40 469.544	91 765.206	121°41′06.9″
QZ1+922.01	40 448.963	91 220.253	99°30′30.3″	K2+500.00	40 455.794	91 784.761	128°32′16.2″
K1+940.00	40 477.061	91 238.126	92°38′19.1″	K2+520.00	40 442.573	91 799.757	134°16′02.6″

续表 2-19

桩号	坐标/m		方向角	桩号	坐标/m		方向角
	x	y			x	y	
YH1+947.00	40 446.902	91 245.344	89°52′50.9″	K2+540.00	40 427.920	91 813.357	139°59′49.1″
K1+960.00	40 447.413	91 258.112	85°46′43.6″	K2+560.00	40 411.983	91 825.427	145°43′35.6″
K1+980.00	40 449.567	91 227.993	82°29′23.3″	K2+580.00	40 394.921	91 835.845	151°27′22.1″
HZ1+987.22	40 450.531	91 285.148	82°14′27.0″	YH2+591.27	40 384.875	91 840.947	154°41′05.3
K2+000.00	40 452.257	91 297.811	82°14′27.0″	K2+600.00	40 376.910	91 844.518	156°56′35.0″
K2+010.00	40 453.607	91 307.719	82°14′27.0″	K2+620.00	40 358.262	91 851.740	160°17′15.4″
K2+030.00	40 456.307	91 327.536	82°14′27.0″	HZ2+636.27	40 342.893	91 857.077	161°07′48.0″
K2+050.00	40 459.007	91 347.353	82°14′27.0″	K2+650.00	40 329.916	91 861.563	160°31′48.6″
K2+070.00	40 461.707	91 367.170	82°14′27.0″	K2+670.00	40 311.319	91 868.655	157°30′02.7″
K2+100.00	40 465.757	91 396.895	82°14′27.0″	K2+700.00	40 284.324	91 881.898	149°57′30.4″
K2+120.00	40 468.458	91 461.712	82°14′27.0″				

2.6.3 路线平面设计图

路线平面设计图是公路设计文件的主要内容之一，综合反映了路线的平面位置、线形和几何尺寸，还反映出沿线人工构造物和重要工程设施的布置及公路与周边环境地形、地物和行政区划的关系等。

(1) 公路路线平面设计图

公路路线平面设计图应示出沿线的地形、地物、路线位置及里程桩号、断链、平曲线主要桩位与其他交通路线的关系以及县以上地界等；标注水准点、导线点及坐标网格或指北图式；示出特大桥、大中桥、隧道、路线交叉位置等；列出平曲线要素和交点坐标表等。比例尺一般为 1∶2 000～1∶5 000，参见图 2-23。

(2) 城市道路平面设计图

城市道路平面设计图一般应标明路线、规划红线、车行道线、人行道线、停车场、绿化、交通标志、人行横道线、沿线建筑物出入口，各种地上地下管线的起向位置、雨水进入口、窨井等，注明交叉口及沿线里程桩，弯道及交叉口处应注明曲线要素，交叉口转角缘石的转弯半径等，比例尺一般为 1∶500～1∶1 000，参见图 2-24。

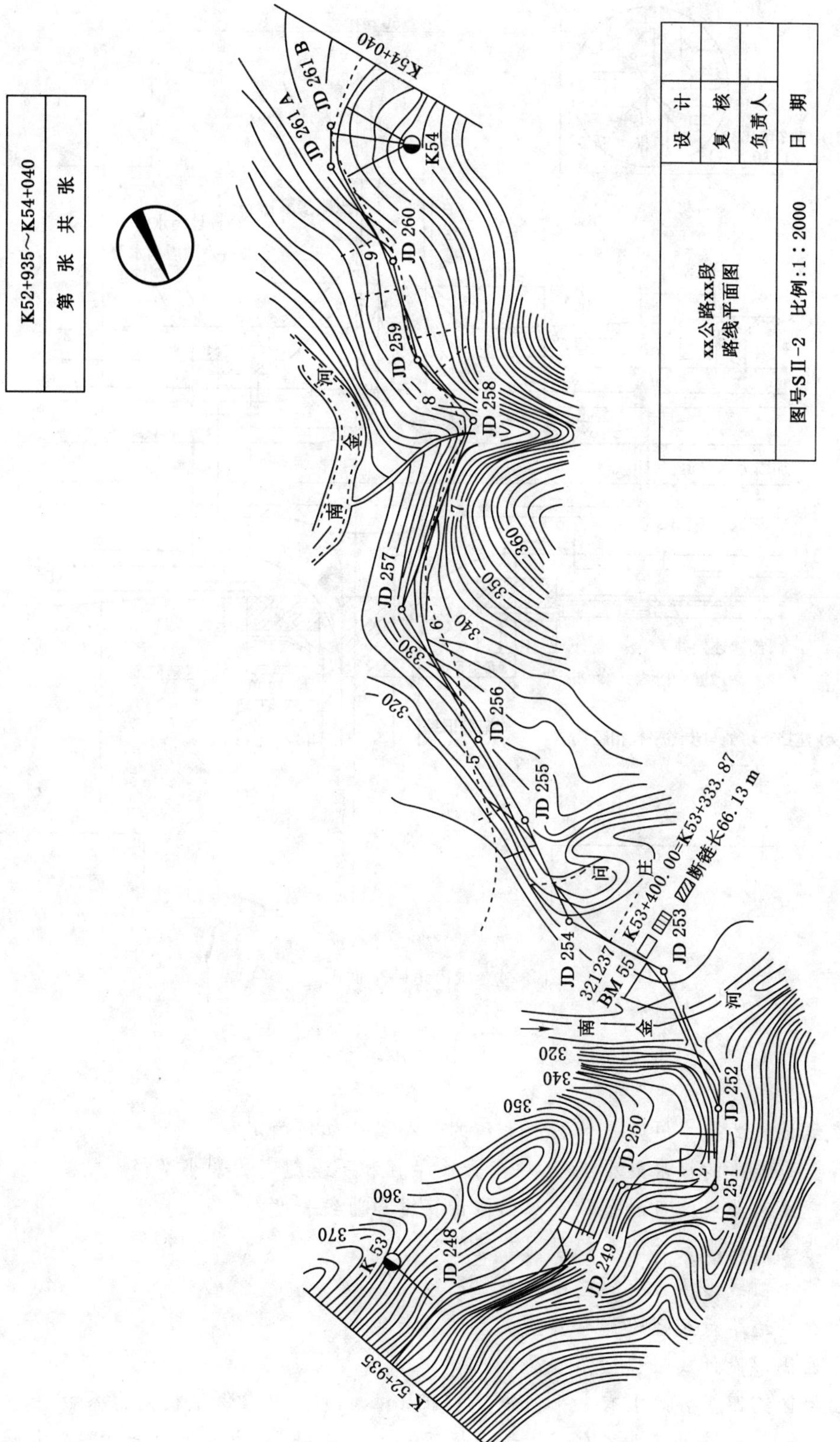

图2-23　公路路线平面设计图

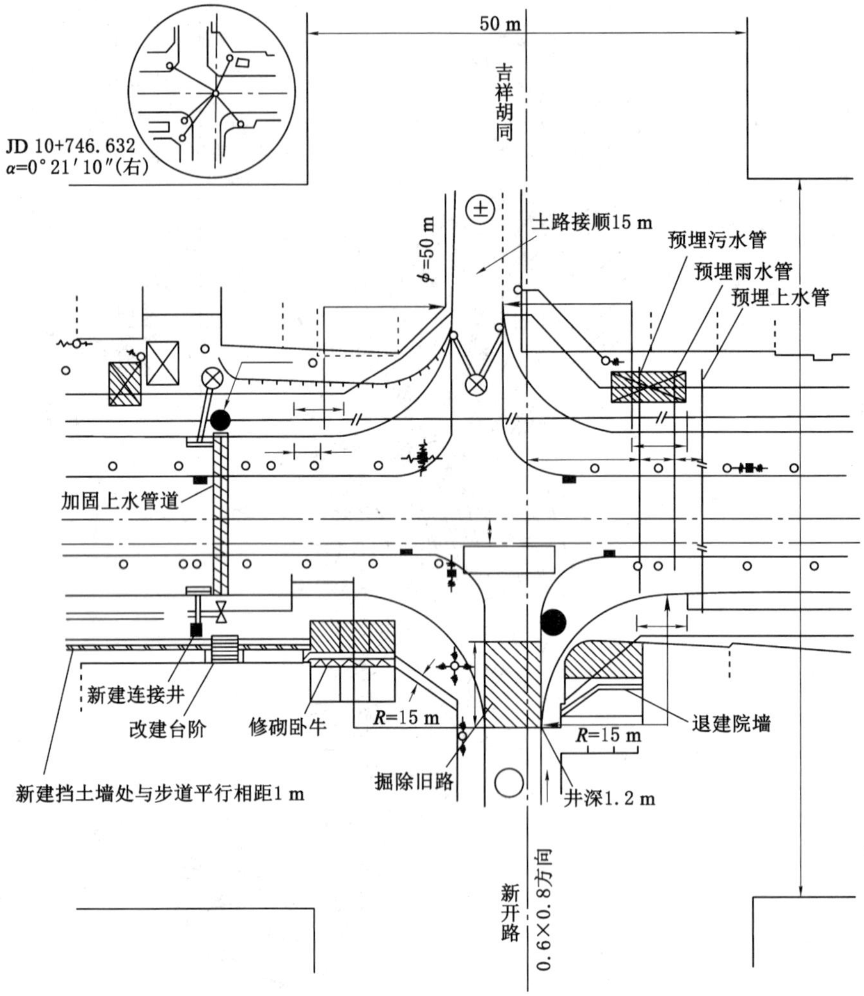

图 2-24　城市道路平面图

习　　题

1. 直线设置的基本原则是什么？直线的最小长度如何确定？
2. 什么是道路的极限最小半径、一般最小半径和不设超高的最小半径？
3. 设置缓和曲线的目的是什么？如何计算缓和曲线长度？
4. 道路平面线形设计的一般原则有哪些？
5. 道路平面线形要素有哪些组合类型？
6. 什么是道路行车视距？有哪些类型？
7. 平面线形设计成果包括哪些？

8. 山岭区某四级公路上有一平曲线，$R=15$ m。(1) 如要求保证横向力系数 $\mu \leqslant 0.15$，试求超高横坡度 $i_{超}$ 应为多少？(2) 如最大超高 $i_{超}=0.08$，试问汽车通过此弯道时需要限制的车速是多少？

9. 设微丘区某二级公路，采用沥青混凝土路面，路面横坡为2%，设计速度为80 km/h。(1) 试求不设超高的平曲线半径以及设置超高($i_{超}$ 取0.08)的极限最小平曲线半径(建议 μ 分别取0.04和0.15)。(2) 当采用极限最小平曲线半径时，缓和曲线长度应为多少？(3) 试计算会车视距和停车视距，并结合技术标准的规定加以分析。

10. 道路中线一转折处 A，转折角 $\alpha=60°$，其旁边有一重要建筑物，基础尺寸5 m×8 m，外边缘距 A 点最短距离有25 m，欲保留该建筑，试问该弯道可能最小的半径值为多少？已知该路设计速度为40 km/h，道路宽度24 m，路拱横坡2%，$\mu=0.1$。

3　道路纵断面设计

〖内容提要〗　本章主要内容包括概述、纵坡及坡长设计、竖曲线设计、爬坡车道、避险车道、纵断面设计方法及成果等。本章的教学重点为纵坡及坡长设计和竖曲线设计。教学难点为竖曲线最小半径的确定。

〖能力要求〗　通过本章的学习，学生应达到了解纵断面设计的一般要求，熟悉纵断面设计各项指标的规定，掌握纵断面设计方法及步骤的能力。

3.1　概述

沿着道路中线的竖向剖面，称为纵断面。它是道路设计的重要技术图表之一，主要反映路线起伏、纵坡及与原地面的切割等情况。把道路的纵断面图与平面图、横断面图结合起来，就能够完整地表达出道路的空间位置和立体线形。

道路的纵断面线形应根据道路的性质、任务、等级和地形、地物、水文等因素，考虑路基稳定、排水及工程量等的要求，对纵坡的大小、坡长长短、竖曲线半径以及与平面线形的组合关系等进行设计。

路中线的原地面标高，称为地面标高，地面标高的连线称为地面线。对于纵断面上的设计标高，即路基（包括路面厚度）的设计标高，有如下规定：

(1) 新建公路的路基设计标高

高速公路和一级公路采用中央分隔带外侧边缘标高；二、三、四级公路采用路基边缘标高。在设置超高和加宽路段则是指在设置超高和加宽之前该处原路基边缘的标高。

(2) 改建公路的路基设计标高

一般按新建公路的规定办理，也可视具体情况而采用中央分隔带中线或行车道中线标高。

(3) 城市道路的路基设计标高

城市道路的路基设计标高指建成后的行车道中线路面标高或中央分隔带中线标高。

在任一横断面上设计标高与地面标高之差，称为该处的施工高度（图 3-1）。施工高度决定了路堤的高度或路堑的深度。当设计线在地面线上面时，路基筑成路堤（填方）；当设计线在地面线下面时，路基筑成路堑（挖方）。

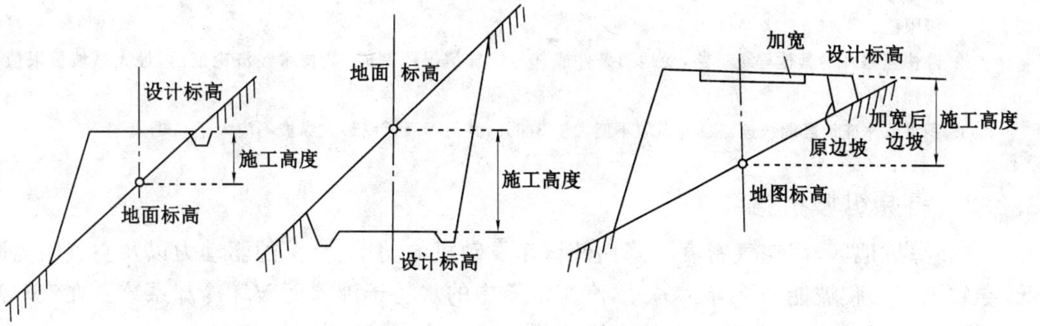

图 3-1　路基的地面标高与设计标高

(a) 路堤；(b) 路堑；(c) 曲线超高加宽段

3.2　纵坡及坡长

3.2.1　最大纵坡

最大纵坡是指在纵断面设计中各级道路允许采用的最大坡度值，是路线设计中的一项重要控制指标。它直接影响路线长短、使用质量、行车安全以及运输成本和工程经济性。

制定最大纵坡主要是依据汽车的动力特性、道路等级、自然条件、车辆安全行驶以及工程、运营经济等因素进行确定。汽车沿陡坡行驶时，因克服升坡阻力及其他阻力需增大牵引力，车速便会降低，若陡坡过长，将引起汽车水箱"开锅"(即沸腾)、气阻等情况，严重时，还可能使发动机熄火，使驾驶条件恶化；若沿陡坡下行，因制动次数增多，制动器易发热而失效，司机心理紧张，易引起交通事故。当道路泥泞时，情况更为严重。

根据上述因素，我国《标准》、《规范》及《城规》规定的公路最大纵坡及城市道路最大纵坡值见表 3-1和表 3-2。

表 3-1　　公路最大纵坡

设计速度/(km/h)	120	100	80	60	40	30	20
最大纵坡/%	3	4	5	6	7	8	9

注：1. 设计速度为 120 km/h、100 km/h、80 km/h 的高速公路受地形条件或其他特殊情况限制时，经技术经济论证，最大纵坡可增加 1%。

2. 改扩建公路设计速度为 40 km/h、30 km/h、20 km/h 的公路利用原有公路的路段，经技术经济论证，最大纵坡可增加 1%。

3. 四级公路位于海拔 2 000 m 以上或积雪冰冻地区的路段，最大纵坡不应大于 8%。

表 3-2　　城市道路机动车道最大纵坡

设计速度/(km/h)		100	80	60	50	40	30	20
最大纵坡/%	一般值	3	4	5	5.5	6	7	8
	极限值	4	5	6		7	8	

注：1. 新建道路应采用小于等于最大纵坡的一般值：改建道路、受地形条件或其他特殊情况限制时可采用最大纵坡极限值。

2. 除快速路外的其他等级道路，受地形条件或其他特殊情况限制时，经技术经济论证后，最大纵坡极限值可增加1.0%。

3. 积雪或冰冻地区的快速路最大纵坡不应大于3.5%，其他等级道路最大纵坡不应大于6.0%。

3.2.2 高原纵坡折减

在高海拔地区，因空气密度下降而使汽车发动机的功率、汽车的驱动力以及空气阻力降低，导致汽车的爬坡能力下降。另外，汽车水箱中的水易于沸腾而破坏冷却系统。在汽车满载情况下，不同海拔高度 H 对应的海拔荷载修正系数 λ 值如表3-3所示。

表3-3　满载时 λ 与 H 的关系

海拔高度 H/m	0	1 000	2 000	3 000	4 000	5 000
海拔荷载修正系数 λ	1.00	0.89	0.78	0.69	0.61	0.53

可见海拔高度对 λ 值的影响是相当大的，也就是对纵坡的影响很大。为此，在高原地区除了汽车本身要采用一些措施使得汽油充分燃烧，为避免随海拔增高而使功率降低过多，在道路纵坡设计中应适当采用较小的坡度。

《规范》规定：设计速度小于或等于80 km/h位于海拔3 000 m以上高原地区的公路，最大纵坡值应按表3-4的规定予以折减，折减后若小于4%，仍采用4%。

表3-4　高原纵坡折减值

海拔高度/m	3 000～4 000	4 000～5 000	5 000以上
纵坡折减/%	1	2	3

3.2.3 最小纵坡

为保证挖方路段、设置边沟的低填方路段和横向排水不畅路段的排水，以防止积水渗入路基而影响其稳定性，应采用不小于0.3%的纵坡。当必须设计小于0.3%的纵坡时，边沟应作单独排水设计。

3.2.4 平均纵坡

平均纵坡是指路段高差与水平距离之比，它是衡量线形设计质量的重要指标之一。其值为：

$$i_{平均}=\frac{H}{l} \tag{3-1}$$

式中　$i_{平均}$——平均纵坡；

H——相对高度，m；

l——路段长度，m。

为保证行车安全与平顺，避免过多地使用最大纵坡和缓和坡段，对山区公路连续纵坡组合路段，给以平均坡度的限制。《规范》规定：为使连续升坡（或降坡）路段的纵坡运用合理，二、三、四级公路越岭路段的平均纵坡应符合下述规定：

① 越岭路段相对高差为 200～500 m 时，平均纵坡不应大于 5.5％；越岭路段相对高差大于 500 m 时，平均纵坡不应大于 5％。

② 任一连续 3 km 范围内的平均纵坡不应大于 5.5％。

3.2.5 合成坡度

合成坡度是指在有超高的平曲线上，路线纵坡与超高横坡所组成的坡度，如图 3-2 所示。其值可按下式计算：

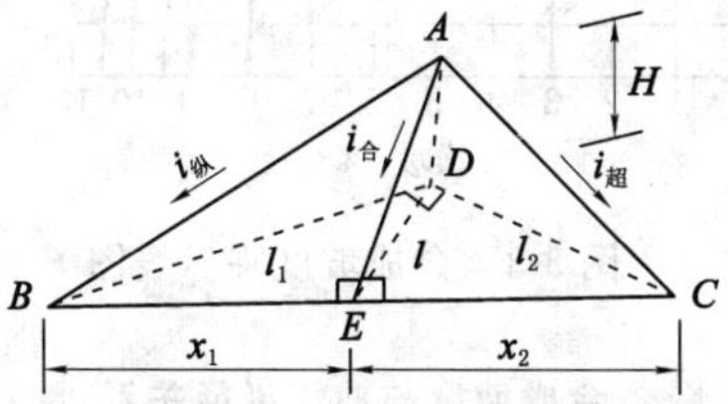

图 3-2 合成坡度

$$i_{合}=\sqrt{i_{超}^2+i_{纵}^2} \tag{3-2}$$

式中 $i_{合}$——合成坡度，％；

$i_{超}$——超高坡度，％；

$i_{纵}$——路线纵坡，％。

如果在小半径弯道上且伴有较大纵坡时，由于离心力作用会给汽车行驶造成危险。为防止汽车沿合成坡度方向滑移，应将超高横坡与纵坡的组合控制在适当范围内，以确保安全。

《规范》规定最大合成坡度见表 3-5(a)。

表 3-5(a) **公路最大合成坡度**

公路等级	高速公路			一级公路			二级公路		三级公路		四级公路
设计速度/(km/h)	120	100	80	100	80	60	80	60	40	30	20
合成坡度/％	10.0	10.0	10.5	10.0	10.5	10.5	9.0	9.5	10.0	10.0	10.0

注：1. 在积雪冰冻地区，公路的合成坡度值应不大于 8％。

2. 最小合成坡度，不宜小于 0.5％；在超高过渡的变化处，合成坡度不应设计为 0；当合成坡度小于 0.5％时，应采取综合排水措施，以保证路面排水畅通。

我国城市道路对合成坡度的规定见表 3-5(b)。

表 3-5(b) **城市道路最大合成坡度**

设计速度/(km/h)	100,80	60,50	40,30	20
合成坡度/％	7.0	6.5	7.0	8.0

合成坡度的组合图解以及相应公路等级、车速的圆曲线半径见图 3-3 和表 3-6 所示。

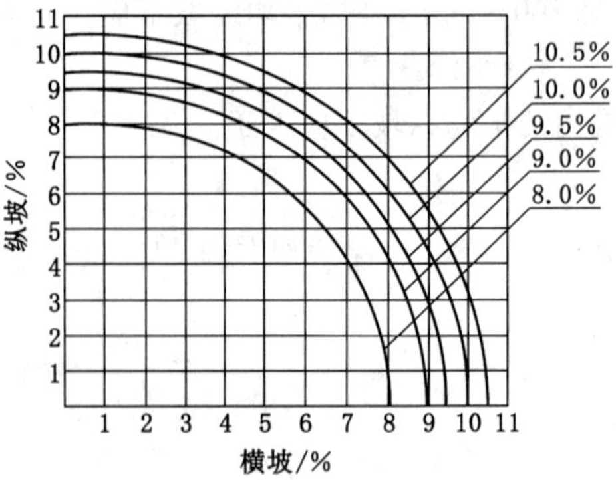

图 3-3　合成坡度临界线图

表 3-6　**合成坡度与曲线半径关系**

设计速度/(km/h)	曲线半径/m								
120	3 240	2 160	1 620	1 300	1 080	930	810	720	650
100	1 710	1 220	950	770	650	560	500	440	400
80	1 240	830	620	500	410	350	310	280	250
60	810	570	430	340	280	230	200	160	125
50	590	410	310	240	200	160	130	100	80
横坡度/%	2	3	4	5	6	7	8	9	10

3.2.6　坡长限制

坡长是指纵断面两变坡点之间的水平距离，坡长不宜过短，以不小于设计速度 9 s 的行程为宜。坡长限制，主要是指对较陡纵坡的最大长度和一般纵坡的最小长度加以限制。

(1) 最大坡长

山岭重丘区公路，当连续纵坡大于 5%时，汽车上坡时为发挥更大的牵引力，多用低速挡。如坡长过长，长时间使用低速挡会使发动机发热过分而使效率降低、水箱沸腾、行驶无力。而下坡时，则因坡度过陡、坡段过长而使刹车频繁，影响行车安全。因此，为保证行车安全，对较陡纵坡的坡长应加以限制(表 3-7 和表 3-8)。

表 3-7　**公路不同纵坡最大坡长**　m

设计速度/(km/h)		120	100	80	60	40	30	20
纵坡坡度/%	3	900	1 000	1 100	1 200			
	4	700	800	900	1 000	1 100	1 100	1 200
	5		600	700	800	900	900	1 000
	6			500	600	700	700	800
	7					500	500	600
	8					300	300	400
	9						200	300
	10							200

表 3-8 **城市道路坡长限制**

设计速度/(km/h)	100	80	60			50			40		
纵坡度/%	4	5	6	6.5	7	6	6.5	7	6.5	7	8
坡长限制/m	700	600	400	350	300	350	300	250	300	250	200

城市道路非机动车道纵坡宜小于 2.5%，纵坡大于或等于 2.5%时，应按表 3-9 规定限制坡长。

表 3-9 **城市道路非机动车道坡长限制** m

车种 / 坡长限制/m / 坡度/%	自行车	三轮车
3.5	150	—
3.0	200	100
2.5	300	150

(2) 最小坡长

最小坡长是指纵面线形上两个变坡点之间的最小长度。纵断面上如变坡点太多，车辆行驶颠簸频繁，行车顺适性差，其长度太短，变坡点之间不能设置相邻两竖曲线的切线长，此外，对两凸形变坡点间的距离还应满足行车视距的要求。考虑上述因素，应对最小坡长加以限制。我国公路采用的坡段最小长度见表 3-10。

表 3-10 **公路坡段最小长度**

设计速度/(km/h)	120	100	80	60	40	30	20
坡段最小长度/m	300	250	200	150	120	100	60

我国城市道路坡段最小长度按表 3-11 采用。

表 3-11 **城市道路坡段最小长度**

设计速度/(km/h)	100	80	60	50	40	30	20
坡段最小长度/m	250	200	150	130	110	85	60

(3) 坡长计算

当连续陡坡是由几个不同坡度值的坡段组合而成时，应按不同坡度的坡长限制折算确定。如公路坡段纵坡为 8%，长 160 m，该长度是相应限制坡长(400 m)的 2/5，如相邻坡段的纵坡为 7%，则其坡长不应超过相应坡长限制 600 m 的 3/5，即 $600\times3/5=360$ m，也就是说，8%纵坡设计 160 m 后，还可接着设计 7%纵坡段 360 m 长或 6%纵坡段 480 m 长，其后再设置缓和坡段。

3.2.7 缓和坡段

在纵断面设计中，当陡坡的长度达到限制坡长时，应安排一段缓坡路段，用以恢复在陡坡上下降的速度。同时，从下坡行车的安全考虑，缓坡路段也是需要的。在缓坡上汽车将以加速行驶，理论上缓坡的长度应适应这个加速过程的需要，但实际设计中很难满足这个需求。

据计算，除计算行车速度为 40 km/h 及其以下时，理想的最大纵坡都未超过 3%，加上实际观测试验结果，通常采用缓和坡段的纵坡不大于 3%，其长度应不小于最小坡长（表 3-9、表 3-10）。

缓和坡段的具体位置应结合纵向地形起伏情况，尽量减少填挖方工程数量，同时应考虑路线的平面地形要素。在一般情况下，缓和坡段宜设置在平面的直线或较大半径的平曲线上，以便充分发挥缓和坡段的作用，提高整条道路的使用质量。在必须设置缓和坡段而地形又困难的地段，可以将缓和坡段设于半径比较小的平曲线上，但应适当增加缓和坡段的长度，以使缓和坡段端部的竖曲线位于该小半径平曲线之外。这种要求对提高行驶质量，保证行车安全是完全必要的。

3.3 竖曲线

3.3.1 竖曲线要素计算

纵断面上两相邻不同坡度线的交点称为变坡点。为保证行车安全、舒适及视距的需要，在变坡处设置的纵向曲线称为竖曲线。相邻两坡度线的交角用坡度差“ω”表示，坡度角一般较小，可近似地用两坡段坡度的代数差表示，即 $\omega = i_2 - i_1$，式中 i_1、i_2 分别为两相邻坡段的坡度值，上坡为正，下坡为负，如图 3-4 所示。ω 为正，变坡点在曲线下方，竖曲线开口向上，称为凹形竖曲线；ω 为负，变坡点在曲线上方，竖曲线开口向下，称为凸形竖曲线。

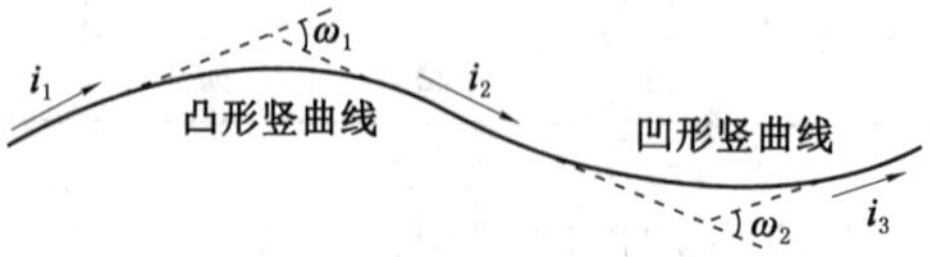

图 3-4　竖曲线示意图

《标准》规定各级公路及城市道路在变坡点处均应设置竖曲线，竖曲线形式为二次抛物线，但在实用范围内圆形和二次抛物线线形几乎没有差别，所以通常采用圆形竖曲线。竖曲线要素主要包括竖曲线长度 L、切线长度 T 和外距 E，如图 3-5 所示。设 R 为竖曲线半径，ω 为两纵坡段的变坡角，因纵坡很小，而高程变化值与水平距离之比相差很大，因而实际计算时，均假定竖曲线的切线长度 T、曲线长度 L 等于其水平投影长度。则由几何关系得：

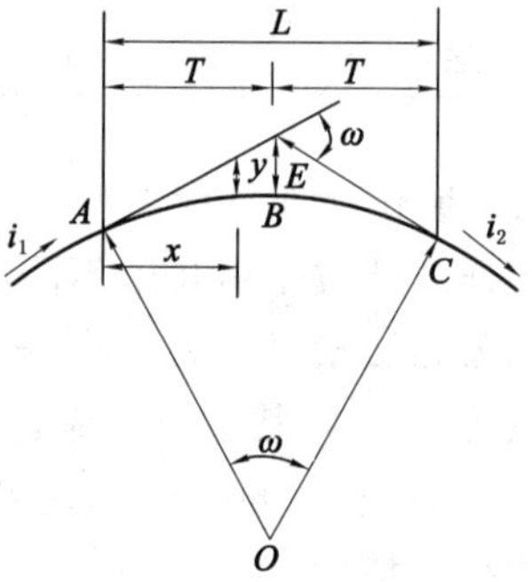

图 3-5　竖曲线几何要素

$$L=R\omega\frac{\pi}{180}\approx R(i_1-i_2) \tag{3-3}$$

$$T=R\tan\frac{\omega}{2}\approx\frac{L}{2}\approx\frac{R}{2}(i_1-i_2) \tag{3-4}$$

$$E=R(\sec\frac{\omega}{2}-1) \tag{3-5}$$

由几何关系可得：

$$(R+E)^2-T^2=R^2$$

故

$$E=\frac{T^2}{2R+E} \tag{3-6}$$

E 与 $2R$ 相比甚小，可忽略不计，则：

$$E=\frac{T^2}{2R}=\frac{L^2}{8R}=\frac{R\,(i_1-i_2)^2}{8}=\frac{T\omega}{4} \tag{3-7}$$

为了具体敷设竖曲线坐标，竖曲线中间各点纵横坐标值按下式计算：

$$y=\frac{x^2}{2R} \tag{3-8}$$

式中　x——竖曲线起讫点至所求桩号之间的距离；

y——竖曲线各点的纵距，当 $x=T$ 时，$y=E$。

对于凸形竖曲线，设计标高＝未设竖曲线时的设计标高－y；

对于凹形竖曲线，设计标高＝未设竖曲线时的设计标高＋y。

〖例 3-1〗　某二级汽车专用公路上有一变坡点，桩号为 K10＋200，切线标高为120.28 m，两相邻路段的纵坡为 $i_1=+5\%$ 和 $i_2=-3\%$，$R_{凸}=5\ 000$ m。试设计该变坡处的竖曲线。

解　(1) 计算竖曲线要素

竖曲线长度：$L=R\omega=5\ 000\times[0.05-(-0.03)]=400$ (m)

切线长度：$T=\frac{L}{2}=200$ (m)

外距：$E=\frac{T^2}{2R}=4$ (m)

(2) 求竖曲线起点和终点桩号

竖曲线起点桩号：K10＋200－200＝K10＋000

竖曲线终点桩号：K10＋200＋200＝K10＋400

(3) 求各桩号的设计标高

① K10＋000 竖曲线起点

切线标高：120.28－200×0.05＝110.28 (m)

设计标高：110.28 (m)

② K10＋100 处

至起点距离：$x=10200-10100=100$ (m)

切线标高：110.28＋100×0.05＝115.28 (m)

纵距：$y=\frac{x^2}{2R}=\frac{100^2}{2\times5\ 000}=1.00$ (m)

设计标高：115.28－1.00＝114.28（m）

③ K10＋200 竖曲线中点

切线标高：120.28（m）

设计标高：120.28－4.00＝116.28（m）

④ K10＋300 处

至起点距离：x＝10 400－10 300＝100（m）

切线标高：120.28－100×0.03＝117.28（m）

纵距：$y=\frac{x^2}{2R}=\frac{100^2}{2\times 5\ 000}=1.00$（m）

设计标高：117.28－1.00＝116.28（m）

⑤ K10＋400 竖曲线终点

切线标高：120.28－200×0.03＝114.28（m）

设计标高：114.28（m）

用以上计算得的竖曲线各桩号设计标高见表 3-12。

表 3-12　K10＋200 竖曲线计算表　m

桩号	坡段高程	标高改正 $y=\frac{x^2}{2R}$	竖曲线高程	备注
K10＋000	110.28	0	110.28	竖曲线起点
＋020	111.28	0.04	111.24	
＋040	112.28	0.16	112.12	
＋060	113.28	0.36	112.92	
＋080	114.28	0.64	113.64	
＋100	115.28	1.00	114.28	
＋120	116.28	1.44	114.84	
＋140	117.28	1.96	115.32	
＋160	118.28	2.56	115.72	
＋180	119.28	3.24	116.04	
＋200	120.28	4.00	116.28	竖曲线中点
＋220	119.68	3.24	116.44	
＋240	119.08	2.56	116.52	
＋260	118.48	1.96	116.52	
＋280	117.88	1.44	116.44	
＋300	117.28	1.00	116.28	
＋320	116.68	0.64	116.04	
＋340	116.08	0.36	115.72	
＋360	115.48	0.16	115.32	
＋380	114.88	0.04	114.84	
＋400	114.28	0	114.28	竖曲线终点

3.3.2　竖曲线最小半径

3.3.2.1　竖曲线设计的限制因素

在纵断面设计中，竖曲线的设计要受到许多因素的限制，其中有三个限制因素决定着竖曲线的最小半径。

(1) 缓和冲击

汽车在竖曲线上行驶时，产生径向(这里是垂直方向)离心力。在凹形竖曲线上这个力与重力方向一致，是增重(人的感觉为超重)，在凸形竖曲线上这个力与重力方向相反，是减重(人的感觉为失重)。这种增重与减重达到某种程度时，驾驶人员和乘客就有不舒服的感觉，同时对汽车的悬挂系统也有不利影响，所以在确定道路竖曲线半径时，应该对离心力(或离心加速度)加以控制。汽车在竖曲线上行驶时其离心加速度为：

$$a=\frac{v^2}{R}=\frac{V^2}{13R}\ (\mathrm{m/s^2}) \tag{3-9}$$

式中　v——行驶车速，m/s；

V——行驶车速，km/h；

R——竖曲线半径，m。

根据试验，认为离心加速度 a 限制在 0.5～0.7 $\mathrm{m/s^2}$ 比较合适。但考虑到不因冲击而造成不舒适感，以及视觉平顺等的要求，我国《标准》规定的凹形竖曲线最小半径值取 $a=0.277\ (\mathrm{m/s^2})$ 获得。

$$R_{\min}=\frac{V^2}{13a}=\frac{V^2}{3.6}\ (\mathrm{m}) \tag{3-10}$$

(2) 时间行程不过短

汽车从直道行驶到竖曲线上，尽管竖曲线半径较大，如果其长度过短，旅客同样会感到不舒适。因此，应限制汽车在竖曲线上的行程时间不能过短，最短应满足 3 s 行程，即：

$$L_{\min}=vt=\frac{V}{3.6}\times 3=\frac{V}{1.2}\ (\mathrm{m}) \tag{3-11}$$

(3) 满足视距的要求

汽车行驶在凸形竖曲线上，如果半径太小，道路的凸起部分会阻挡司机的视线。为了行车安全，对凸形竖曲线的最小半径还应从保证视距的角度加以限制。

汽车行驶在凹形竖曲线上时，也同样存在视距问题。比如，在地形起伏较大地区的道路上，夜间行车时，若竖曲线半径过小，前车灯照射距离近，可能造成视距不足而影响行车速度和安全；又比如在高速公路及城市道路上有许多跨线桥、门式交通标志及广告宣传牌等，如果它们正好处在凹形竖曲线上方，也会影响驾驶员的视线。

总之，无论是凸形竖曲线还是凹形竖曲线都要受到上述三种因素的控制。需要明确的是，哪一种限制因素为最不利的情况，哪一种才是有效控制因素。就凸、凹形竖曲线来说，其控制因素是不一样的。

3.3.2.2　凸形竖曲线最小半径

根据计算比较，凸形竖曲线最小半径和最小长度以满足视距要求为控制因素，按竖曲线长度 L 和停车视距 S_T 的关系分为两种情况。

(1) 当 $L<S_T$ 时[图 3-6(a)]

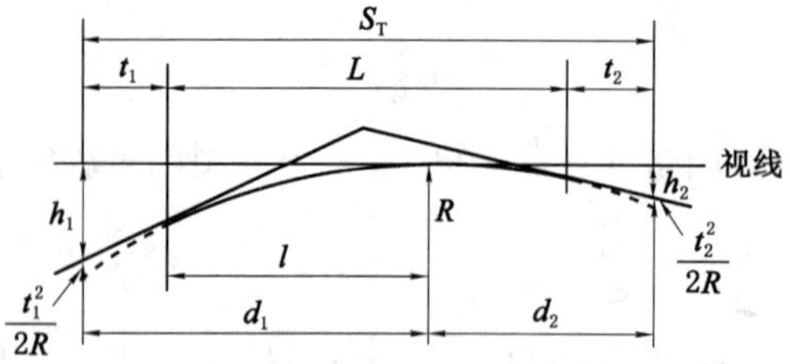

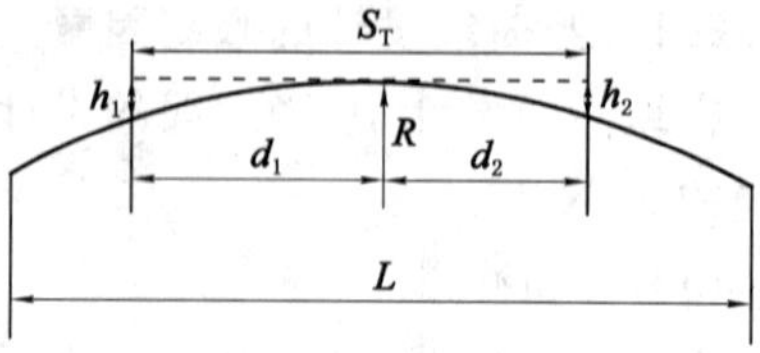

图 3-6 凸形竖曲线计算图示

(a) 当 $L<S_T$ 时;(b) 当 $L\geqslant S_T$ 时

$$h_1=\frac{d_1^2}{2R}-\frac{t_1^2}{2R} \quad 则 \quad d_1=\sqrt{2Rh_1+t_1^2}$$

$$h_2=\frac{d_2^2}{2R}-\frac{t_2^2}{2R} \quad 则 \quad d_2=\sqrt{2Rh_2+t_2^2}$$

式中 R——竖曲线半径,m;

h_1——驾驶人员视线高,即计算目高,取 $h_1=1.2$ m;

h_2——道路障碍物高,即计算物高,取 $h_2=0.1$ m。

由 $t_1=d_1-l=\sqrt{2Rh_1+t_1^2}-l$,得:

$$t_1=\frac{Rh_1}{l}-\frac{l}{2}$$

由 $t_2=d_2-(L-l)=\sqrt{2Rh_2+t_2^2}-(L-l)$,得:

$$t_2=\frac{Rh_2}{L-l}-\frac{L-l}{2}$$

视距长度:
$$S_T=t_1+L+t_2=\frac{Rh_1}{l}+\frac{L}{2}+\frac{Rh_2}{L-l} \tag{3-12}$$

令 $\frac{dS_T}{dl}=0$,解得 $l=\frac{\sqrt{h_1}}{\sqrt{h_1}+\sqrt{h_2}}L$,代入上式有:

$$S_T=\frac{R}{L}(\sqrt{h_1}+\sqrt{h_2})^2+\frac{L}{2}=\frac{(\sqrt{h_1}+\sqrt{h_2})^2}{\omega}+\frac{L}{2} \tag{3-13}$$

$$L_{min}=2S_T-\frac{2(\sqrt{h_1}+\sqrt{h_2})^2}{\omega}\approx 2S_T-\frac{4}{\omega} \tag{3-14}$$

(2) 当 $L\geqslant S_T$ 时[图 3-6(b)]

$$h_1=\frac{d_1^2}{2R} \quad 则 \quad d_1=\sqrt{2Rh_1}$$

$$h_2=\frac{d_2^2}{2R} \quad 则 \quad d_2=\sqrt{2Rh_2}$$

$$S_T=d_1+d_2=\sqrt{2R}(\sqrt{h_1}+\sqrt{h_2}) \tag{3-15}$$

或

$$S_T=\sqrt{\frac{2L}{\omega}}(\sqrt{h_1}+\sqrt{h_2}) \tag{3-16}$$

$$L_{\min}=\frac{S_T^2\omega}{2\left(\sqrt{h_1}+\sqrt{h_2}\right)^2}\approx\frac{S_T^2\omega}{4} \tag{3-17}$$

比较以上两种情况，显然式(3-17)计算结果大于式(3-14)，所以将式(3-17)作为有效控制。

根据缓和冲击、时间行程及视距要求三个限制因素，可计算出各计算行车速度时的凸形竖曲线最小半径，如表3-13所列。表中《标准》规定的一般最小半径约为极限最小半径的1.5～2.0倍，在条件许可时应尽量采用大于一般最小半径的竖曲线为宜。

表3-13　凸形竖曲线最小半径

设计车速 V/(km/h)	停车视距 S_T/m	缓和冲击 $R_{\min}=\frac{V^2}{3.6}$	视距要求 $R_{\min}=\frac{S_T^2}{4}$	《标准》规定值	
				极限最小半径/m	一般最小半径/m
120	210	4 000	11 100	11 000	17 000
100	160	2 780	6 450	6 500	10 000
80	110	1 780	3 020	3 000	4 500
60	75	1 000	1 410	1 400	2 000
40	40	440	410	450	700
30	30	250	230	250	400
20	20	110	100	100	200

3.3.2.3　凹形竖曲线最小半径

凹形竖曲线要保证夜间行车灯光照射的要求。影响凹形竖曲线极限最小半径值的灯光视距情况主要有下述两种：

(1) 夜间行车前灯照射距离要求(图3-7)

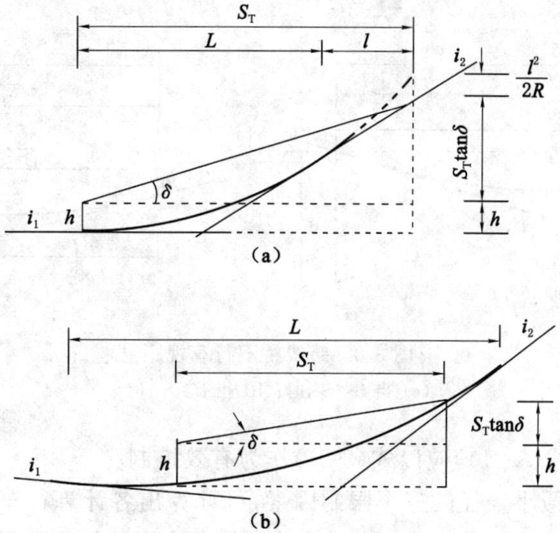

图3-7　前车灯照射距离

(a) 当 $L<S_T$ 时；(b) 当 $L\geqslant S_T$ 时

① 当 $L<S_T$ 时[图 3-7(a)]

有：

$$L_{min}=2(S_T-\frac{h+S_T\tan\delta}{\omega})$$

式中 S_T——停车视距，m；

h——前车灯高度，取 0.75 m；

δ——前车灯光束扩散角，取 1°。

代入得：

$$L_{min}=2(S_T-\frac{0.75+0.017S_T}{\omega}) \tag{3-18}$$

② 当 $L\geqslant S_T$ 时[图 3-7(b)]

有：

$$L_{min}=\frac{S_T^2\omega}{2(h+S_T\tan\delta)}$$

代入得：

$$L_{min}=\frac{S_T^2\omega}{1.5+0.0349S_T} \tag{3-19}$$

显然，式(3-19)计算结果大于式(3-18)，所以应以式(3-19)作为有效控制。

(2) 跨线桥下行车视距要求

① 当 $L<S_T$ 时[图 3-8(a)]

$$L_{min}=2S_T-\frac{26.92}{\omega} \tag{3-20}$$

② 当 $L\geqslant S_T$ 时[图 3-8(b)]

$$L_{min}=\frac{S_T^2\omega}{26.92} \tag{3-21}$$

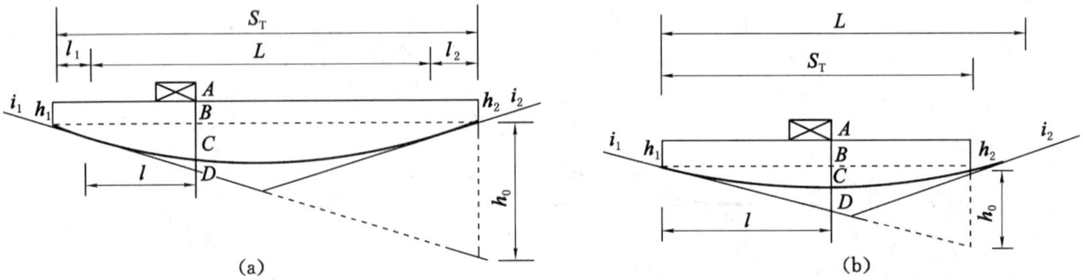

图 3-8 跨线桥下行车视距

(a) 当 $L<S_T$ 时；(b) 当 $L\geqslant S_T$ 时

比较式(3-20)和式(3-21)，应以式(3-21)作为有效控制。

根据影响竖曲线最小半径的三个限制因素，可计算出各计算行车速度时的凹形竖曲线最小半径，如表 3-14 所列。表中《标准》规定的一般最小半径约为极限最小半径的 1.5～2.0 倍，在条件许可时应尽量采用大于一般最小半径的竖曲线为宜。

表 3-14　　　　**凹形竖曲线最小半径**

设计车速 V/(km/h)	停车视距 S_T/m	缓和冲击 $R_{min}=\frac{V^2}{3.6}$	车灯照明 $R_{min}=\frac{S_T^2}{1.50+0.0349S_T}$	桥下视距 $R_{min}=\frac{S_T^2}{26.92}$	《标准》规定值	
					极限最小半径/m	一般最小半径/m
120	210	4 000	5 000	1 688	4 000	6 000
100	160	2 780	3 620	951	3 000	4 500
80	110	1 780	2 210	449	2 000	3 000
60	75	1 000	1 370	209	1 000	1 500
40	40	440	880	59	450	700
30	30	250	350	33	250	400
20	20	110	180	15	100	200

《城规》规定，各级道路纵坡变化处应设置竖曲线。竖曲线宜采用圆曲线。竖曲线半径见表 3-15，在条件许可时应尽量采用大于一般最小半径的竖曲线为宜。特殊困难时可采用极限值。

表 3-15　　　　**城市道路竖曲线最小半径**

设计速度/(km/h)		100	80	60	50	40	30	20
凸形竖曲线	一般值/m	10 000	4 500	1 800	1 350	600	400	150
	极限值/m	6 500	3 000	1 200	900	400	250	100
凹形竖曲线	一般值/m	4 500	2 700	1 500	1 050	700	400	150
	极限值/m	3 000	1 800	1 000	700	450	250	100

3.3.3　竖曲线最小长度

为满足汽车司机操作的需要，竖曲线最小长度按设计速度 3 s 的运行距离计算。如以公式表示，即：

$$L=\frac{5}{6}V \tag{3-22}$$

式中　V——设计速度，km/h。

公路与城市道路要求竖曲线最小长度应符合表 3-16 规定。

表 3-16　　　　**竖曲线最小长度**

设计速度/(km/h)		100	80	60	50	40	30	20
竖曲线最小长度/m	一般值	210	170	120	100	90	60	50
	极限值	85	70	50	40	35	25	20

3.3.4 竖曲线设计

3.3.4.1 竖曲线设计的一般要求

竖曲线是否平顺，在视觉上是否良好，往往是构成纵断面线形优劣的主要因素。竖曲线设计应满足以下要求：

(1) 宜选用较大的竖曲线半径

在不过分增加工程量的情况下，宜选用较大的竖曲线半径。通常采用大于竖曲线一般最小半径的半径值，特别是当坡度差较小时，更应采用大半径，以利于视觉和路容美观。只有当地形限制或其他特殊困难不得已时才允许采用极限最小半径。在有条件的路段，为获得平顺而连续且视觉良好的纵面线形，可参照表3-17选择竖曲线半径。

表 3-17　　从视觉观点所需的竖曲线最小半径

计算行车速度/(km/h)	凸形竖曲线半径/m	凹形竖曲线半径/m
120	20 000	12 000
100	16 000	10 000
80	12 000	8 000
60	9 000	6 000
40	3 000	2 000

(2) 同向竖曲线应避免“断背曲线”

同向竖曲线特别是同向凹形竖曲线间，如直坡段不长，应合并为单曲线或复曲线。

(3) 反向曲线间由直坡段连接，也可径相连接

反向竖曲线间最好设置一段直坡段，直坡段的长度应能保证汽车以设计车速行驶3 s的行程时间，以使汽车有一个缓和段。如受条件限制也可互相连接或插入短的直坡段。

(4) 竖曲线设置应满足排水需要

若相邻纵坡之代数差很小时，采用大半径竖曲线可能导致竖曲线上的纵坡小于0.3%，不利于排水，应重新进行设计。

3.3.4.2 竖曲线半径的选择

选择竖曲线半径时应考虑以下因素：

① 选择半径应符合表3-13、表3-14和表3-15所规定的竖曲线的最小半径和最小长度。

② 在不过分增加土石方工程量的情况下，为使行车舒适，宜采用较大的竖曲线半径。

③ 结合纵断面起伏情况和标高控制要求，确定合适的外距值，按外距控制选择半径。

④ 考虑相邻竖曲线的连接(即保证最小直坡段长度或不发生重叠)限制曲线长度，按切线长度选择半径。

⑤ 过大的竖曲线半径将使竖曲线过长，从施工和排水来看却是不利的，选择半径时应注意。

⑥ 对夜间行车交通量较大的路段考虑灯光照射方向的改变，使前灯照射范围受到限制，选择半径时应适当加大以使其有较长的照射距离。

3.4　爬坡车道

3.4.1　设置爬坡车道的条件

为了在长陡的路段上，将大型车、慢速车从主线车流中分离出去，从而提高主线车辆的行驶自由程度，以增加该路段的通行能力而设置的附加车道，称为爬坡车道。

我国《规范》规定：四车道高速公路、四车道一级公路以及二级公路连续上坡路段，符合下列情况之一者，宜在上坡方向行车道右侧设置爬坡车道。

① 连续上坡方向载重汽车的运行速度降低到表 3-18 的容许最低速度以下时。

表 3-18　　上坡方向容许最低速度

设计速度/(km/h)	120	100	80	60	40
容许最低速度/(km/h)	60	55	50	40	25

② 上坡路段的设计通行能力小于设计小时交通量时。

③ 经设置爬坡车道与改善主线纵坡不设爬坡车道技术经济比较论证，设置爬坡车道的效益费用比、行车安全性较优时。

3.4.2　爬坡车道的设计

(1) 横断面组成

爬坡车道设于主线道路上坡方向行车道右侧，如图 3-9 所示。爬坡车道的宽度一般为 3.5 m，包括设在其左侧路缘带的宽度 0.5 m。

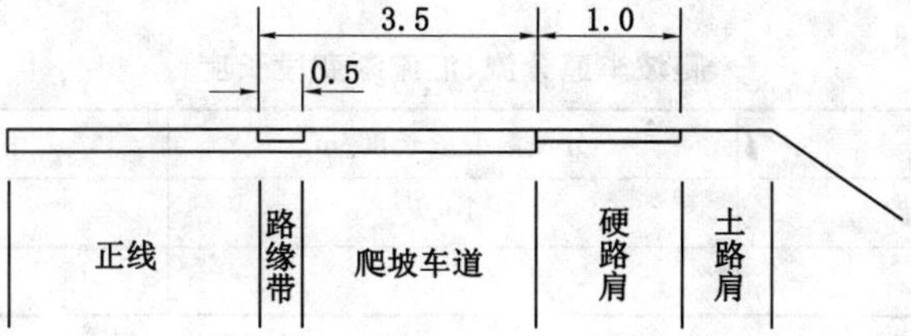

图 3-9　爬坡车道横断面组成(单位：m)

爬坡车道的路肩和主线一样仍然由硬路肩和土路肩组成。但由于爬坡车道上行驶速度较低，其硬路肩宽度可以不按主线的安全标准要求设计，一般为 1.0 m。而土路肩宽度以按主线要求设计为宜。

窄路肩不能提供停车使用，在长而连续的爬坡车道上，其右侧应按规定间隔一定的距离设置一紧急停车带。

(2) 横坡度

如上所述，因为爬坡车道的行车速度比主线小，为了行车安全起见，高速公路主线超高坡度与爬坡车道的超高坡度之间的对应关系见表 3-19。

表 3-19　　爬坡车道超高值

主线的超高坡度/%	10	9	8	7	6	5	4	3	2
爬坡车道超高坡度/%	5		4					3	2

超高坡度的旋转轴为爬坡车道内侧边缘线。

若爬坡车道位于直线路段时，其横坡度的大小同主线路拱坡度，采用直线式横坡，坡向向外。

另外，爬坡车道右侧路肩的横坡度大小和坡向参照主线与右侧路肩之间关系的有关规定确定。

(3) 布置与长度

进行爬坡车道设计时，应综合考虑它与线形设计的关系。其起、终点应设置在通视良好、便于辨认和过渡顺适的位置。爬坡车道的长度应与主线相应纵坡长度一致。

爬坡车道的起点，应设于陡坡路段上载重汽车运行速度降低至表 3-17 中“容许最低速度”处。

爬坡车道的终点，应设于载重汽车爬经陡坡路段后恢复至“容许最低速度”处，或陡坡路段后延伸的附加长度的端部。该陡坡路段后延伸的附加长度规定见表 3-20。

表 3-20　　陡坡路段后延伸的附加长度

附加路段的纵坡/%	下坡	平坡	上坡			
			0.5	1.0	1.5	2.0
附加长度/m	100	150	200	250	300	350

爬坡车道起点、终点处应按规定设置分流、汇流渐变段，其长度见表 3-21 规定。

表 3-21　　爬坡车道分流、汇流渐变段长度

公路等级	分流渐变段长度/m	汇流渐变段长度/m
高速公路、一级公路	100	150～200
二级公路	50	90

按爬坡车道的起点、终点规定所确定的爬坡车道长度(不含爬坡车道分流、汇流渐变段长度)小于 250 m 时，可不设爬坡车道。

相邻两爬坡车道相距较近时，宜将两爬坡车道直接连接。

爬坡车道在纵断面上的布设形式如图 3-10 所示。

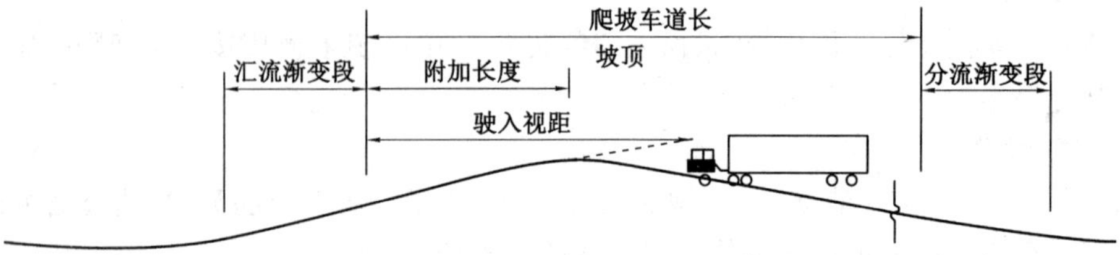

图 3-10　典型爬坡车道

3.5 避险车道

3.5.1 设置避险车道的条件

所谓避险车道(Truck Escape Ramps),是在长大下坡的末端设计一个与道路坡度方向相反的很陡的制动坡床,利用其较陡的上坡紧急制动停车,以防止连续下坡车辆在行驶中刹车失控而造成事故,同时为救险提供场地和条件,从而提高高速公路上其他正常行驶车辆的自由度和安全度。避险车道一般为上坡车道,表面为铺石或松软砂砾的制动层。设置避险车道的原理是将失控车辆的动能转化为重力势能和抵抗路面摩擦的能量,从车辆停下来。因此制动层的目的是增加大型车辆的滚动阻力,最终帮助车辆停下来。

避险车道作为提高交通安全的一种道路设计措施已经在美国得到广泛的应用。目前国内外的学者对于避险车道的设计进行了大量的研究,取得了一些研究成果。国外的研究和应用表明避险车道对于降低事故率起到重要的作用。国内对于避险车道的研究还比较少,暂时还处于研究和应用的初级阶段。我国在云南、贵州、山西、四川等地修建了少量的避险车道,但是设计和起到的效果还有待于进一步研究。而我国山区道路线形受到限制、事故率高。因此我们有必要对避险车道进行进一步研究,以此来提高道路交通安全性能。

3.5.2 避险车道的设计

由于公路连续长、陡下坡路段,当平均纵坡≥4%,纵坡连续长度≥3 km;车辆组成内大、中型重车占 50%以上,且载重车缺乏辅助制动装置。为避免车辆在行驶中速度失控而造成事故,应在长、陡下坡地段的右侧山坡上的适当位置设置避险车道。通过对以运行的几条高速公路的现场调研,发现避险车道的设计都存在着很多问题,有些设计甚至起不到避险的作用。总结一些设计的实例,笔者对避险车道的设计做以下要求。

纵面线形可以是单坡,也可以采用多个坡度,可根据地形条件和工程量情况综合考虑。避险车道宽度应足够容纳一辆以上的车辆,因为短时间内会发生两辆或更多车辆同时需要紧急避险的情况。避险车道的宽度一般应为 8~12 m。其长度应综合考虑汽车滚动阻力和坡度的影响,车辆停止所需距离的计算公式如下:

$$L=\frac{V^2}{254(f+i)} \tag{3-23}$$

式中 L——停车距离,m;

V——进入速度,km/h;

f——滚动阻力系数;

i——避险车道坡度,%。

避险车道所采用的材料必须无杂质、不易被压实并且具有较高的滚动阻力系数。如采用集料,则应保证集料可减小潮湿和冰冻引起的问题,也可减少当材料被压实后必须将其铲松所需的维护工作量,粒径以 1~2.5 cm 最佳。

避险车道的长度根据主线下坡运行速度及避险车道纵坡而定,其部分计算建议值见表 3-22。

表 3-22　　避险车道设计长度

驶出车速 V/(km/h)	制动坡床纵坡 G/%	坡床集料	坡床长度/m
100	10	松散的碎骨料	262
		松软的沙砾层	197
		沙子	157
		细砾	112
	15	松散的碎骨料	197
		松软的沙砾层	157
		沙子	131
		细砾	98
110	15	松散的碎骨料	238
		松软的沙砾层	191
		沙子	159
		细砾	119
	20	松散的碎骨料	191
		松软的沙砾层	159
		沙子	136
		细砾	106

设计避险车道还应注意下列事项：

① 避险车道位置的设置应该依靠地形、坡道长度和道路设计特性等情况来确定。避险车道必须是一条保持与下坡道路方向一致的无转弯道路，与下坡道路保持最小的偏离角度，同时要保证避险车道上铺装的砂砾不会弥漫到正常行驶车道上，以免影响道路上正常行驶车辆。入口必须保证车辆能高速安全驶入，入口前应保证足够视距。

② 避险车道（制动坡床）起点采用 0.1 m 厚，以 30 m 长度渐变至坡床集料总厚度，以提供最大的滚动摩擦阻力，因此可以有效减少避险车道长度，并保证失控车辆能安全停车。

③ 坡床集料采用碎砾石、砾石、沙、豆砾石等松散材料。

④ 制动坡床的宽度应不小于 4.5 m，服务道路宽度不宜小于 3.5 m。救险锚栓间隔不宜大于 90 m。

⑤ 坡度不能太大，否则高速下行的车辆进入避险车道后遇到一个大的凹曲线容易造成车辆弹跳而失控。在下坡路段的下半段，接近急弯曲线的道路上要设置明显的标志.指出前方有避险车道，以引导速度过快的司机的驾驶行为。

⑥ 当避险车道的长度要求无法满足时，可以在车道尽头设置护堤和防撞桶，堆放废轮胎、沙袋或者是袋子里装满与避险车道相同填料，堆放高度要大于 1.5 m，堆放宽度要 3～5 m，要保证车辆不至于因为没有在避险车道停下而反冲出去。车辆在撞到这些设施的时候，车速必须已经降到 40 km/h 或者更低，才能确保车辆和司机的安全，所以还需要有减速设施。

⑦ 道路上必须有足够和明显标志，禁止正常行驶车辆临时使用避险车道停车。避险车

道任何时候都有可能有失控车辆冲上来，因此在避险道上停车是十分危险的，很容易导致碰撞事故的发生。因此在道路上要设置明显的标志和警示牌，提醒司机不要在避险车道上停车。

⑧ 在服务车道和地下横木的帮助下，移走出事车辆必须很方便。失控车辆冲上避险车道后，工作人员应该尽快把车辆移走。如前所述，随时都会有车辆冲到避险车道上，因此留在车道上的车辆很危险。这就要求修建避险车道时，充分考虑如何安全、迅速地移走出事车辆，这对于司机和车辆的安全很重要。

⑨ 车道的维护包括每次使用后的重新整理路面和定期的松动砂砾。从某种程度上说，避险车道是失控车辆的救命道，避险车道必须随时处于最佳使用状态，因此工作人员必须进行定期的维护和松动砂砾。

3.6 纵断面设计方法及成果

3.6.1 纵断面设计要点

纵断面设计的主要内容是根据道路等级、沿线自然条件和构造物控制高程等，确定路线合适的高程、各坡段的纵坡度和坡长，并设计竖曲线。基本要求是纵坡平顺、起伏和缓、坡长和竖曲线适当、平面与纵面组合设计协调，以及填挖经济、平衡。这些要求虽在选、定线阶段有所考虑，但要在纵面设计中具体加以实现。

(1) 关于纵坡极限值的运用

根据汽车动力特性和考虑经济等因素制定的极限值，设计时不可轻易采用，应留有余地。在受限制较严，如越岭线为争取高度、缩短路线长度或避开艰巨工程等时，才可有条件地采用。好的设计应尽量考虑人的视觉、心理上的感受，使驾驶员有足够的安全感、舒适感和视觉上的美感。一般来讲，纵坡缓些为好，但为了路面和边沟排水，最小纵坡不应低于0.3%～0.5%。

(2) 关于最短坡长

对连续起伏的路段，坡度应尽量小，坡长和竖曲线应争取到极限值的 2 倍以上，避免锯齿形的纵断面，以免由于离心力的作用导致增重与失重变化太频繁，从路容美观方面也应以此设计为宜。

(3) 各种地形条件下的纵坡设计

平原、微丘地形的纵坡应均匀平缓，注意保证最小填土高度和最小纵坡的要求。丘陵地形应避免过分迁就地形而起伏过大，注意纵坡应顺适不产生突变。

山岭、重丘地形的沿河线应尽量采用平缓纵坡、坡长不应超过限制长度，纵坡不宜大于6%，注意路基控制高程的要求。

越岭线的纵坡力求均匀，尽量不采用极限或接近极限的坡度，更不宜在连续采用极限长度的陡坡之间夹短的缓和坡段。越岭路一般不应设置反坡，且应满足平均纵坡的要求。

山脊线和山腰线除结合地形不得已时采用较大纵坡外，在可能条件下纵坡应缓些。

(4) 关于竖曲线半径的选用与衔接

在不过分增加工程量的情况下，竖曲线宜选用较大半径为宜，当受限制时可采用一般最小值，特殊困难方可采用极限最小值。也可根据实际地形情况，结合纵断面起伏情况和标高控制要求，确定合适的外距值，按外距控制选择半径。如果遇到相邻竖曲线的连接，可考虑按切线长度选择半径。对夜间行车交通量较大的路段，考虑灯光照射方向的改变，选择半径应适当加大。坡差小时，应尽量采用大的竖曲线半径。对于竖曲线的衔接具体在3.3.4中有阐述。

3.6.2 纵断面设计的方法步骤和应注意的问题

3.6.2.1 纵断面设计方法

纵坡设计前，在路线位置拟定后，应先根据中桩的桩号和地面标高绘出纵断面图的地面线及平面线一栏，然后按选线意图决定控制点及其高程，考虑填挖等工程经济及与周围地形景观的协调，综合考虑平、纵、横三个方面试定坡度线，再对照横断面检查核对，确定纵坡值，定出竖曲线半径，计算设计标高，完成纵断面图。

3.6.2.2 纵断面设计步骤

（1）准备工作

纵坡设计前，应先根据中桩和水准记录点绘出路线纵断面图的地面线，绘出平面直线、平曲线示意图，写出每个中桩的桩号和地面标高以及沿线土壤地质说明资料，并熟悉和掌握全线有关勘测设计资料，领会设计意图和要求。

（2）标注控制点

控制点是指影响纵坡设计的标高控制点。如路线起、终点、越岭垭口、重要桥涵、地质不良地段的最小填土高度、最大挖深、填挖平衡点（也称经济点）、沿溪线的洪水位、隧道进出口、平面交叉和立体交叉点、铁路道口、城镇规划控制标高及受其他因素限制路线必须通过的标高控制点等。

（3）试坡

在已标出“控制点”的纵断面图上，根据技术指标、选线意图，结合地面起伏变化，在这些点位间进行穿插与取值，试定出若干直坡线。对各种可能坡度线方案反复比较，最好确定出既符合技术标准，又满足控制点要求，且土石方较省的设计线作为初定坡度线，将前后坡度线延长交会定出变坡点的初步位置。

（4）调整坡度线

对照技术标准检查设计的最大纵坡、最小纵坡、坡长限制等是否符合规定；平、纵组合是否适当；路线交叉、桥涵和接线等处的纵坡是否合理等。若有问题应进行调整，调整方法是对初定坡度线平抬、平降、延伸、缩短或改变坡度值。

（5）核对

选择有控制意义的重点横断面，如高填深挖、地面横坡较陡路基、挡土墙、重要桥涵及其他重要控制点等，在纵断面图上直接读出对应桩号的填、挖高度，用路基设计“模板”在横断面图上“戴帽子”，检查是否填挖过大、坡脚落空或过远、挡土墙工程过大、桥梁过高或过低、涵洞过长等情况，若有问题应及时调整纵坡设计线。

（6）定坡

经调查核对无误后，逐段把直坡线的坡度值、变坡点桩号和标高确定下来。变坡点一般要调整到10 m的整桩号上，相邻边坡点桩号之差为坡长。各变坡点标高是由纵坡度和坡长值依次推算而得。

（7）设置竖曲线

根据道路等级和地形情况，确定竖曲线半径，并计算竖曲线要素及各桩号的设计标高。

3.6.3 纵断面设计成果

(1) 纵断面设计图

纵断面设计图是道路设计重要技术文件之一，也是纵断面设计的最后成果。它反映路线所经的中心地面起伏情况与设计标高的关系，把它与平面线形结合起来，就能反映道路路线在空间的位置。如图 3-11 所示，纵断面采用直角坐标，以横坐标表示桩号，纵坐标表示高程。为了明显反映沿着中线地面起伏形状，通常横坐标比例尺采用 1∶2 000(城市道路采用 1∶500～1∶1 000)，纵坐标采用 1∶200(城市道路采用 1∶50～1∶100)。

(2) 纵断面图的内容

纵断面图是由位于坐标系内的图形和位于图形下的注解栏两部分内容组成。图形部分主要用来绘制地面线和纵坡设计线，另外，也用以标注竖曲线及其要素；沿线桥涵及人工构造物的位置、结构类型、孔数和孔径；与道路、铁路交叉的桩号及路名；沿线跨越的河流名称、桩号、常水位和最高洪水位；水准点位置、编号和标高；断链桩位置、桩号及长短链关系。

注解栏主要用来填写有关内容，自下而上分别填写：直线及平曲线；里程桩号；地面标高；设计标高；填、挖高度；坡度/坡长；土壤地质说明等。纵断面设计图应按规定采用标准图纸和统一格式，以便装订成册。

城市道路的纵断面图一般包括以下内容：道路中线的地面线；纵坡设计线；施工高度；土壤地质剖面图；沿线桥涵位置；街沟类型及孔径；沿线交叉口位置和标高；沿线水准点位置、桩号和标高等；以及在图的下方附以简要的说明表格。在市区主干道的纵断面图上，尚应标注出相交道路的路名与交叉口的交点标高，以及街坊与主要建筑物的出入口标高等，如图 3-12 所示。

(3) 绘制纵断面设计图的步骤

① 按一定的比例，在透明毫米方格计算纸上标出与本图适应的横向坐标和纵向坐标，横向坐标标出百米桩号，纵向坐标标出整十米高程。

② 在坐标系中按水准测量提供的各桩号地面高程与相应的桩号配合点绘各桩号地面点，并将各地面标高点用直线依次连接后就成为纵断面图的地面线。

③ 在坐标图上绘出各水准点的位置、编号，并标注高程。

④ 将桥涵位置绘制在坐标图上，并注明孔数、孔径、结构类型、桩号等。

⑤ 在纵断面设计图下部表内分别注明土壤地质资料，绘出平面直线和平曲线的位置、转向(平曲线以开口矩形表示，开口向上为向左转，开口向下为向右转)，并注明平曲线有关资料(一般只需注明交点编号和圆曲线半径)。

⑥ 纵坡和竖曲线确定后，将设计线(包括直线坡和竖曲线)绘出，并注明纵坡度、坡长(以分式表示，分子为纵坡度，分母为坡长)，在竖曲线范围内分别注明各竖曲线的基本要素(包括变坡点桩号、竖曲线半径、切线长、外距)。

⑦ 填注其他各有关资料或特定需要的资料。

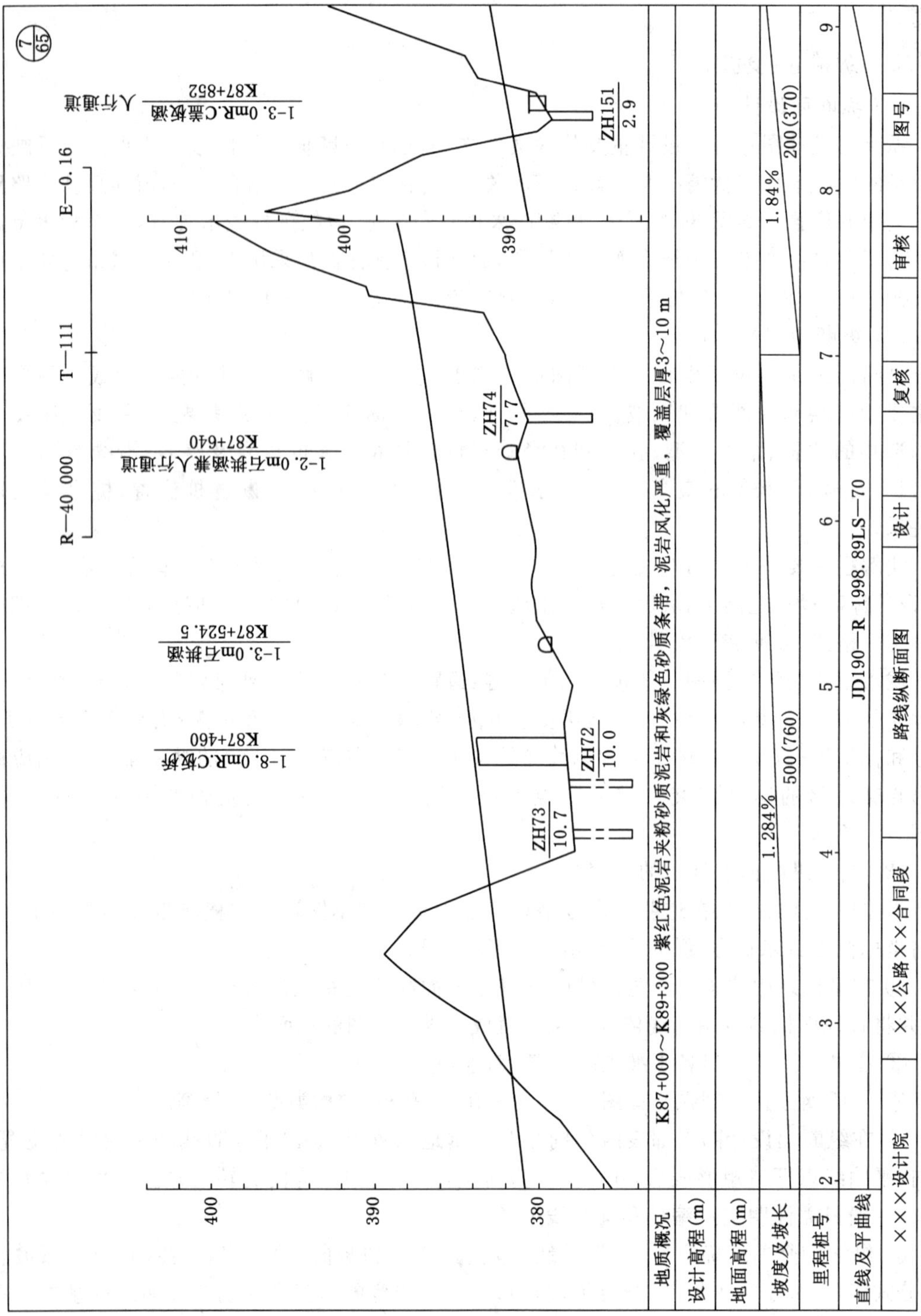

图 3-11　公路纵断面设计图

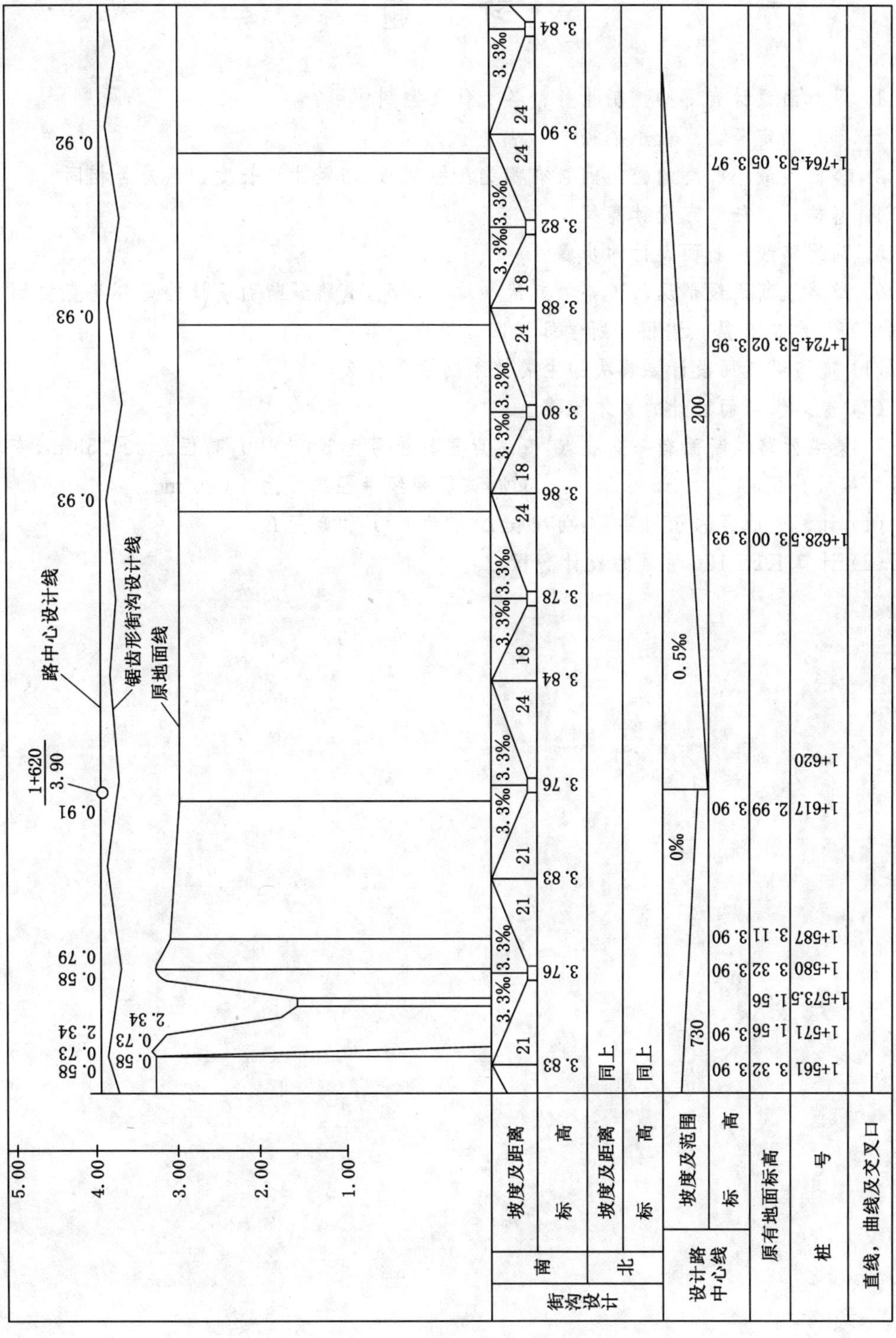

图 3-12 城市道路纵断面设计图

习　题

1. 纵断面设计有哪些控制指标？各有什么控制作用？

2. 怎样确定竖曲线最小半径？

3. 竖曲线最小长度的控制因素有哪些？控制凸、凹竖曲线长度因素是否相同？

4. 怎样计算任意点设计高程？

5. 简述路线纵断面设计的步骤。

6. 道路纵断面线形反映道路的起伏和填挖情况，道路纵断面设计的好坏将直接影响路基施工高度和工程量。请根据所学知识回答下列问题：

(1) 道路纵断面设计要解决的主要技术问题是什么？

(2) 道路纵断面设计的具体步骤。

7. 某级公路纵断面有一变坡点，变坡点里程桩号为K1+100，高程为200.53 m，变坡点前后的纵坡分别为 $i_1=+5\%$，$i_2=-6\%$，该竖曲线半径选定为1 000 m。

(1) 计算竖曲线的几何要素：曲线长 L、切线长 T 和竖距 E。

(2) 计算K1+120桩号的设计高程。

4　道路横断面设计

〖内容提要〗　本章主要内容包括:道路横断面组成及类型;行车道、路肩、人行道、中间带、路侧带等横断面各组成部分的设计;平曲线加宽与超高;行车视距及视距保证措施;横断面设计方法、土石方数量计算及调配等问题。教学重点是横断面各组成部分设计,平曲线超高与加宽及行车视矩。教学难点是超高缓和段标高的设计计算。

〖能力要求〗　通过本章的学习,学生应达到了解横断面设计的一般要求,熟悉横断面设计各项指标的规定及要求,掌握平曲线加宽与超高的原理与方法,掌握行车视距的分类及保证措施,掌握横断面设计方法及步骤的能力。

4.1　横断面组成

道路横断面是指道路中线上任意一点的法向切面,是由横断面设计线和地面线组成。其中,设计线包括行车道、非机动车道、人行道、路肩、分隔带、边沟、边坡、截水沟、护坡道以及取土坑、弃土堆、环境保护设施等部分。地面线是表征地面起伏变化的线,是通过现场实测或由大比例尺地形图、航测相片、数字地面模型等途径画的。

4.1.1　公路横断面组成

公路横断面的组成和各部分尺寸要根据公路功能、设计交通量、交通组成、设计速度、地形条件等因素确定。在保证公路功能、公路通行能力、交通安全与畅通的前提下,尽量做到用地省、投资少,使公路发挥最大的经济效益与社会效益。

公路路基标准横断面组成应符合下列规定:

(1) 高速公路、一级公路的路基的标准横断面分为整体式和分离式两类。整体式路基的标准横断面包括车道、中间带(中央分隔带及左侧路缘带)、路肩(右侧硬路肩和土路肩)以及紧急停车带、爬坡车道、加(减)速车道等组成部分。分离式路基的标准横断面是一种将上、下行车道放在不同的平面上,中间带随地形变宽的断面形式,应有车道、路肩(右侧硬路肩、左侧硬路肩、土路肩)等部分组成。

(2) 二级公路路基的标准横断面包括车道、路肩(硬路肩、土路肩)等组成部分。二级公路位于中、小城市城乡接合部,混合交通量大的连接的路段,实行快、慢车道分开行驶时可根据当地的经验设置右侧硬路肩。

(3) 三、四级公路的路基横断面包括行车道、路肩等组成部分。

4.1.1.1　一般组成

(1) 行车道:公路上各种车辆行驶部分的总称,包括快车道和慢车道,高速公路上行车道还包括超车道。

(2) 路肩:位于行车道外缘至路基边缘,具有一定宽度的带状结构部分。

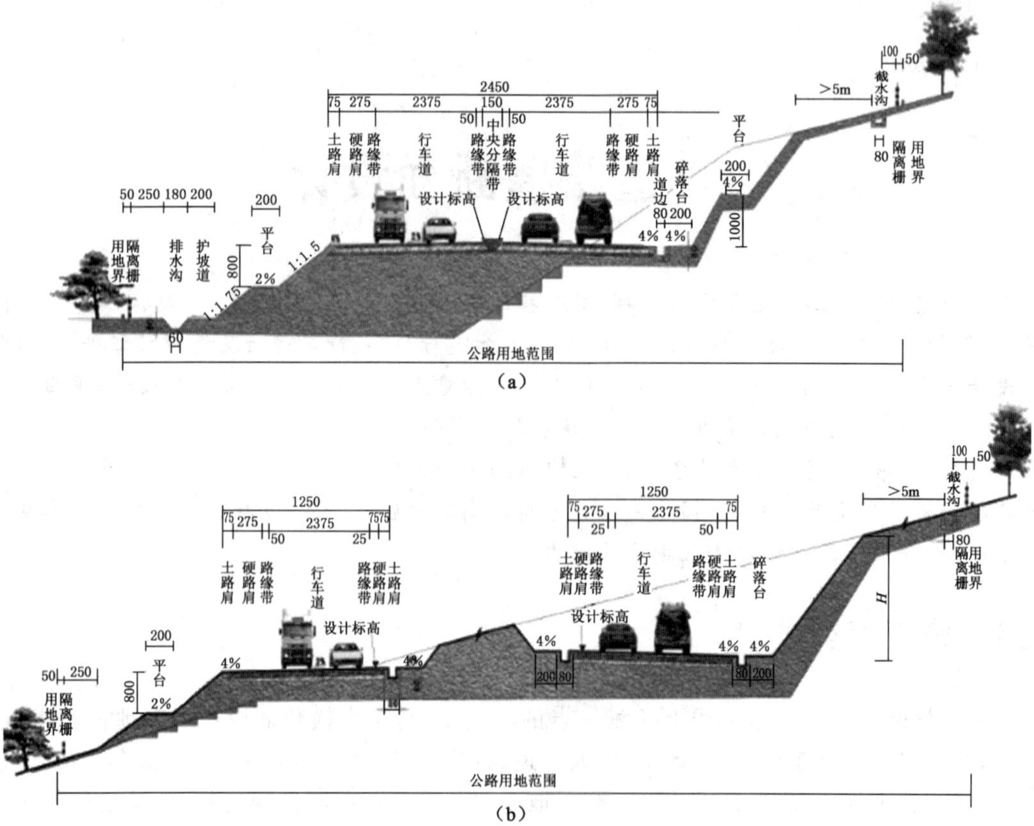

图 4-1　高等级公路整体式路基与分离式路基典型横断面

(a) 整体式路基;(b) 分离式路基

(3) 中间带:高速公路与一级公路用于分隔对向车辆的带状构造物。中间的由中央分隔带和两条左侧路缘带组成。

(4) 边坡:为了保证路基的稳定,设在路基两侧,具有一定坡度的坡面。

(5) 边沟:为了汇集和排除路面、路肩及边沟流水,在挖方或低填方路基两侧设置的纵向排水沟。

高速公路与一级公路应根据需要采用整体式或分离式路基断面形式。双向十车道及以上车道数的高速公路可采用复合式断面形式。二、三、四级公路应采用整体式路基断面形式。各级公路一般路基横断面形式示例如图 4-2 至图 4-5 所示。

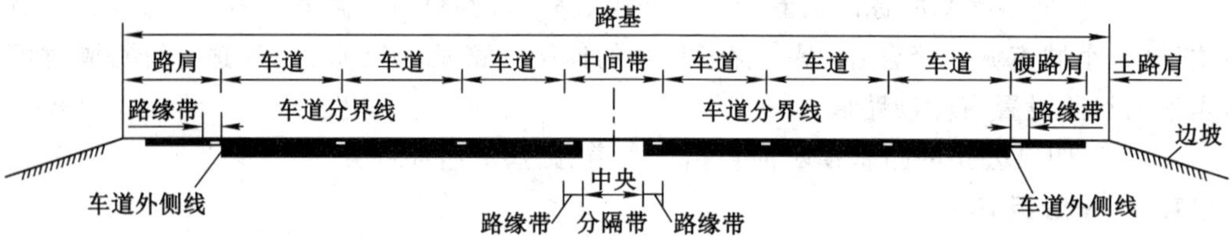

图 4-2　高速公路与一级公路的横断面组成

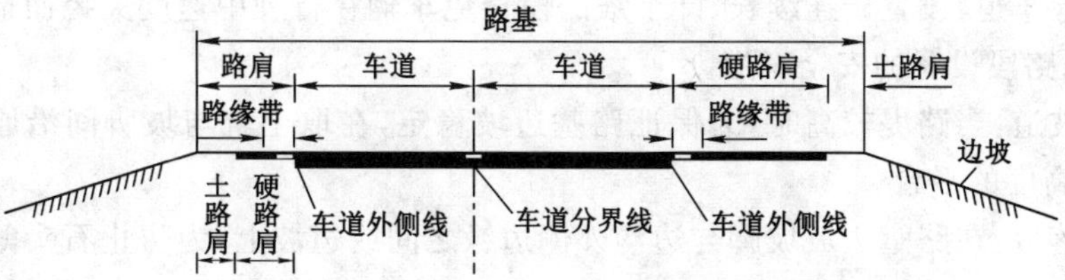

图 4-3　二、三、四级公路的横断面组成

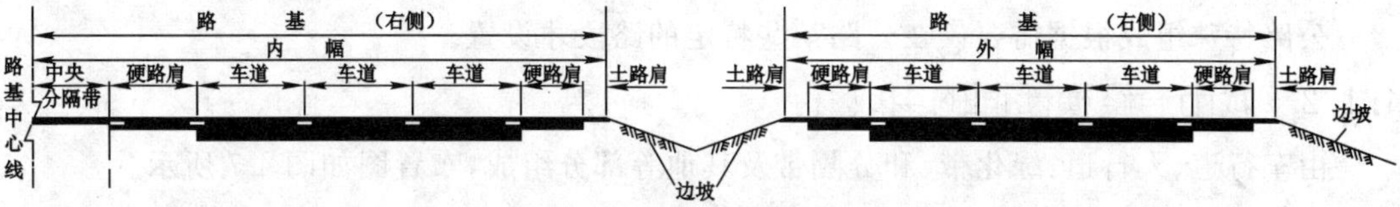

图 4-4　高速公路分离复合式断面形式(右幅断面)

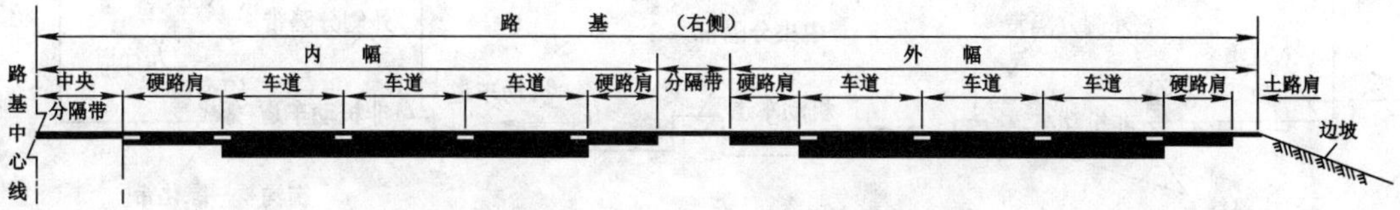

图 4-5　高速公路整体复合式断面形式(右幅断面)

4.1.1.2　**特殊组成**

(1) 爬坡车道：在高速公路、一级公路及二级公路连续的上坡路段，设置的专供慢车爬坡使用的车道。

(2) 加减速车道：供车辆驶入(离)高速车流之前(后)加(减)速用的车道。

(3) 错车道：当四级公路采用 4.5 m 的单车道路基时，在适当的可通视距离内设置的供车辆交错避让用的一段加宽车道。其间距应不大于 300 m，相邻两错车道能相互通视；设置错车道路段的路基宽度应不小于 6.5 m，有效长度小于 20 m，如图 4-6 所示。

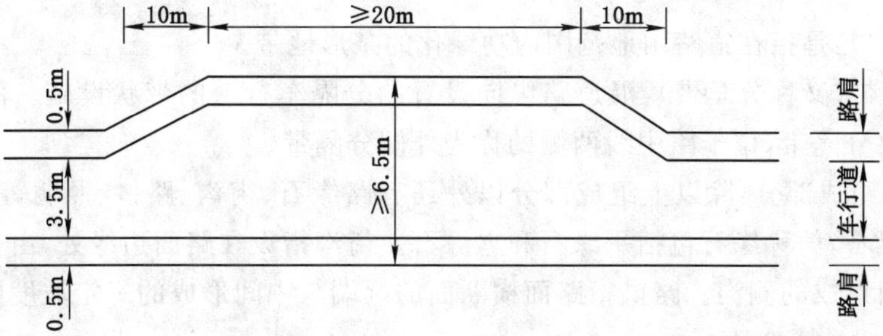

图 4-6　错车道布置图

(4) 紧急停车带：在高速公路和一级公路上设置的供临时发生故障或其他原因需紧急停车车辆使用的临时停车地带。

(5) 避险车道:设置于连续长、陡下坡路段避免车辆在行驶中速度失控而造成事故的路段,是在特殊路段设置的安全车道。

(6) 护坡道:当路堤较高时,为保证路基边坡稳定,在取土坑与坡脚间沿原地面纵向保留的有一定高度的平台。

(7) 碎落台:在路堑边坡坡脚与边沟外侧边缘之间或边坡上,为防止石头等碎落物落入边沟而设置的具有一定宽度的纵向平台。

(8) 截水沟:在地面线较陡的挖方路段,为拦截山坡流向路基的水,在路堑坡顶意外设置的水沟。

公路特殊组成根据需要仅在公路某些特定的路段才设置。

4.1.2 城市道路横断面的组成

由车行道、人行道、绿化带、和分隔带及其他等部分组成,布置图如图 4-7 所示。

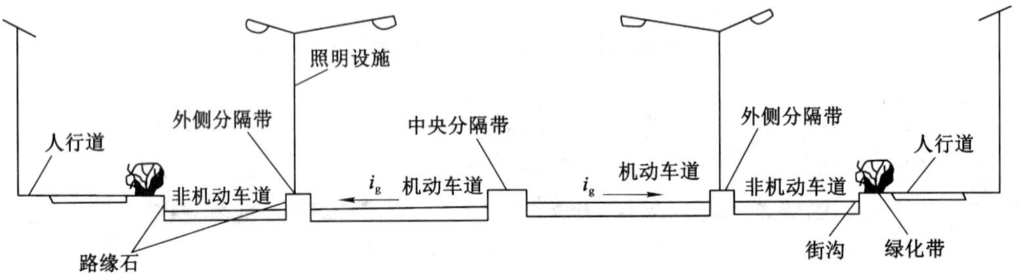

图 4-7 城市道路横断面布置图

(1) 车行道:在城市道路上供各种车辆行驶的路面,统称为车行道。供汽车、无轨电车、摩托车等机动车辆行驶的部分称为机动车道;供自行车、三三轮车、板车、电动车等非机动车辆行驶的部分称为非机动车道。按车道的行车方向上的不同位置,可分为内侧车道、中间车道和外侧车道。按车道的不同性质可分为变速车道、爬坡车道、停车道、错车道、会车道、专用车道等。

(2) 人行道:在城市道路上用路缘石、护栏及其他类似的设施加以分隔的专门供人行走的部分。

(3) 绿化带:是指在道路用地范围内功绿化的条形地带。

(4) 分隔带(又称分车带):沿道路纵向设置的分隔车行道的带状设施。位于路中线位置的称为中央分隔带,位于路中线两侧的称为外侧分隔带。

(5) 其他组成部分:除以上组成部分以外还有路缘石、街沟、路拱、照明等、路缘石指设置在路边的界石,简称缘石包括平缘石和立缘石。街沟指设在路面边缘处,由立缘石与平缘石或铺装路面形成的侧沟。路拱指路面横断面的两端与中间形成的一定坡度的拱起形状。

4.1.3 公路路基宽度

公路路基横断面中各组成部分宽度应根据公路技术等级、交通量与交通组成、横断面各组成部分的功能综合确定,并应符合下列规定:

(1) 公路路基宽度为车道宽度与路肩宽度之和。当设有中间带、变速车道、爬坡车道、紧急停车带、错车道、超车道、侧分隔带、非机动车道(或慢车道)和人行道等时,应包括上述部分的宽度。

(2) 非机动车、行人密集公路和城市出入口的公路，可根据需要设置侧分隔带、非机动车道和人行道。

(3) 一级公路在慢行车辆较多时，可利用右侧硬路肩(宽度不足时加宽)设置慢车道，并应在车道与慢车道之间设置隔离设施。

(4) 二级公路在慢行车辆较多时，可根据需要采用加宽硬路肩的方式设置慢车道，并应增加必要的交通安全设施，加强交通组织管理。

4.2 横断面各组成部分设计

4.2.1 行车道

4.2.1.1 行车道宽度的确定

行车道是道路上供各种车辆行驶部分的总称，包括快车道和慢车道，在一般公路和城市道路上还有非机动车道。行车道宽度是根据车辆宽度、设计交通量、交通组成和汽车行驶速度来确定。而单向车道数可按下式计算，即：

$$\text{单向车道数}=\frac{\text{主要方向小时交通量}}{\text{每一车道的设计通行能力}} \tag{4-1}$$

双向车道数按上式计算结果取整数(取不小于且最接近计算结果的整数)的 2 倍。

(1) 公路的行车道宽度

公路的一条行车道内，一般包括两条以上的车道。高速公路和一级公路有四条以上的车道，一中央分隔带将上、下行车量分开或做成分离式路基，每侧在划分快车道和慢车道，一般取两者中比较具有代表性的交通情况加以分析，探讨行车道宽度的确定方法。

① 一般双车道公路行车道宽度的确定。

双车道公路有两条车道，行车道宽度包括汽车宽度和富余宽度。根据《标准》第 2.0.1 条规定，设计车辆最大宽度为 2.5 m，加错车、超车所必需的余宽来确定行车道的宽度。富余宽度是指对向行驶时两车厢之间的安全间隙、汽车轮胎至路面边缘的安全距离，如图 4-8 所示。

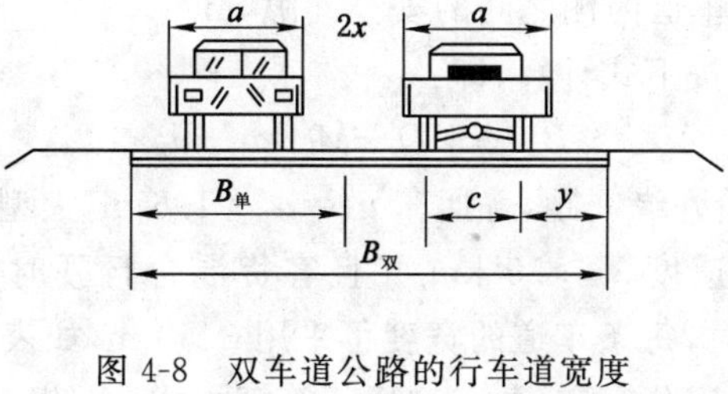

图 4-8 双车道公路的行车道宽度

则双车道公路第一条单向行驶的车道的宽度可用下式计算：

$$B_{单}=(a+c)/2+x+y \tag{4-2}$$

两条车道：

$$B_{双}=a+c+2x+2y \tag{4-3}$$

根据大量试验观测，得出计算 x、y 的经验公式为：

$$x=y=0.50+0.005V \tag{4-4}$$

式中 a——车厢宽度,m;

c——汽车轮距,m;

$2x$——两车厢安全间隙,m;

y——轮胎与路面边缘之间的安全距离,m;

V——行车速度,km/h。

② 有中央分隔带公路行车道宽度的确定。

高速公路、一级公路有四条以上车道,一般都设置中央分隔带。分隔带两侧的行车道只有同向行驶的汽车,如图 4-9 所示。车速、交通组成和大型车混入率对行车道宽度确定有较大影响。根据实地观测,得出下列关系式:

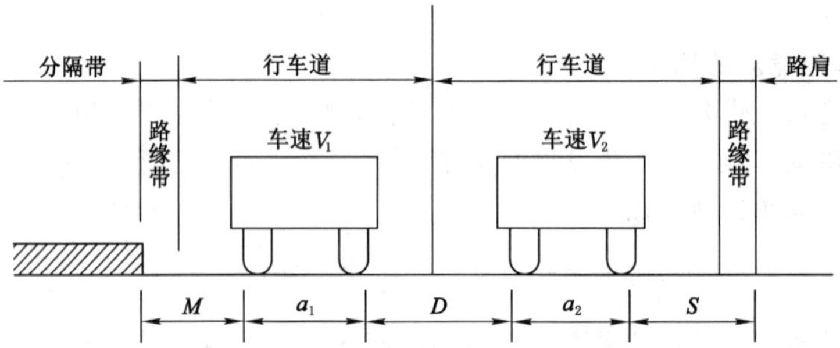

图 4-9 只有同向行驶的汽车

$$S=0.010\,3V_1+0.56 \tag{4-5}$$

$$D=0.000\,066(V_2^2-V_1^2)+1.49 \tag{4-6}$$

$$M=0.010\,3V_2+0.46 \tag{4-7}$$

式中 S——后轮边缘与车道外侧之间的安全间隙,m;

V_1——被超车的车速,km/h;

D——两汽车后轮外缘之间的安全间隙,m;

V_2——超车的车速,km/h;

M——后轮外缘与车道内侧之间的安全间隙,m。

则单侧行车带宽度可按下式计算,即:

$$B=S+D+M+a_1+a_2 \tag{4-8}$$

式中 a_1、a_2——汽车后轮外缘间距,普通车 $a_1=a_2=1.6$ m,大型车 $a_1=a_2=2.3$ m。

根据上式计算,设计速度 $V\geqslant 80$ km/h 且客货混合行驶时,每条车道的宽度应采用 3.75 m;当 $V<80$ km/h 时,每条车道的宽度可采用 3.50 m,如表 4-3 所示。

八车道及以上公路采用分车道、分车型通行管理方式,内侧车道(内侧第 1、2 车道)仅限小客车通行时,其车道宽度可采用 3.50 m;以通行中、小型客车车辆为主且设计速度为 80 km/h 及以上的公路,如机场和景区专用高速公路、客车或轻型交通专用高速公路,经论证车道宽度可采用 3.5 m。

高速公路和一级公路的车道数应依据交通量和设计通行能力确定。高速公路和一级公路的车道数不应小于四条,增加车道数时,应两侧对称增加。

(2) 城市道路的行车道宽度

① 靠路边的车道宽度。

a. 一侧靠边，另一侧为反向行驶的车道，如图 4-10 所示。

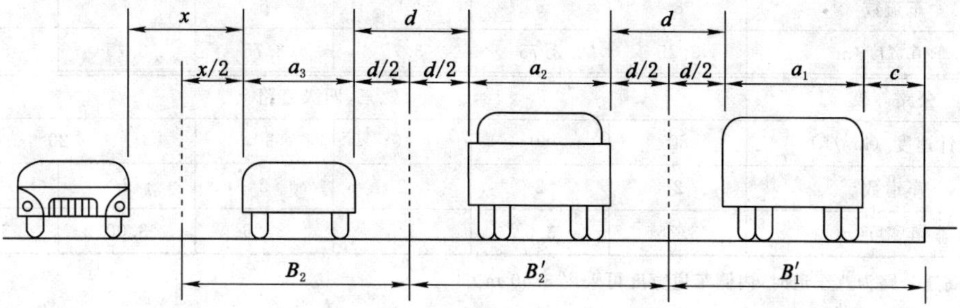

图 4-10 城市道路行车道宽度示意图

$$B_1=\frac{X}{2}+a_1+c \tag{4-9}$$

b. 一侧靠边，另一侧为同向行驶的车道：

$$B'_1=\frac{d}{2}+a_1+c \tag{4-10}$$

② 靠路中心线的车道宽度。

$$B_2=\frac{x}{2}+a_2+\frac{d}{2} \tag{4-11}$$

③ 同向行驶的中间车道宽度。

$$B'_2=\frac{d}{2}+a_2+\frac{d}{2} \tag{4-12}$$

式中 a_1、a_2、a_3——车厢全宽，m；

x——反向行驶汽车间的安全间隙，m；

d——同向行驶汽车间的安全间隙，m；

c——车身边缘与路缘石间的横向安全距离，m。

根据实验观测得出 c，x，d 与车速之间的关系式为：

$$c=0.4+0.02V^{\frac{3}{4}} \tag{4-13}$$

$$d=0.7+0.02V^{\frac{3}{4}} \tag{4-14}$$

$$x=0.7+0.02(V_1+V_2)^{\frac{3}{4}} \tag{4-15}$$

式中 V——实际车速，km/h。

上列各式表明，车道宽 B 是车速 V 的函数，依车速的变化一般在 3.40～3.80 m 之间。考虑到城市道路上行驶的车辆各异，且车道还需调剂使用，故一条车道的平均宽度取 3.50 m 即可，当车速 $V>40$ km/h 时，可取 3.75 m。

4.2.1.2 行车道宽度及车道数的规定

(1) 公路行车道宽度

车道宽度根据设计速度规定表 4-1。

表 4-1　各级公路车道宽度

公路等级	高速公路、一级公路					
设计速度/(km/h)	120、100			80		60
车道数	8	6	4	6	4	4
车道宽度/m	3.75	3.75	3.75	3.75	3.75	3.50
公路等级	二、三、四级公路					
设计速度/(km/h)	80	60	40	30	20	
车道数	2	2	2	2	2	1
车道宽度/m	3.75	3.5	3.5	3.25	3.00	3.50

注:高速公路为八车道时,内侧车道宽度可采用 3.50 m。

(2) 公路车道数

高速公路、一级公路各路段的车道数应根据预测交通量、服务水平等确定,其车道数为四车道以上时,应按双数增加。二级公路、三级公路应为双车道。四级公路宜采用双车道,交通量小且工程艰巨的路段可采用单车道。

(3) 城市道路机动车道的宽度

城市道路机动车道宽度,根据汽车车型和设计车速确定,其值规定见表 4-2。

表 4-2　城市道路机动车道宽度

车型及行驶状态	设计速度/(km/h)	
	>60	≤60
大型车或混行车道	3.75	3.50
小客车专用线	3.50	3.25

(4) 城市道路非机动车道的宽度

非机动车道是专供自行车、三轮车、平板车及兽力车等行驶的车道。在我国城市道路上有很多非机动车行驶,其中以自行车的数量最多。因此,对于非机动车道设计,应给予足够重视。在城市规划设计中,宜考虑设置专用非机动车道路系统;交通组织和横断面布置应尽可能使机非分离行驶;非机动车道设计应“宁宽勿窄”,要适当留有余地。

非机动车的单一车道宽度,是根据车身宽度和车身两侧所需横向安全距离而定。现今我国确定非机动车道时,仍应以自行车为主。如图 4-11 所示。

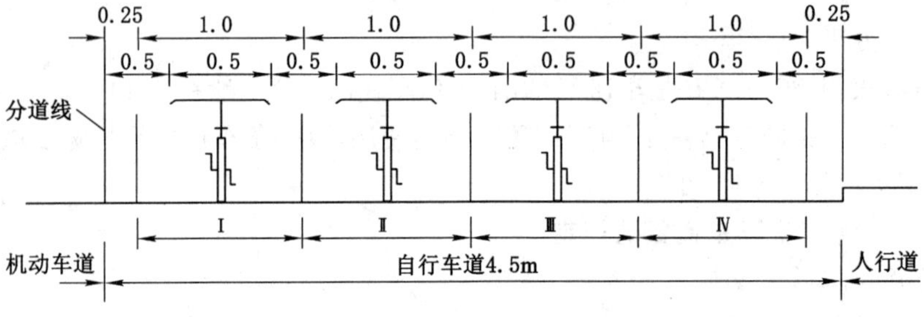

图 4-11　非机动车道宽度确定

根据各城市对非机动车行车道宽度的设计和使用经验，非机动车道基本宽度推荐采用5.00 m(4.50 m)；6.50 m(6.00 m)；8.00 m(7.50 m)。根据非机动车交通仍有继续增长的发展趋势，在规划、设计非机动车行车道宽度时，特别是与机动车分离的非机动车道，宜适当留有余地，一般不宜采用以上推荐的最小值。当机、非混行的道路断面上借划线分离时，非机动车道宽度不小于2.50 m。只有当交通量不大，而机动车道和非机动车道之间可互相调剂使用时，其宽度可适当减小。非机动车专用道路，单向车道宽不宜小于3.50 m，双向车道宽不宜小于4.50 m。

(5) 专用车道宽度

专用车道主要有爬坡车道、变速车道、错车道、避险车道、紧急停车带、港湾式停靠站等。其车道或行车道宽度规定：爬坡车道、变速车道的车道宽度采用3.50 m；错车道路段行车道宽度不小于5.50 m；避险车道的宽度应不小于4.50 m；紧急停车带宽度为3.50 m。

快速公交专用道、常规公交专用道的单车道宽度均不小于3.50 m。公交港湾式停靠站可分为直接式和分离式两种。直接式公交停靠站的车道宽度不应小于3.00 m；分离式公交停靠站的车道总宽度应包括路缘带宽度，不应小于3.50 m。

紧急停车带宽度一般为3.5 m，有效长度不小于30 m，如图4-12所示。

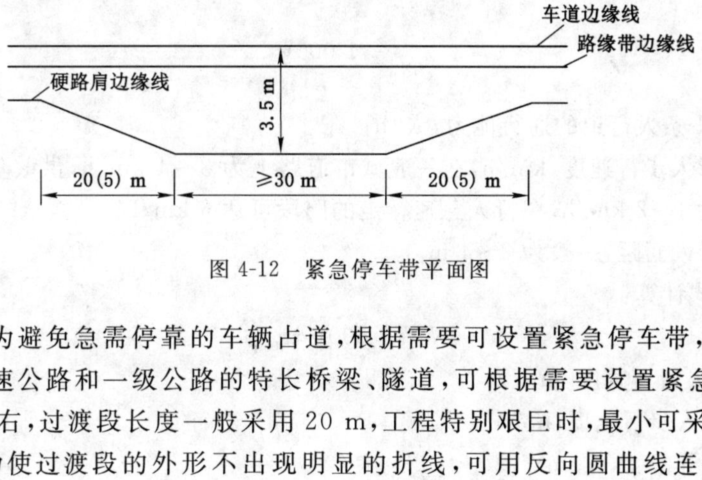

图4-12　紧急停车带平面图

二级公路为避免急需停靠的车辆占道，根据需要可设置紧急停车带，其间距不宜大于500 m。高速公路和一级公路的特长桥梁、隧道，可根据需要设置紧急停车带，其间距为750 m左右，过渡段长度一般采用20 m，工程特别艰巨时，最小可采用5 m。当采用最小值时，为使过渡段的外形不出现明显的折线，可用反向圆曲线连接，使之圆滑，如图4-13所示。

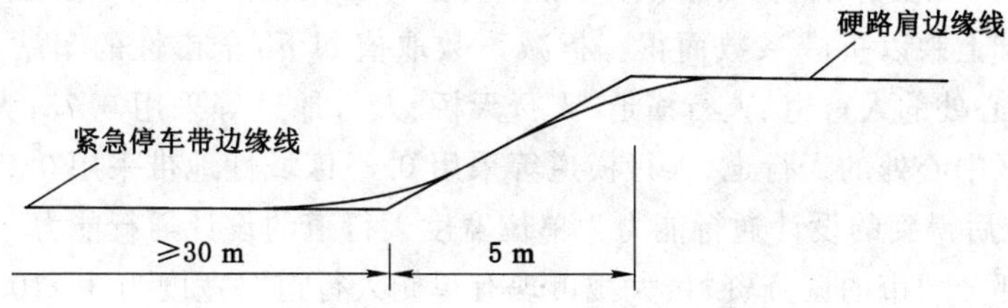

图4-13　隧道中的紧急停车带过渡段

4.2.2 路侧带

4.2.2.1 路侧带的组成

路侧带可由人行道、种植带、设施带等组成。

(1) 人行道

人行道主要供行人步行交通，应能满足行人的安全与通畅，保证高峰小时的行人流量，同时也是植物、立杆的场地，其地下空间还可埋设管线等。

人行道宽必须满足行人通行的安全与畅通，可按下式计算：

$$\omega_p = N_W / N_{W1} \tag{4-16}$$

式中 ω_p——人行道宽度，m；

N_W——人行道高峰小时行人流量，人/h；

N_{W1}——单位宽度人行道设计通行能力，人/(h·m)。

按式(4-16)可以确定人行道宽度，式中的人行道高峰小时行人流量 N_W 需根据交通调查结果确定，下面主要介绍设计通行能力 N_{W1} 的确定方法。

① 一条人行道的通行能力，是指一个步行的人所占用人行道的宽度。主要与人的肩宽、手中携带物品的大小以及携带方式有关，一般为 0.60～0.90 m。车站、码头、大型商场附近的道路以及全市性主干路上，一条人行带宽度取 0.90 m。一条人行带的通行能力可按下式计算：

$$N_p = \frac{1\ 000V}{L} \tag{4-17}$$

式中 N_p——1 条人行道的通行能力，人/h；

V——行人步行速度，km/h，在一般城市道路上为 3～4 km/h，供散步与休息的路段为 1～2 km/h，在行人急速行走的路段可达 6 km/h。

L——行人间距，一般为 2～4 m。

也可用下式计算：

$$N_p = 3\ 600 \cdot w_p v \rho \tag{4-18}$$

式中 w_p——人行道宽度，m；

v——行人步行速度，m/s；

ρ——人群密度，人/m^2。

② 单位宽度人行道的可能通行能力，按上式计算的一条人行带通行能力为 300～1 800 人/h，换算成 1 m 宽度并取较大值即得可能通行能力。设计上所采用的通行能力是在可能通行能力的基础上乘以折减系数而得。折减系数取值如下：全市性的车站、码头、商场、公园、剧场及市中心处的人行道、人行横道、人行天桥、人行地道等采用 0.75；大商场、商店、公共文化中心及区中心处的人行道、人行横道等采用 0.8；区域性地带采用 0.85；支路、住宅区采用 0.9。折减后得到的设计通行能力为单位宽度人行道的设计通行能力。

根据我国部分城市的调查资料：大城市现有单侧人行道路宽度为 3～10 m，中等城市为 2.5～8 m，小城市为 2～6 m。人行道横坡为单向坡。一般为 1.5%～2.0%，并向路缘石一侧倾斜，高出行车道 0.1～0.2 m。

表 4-3 为单侧步行道的最小宽度。

表 4-3　　**单侧人行道的最小宽度**

项目	人行道最小宽度/m	
	一般值	最小值
各级道路	3.0	2.0
商业区或公共场所集中路段	5.0	4.0
火车站、码头附近路段	5.0	4.0
长途汽车站	4.0	3.0

(2) 种植带

人行道上靠行车道一侧应种植行道树，其株距一般为 4～6 m，树池采用 1.5 m×1.5 m 的正方形或 1.2 m×1.8 m 的矩形。也可种植草皮和花丛。行车道两侧的绿化应满足侧向净宽度的要求，并不得侵入道路建筑限界和影响视距。

(3) 设施带

设施带宽度应满足设置行人护栏、照明灯柱、标志牌、信号灯、城市公共服务设施等的要求。对于红线宽度较窄及条件困难时，设施带可与种植带合并，但应避免各种设施与树木间的干扰。常见宽度为：护栏 0.25～0.50 m，杆柱 1.0～1.5 m。

按上述求得的人行道宽、种植带宽与设施带宽之和即为路侧带宽度。此外，还应考虑人行道下埋设管线所需要的宽度。为使街道各部分宽度相互协调，将路侧带宽度与整个街道宽度比较，一般认为街道宽与单侧路侧带宽之比在 5∶1～7∶1 范围内比较合理。

4.2.2.2　路侧带的布置

路侧带通常对称布置在道路两侧，受地形、地物限制时，可不等宽或不在一个平面上。常见的路侧带布置形式见图 4-14。

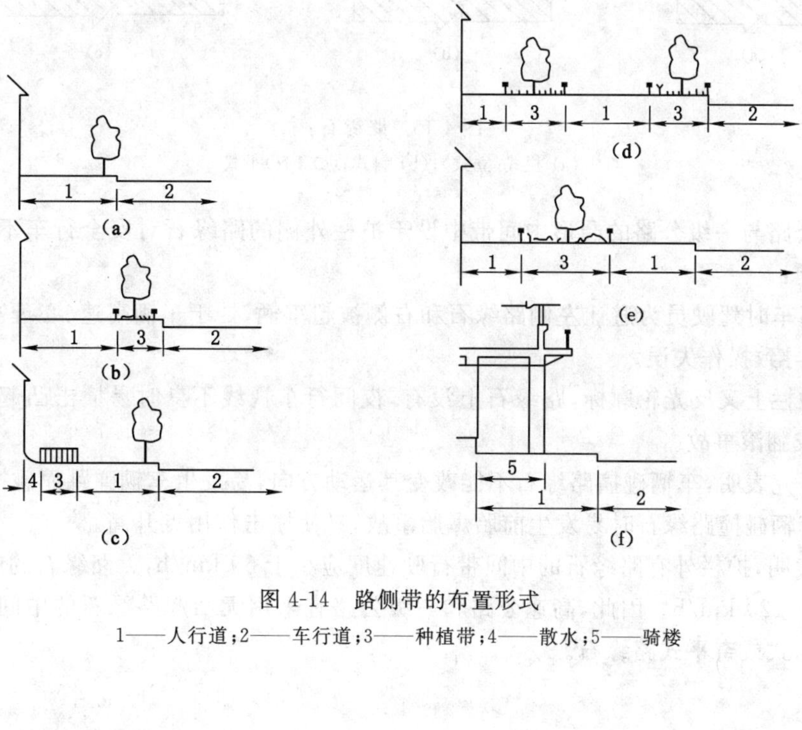

图 4-14　路侧带的布置形式

1——人行道；2——车行道；3——种植带；4——散水；5——骑楼

图 4-14(a)中,仅有小圆穴(或小方穴)中种植单行树。这种形式适用于路侧带宽度受限制或两侧有商业、公共文化设施而用地不足的前段。

图 4-14(b)中,行人与行车道之间用绿带(草地或灌木)隔开,在人行横道处将绿带断开,适用于过街行人密度大,行车密度高的路段。这种布置利于行人的交通安全和提高行车道的通行能力,利于交通组织。

图 4-14(c)中,绿带布置在建筑物前面,适用于住宅区街道。为防止积水影响房屋基础稳定,须沿房屋墙脚砌筑护坡以利排水。

图 4-14(d)和图 4-14(e)中,绿带将路侧带划分为两个部分,靠近建筑物的人行道供进出商店的行人使用,另一条供过路行人使用。适用于城市中心商业区或公共建筑物较多的街道上。

图 4-14(f)为骑楼式路侧带,为拓宽路幅将沿街两旁的房屋底层改建为骑楼,适用于旧城原行车道和路侧带均狭窄的道路上。

4.2.3 路缘石

路缘石是设置在路面与其他构造物之间的标石。在城市道路的分隔带与路面之间,人行道与路面之间一般都需要设置路缘石,在公路的中央分隔带边缘、行车道右侧边缘或路肩外侧边缘常需设路缘石。

路缘石用于分隔行车区域与其他交通方式运行区域,或分隔其他用途的区域;可标示出路面边缘的轮廓线并支撑路面或路肩边缘;利于纵向排水。

路缘石的形状有栏式(立式)、斜式和(齐)平式等几种,如图 4-15 所示。

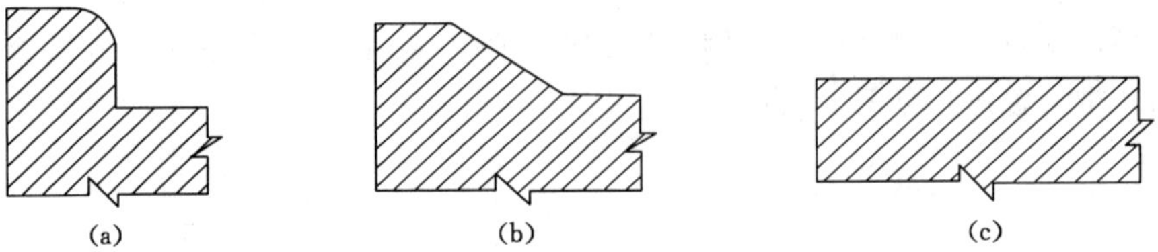

图 4-15 路缘石

(a) 栏式(立式);(b) 斜式;(c) (齐)平式

高速公路与一级公路的凸形中间带中设于护栏外侧的路缘石对安全行车不利,主要存在以下问题:

(1) 超车时驾驶员为避让左侧路缘石和右侧被超车辆,处于车辆高速、心理高度紧张的状态,容易导致操作失误。

(2) 护栏上又反光轮廓标,路缘石上没有,夜间行车视线不良时易撞击凸起的路缘石,发生侧倾或翻滚事故。

(3) 研究表明,车辆碰撞路缘石不能改变其运动方向,易发生车辆弹跳而碰撞护栏。

(4) 车辆碰撞路缘石时易发生前胎爆胎事故,易使撞击作用点升高。

试验表明,护栏外有路缘石的中间带行驶速度应小于 60 km/h,无路缘石的中间带行驶速度应小于 120 km/h。因此,高速公路和一级公路宜采用无凸起路缘石的中间带,或采用可穿越的斜式或奇平式路缘石。

城市道路的路缘石可采用立式路缘石或齐平式路缘石。立式路缘石宜设置在中间分隔带、两侧分隔带及路侧带两侧。当设置在中间分隔带及两侧分隔带时，外露高度宜为 15～20 cm；当设置在路侧带两侧时，外露高度宜为 10～15 cm。在分隔带端头或交叉口小半径处，宜采用曲线立式路缘石。人行道外侧设置的路缘石宜采用小型齐平式路缘石，路缘石顶面高度宜与人行道高度相同。交叉口人行横道宽度范围内的路缘石宜做成低矮、平缓的，以便于儿童车、轮椅及残疾人通行，以采用斜式为宜。设置路缘石坡道范围内的立式路缘石应满足现行国家标准《无障碍设计规范》(GB 50763—2012)的相关规定。

4.2.4 路肩

位于行车道外缘且至路基边缘具有一定宽度的带状部分称为路肩。

4.2.4.1 路肩的作用

(1) 保护和支撑路面结构。为路面提供结构上的支撑所需的宽度是所有路肩功能中最小的，仅需要 0.50 m。

(2) 供临时停车或堆料。临时停放在硬路肩上的车辆宜距离行车道边缘至少 0.3 m，最好保证 0.6 m。对于运输繁重和行车速度高的公路以及承担大量大型载重汽车的干线公路，硬路肩的有效宽度应不小于 3.00 m。但宽度大于 3.00 m 的硬路肩易被误认为行车道。

(3) 增加有效行车道宽度，保证行驶速度和通行能力。国内外研究表明，当硬路肩的宽度大于 1.8 m 时，可为行车提供足够的侧向宽度，增加驾驶的安全和舒适感，保证行车道的行驶速度和通行能力；2.0 m 左右的路肩宽度具有良好的安全效应。在挖方路段，可增加弯道视距，减少交通事故。

(4) 提供道路养护作业和埋设地下管线的场地。

(5) 对未设人行道和非机动车道的道路，可供行人及非机动车使用。

(6) 精心养护的路肩，能增加公路的美观。

(7) 当宽度足够时，可作为应急救援通道。正常情况下，高速公路硬路肩禁止车辆通行。当路段发生交通事故时，硬路肩是救援车辆的应急通行通道。当连续的硬路肩宽度大于等于 2.0 m 时，可满足事故发生时警车、救护车等小型救援车辆通行的需要，该种情况下以交通管理、卡口和抢救生命为主。当连续的硬路肩宽度大于等于 2.5 m 时，可满足较大的救援车辆如拖车、吊车、消防车等通行的要求。

4.2.4.2 路肩的组成

路肩从构造上可分为硬路肩和土路肩。硬路肩是指进行了铺装的路肩，可承受汽车荷载的作用力，在混合交通的公路上便于非机动车、行人通行。在填方路段，如采用集中排水方式，为使路肩能汇集路面积水，在路肩边缘应设缘石。土路肩是指不加铺装的土质路肩，起保护路面和路基的作用，并提供侧向余宽。

公路一般应设置右侧路肩，对高速公路和一级公路，当采用分离式断面时，行车道左侧应设置左侧路肩。公路路肩宽度主要根据公路功能和设计速度确定。

4.2.4.3 路肩的宽度

(1) 各级公路右侧路肩的宽度

表 4-4　　各级公路右侧路肩的宽度

<table>
<tr><td colspan="2" rowspan="2">设计速度/(km/h)</td><td colspan="3">高速公路</td><td colspan="2">一级公路
(干线功能)</td><td colspan="2">一级公路(集散功能)和二级公路</td><td colspan="3">三级公路、
四级公路</td></tr>
<tr><td>120</td><td>100</td><td>80</td><td>100</td><td>80</td><td>80</td><td>60</td><td>40</td><td>30</td><td>20</td></tr>
<tr><td rowspan="2">右侧硬路肩宽度/m</td><td>一般值</td><td colspan="3">3.00(2.50)</td><td colspan="2">3.00(2.50)</td><td>1.50</td><td>0.75</td><td rowspan="2">—</td><td rowspan="2">—</td><td rowspan="2">—</td></tr>
<tr><td>最小值</td><td colspan="3">1.50</td><td colspan="2">1.50</td><td>0.75</td><td>0.25</td></tr>
<tr><td rowspan="2">土路肩宽/m</td><td>一般值</td><td colspan="3">0.75</td><td colspan="2">0.75</td><td colspan="2">0.75</td><td rowspan="2">0.75</td><td rowspan="2">0.5</td><td rowspan="2">0.25(双车道)
0.50(单车道)</td></tr>
<tr><td>最小值</td><td colspan="3">0.75</td><td colspan="2">0.75</td><td colspan="2">0.50</td></tr>
</table>

注:本表中所列“一般值”为正常情况下的采用值;“最小值”为条件受限制可采用的值。

① 高速公路、一级公路应在右侧硬路肩宽度内设右侧路缘带,其宽度为 0.50 m。

② 二级公路的硬路肩可供非汽车交通使用。非汽车交通量较大的路段,亦可采用全铺的方式,以充分利用。

③ 二级公路、三级公路、四级公路在路肩上设置的标志,防护设施等不得侵入公路建筑限界,否则应加宽路肩。

(2) 左侧路肩

高速公路、一级公路当采用分离式断面时,应该设置左侧路肩,其宽度不应小于表 4-5 的规定,左侧路肩宽度包含左侧路缘带宽度,左侧路肩带宽度为 0.5 m。

表 4-5　　高速公路、一级公路分离式路基的左侧路肩宽度

设计速度/(km/h)	120	100	80	60
左侧硬路肩宽度/m	1.25	1.00	0.75	0.75
右侧硬路肩宽度/m	0.75	0.75	0.75	0.50

八车道及以上高速公路,宜设置左侧硬路肩,以满足内侧车道上事故车辆的临时停放需求,考虑到多车道高速公路内侧车道上行驶的车辆以小型车为主,要求左侧硬路肩宽度不应小于 2.5 m。

路肩宽度变化处,应有圆顺的过渡段,其渐变率一般为 1∶30。

路肩的坡度应保证排水,对直线段一般比路面横坡大 1%～2%,对弯道超高路段可与横向超高坡度相同。

4.2.5　路拱

为了迅速排除路面上的雨水,路面表面做成中间高、两边低的拱形,称为路拱。路拱对排水有利,但对行车不利。路拱坡度所产生的水平分力增加了行车的不稳定性,同时也给乘客带来不舒适的感觉。当车辆在有冰、雪、水或潮湿路面上制动时,还会增加侧向滑移的危险。为此,对路拱的横向坡度在满足横向排水的要求下,应尽量采用低值。

4.2.5.1　**路拱形式**

(1) 直线形路拱

如图 4-16 所示。直线形路拱的特点是中间呈屋脊形，横坡一致。一般适用于：① 路拱横坡小的水泥路面；② 有中央分隔带的路面；③ 宽度较小的低等级公路。

(2) 直线加曲线形路拱

如图 4-17 所示。直线加曲线路拱的特点是两侧较平缓，中间呈曲线形，适用于宽度大于 20 m 柔性路面。

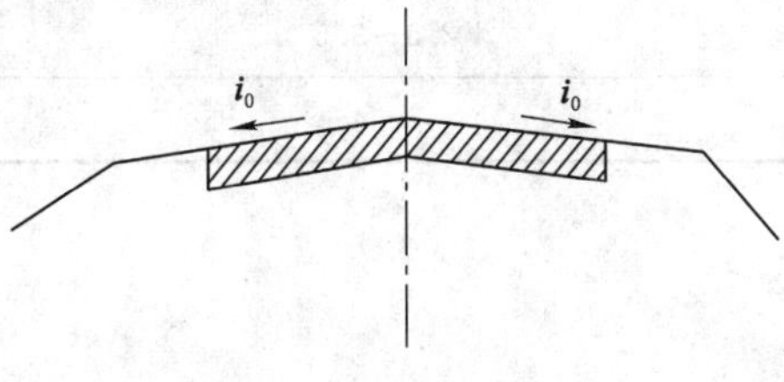

图 4-16　直线型路拱图

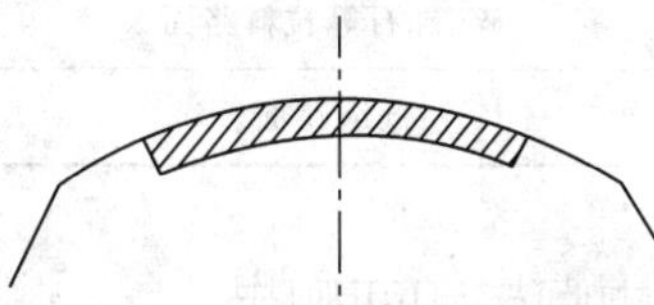

图 4-17　直线加曲线形路拱

(3) 折线形路拱

折线形路拱的特点：坡度从中到边逐步增大利于排水，横坡变化缓慢，对行车有利。

折线形路拱适用于多车道水泥混凝土路面。

(4) 抛物线路拱

抛物线路拱的特点是：有利于排水，中间部分平缓，行车平稳性好；路拱边部坡度大，有利于排水；易于吸引横向行车集中行驶中部而造成路面损坏。如图 4-18 所示。

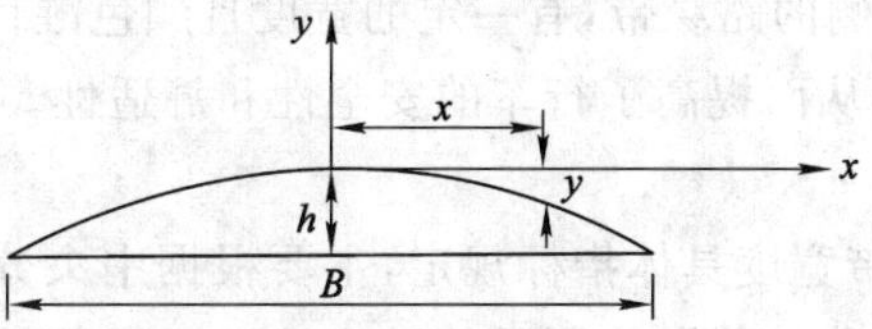

图 4-18　抛物线路拱

① 二次抛物线方程：

$$y=\frac{4h}{B^2}x^2 \tag{4-19}$$

其特点是中间平、两边陡，有利于行车和排水，但当路面宽大时，边缘坡度过大，一般适用于宽度小于 12 m 的黑色路面。

② 改进的二次抛物线方程：

$$y=\frac{2h}{B^2}x^2+\frac{h}{B}x \tag{4-20}$$

其特点是中间平、两边适中，一般适用于宽度小于 20 m 的黑色路面。

4.2.5.2　**路拱坡度的规定**

路拱坡度应根据路面类型和当地自然条件，按表 4-6 规定的数值采用。路肩横向坡度一般应比路面横向坡度大 1%～2%。六车道、八车道的高速公路宜采用较大的路面横坡。

表 4-6　　路拱横坡度

路面类型	路拱横坡度/%
沥青混凝土、水泥混凝土	1～2
其他沥青路面、整齐块石	1.5～2.5
半整齐块石、不整齐块石	2～3
碎、砾石等粒料路面	2.5～3.5
低级路面	3～4

4.2.6　中间带和两侧带

4.2.6.1　中间带的作用

四条和四条以上车道的公路应设置中间带。中间带由两条左侧路缘带和中央分隔带组成。中间带的作用：

① 将上行车流和下行车流分开，防止对向车辆相撞，减少交通事故，减少公路中心线附近的交通阻力，保证车速，从而提高通行能力；

② 可作为设置道路标志牌及其他交通管理设施的场地，也可作为行人过街的安全岛使用；

③ 种植花草灌木或设置防眩网，可防止对向车辆灯光炫目，还可起到美化路容和环境的作用；

④ 设于中央分隔带两侧的路缘带，有一定的宽度且颜色醒目，能引导驾驶员视线，增加了行车所必需的侧向余宽，从而提高了行车的安全性和舒适性。

4.2.6.2　中间带宽度

《规范》取消了对中间带宽度具体指标规定，主要根据中央分隔带的功能和设置护栏的型式、种植、防眩网、交叉公路的桥墩等所需的设施带宽度而定。中间带越宽作用越明显，但我国土地资源十分宝贵，要采用较宽的中间带是不符合国情的，所以在我国基本上采用窄的中间带。城市道路因机动车和非机动车混合行驶，当设置非机动车道时，除设有中间分车带外，还有两侧分车带。

一条道路上不得频繁改变中间带的宽度，以保持良好的线形和视觉。不得已改变中间带宽度时，应设置渐变过渡段，使车道中心线的线形圆滑、顺适。过渡段以设在回旋线范围内为宜，其长度应与回旋线长度相等。对于宽度大于 4.5 m 的中间带，其过渡段宜设在半径较大的平曲线路段。图 4-19 为几种变宽过渡设计的例子。

4.2.6.3　中间带开口部

为了便于养护作业和某些车辆在必要时驶向反向车道，中央分隔带应按一定距离设置开口部。一般情况下，开口部以每 2 km 的间距设置为宜，并应设置在通视良好的直线段。若在曲线上开口，其曲线半径宜大于 700 m。在互通式立体交叉、隧道、特大桥、服务区等设施的前后必须设置开口。城市道路可根据横向交通情况，按需要设置。

开口部的形状常用的有两种：

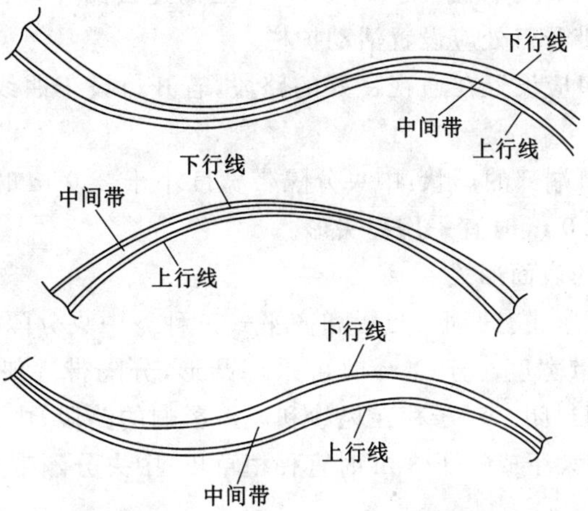

图 4-19 宽度大于 4.5 m 的中间带变宽过渡

① 半圆形：适用于窄分隔带（$M<3.0$ m）；

② 弹头形：适用于宽分隔带（$M\geqslant 3.0$ m，图 4-20）。

图 4-20 中 L 为开口宽度，R、R_1、R_2 为设计控制半径。只有当 R 和 R_1 足够大时，才能保证汽车以一定速度驶离主车道，进行左转弯，一般 $R_1=25\sim120$ m。R 切于开口中心线，其值取决于开口的大小，一般取 $R\geqslant 15$ m。弹头尖端圆弧半径 R_2 一般等于 $M/5$，这样从外观上看比较悦目。

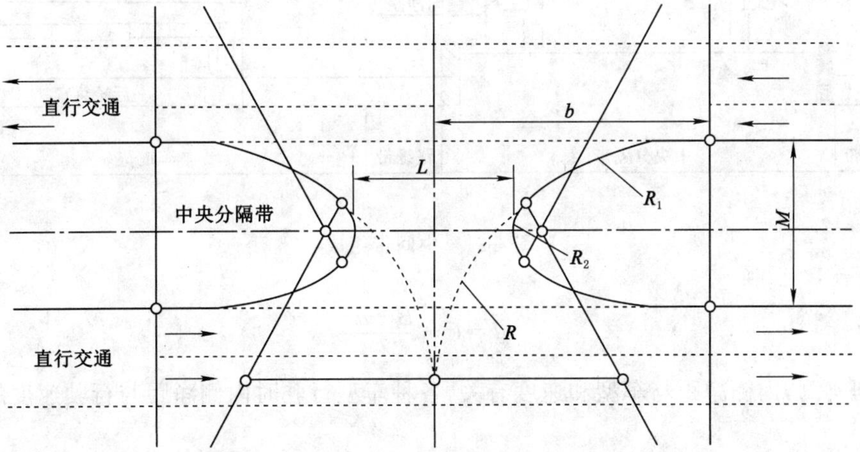

图 4-20 弹头形开口形状

《规范》对中央分隔带开口有以下要求：

① 互通式立体交叉、隧道、特大桥、服务区设施前后，以及整体式路基、分离式路基的分离（回合）处，应设置中央分隔带开口。

② 中央分隔带开口间距应视需要而定，最小间距应不小于 20 m。

③ 中央分隔带开口长度不宜大于 40 m;八车道高速公路开口长度可适当增长,但不应大于 50 m。中央分隔带开口处应设置活动护栏。

④ 中央分隔带开口应设置在通视良好的路段,若开口设于曲线路段,该圆曲线半径的超高值不宜大于 3%。

⑤ 中央分隔带开口端部的形状:中央分隔带宽度小于 3.0 m 时可采用半圆形,中央分隔带宽度大于或等于 3.0 m 时宜采用弹头形。

4.2.6.4 中央分隔带的表面形式

中央分隔带的表面形式有凹形、凸形和齐平式三种。中央分隔带宽度大于或等于 3 m 时宜用凹形;中央分隔带宽度小于 3 m 时可采用凸形,分隔带一般用缘石围砌,高出地面 10～20 cm,一般可铺面封闭。对于存在风沙和风雪影响的路段,中央分隔带宽度宜采用齐平式。中央分隔带宽度大于或等于 3 m 时宜种植草皮;中央分隔带宽度小于 3 m 时可栽灌木或铺面封闭。

4.2.6.5 中间带的侧向净距

中间带各组成部分如图 4-21 所示。设车辆在车道中间行驶,图中侧向净距 J 是指路缘带与车道边线到护栏面的间距,内侧净距 C 是右后轮外侧面到护栏面的间距。侧向净距 J、内侧净距 C、车道宽度 B 及后轮总宽 a 满足式(4-21)的关系。

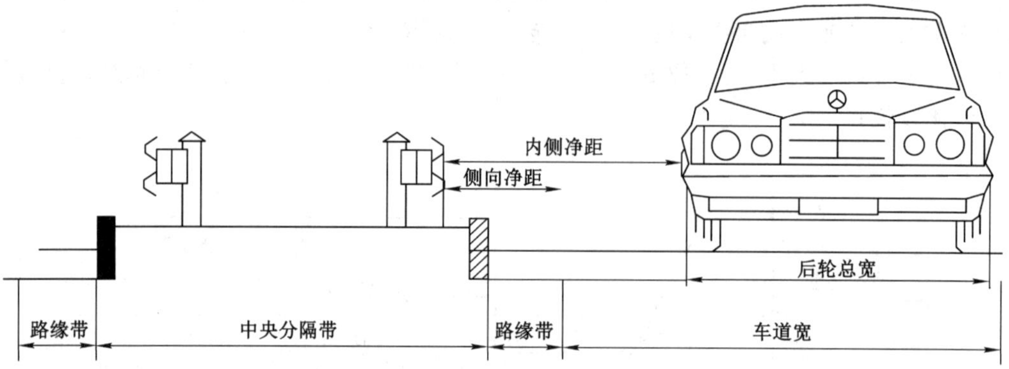

图 4-21 中间带组成

$$J=C-\frac{B-a}{2} \tag{4-21}$$

根据实测,内侧净距与车型和速度有关,各种车型行驶时内侧净距与行驶速度的关系模型如下:

小型车: $C=0.0101v+1.03$

中型车: $C=0.0095v+1.05$

大型车: $C=0.0081v+0.94$

式中 C——内侧净距,m;

v——行驶速度,km/h。

根据设计速度和中间带缘石形式,道路中间带安全侧向净距推荐值见表 4-7。

表 4-7　　中间带安全侧向净距推荐值

设计速度/(km/h)	路缘石凸出,位于护栏外侧		路缘石与路面齐平	
	一般值/m	最小值/m	一般值/m	最小值/m
120	1.35	1.10	1.15	1.00
100	1.15	0.95	1.00	0.90
80	0.95	0.80	0.85	0.80
60	0.90	0.65	0.80	0.70

4.2.6.6　**两侧带**

布置在横断面两侧的分车带称为两侧带,其作用与中间带相同,只是设置的位置不同而已。两侧带常用于城市道路的横断面设计中,它可以分隔快车道和慢车道、机动车道和非机动车道、车行道和人行道等。

两侧带的最小宽度规定 2.0～2.25 m。在北方寒冷积雪地区,在满足最小宽度的前提下,还应考虑能否满足临时堆放积雪的要求。

4.2.6.7　**紧急出口**

对控制进入的高速公路,在能提供消防、急救、道路养护及处理事故等条件的地点可设置紧急出口。其位置应选在通视良好,与外部一般公路连接方便的地点。

4.3　超高及加宽

4.3.1　超高

在弯道上,当汽车在双向横坡的车道外侧行驶时,车重的水平分力将增大横向侧滑力,所以,当采用的圆曲线半径小于不设超高的最小半径时,为抵消或减少车辆在曲线路段上面行驶时所产生的离心力,将曲线段的外侧路面横坡做成与内侧路面同坡度的单坡横断面,这样的设置称为超高。

合理设置超高,可全部或部分抵消离心力,提高汽车在平曲线上行驶的稳定性与舒适性。当汽车等速行驶时,圆曲线上所产生的离心力是常数,超高横坡度应是与圆曲线半径相适应的全超高。而在缓和曲线上曲率是变化的,其离心力也是变化的,因此,在缓和曲线上应是逐渐变化的超高。从直线段的双向路拱横坡渐变到圆曲线段具有单向横坡的路段,称为超高过渡段。四级公路不设缓和曲线,但圆曲线上若设有超高,也应设超高过渡段。

4.3.1.1　**超高坡度**

(1) 最大超高坡度

由水平曲线半径公式计算可以得到超高坡度的计算公式:

$$i_h=\frac{V^2}{127R}-\mu \tag{4-22}$$

式中　μ——横向力系数;

i_h——超高横坡度,或称超高率;

V——设计速度,km/h;

R——圆曲线半径,m。

当平曲线半径 R 采用极限最小半径时即为计算最大超高坡度公式:

$$i_{hmax}=\frac{V^2}{127R_{min}}-\mu \tag{4-23}$$

式中 i_{hmax}——最大超高横坡度;

R_{min}——圆曲线极限最小半径,m。

最大超高坡度的限值与气候条件、地形、地区、汽车以低速行驶的频率、路面施工的难易程度等因素有关。从保证汽车转弯时有较高速度和乘客舒适性来看,要求超高横坡应尽量大一些,但考虑车辆的组成不同,车速不一,特别是在弯道上停车($V=0$)时,有可能产生向弯道内侧滑移的危险。另外,在冰雪状态下,过大的超高对车辆启动及刹车不利。

当 $V=0$ 产生滑移的极限状态时下滑力等于横向摩擦阻力,即:

$$Gi_{h\,max}=G\varphi_h \tag{4-24}$$

故横向滑移限制条件为:

$$i_{h\,max}\leqslant\varphi_h \tag{4-25}$$

式中 φ_h——横向附着系数。

各级道路圆曲线部分最大超高值规定见表 4-8、表 4-9。

表 4-8　　公路最大超高坡度

公路等级	高级公路	一	二	三	四
一般地区	10%		8%		
积雪、严寒地区	6%				

表 4-9　　城市道路最大超高坡度

设计速度/(km/h)	100,80	60,50	40,30,20
最大超高值/%	6	4	2

二、三、四级公路混合交通量较大且接近城镇路段,或通过城镇作为街道使用的路段,当车速受到限制,按规定设置超高有困难时,可按表 4-9 的规定设置超高。

(2) 超高坡度的确定

超高坡度的确定按设计速度、半径大小计算,并结合路面类型、当地自然条件等最后确定。当超高横坡的计算值小于路拱横坡时,应设置等于路拱坡度的超高。

极限最小半径是与最大超高坡度相对应的,由式(4-22)可得:

$$i_h+\mu=\frac{V^2}{127R} \tag{4-26}$$

式中右边是汽车行驶在曲线上所产生的离心加速度。等式左边是抵抗该加速度的路面超高 i_h 和横向力系数 μ。其中 μ 是由路面与轮胎之间的摩阻力提供的,并与乘客感受到的横向力抗衡。要计算 i_h 的值,必须首先明确 i_h 和 μ 各分配多少才是合理的。

对于某一特定的设计速度 V，$i_h+\mu$ 与 $1/R$ 呈线性关系。其中，i_h 和 μ 可以有以下四种分配方式，其关系如图 4-22 所示。

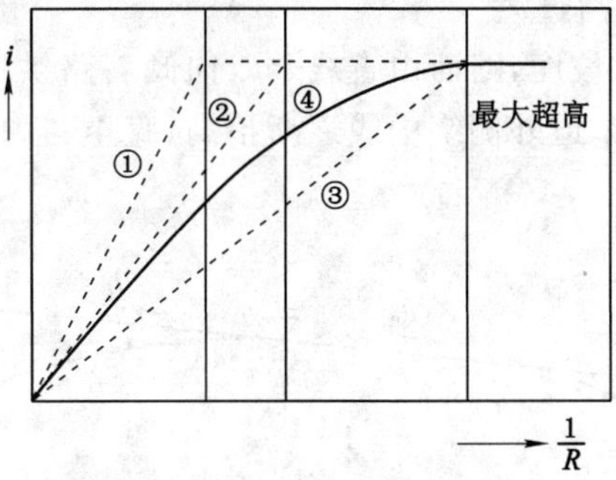

图 4-22　超高与横向摩阻力的分配方法

① 在未达到 $i_h=i_{h\max}$ 之前，离心力完全由超高所抵消。当曲率再大时，$i_{h\max}$ 保持不变，其增加的离心力部分由横向摩阻力来抵消。

② 方法与①基本相同，区别在于①采用设计速度，这里采用行驶速度。

③ 超高和曲率呈正比，即 $i_h=0$ 与 $i_h=i_{h\max}$ 之间为一直线关系。

④ 超高和曲率呈曲线关系，其值介于②和③之间。

横向力系数 μ 的存在对于驾驶操纵的稳定、行旅的舒适及燃料、轮胎的消耗、轮胎的消耗都有不利影响。因此，把大多数车辆的 μ 值减到最低限度，应是 i_h 和 μ 分配的主要原则。根据调研研究，车辆实际行驶速度是驾驶员根据路况和环境情况的判断而采用的。在现代道路上，85％～90％的车辆行驶速度低于设计速度，15％～10％的车辆行驶超出设计车速。在设计速度低的路上，实际车速超出的更多些，所以方式②采用行驶速度计算出的超高比方式①采用设计速度所计算出的超高更符合大多数车辆的要求。

车辆在曲线上，其速度会因曲率不同而变化。当曲率大时车速较低，当曲率较小时车速较高。方式②在所有曲率半径上均采用统一的行驶速度，对于大半径曲线，其超高比较符合实际；而对于小半径曲线，其超高就显得偏大。

方式③采用超高和曲率呈正比，当半径较大时，采用方式③所计算出的超高远比最大超高要小，而 μ 仍然存在，这将对车辆行驶产生不利影响，宜适当增大超高值以减小 μ。尤其是在大半径曲线上，车辆将采用较快的车速，故应将超高规定得比采用方式③所计算出的超高要大些。

方式④中超高和曲率呈曲线关系，当平曲线半径较大时，其超高值接近方式②，由适当的超高抵消横向力。随着半径的减小，则以接近最大超高的方式设置超高。这样，在超高设置上兼顾了大半径和小半径曲线，在一定程度上避免了上述几种方法的缺点，但对大半径曲线更加有利。

按上述原则可以计算出不同设计速度下不同半径所对应的超高。对应用运行速度设计和检验的道路，宜采用运行速度计算超高值。

高速公路、一级公路在纵坡较大路段、连续上坡路段，其上、下行车道车辆的运行速度会有明显差异，宜采用不同的超高值。

4.3.1.2 超高过渡方式

道路超高的过渡方式，根据超高旋转轴在公路横断面上的位置分为以下几种：

(1) 无中间带公路的超高过渡

若超高横坡度等于路拱坡度，路面由直线上双向倾斜路拱形式过渡到曲线上具有超高的单向倾斜形式，只需要行车道外侧绕中线逐渐抬高，直至与内侧横坡相等为止，如图 4-23 所示。

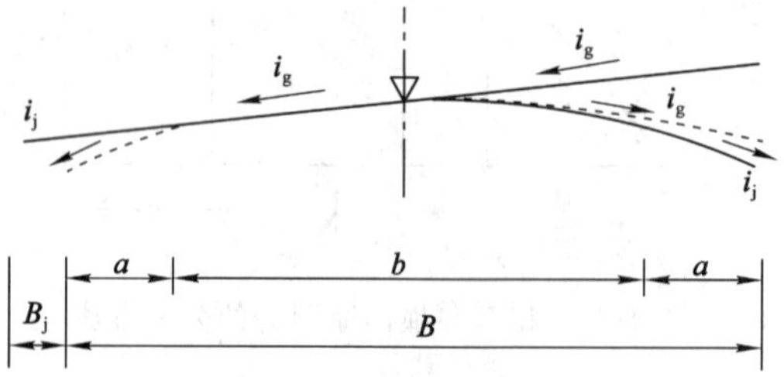

图 4-23 超高值等于路拱时过渡

当超高坡度大于路拱坡度时，可分别采用以下三种过渡方式：

① 绕着内边线旋转。先将外侧车道绕路中线旋转，待达到与内侧车道构成单向横坡之后，整个断面在绕着未加宽前的内侧车道边线旋转，直至超高横坡值，如图 4-24(a) 所示。

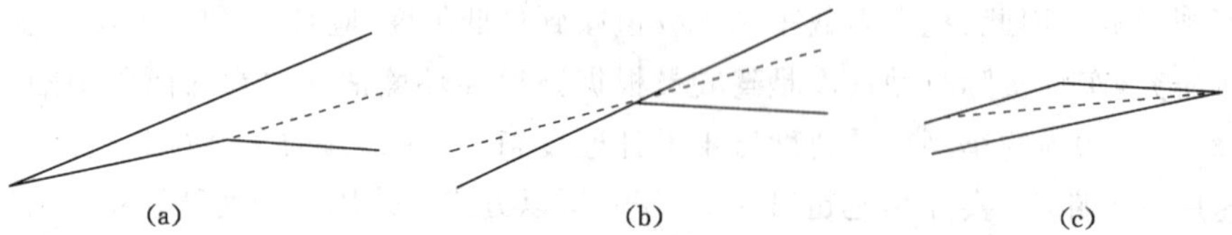

图 4-24 无中间带道路超高的过渡方式

② 绕中线旋转。先将外侧车道绕路中线旋转，待达到与内侧车道构成单向横坡后，整个断面在绕着中线旋转，直至超高横坡度，如图 4-24(b) 所示。

③ 绕着外边线旋转。先将外侧车道绕着外边线旋转，与此同时，内侧车道随中线的降低而相应降低，待达到单向横坡后，整个断面仍绕外侧车道边线旋转，直至超过横坡度。如图 4-24(c) 所示。

上述各种方法，绕着内边线旋转由于行车道内侧不降低，有利于路基纵向排水，一般新建工程多用此法。绕中线旋转可保持中线标高不变，且在超高坡度一定的情况下，外侧边缘的抬高的值较小，多用于旧路改建工程。而绕外侧边线旋转是一种比较特殊的设计，仅用于某些改善路容的地点。公路分离式断面的超高过渡可视为两条无中间带的公路分别予以处理。

(2) 有中间带公路的超高过渡

① 绕着中间带的中心线旋转。先将外侧行车道绕着中央分隔带边缘旋转，待达到与内侧行车道构成单向横坡后，整个断面一同绕着中心线旋转，直至超高横坡度值。此时中央分隔带呈倾斜状，如图 4-25(a) 所示。

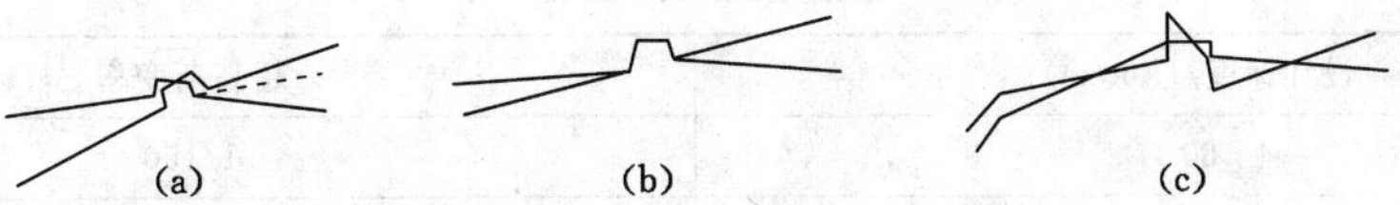

图 4-25 有中间带道路超高的过渡方式

② 绕着中央分隔带边缘旋转。将两侧行车道分别绕中央分隔带边缘旋转，使之各自成为独立的单向超高横断面，此时中央分隔带维持原水平状态，如图 4-25(b)所示。

③ 绕着各自行车道中线旋转。将两侧行车道分别绕着各自的中心线旋转，使之各自成为独立的单向超高断面，此时中央分隔带两边缘分别升高和降低而成为倾斜断面，如图 4-25(c)所示。

三种超高方式可按中间带宽度和车道数选用。中间带宽度较窄时(≤4.5 m)可采用图 4-25(a)的方式；各种宽度的中间带都可采用图 4-25(b)的方式。对双向车道数大于 4 条的道路可采用图 4-25(c)的方式。

4.3.1.3 **超高过渡段**

为了行车舒适、路容的美观和排水的通畅，必须设置一定长度的超高过渡段，超高的过渡是在超高过渡段全长范围内进行的。双车道公路最小超高过渡段长度按下式计算：

$$L_c = \frac{B' \Delta_i}{p} \tag{4-27}$$

式中 L_c——超高缓和段长度，m。

B'——未设硬路肩的公路，为旋转轴至行车道(设路缘带时为路缘带)外侧边缘的宽度，m；设有硬路肩的公路，为旋转轴至硬路肩外侧边缘的宽度，m。

Δ_i——超高坡度与路拱坡度的代数差，%；当绕内边线旋转时，$\Delta_i = i_h$，当绕中线旋转时，$\Delta_i = i_h + i_G$，i_G 为路拱横坡度，i_h 为超高值。

p——超高渐变率，即旋转轴线与行车道(设路缘带时为路缘带)外侧边缘线之间相对升降的比率，其规定值见表 4-10 和表 4-11。

表 4-10 **公路超高渐变率**

设计速度/(km/m)	超高旋转轴位置	
	绕中线旋转	绕边缘旋转
120	1/250	1/200
100	1/225	1/175
80	1/200	1/150
60	1/175	1/125
40	1/150	1/100
30	1/125	1/75
20	1/100	1/50

表 4-11　　城市道路超高渐变率

设计速度/(km/m)	超高渐变率
80	1/150
60	1/125
50	1/115
40	1/100
30	1/75
20	1/50

多车道公路的超高过渡段长度，视车道数按式(4-27)计算之值乘以下列系数：

① 行车道边缘到旋转轴距离为 1.5 车道时，乘以 1.2；

② 行车道边缘到旋转轴距离为 2 车道时，乘以 1.5；

③ 行车道边缘到旋转轴距离为 3 车道时，乘以 2.0。

超高缓和段长度应采用 5 的倍数，并不小于 10 m；四级公路超高的过渡应在超高过渡段的全长范围内进行。

对线形设计有一定要求的公路，应在超高缓和段的起、终点插入一段二次抛物线，使之连接圆滑、舒顺。

超高的过渡应在回旋线全长范围内进行。当回旋线较长时，应采取以下措施予以处理：

① 超高过渡段设在回旋线的某一区段内，其超高起点宜设在曲率半径大于不设超高半径处，全超高断面宜设在缓圆点和缓圆点处。

② 超高过渡段的纵向渐变率不得小于 1/330。

③ 六车道及其以上的公路宜增设路拱线，以改善排水条件，如图 4-26 所示。

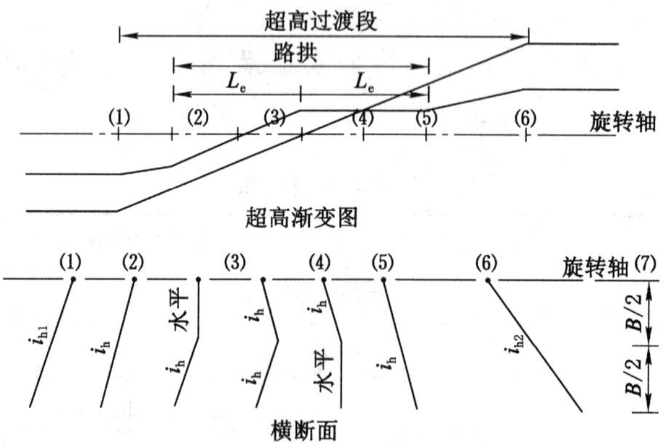

图 4-26　增设路拱的超高方式

4.3.1.4　横断面上的超高值的计算

(1) 无中间带时的计算

平曲线上设置超高以后，道路中线和内、外侧边线与原中线上的设计标高之高差 h，应予以计算并列于路基设计表中，以便施工。此超高值的计算公式并列于表 4-12 和表 4-13，可参考图 4-27。

表 4-12　　绕内边缘旋转超高值计算公式

最高位置		$x \leqslant x_0$	$x > 0$	备注
圆曲线上	外缘 h_c	$b_J i_J + (b_J + B) i_h$		1. 计算结果均为与设计高之高差； 2. 临界断面距过渡段起点：$x_0 = \frac{i_G}{i_h} L_c$； 3. x 距离处的加宽值 $b_x = \frac{x}{L_c} b$； 4. 内、外侧边线降低和抬高值是在 L_c 内按线性过渡，路容有要求时可采用高次抛物线过渡
	中线 h'_c	$b_J i_J + \frac{B}{2} i_h$		
	内缘 h''_c	$b_J i_J - (b_J + b) i_h$		
过渡段上	外缘 h_{cx}	$b_J (i_J - i_G) + [b_J i_G + (b_J + B) i_h] \frac{x}{L_c}$（或 $\approx \frac{x}{L_c} h_c$）		
	中线 h'_{cx}	$b_J i_J + \frac{B}{2} i_G$	$b_J i_J + \frac{B}{2} \cdot \frac{x}{L_c} i_h$	
	内缘 h''_{cx}	$b_J i_J + \frac{B}{2} i_G$	$b_J i_J - (b_J + b_x) \frac{x}{L_c} i_h$	

表 4-13　　绕中线旋转超高值计算公式

最高位置		$x \leqslant x_0$	$x > 0$	备注
圆曲线上	外缘 h_c	$b_J (i_J - i_G) + \left(b_J + \frac{B}{2}\right)(i_G + i_h)$		1. 计算结果均为与设计高之高差； 2. 临界断面距过渡段起点：$x_0 = \frac{2 i_G}{i_G + i_h} L_c$； 3. x 距离处的加宽值 $b_x = \frac{x}{L_c} b$； 4. 内、外侧边线降低和抬高值是在 L_c 内按线性过渡，路容有要求时可采用高次抛物线过渡
	中线 h'_c	$b_J i_J + \frac{B}{2} i_G$		
	内缘 h''_c	$b_J i_J + \frac{B}{2} i_G - \left(b_J + \frac{B}{2} + b\right) i_h$		
过渡段上	外缘 h_{cx}	$b_J (i_J - i_G) + \left(b_J + \frac{B}{2}\right)(i_G + i_h) \frac{x}{L_c}$（或 $\approx \frac{x}{L_c} h_c$）		
	中线 h'_{cx}	$b_J i_J + \frac{B}{2} i_G$（定值）		
	内缘 h''_{cx}	$b_J i_J + (b_J + b_x) i_G$	$b_J i_J + \frac{B}{2} i_G - \left(b_J + \frac{B}{2} + b_x\right) \frac{x}{L_c} i_h$	

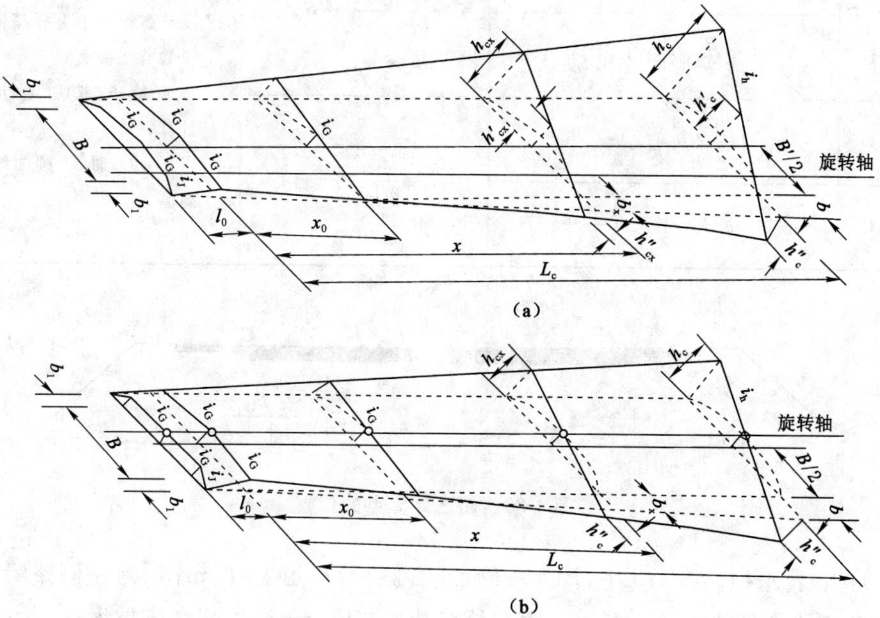

(a)

(b)

图 4-27　超高过渡方式图

(a) 绕边线旋转；(b) 绕中线旋转

图 4-27、表 4-12、表 4-13 中：B 为路面宽度；b_J 为路肩宽度；i_G 为路拱横坡度；i_J 为路肩横坡度；i_h 为超高横坡度(超高值)；L_c 为超高缓和段长度(或缓和曲线长度)；l_0 为路肩横坡度有由 i_J 变为 i_G 所需的距离，一般可取 1.0 m；x_0 为与路拱同坡度的单向超高点至超高过渡段起点的距离；x 为超高过渡段中任一点至起点的距离；h_c 为路基外缘最大抬高值；h'_c 为路中线最大抬高值；h''_c 为路基内缘最大降低值；h_{cx} 为 x 距离处路基外缘抬高值；h'_{cx} 为 x 距离处路中线抬高值；h''_{cx} 为 x 距离处路基内缘降低值；b 为圆曲线路基加宽值；b_x 为 x 距离处路基加宽值；以上单位均为 m。

(2) 有中间带时的计算

计算公式列于表 4-13、表 4-14，并参看图 4-28。

表 4-14 和表 4-15 中符号如下：

表 4-14　　绕中央分隔带边缘超高值计算方式

超高位置		计算公式	x 距离处行车道横坡值	备注
外侧	C	$(b_1+B+b_2)i_x$	$i_x=\frac{i_G+i_h}{L_c}x-i_G$	1. 计算结果为与设计高之高差； 2. 设计高程为中央分隔带外侧边缘 D 点的高程； 3. 加宽值 b_x 按加宽计算公式计算； 4. 当 $x=L_c$ 时，为圆曲线上的超高值
	D	0		
内侧	D	0	$i_x=\frac{i_h-i_G}{L_c}x+i_G$	
	C	$-(b_1+B+b_x+b_2)i_x$		

表 4-15　　绕各自行车道中线旋转超高值计算方式

超高位置		计算公式	x 距离处行车道横坡值	备注
外侧	C	$\left(\frac{B}{2}+b_2\right)i_x-\left(\frac{B}{2}+b_1\right)i_z$	$i_x=\frac{i_G+i_h}{L_c}x-i_G$	1. 计算结果为与设计高之高差； 2. 设计高程为中央分隔带外侧边缘 D 点的高程； 3. 加宽值 b_x 按加宽计算公式计算； 4. 当 $x=L_c$ 时，为圆曲线上的超高值
	D	$-\left(\frac{B}{2}+b_1\right)(i_x+i_z)$		
内侧	D	$\left(\frac{B}{2}+b_1\right)(i_x-i_z)$	$i_x=\frac{i_h-i_G}{L_c}x+i_G$	
	C	$-\left(\frac{B}{2}+b_x+b_2\right)i_x-\left(\frac{B}{2}+b_1\right)i_z$		

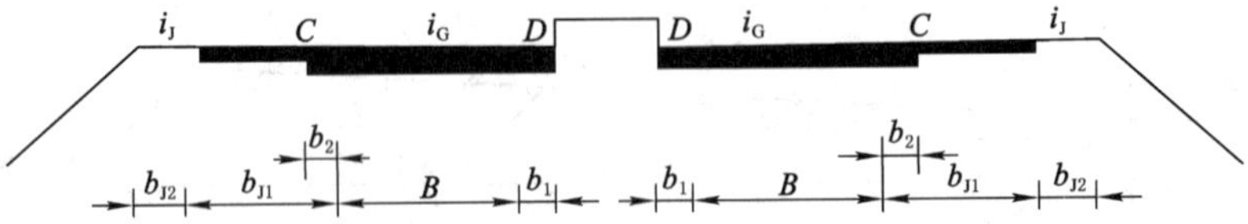

图 4-28　超高计算点的位置

图 4-28、表 4-14、表 4-15 中，B 为左侧(或右侧)行车道宽度，m；b_1 为左侧路缘带宽度，m；b_2 为右侧路缘带宽度，m；b_x 为 x 距离处路基加宽值，m；i_h 为超高横坡度；i_G 为路拱横坡度值；x 为超高过渡段中任意一点至超高缓和段起点的距离，m。

表中仅列出了行车道外边线和中央分隔带边线的超高计算，硬路肩外侧边线、路基边线的超高可根据路肩横坡和路肩宽度从车道外边线推算。

4.3.1.5　超高设计图

前述的平曲线超高设计都是针对一个弯道而言。两个或者两个以上的弯道，其间距较短时，除考虑单一平曲线的超高设计外，还需要研究两个弯道间的超高过渡问题，解决这个问题，需要所谓的"超高设计图"，见图 4-29。这是简化了的超高过渡纵断面图，该图以旋转轴为横坐标轴，纵坐标是相对高程。为使超高更加清晰，纵坐标比例应大于横坐标比例。

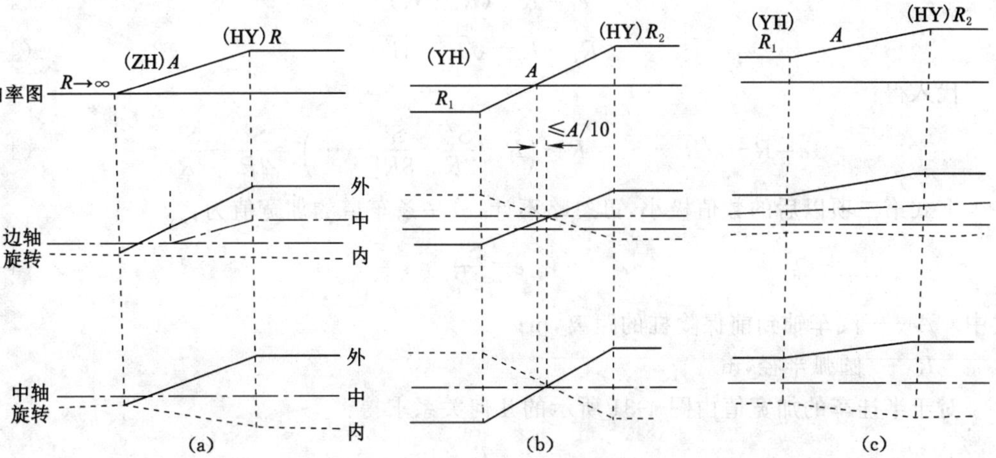

图 4-29　超高设计图

(a) 直线—回旋线；(b) 圆—反向回旋线—圆；(c) 大圆—回旋线—小圆

图 4-29(a)是基本型曲线的超高设计图。从缓和曲线(等于超高过渡段长)起点开始超高，外侧逐渐抬高，内侧逐渐降低，至缓和曲线终点超高达到全值，其间是按直线变化，符合缓和曲线上的曲率变化规律，也符合行车离心力的变化规律。在路面外侧边线抬高过程中，与中线相交一次，此点路面外侧横坡为 0，对横向排水不利。

图 4-29(b)两相邻曲线是反向曲线。如按图 4-29(a)处理，路面要由单坡断面变为双坡断面，又由双坡断面变为单坡断面，路面外侧边线要与中线相交两次，对排水和路容都不利。可改为按图 4-29(b)处理，即由一个曲线的全超高过渡到另一个曲线的反方向全超高，中间是面到面的过渡，在整个过渡中，横断面始终是单坡断面，没有固定旋转轴。这样只出现一次零坡断面，对排水和路容都有所改善。

图 4-29(c)两相邻曲线是同向曲线。如按图 4-29(a)处理，则路面外侧边线要与中线相交两次，对排水和路容不利，且对曲线外侧汽车的舒适性影响很大。改为按图 4-29(c)处理，即由一个曲线的全超高过渡到另一个曲线的同方向全超高，中间是面到面的过渡，在整个过渡中，外侧路面始终向内倾斜，与内侧路面构成单坡断面。这样处理后，不出现零坡断面，对排水、路容和行车都有利。

4.3.2　加宽

4.3.2.1　定义

汽车在曲线路段上行驶时，靠近曲线内侧后轮行驶的曲线半径最小，靠曲线外侧的前轮行驶的曲线半径最大。为适应汽车在平曲线上行驶时后轮轨迹偏向曲线内侧的需要，平曲线内侧相应增加的路面、路基宽度称为曲线加宽（又称弯道加宽）。

4.3.2.2　**加宽值**

圆曲线上加宽值与平曲线半径、设计车辆的轴距有关，同时还需要考虑弯道上形式车辆摆动及驾驶员的操作所需的附加宽度。因此，圆曲线上的加宽值由几何需要的加宽和汽车转弯时的摆动加宽两部分组成。

对于普通载货汽车，由图 4-30 所示的几何关系可求得：

$$e_1=R-(R_1+K) \tag{4-28}$$

$$R_1+K=\sqrt{R^2+S^2} \tag{4-29}$$

代入得：

$$e=R-\sqrt{R^2-S^2}=R-\left(R-\frac{S^2}{2R}-\frac{S^4}{8R^3}-\cdots\right)=\frac{S^2}{2R}+\frac{S^4}{8R^3} \tag{4-30}$$

上式第二项以后的数值极小，可忽略不计，故一条车道的加宽值为：

$$e=\frac{S^2}{2R} \tag{4-31}$$

式中　A——汽车轴到前保险杠的距离，m；

　　　R——圆弧半径，m。

对于半挂车的加宽值由图 4-31 所示的几何关系求得：

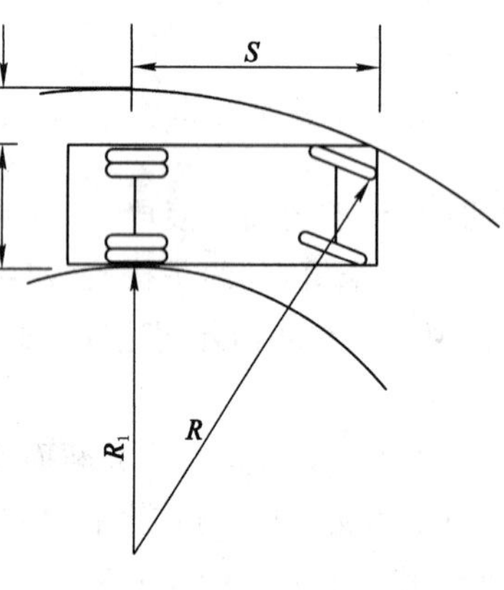

图 4-30　单车道加宽

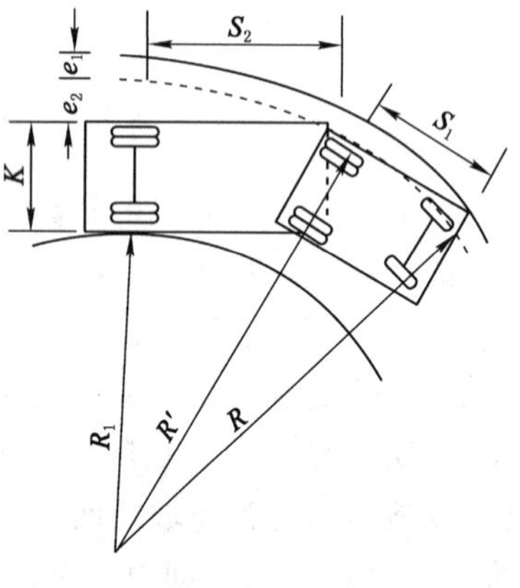

图 4-31　半挂车加宽

$$e=e_1+e_2=\frac{S_1^2+S_2^2}{2R} \tag{4-32}$$

令 $S_1^2+S_2^2=S^2$，则

$$e=\frac{S^2}{2R} \tag{4-33}$$

还有加宽与车速有关，车道摆动加宽值计算的经验公式为：

$$e'=\frac{0.05v}{\sqrt{R}} \tag{4-34}$$

式中　v——汽车转弯时的车速，km/s。

根据《规范》规定，二级公路、三级公路、四级公路的圆曲线半径小于或等于 250 m 时，应设置加宽。双车道路面加宽值规定见表 4-16。

表 4-16　　**双车道路面加宽值**　　m

加宽类型	设计车辆	200～250	150～200	100～150	70～100	50～70	30～50	25～30	20～25	15～20
1	小客车	0.4	0.6	0.8	1.0	1.2	1.4	1.8	2.2	2.5
2	载重汽车	0.6	0.7	0.9	1.2	1.5	2.0		—	
3	铰接列车	0.8	1.0	1.5	2.0	2.5		—		

对于分道行驶的公路，如平曲线半径较小，其内侧车道的加宽应大于外侧车道的加宽值，设计时应通过计算确定其差值。

根据《城规》，圆曲线半径不大于 250 m 时，应在圆曲线的内侧加宽，每条车道加宽值见表 4-17。

表 4-17　　**城市道路圆曲线每条车道的加宽值**　　m

车型＼圆曲线半径	200～250	150～200	100～150	60～100	50～60	40～50	30～40	20～30	15～20
小型汽车	0.28	0.30	0.32	0.35	0.39	0.40	0.45	0.6	0.70
普通汽车	0.40	0.45	0.60	0.70	0.90	1.00	1.30	1.8	2.40
半挂车	0.45	0.55	0.75	0.95	1.25	1.50	1.90	2.8	3.50

4.3.2.3　加宽缓和段

当平曲线半径≤250 m 时，一般在弯道内侧圆曲线范围内设置全加宽，当其平曲线内无圆曲线（凸形），仅平曲线中点处断面设置全加宽。为了使路面路基均匀变化，设置一段从加宽值为零逐渐加宽到全加宽的过渡段，称为加宽过渡段，如图 4-32 和图 4-33 所示。加宽缓和段（或超高缓和段）范围内，如无缓和曲线和超高缓和段，则应另设加宽缓和段。

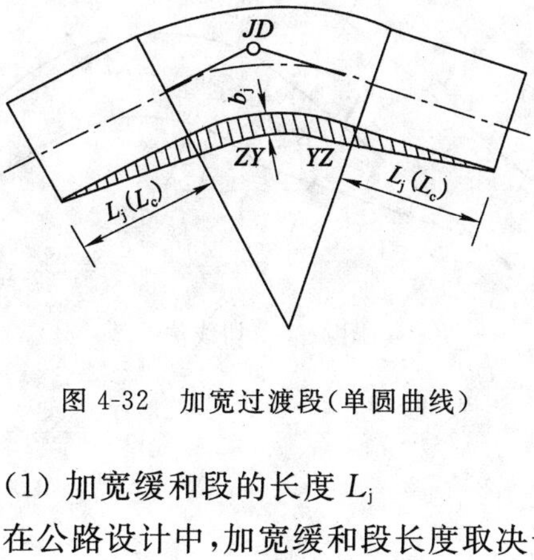

图 4-32　加宽过渡段（单圆曲线）

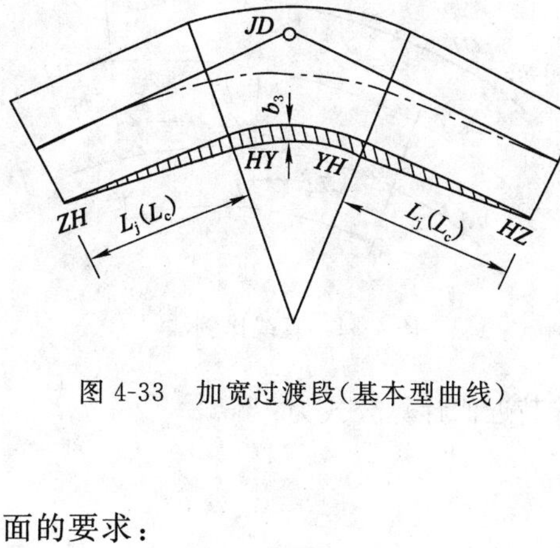

图 4-33　加宽过渡段（基本型曲线）

(1) 加宽缓和段的长度 L_j

在公路设计中，加宽缓和段长度取决于三方面的要求：

① 加宽所需要的最小长度。在不设缓和曲线或者超高缓和段时，加宽缓和段长度应按渐变率 1∶15 且不小于 20 m 的要求设置。

② 超高缓和段长度 L_c。

③ 缓和段长度 L_{h0}。

设置缓和曲线或超高缓和段时，加宽缓和段长度采用与缓和曲线或超高缓和段长度相同的数值。

不设缓和曲线，加宽缓和段长度取超高缓和段长度，其渐变率不小于 1∶15，且长度不小于 10 m。此时，超高、加宽缓和段一般设于紧接圆曲线起、终点的直线段。在地形困难地段，允许将超高、加宽缓和段的一部分插入曲线，但插入曲线内的长度不得超过超高、加宽缓和段长度的一半。

(2) 缓和段 L_j 内加宽值的过渡方式

在加宽缓和段内，加宽时逐渐变化的，其过渡方式有以下几种：

① 按直线比例变化。

即加宽缓和段内任意一点的加宽值 b_{jx} 与该点到加宽缓和段起点的距离 L_x 同加宽缓和段全长 L_j 的比率成正比，如图 4-34 所示。

$$b_{jx}=Kb_j \tag{4-35}$$

$$K=\frac{L_x}{L_j} \tag{4-36}$$

式中 b_{jx}——加宽缓和段上任一点的加宽值，m；

b_j——行车道加宽值，m；

K——比率；

L_x——加宽缓和段内任意一点到加宽缓和段起点的长度，m；

L_j——加宽缓和段的长度，m。

对于这种过渡方式处理简单粗糙，不圆滑美观，一般适用于一般二、三、四级公路。

② 切线法。

为消除加宽缓和段内测边线与圆曲线起、终点的明显折点，采用路面加宽边缘线与圆曲线上路面加宽后边缘线圆弧相切的方法，如图 4-35 所示。

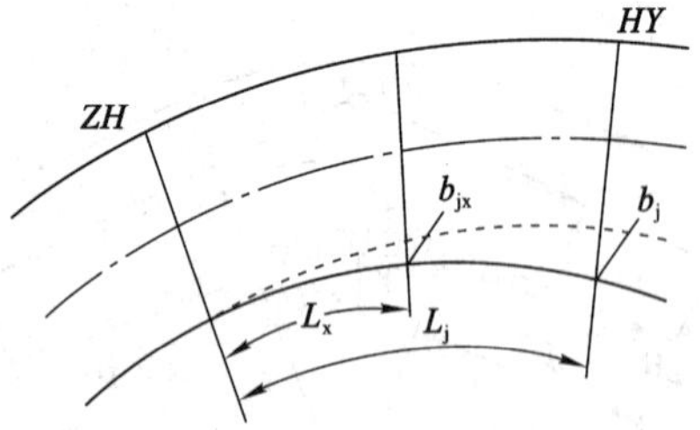

图 4-34　直线比例法

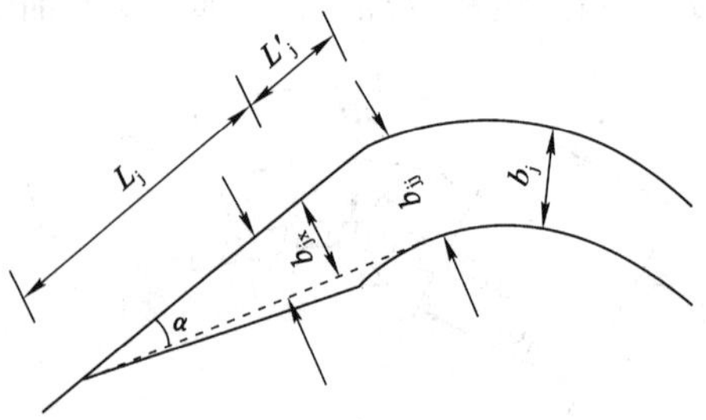

图 4-35　切线法

其近似计算公式为：

$$\begin{cases}\alpha=\dfrac{-L_j\ \sqrt{L_j+2(R-b)b_j}}{R-b}\\ l'_j=R\alpha\\ b_{jj}=L_j\tan\alpha\\ b_{jx}=L_x\tan\alpha\end{cases}\tag{4-37}$$

式中　α——路面加宽边缘线与未加宽边缘线的夹角,(°);

L_j——加宽缓和段宽度,m;

R——路中线的曲线半径,m;

b_j——路面加宽值,m;

b——未加宽前的路面宽度,m;

l'_j——插入圆曲线内的缓和段长度,即圆曲线起终点直切点的距离,m;

b_{jj}——修正后圆曲线起、终点处的路面加宽值,m;

b_{jx}——加宽缓和段内任一点加宽值,m;

L_z——加宽缓和段内任一点到缓和段起点的长度,m。

亦可采用修正系数求得 e'_j 和 b_{jj}:

$$e'_j=K'\frac{R}{L_j}\tag{4-38}$$

$$b_{jj}=K'b\tag{4-39}$$

式中　K'——修正系数,可按下表 4-18 取用。

表 4-18　　切线法修正系数

加宽过渡段长度/m		10	15	20	25	≥30
圆曲线半径/m	≤30	0.9	0.94			
	>30	0.80	0.88	0.95	0.96	0.97

切线法一般适用于四级人工构造物路段。

③ 插入高次抛物线的方法。

加宽缓和段内任一点加宽值 b_{jx} 按下列公式计算:

$$b_{jx}=(4K^3-3K^4)b_j\tag{4-40}$$

式中　K——修正系数,$K=\dfrac{L_x}{L_j}$。

这种方法路面边缘线圆滑、顺适,适用于高速公路、一级公路以及对公路路容有较高要求的二级公路。

④ 插入二次抛物线的方法。

为了使加宽缓和路段的路边缘是平顺、优美的曲线,采取在 ZH 点(HZ 点)和 HY 点(YH 点)插入二次抛物线的方式,如图 4-36 所示。加宽缓和段按下述三个区段设计:

$$\begin{cases}b_{jx}=\dfrac{L_x^2}{30L_h}b_j & (0\leqslant L_x<15)\\ b_{jx}=\dfrac{L_x-7.5}{L_h}b_j & (15\leqslant L_x\leqslant L_v-15)\\ b_{jx}=b_j-\dfrac{L_v-L_x}{30L_h}b_j & (L_v-15\leqslant L_x\leqslant L_v)\end{cases}\tag{4-41}$$

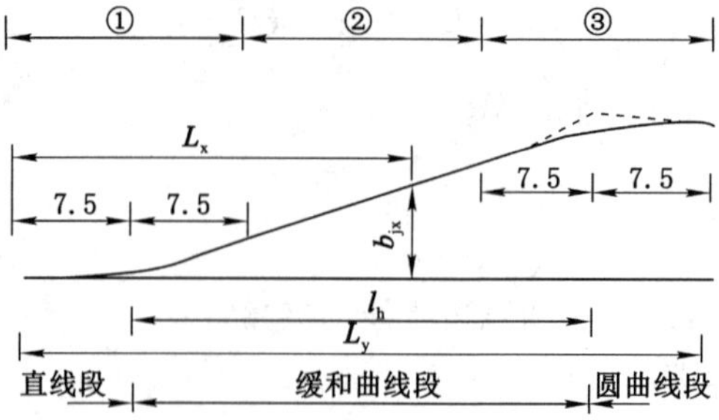

图 4-36　插入二次抛物线方法

式中　L_v——加宽总长度，m；

L_h——缓和曲线长度，m；

L_x——加宽缓和段内任意一点到缓和段起点的长度，m；

b_j——行车道加宽值，m；

b_{jx}——加宽缓和段任意一点加宽值，m。

这种方式适用于高等级公路或大城市郊区、桥梁、高架桥、挡土墙、隧道、构造物以及设置各种安全防护设施等的路段。

⑤ 复曲线的加宽过渡方法。

对于卵形曲线，加宽方法如图 4-37 所示，其加宽值按下式计算：

$$b_{jx}=b_{j-2}+(b_{j-1}-b_{j-2})\frac{L_x}{L_f} \tag{4-42}$$

式中符号如图 4-37 所示。

⑥ 插入回旋曲线的方法。

高速公路、一级公路、二级公路的下列路段，也可以采用插入回旋线的方法，如图 4-38 所示。插入回旋线的方法一般适用于：

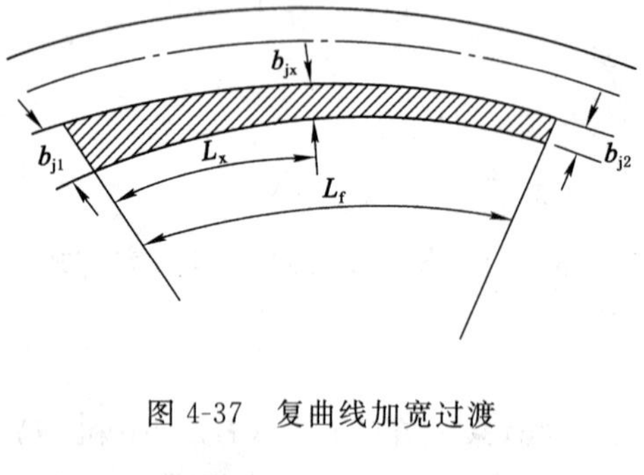

图 4-37　复曲线加宽过渡

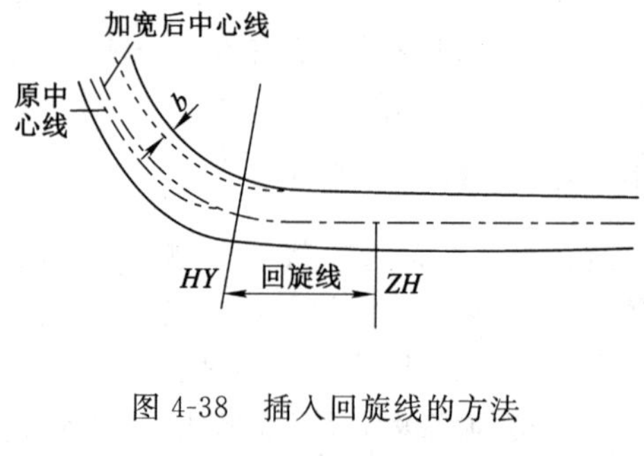

图 4-38　插入回旋线的方法

a. 位于大城市近郊的路段；

b. 桥梁、高架桥、挡土墙、隧道等构造物处；

c. 设置各种安全防护措施的地段。

在缓和路段上插入回旋线，这样不但中线上有回旋线，而且加宽以后的路面边线也是回旋线，与行车轨迹相符，保证了行车的顺适与线型的美观。

4.3.2.4 加宽类别的选用

《规范》对加宽类别选用的规定如下：

① 高速公路、一级公路、二级公路及设计速度为 40 km/h 的三级公路应采用第三类加宽值。对不经常通行集装箱半挂车的公路，可采用第二类加宽值。

② 四级公路和设计速度为 30 km/h 的三级公路可采用第一类加宽值。

③ 圆曲线上的路面加宽应设置在曲线的内侧。

④ 各级公路的路面加宽后，路基也相应加宽。

4.4 行车视距

4.4.1 行车视距计算

为保证行车安全，当司机看到一定距离处的障碍物或迎面来车时，进行汽车刹车或绕过它们而在路上行驶所必需的安全距离，称为行车视距。道路平面上的暗弯(处于挖方路段的弯道和内侧有障碍物的弯道)、纵断面上的凸形竖曲线及以下穿式立体交叉的凹形竖曲线上都有可能存在视距不足的问题。根据驾驶员所采取的措施不同，行车视距可分为以下几种。

(1) 停车视距

汽车在路上行驶时，司机看到前方障碍物，紧急安全制动所需的最短距离称作停车视距。此时，司机视线高度取 1.2 m，障碍物高出路面 0.1 m。

停车视距由三部分组成，见图 4-39，即：

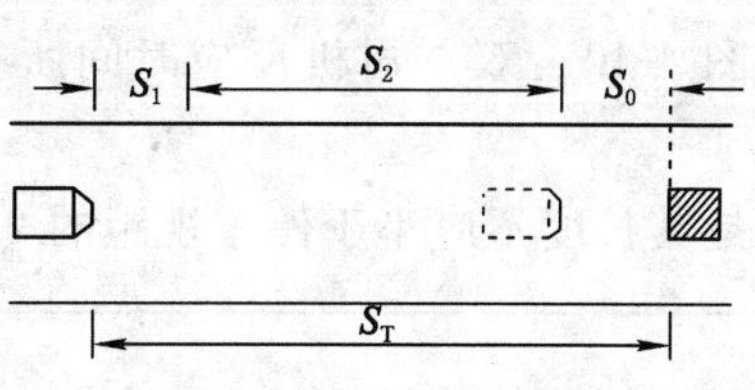

图 4-39 停车视距

$$S_T = S_1 + S_2 + S_0 \tag{4-43}$$

式中 S_1——司机反应时间所行驶的距离，m；

S_2——制动距离，即司机开始制动到完全停止时所行驶的距离，m；

S_0——安全距离，一般可取 5～10 m。

则有：

$$S_1 = \frac{V}{3.6}t \tag{4-44}$$

制动距离 S_2 取决于制动力和车速的大小，当忽略滚动阻力系数 f 时，则其计算式为：

$$S_2 = \frac{KV^2}{254(\varphi \pm i)} \tag{4-45}$$

式中 V——汽车行驶速度，km/h；

t——司机反应时间，可取 2.5 s(判断时间 1.5 s、运行时间 1.0 s)；

K——制动系数，在设计中取 1.0～1.4；

φ——路面附着系数；

i——纵坡度。

综上所述,停车视距的计算公式应为:

$$S_T=S_1+S_2+S_0=\frac{V}{3.6}t+\frac{KV^2}{254(\varphi \pm i)}+S_0 \tag{4-46}$$

《标准》充分考虑了决定汽车制动的各种因素,结合国内外的基本情况,确定了各级公路的停车视距,见表 4-19 所列。

表 4-19　　各级公路停车视距

公路等级	高速公路、一级公路				二、三、四级公路				
计算行车速/(km/h)	120	100	80	60	80	60	40	30	20
停车视距/m	210	160	110	75	110	75	40	30	20

《城规》对停车视距的规定见表 4-20 所列。

表 4-20　　城市道路停车视距

计算行车速/(km/h)	80	60	50	45	40	35	30	25	20	15	10
停车视距/m	110	70	60	45	40	35	30	25	20	15	10

(2) 会车视距

会车视距为两辆对向行驶的汽车能在同一车道上及时刹车所必需的距离。

会车视距由三部分组成(图 4-40):双方司机反应时间所行驶的距离、双方汽车的制动距离和安全距离。

可见,会车视距的规定值是其长度不应小于停车视距的 2 倍。

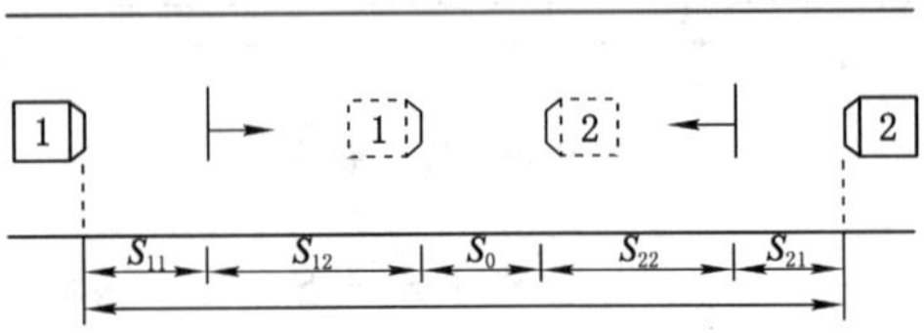

图 4-40　会车视距

(3) 超车视距

汽车行驶时为超越前车所必需的视距称作超车视距。在对向行驶的双车道公路上,当视高为 1.2 m,物高为 1.2 m,后面的快车超越前面的慢车的过程中,从开始驶离原车道之处起,至可见逆向来车并能超越慢车后安全驶回原车道所需的最短距离,如图 4-41 所示。为了超车的安全,驾驶员必须看到前面足够长度的车流空隙,以便保证超车时的交通安全。

超车视距可分为以下四个阶段。

全超车视距为:

$$S_C=S_1+S_2+S_3+S_4 \tag{4-47}$$

式中　S_C——全超车视距,m;

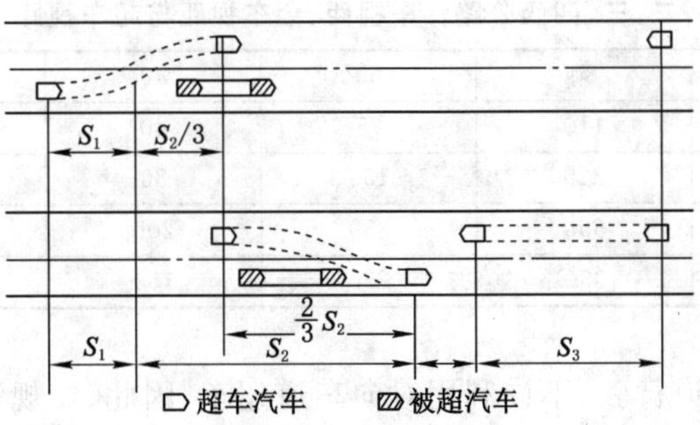

图 4-41　超车视距图示

S_1——汽车加速行驶的距离，m；

S_2——汽车在对向车道上行驶的距离，m；

S_3——完成超车时，汽车与对向来车之间的安全距离，m；

S_4——在这个超车过程中，对向汽车的行驶距离，m。

① 汽车加速行驶的距离 S_1。当欲超车的快车认为有超车可能时，于是加速行驶移向对向车道，在进入对向车道前所行驶的距离为：

$$S_1=\frac{V_0}{3.6}t_1+\frac{1}{2}at_1^2 \tag{4-48}$$

式中　V_0——超车前汽车匀速行驶的速度，km/h；

t_1——加速时间，s；

a——平均加速度，m/s²。

② 超车汽车在对向车道上行驶的距离 S_2。此距离为：

$$S_2=\frac{V}{3.6}t_2 \tag{4-49}$$

式中　V——超车汽车在加速后的速度，km/h；

t_2——在对向车道上行驶的时间，s。

③ 超车完了时超车汽车与对向汽车之间的安全距离 S_3 这个安全距离根据不同等级公路上的计算行车速度的不同而采用不同的值。一般取用 20～100 m。

④ 超车汽车从开始超车到完成超车的过程中对向汽车所行驶的距离 S_4。此距离为：

$$S_4=\frac{V_1}{3.6}(t_1+t_2) \tag{4-50}$$

在实际的超车过程中，不需要这样理想化的全超车距离，并且在地形较为复杂的地段要实现这一目标也较为困难。实际上在超车汽车加速追上被超汽车后，一旦发现有对向来车而距离不足时，还可以回到原来的车道。这个时间一般可取$\frac{2}{3}t_2$，所行驶的距离为$\frac{2}{3}S_2$；对向来车的行驶时间只考虑超车汽车进入对向车道后的时间就能够保证交通安全了，所以保证超车安全的最小超车视距为$\frac{2}{3}S_2+S_3+S_4$。在《标准》的制定过程中，充分考虑了超车时的各种因素，确定了各级公路的最小超车视距，见表 4-21 所列。对向行驶的双车道公路，应根据需要并结合地形，在适当的距离内设置具有超车视距的路段。

表 4-21　　二、三、四级公路停车视距、会车视距与超车视距

设计速度/(km/h)		80	60	40	30	20
停车视距/m		110	75	40	30	20
会车视距/m		220	150	80	60	40
超车视距/m	一般值	550	350	200	150	100
	极限值	350	250	150	100	70

城市道路通常是分道行驶，不许利用对向车道超车，因此《城规》没有超车视距的规定。

(4) 视距标准的采用

停车视距、超车视距和会车视距，应根据道路的等级和具体条件采用，《标准》和《规范》规定如下：

① 高速公路和一级公路应满足停车视距的要求。其原因是高速公路和一级公路均有中间分隔带，无对向车，因此不存在会车问题。并且高速公路和一级公路的车道数均在 4 个车道以上，快慢车用画线分隔行驶，各行其道，也不存在超车问题。

② 二、三、四级公路，一般应满足会车视距的要求。在工程特别困难或受其他限制地段，可采用停车视距，但必须采取分道行驶的措施，如设分隔带、分道线、分隔桩或设两条分离的单车道。

③ 对向行驶的双车道公路，应根据需要并结合地形在适当的距离内设置具有超车视距的路段，一般情况下不小于路线总长度的 10%～30%。

《城规》规定如下：道路平面、纵断面上的停车视距应大于或等于表 4-20 的规定。车道上对向行驶的车辆有会车可能，应采取会车视距，其值为表 4-20 中停车视距的 2 倍。

4.4.2　行车视距的保证

4.4.2.1　视距曲线

在道路的转弯设计中，除了要考虑诸如曲线半径 R、参数 A、超高、加宽等因素外，还必须注意路线内侧是否有树林、房屋、边坡等阻碍驾驶员的视线，这种处于隐蔽地段的弯道我们将它简称为暗弯。凡属暗弯都应该进行视距检查，若不能保证该级公路或城市道路的最短视距，则应将该阻碍视线的障碍物清除。如果是因曲线内侧及中间带设置护栏及其他人工构造物等而不能保证视距时，可采取加宽中间带、加宽路肩或将构造物后移等措施予以处理；如果是因挖方边坡妨碍了视线，则应按所需净距绘制包络线(或称“视距线”)开挖视距台，如图 4-42 所示。

可根据各种情况按公式计算横净距 S_z，若横净距 S_z 小于行车轨迹至障碍物的距离(即 $S_z<S_{z0}$)，视距能够得到保证，反之视距不能得到保证。

图中阴影部分是阻碍驾驶员的视线的范围，范围以内的障碍物都应加以清除。S_z 为内侧车道上汽车应保证的横净距。所谓横净距，指道路曲线范围最内侧的车道中心线行车轨迹距视距曲线(即包络线)的距离。

4.4.2.2　图解法确定视距切除范围

按公式计算的 S_z 值是弯道上须清除的最大的横净距，它是曲线中点或中点附近。在曲线上任意位置上的横净距是随行车位置的变化而变化的，如果曲线全长按最大横净距值切除，则会造成工程上的浪费。对于需要清除的是中药建筑物或岩石边坡时，多采用图解法来

确定清除范围，如图 4-42，其方法如下：

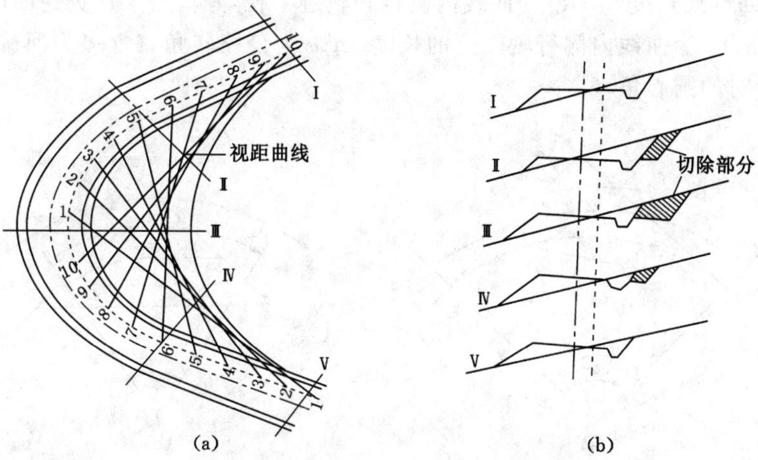

图 4-42　图解法确定清除范围

① 按一定比例绘制弯道平面图，并示出行车轨迹线位置；

② 在轨迹线上从弯道两端相连直线上距曲线起点(或中点)S 的地方开始，按 S 距离定出多组视线 1-1、2-2、3-3、…、10-10；

③ 绘出这些视线的包络线(内切曲线)，即为视距曲线；

④ 量出相应断面位置的横净距，即可按上面的方法确定相应断面上视距切除范围。必须指出，除平曲线上考虑视距外在竖曲线上也有保证视距的问题，其保证措施在选择竖曲线半径时考虑。《标准》对竖曲线最小半径的规定值也考虑了视距的保证因素。

4.4.2.3　横净距计算

平曲线内最大横净距计算公式见表 4-22。

表 4-22　　最大横净距计算公式

不设回旋线	$L>s$[图 4-43(a)] $h=R_s(1-\cos\frac{r}{2})$	$r=\frac{180^\circ s}{\pi R_s}$
	$L<s$[图 4-43(b)] $h=R_s(1-\cos\frac{\beta}{2})+\frac{1}{2}(s-L_s)\sin\frac{\alpha}{2}$	$L_s=\frac{\pi}{180^\circ}\alpha R_s$
设回旋线	$L'>s$ $h=R_s(1-\cos\frac{\beta}{2})$	$\beta=\frac{180^\circ s}{\pi R_s}$
	$L>s>L'$[图 4-44 (a)] $h=R_s(1-\cos\frac{\alpha-2\beta}{2})+\sin(\frac{\alpha}{2}-\delta)(l-l')$	$\delta=\arctan\left\{\frac{1}{6R_s}\left[1+\frac{l'}{l}+\left(\frac{l'}{l}\right)^2\right]\right\}$ $l'=\frac{1}{2}(L_s-s)$
	$L<s$[图 4-44 (b)] $h=R_s(1-\cos\frac{\alpha-2\beta}{2})+\sin\left(\frac{\alpha}{2}-\delta\right)l+\sin\frac{\alpha}{2}\frac{s-L_s}{2}$	$\delta=\arctan\frac{1}{6R_s}$

表中公式符号含义：h 为最大横净距，m；s 为视距，m；L 为平曲线长度，m；L' 为圆曲线长度，m；l 为回旋线长度，m；R_s 为曲线内侧行驶轨迹半径，其值为未加宽路面内缘的半径加 1/2 车道宽，m；L_s 为曲线内侧行驶轨迹的长度，m；α 为公路转角，(°)；β 为回旋曲线角，(°)；γ 为视距线所对的圆心角，(°)。

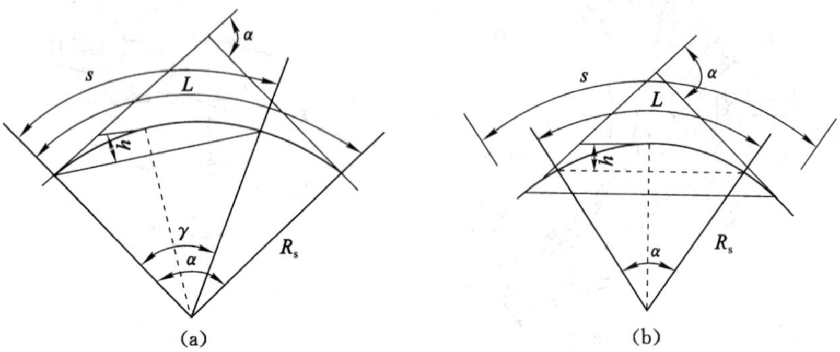

图 4-43　不设回旋线时横净距计算图

(a) $L>S$；(b) $L<S$

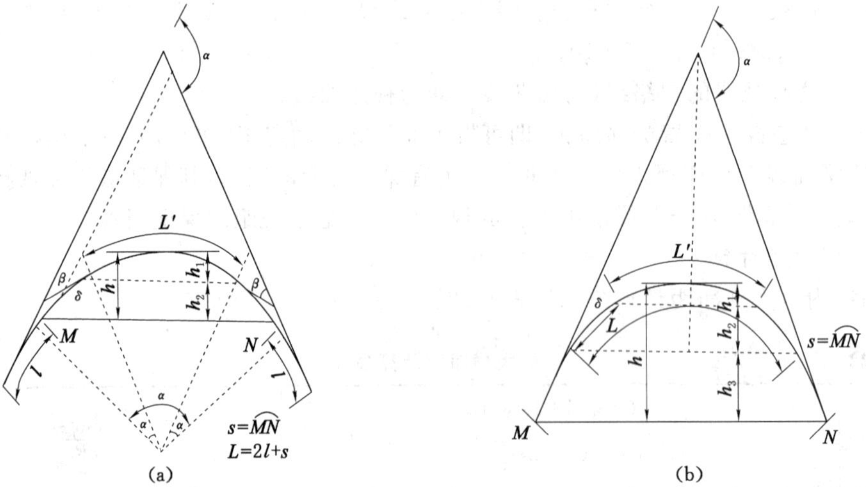

图 4-44　设回旋线时横净距计算图

(a) $L>s>L'$ (b) $L<s$

汽车在弯道上行驶时，弯道内侧行车视线可能被树木、建筑物、路堑边坡等障碍物所阻挡而使行车视距受到影响。因此，在路线设计时必须检查平曲线上的视距是否能得到保证，如有遮挡时，则必须清除视距区内侧横净距内的障碍物，如图 4-45 所示。

行车轨迹一般取弯道内侧车道路面内缘(不包括加宽)加 1.5 m，驾驶员视点离地面 1.2 m。

平曲线内侧及中间带设护栏及其他人工构造物等而不能保证视距时，可加宽中间带、路肩或将构造物后移；当挖方边坡妨碍视线，处于凸形竖曲线或采用停车视距时，则应按净距绘制的包络线，即视距曲线予以清除边坡，如图 4-46(a)所示；当采用回车视距时，则应按横净距绘制的包络线，即视距曲线开挖视距台，如图 4-46(b)所示。

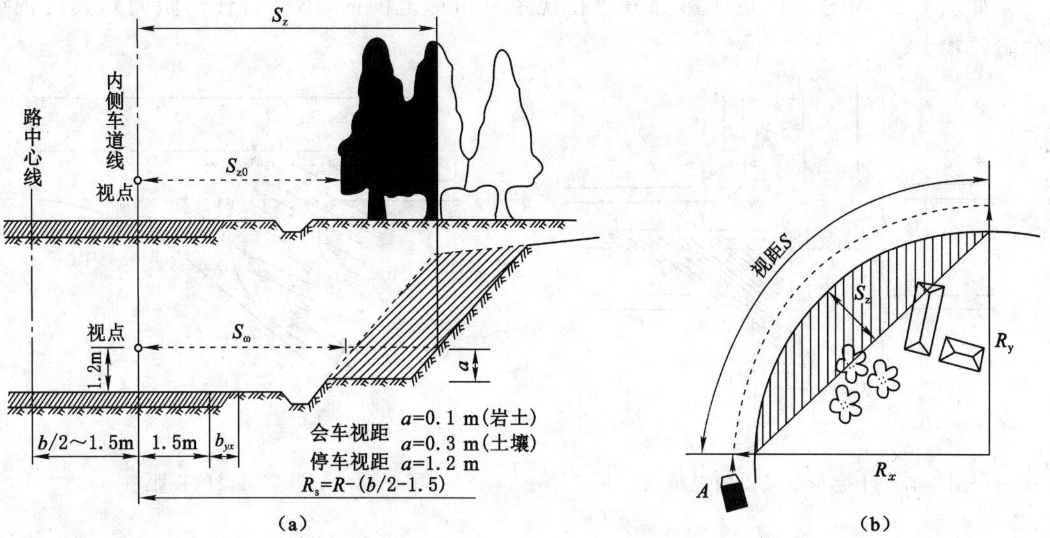

图 4-45　视线障碍与视距

(a) 横净距立面图;(b) 横净距平面图

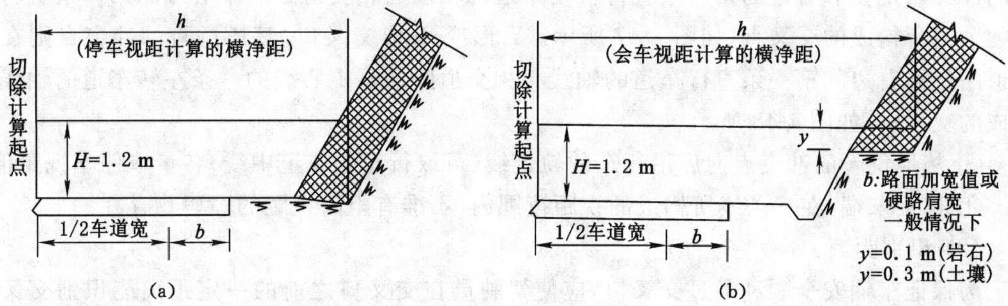

图 4-46　边坡清除断面与开挖视距台断面

4.4.2.4　交叉口视距保证

视距是平面交叉口几何设计的一个重要设计参数,对交叉口的安全运行有着重要影响。良好的视距能够满足车辆在交叉口进口道以及整个交叉区域内平稳地完成加减速、排队、转向、穿越等一系列复杂的运行,而不良视距则会导致潜在的交通冲突。

《规范》以及《标准》要求公路平面交叉口的视距都应满足各自进口道停车视距的标准,即简单地以停车视距来规范交叉口视距。但是不同交通控制类型的交岔口,由于交通运行特征的不同,其对视距的要求也不尽相同。

(1) 交叉口视距三角形

为了保证交叉口上行车安全,驾驶员在进入交岔口前的一段距离内应能看到相交道路上的行车情况,以便能及时采取措施顺利驶过或安全停车。这段必要的距离应该大于或等于停车视距 S_T。

视距三角形:由相交道路上的停车视距所构成的三角形。在其范围内不能有任何阻挡驾驶员视线的障碍物。

如图 4-47 和图 4-48 的阴影部分。在视距三角形范围内，不能有任何阻碍驾驶员视线的障碍物。

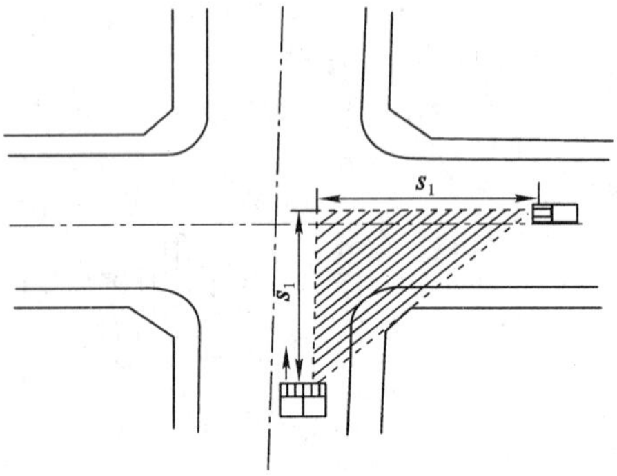

图 4-47　十字形交叉口的视距三角形

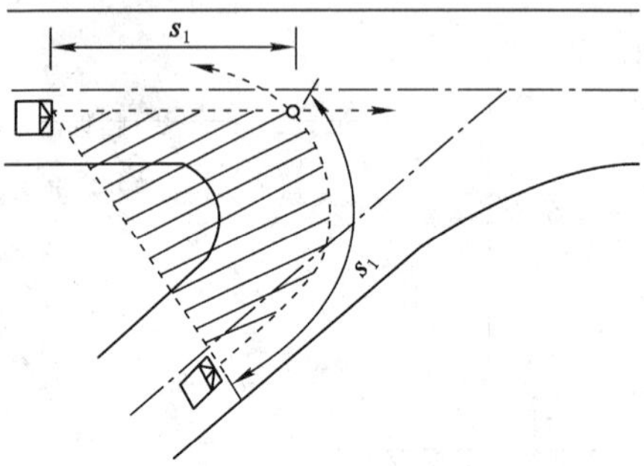

图 4-48　Y 形交叉口的视距三角形

视距三角形应以最不利的情况来绘制，绘制的方法和步骤如下：

① 根据设计速度，确定要求的视距长度。

② 根据交叉口的具体情况，找出行车可能的最危险冲突点。例如：十字形交岔口，最危险的冲突点是在靠右边的第一条直行机动车道的轴线与相交道路靠中心线的第一条直行车道的轴线所构成的交叉点，如图 4-47 所示。Y 形或 T 形交叉口，其最危险的冲突点则在直行道路最靠右边的第一条直行车道的轴线与相交道路最靠中心线的一条左转车道的轴线所构成的交岔点，如图 4-48 所示。

③ 从最危险的冲突点向后沿行车的轨迹线（可取行车的车道中线）各量取停车视距值。

④ 连接末端，在三条线所构成的视距范围内，不准有阻碍视距的障碍物存在。

（2）识别距离

为保证车辆安全顺利通过交叉口，应使驾驶员在交叉口之前的一定距离能识别交叉口的存在及交通信号和交通标志等，这一距离称为识别距离。该识别距离随交通管制条件而异。

① 无信号控制的交叉口——一般为次要交叉口，识别距离应满足安全要求，可采用各相交道路的停车视距。

② 有信号控制的交叉口——识别距离为使驾驶员能看清交通信号和显示内容，能有足够时间制动减速直至停车。

$$S_s=\frac{V}{3.6}t+\frac{V^2}{26a} \tag{4-51}$$

式中　V——路段设计速度，km/h；

a——减速度，m/s^2，取 $a=2\ m/s^2$；

t——识别时间，在公路上识别时间可取 10 s，在城市道路上识别时间可取 6 s。

③ 停车标志控制的交叉口——对停车标志控制的交叉口，一般为主要道路与次要道路交岔，主次关系明确，而且对标志的识别要比对信号容易，因此，可采用识别时间为 2 s 计算。

4.5　路基横断面设计

4.5.1　横断面设计的基本要求

道路横断面设计是研究路基横断面结构组成及尺寸的过程。具体地说就是：应根据其交通性质、交通量(包括人流量)、行车速度，结合地形、气候、土壤等条件，本着节约用地和保护环境的原则，最大限度降低路堤高度，选用合理的断面形式，进行道路行车道、中央分隔带、人行道、路肩等的布置，以确定其横向几何尺寸，并进行必要的结构设计以保证它们的强度与稳定性。在保证必要的通行能力和交通安全与畅通的前提下，尽量做到用地省、投资少，使道路发挥其最大的经济效益与社会效益。

路基是支撑路面、形成连续行车道的带状土、石结构物，它既要承受路面传来的车辆荷载，又要承受大自然因素的作用。因此，路基横断面设计必须满足以下基本要求：

(1) 路基的结构设计应根据使用要求和当地自然条件(包括地质、水文和材料情况)，并结合施工条件进行设计，即应有足够的强度和稳定性，又要经济合理。

山岭、重丘区的路基设计，应根据当地自然条件，特别是地形及工程地质条件，选择适当的路基横断面形式和边坡坡度。在地形陡峻和不良地质地段，不宜破坏天然植被和山体平衡；在狭窄的河谷地段不宜侵占河床，可视具体情况设置其他结构物和防护工程。陡坡上的半填半挖路基可根据地形、地质条件，采用护肩、砌石或挡土墙；当山坡高陡或稳定性差而不宜多挖时，可采用旱桥、悬出路台等构造物；在悬崖陡壁地段，如山体岩石整体性好，可采用半山洞。

在平原微丘区应注意最小填土高度，并设置必要的排水设施。沿河路基应根据冲刷情况，设置必要的防护措施。

(2) 路基的横断面形式和尺寸应根据道路的等级、设计标准和设计任务书的规定以及道路的使用要求，结合具体的条件确定。一般路基可参照典型横断面设计；特殊路基则应进行单独计算设计。

(3) 路基设计应兼顾当地农田基本建设的需要，在取土、弃土、取土坑设置、排水设计等方面与农田改土、农田水利、灌溉沟渠等配合，尽量减少废土占地，防止水土流失和淤塞河道。

4.5.2　道路横断面布置

4.5.2.1　公路横断面布置

公路横断面的布设一般不做单独计算，其断面形式可结合当地地形、地质、水文、填挖等情况，参照典型横断面(图 4-49)进行布置，而路幅的的宽度和路幅内各部分尺寸应根据公路等级、交通量、技术标准和具体情况，按图中的规定进行布置。

选用横断面应注意的问题简述如下：

(1) 一般路堤：指填土高度小于 20 m 的路堤，如图 4-49(a)所示。当填土高度小于 0.5 m 时，为满足最小填土高度和排除路面、路肩和边坡地面水的需要，应设置边沟；当填土高度大于 2 m 时，可将边沟扩大成取土坑以满足填土需要，但此时为保证边坡的稳定，应在坡脚与取土坑间设宽度不小于 1 m 的护坡道；当填土高度大时，为保证边坡稳定，应采用折线

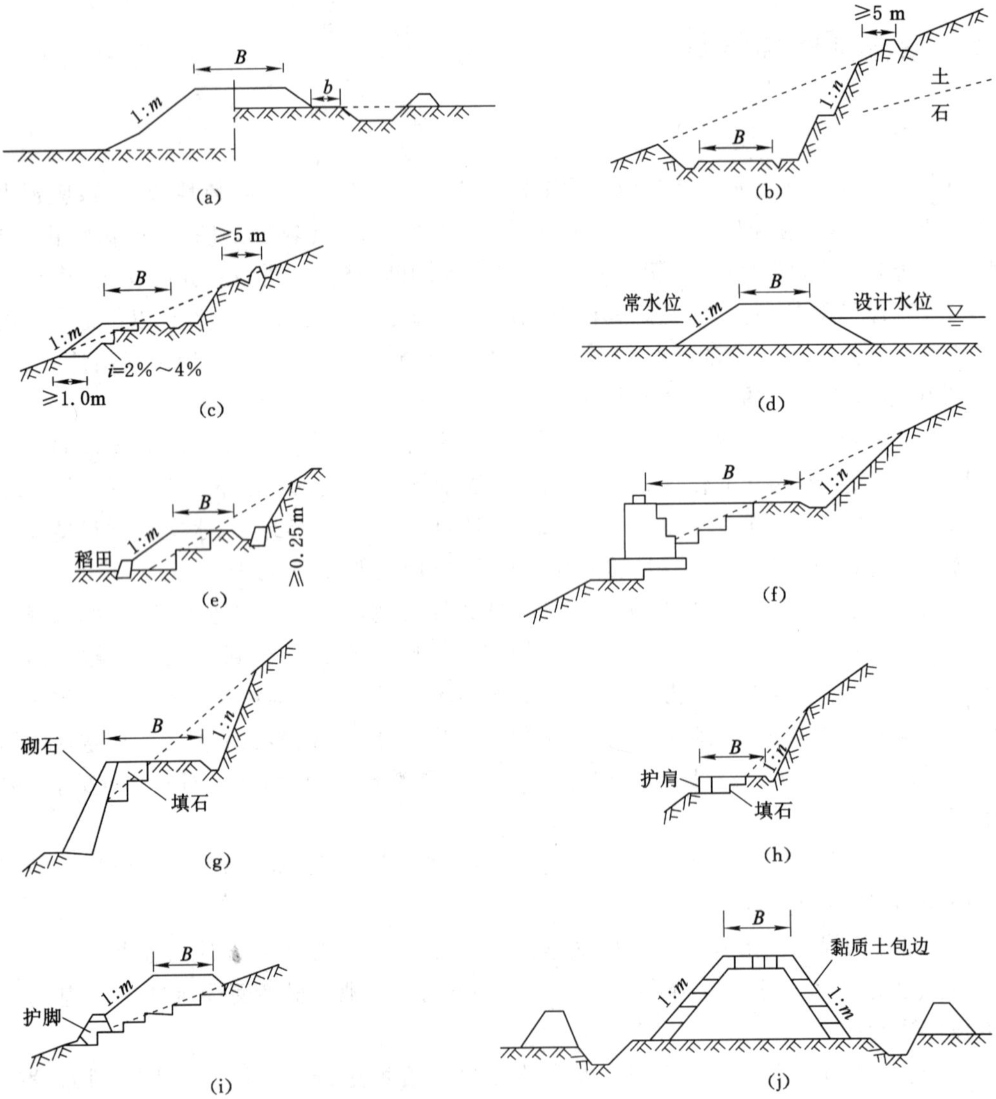

图 4-49　典型横断面

形边坡。

(2) 挖方路基：指挖方深度小于 30 m 的一般地质下的路堑，如图 4-49(b)所示。路堑路段均设置边沟；为拦截和排除上侧地面水以保证边坡的稳定，应在坡顶 5 m 处设置截水沟；开挖路堑所废弃的土石方，应弃之于下侧坡顶外并做成规则形状的弃土堆；当挖方高度较大或土质变化处，边坡应随之做成折线形或台阶式边坡以保证稳定。

(3) 半挖半填路基：指一般山坡路段的路基，如图 4-49(c)所示，当地面横坡大于 1/5 时(包括一般路堤在内)，为保证边坡稳定，应将原地面挖成台阶，台阶的高度应视填料性质和施工方法而定；挖方部分与一般路堑相同。

(4) 陡坡路基：指山区陡坡路段的路基形式，如图 4-49(e)至图 4-49(i)所示。填土高度虽不大，但地面横坡较陡，坡脚不远且不易填筑时，可采用 4-49(h)所示的护肩路基；填土高度较大难以填筑，或地面横坡太陡以致坡脚落空不能填筑时，可采用 4-49(g)所示的砌石路基或图 4-49(f)所示的挡土墙路基，前者是干砌或浆砌片石，能支持填方的稳定，片石与路基为一个整体，而挡土墙是不依靠路基也能独立稳定的支挡结构物；当挖方坡脚太远，为避免多占用耕地或拆迁其他建筑时，可采用如图 4-49(i)所示的护脚路基；当挖方边坡土质松软易碎落时，可采用如图 4-49(e)所示的矮墙路基；水田地段的路堤，填方坡脚可依据实地情况设置矮墙或护坡，矮墙可用浆砌片石，高度不宜超过 1.5 m；当挖方地质不良可能产生滑坍时，可采用 4-49(f)所示的挡土墙路基。这里所提到的支挡结构物，其结构设计请参见《路基路面工程》等。

(5) 沿河路堤：指桥头引道和河滩路堤，如图 4-49(d)所示。路堤浸水部分边坡，除应采用较缓和坡度外，尚应视水流情况采用相应的加固保护措施。

(6) 吹(填)砂(粉煤灰)路基：为了保护边坡的稳定和植物的生长，边坡表层 1～2 m 处应用黏质土填筑，路床顶面可采用 0.3～0.5 m 粗粒土封闭，如图 4-49(j)所示。

4.5.2.2　城市道路横断面布置

城市道路横断面的布置要按照城市道路交通性质、地形条件及远近期结合的原则来确定，需要根据城市道路规划功能上的性质和作用，综合考虑机动车、非机动车、行人交通、交通附属设施等因素，合理安排各组成部分。

(1) 布置基本原则

① 横断面应与路上交通性质与组成协调。城市道路具有多功能性，但它的主要功能就是要为城市交通创造良好的服务条件。因此，规划设计中应充分体现“以人为本”的设计理念，保证行人和车辆的交通安全与畅通。布置时要确定各种交通的优先级别，快速车与慢行车应分流，过境交通与内部交通应分开，机动车与非机动车、行人应分离，减少互相之间的干扰。

② 应与道路的性质和特点配合。对于不同的道路性质，各自的特点和要求是不一样的，因此在横断面综合布置上也应有所不同，不同功能的道路应有不同的面貌与建筑。

③ 应与沿线自然条件和建筑物相互协调布置。对城市的天然湖泊、河流、海面应充分利用，设计成风景优美的海滨或湖滨道路，沿线大型建筑物的高度与路宽应有适当的比例，使之协调美观。

④ 应充分发挥绿化带的作用。植树造林和布置绿化带最能美化城市，美化街道，同时又能起到卫生和交通安全的作用，在布置绿化带时，它既可与分隔带结合，又可与人行道结合，既可作为不同平面上横断面的衔接部分，又可作为横断面的备用地带。应尽可能增加道路绿化率，合理布置道路分隔带和绿化带，使其与自然环境更和谐。

⑤ 应有利于排水。设计中应考虑路拱的形式和坡度及雨水口的位置，确保雨水(雪化水)的迅速排除，同时，还要注意与街坊内部的排水取得协调。

⑥ 应满足地上与地下管线的埋设和人防工程的要求。道路的总宽度应满足地下管线安排，如上海金山纬一路的总宽度 70 m，是根据管线要求而决定的。

⑦ 应贯彻执行可持续发展的理念，考虑近、远期结合。城市道路设计中应注意节约工程费用，节省城市用地，各组成部分的布置既要紧凑，又要留有余地。在城市的发展初期，交通量不大，可先开辟公路形式的断面，以后逐步过渡到城市道路形式的断面。为了避免或减少道路构造物的搬迁以及绿化的搬迁，必须很好处理近期横断面向远期过渡的问题。

⑧ 应综合考虑美学规则。设计从比例与尺度、对称与平衡、统一与变化三个角度来考虑横断面设计，创造具有个性的、美观和安全的道路。

常见的横断面形式都是对称布置的，如受到地形、河流或建筑物等限制时，也可做成不对称布置。在同一道路上，一般采用同一种断面形式。

(2) 基本布置形式

城市道路交通主要是由行人交通和车辆交通两部分组成，在设计中必须合理解决行人与车辆、机动车与非机动车的交通矛盾。通常利用侧平石和绿化带把人行道和车行道布置在不同的位置和高度上，以分隔行人和车辆，保证交通安全。但机动车和非机动车的交通组织是分隔还是混行，则应根据道路和交通具体情况作具体分析而定；不同的交通组织，它的机动车道和非机动车道在横断面上的布置形式也相应不同。

根据机动车道和非机动车道的不同布置形式，城市道路的横断面的布置有以下四种基本形式：

① 单幅路横断面（"一块板"）[图 4-50(a)]——单幅路横断面即把所有车辆都组织在同一个道路断面内混合行驶，车行道布置在道路中。在划有快（机动车）、慢（机动车）两种车道线的街道上，机动车在快车道上行驶，非机动车在慢车道上行驶，在不影响交通安全的情况下，它们的车道允许相互临时调剂使用。即允许车辆临时超越分道线；在快慢车道不分的街道上，机动车在中央行驶，非机动车在靠右侧行驶；在特殊情况下，也可把单幅路的车行道专供某种车辆行驶。例如：北京市的王府井大街、上海市的南京路、天津市的和平路等，在规定的时间内限制非机动车和载货汽车行驶，仅允许小型汽车和公共交通车辆通行。

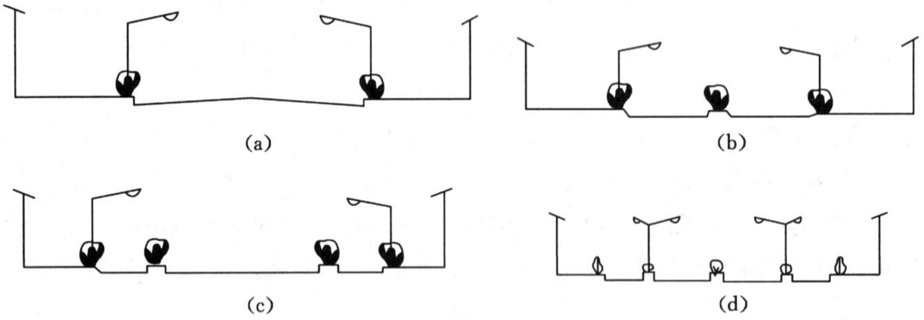

图 4-50　城市道路横断面的布置形式

② 双幅路横断面（"两块板"）[图 4-50(b)]——双幅路横断面即利用分隔带（或分隔墩）把单幅路在车行道一分为二，在交通组织上起分流渠化作用，分向行驶。在两条对向行驶的车道上，可划分快慢车道线分流行驶，也可不划分道线，快慢车混合行驶。

③ 三幅路横断面（"三块板"）[图 4-50(c)]——三幅路横断面即利用分隔带（或分隔墩）把车行道分隔为三幅，中央的为双向行驶机动车车行道，两侧均为单向行驶（彼此方向相反）的非机动车车行道。

④ 四幅路横断面（"四块板"）[图 4-50(d)]——四幅路横断面即在三幅路横断面形式的基础上，再用分隔带把中央的机动车行道分隔成两幅，分向行驶。

上述四种形式的特点及适用情况分析如下：

① 交通安全：三幅路及四幅路比单、双幅路都安全，因为排除了机动车和非机动车相互

干扰,同时分隔带起了行人过街的安全作用。但三、四幅路对公交车辆停靠站上下的乘客穿越非机动车道较为不便。双幅式由于机动车和非机动车混合行驶,事故较多,已较少使用。

② 行车速度:单、双幅路由于机动车和非机动车的混合行驶、相互干扰,所以车速较低。三、四幅路车速一般较高,而四幅路分隔对向车流,能保证按要求的车速行驶。

③ 照明:三幅路比单幅路容易布置,能较好地处理绿化与照明的矛盾,照度均匀,可提高夜间行车速度,并减少因照明不良引起的事故。

④ 绿化遮阴:三幅路设置多排绿化带,遮阴效果好,有利于夏季行车和行人通行。

⑤ 噪声减少:三幅路、四幅路的机动车道在中间,两侧绿化带起到隔离作用,噪声对行人和沿街居民干扰较小。

⑥ 造价:单幅路占地小、投资少,各类城市道路都可采用。三、四幅路用地多、造价高,但有利于地下管线分期敷设以及非机动车道采用较薄的路面。此外,三幅路便于分期修建,及近期做成单幅式,待增长的交通量较大时再扩建为三幅路。

综上所述,可知单幅路适用于机动车交通量不大且非机动车较少的次干路、支路及用地不足和拆迁困难的旧城改建的城市道路,双幅路主要用于各向至少具有两条机动车道,非机动车较少的道路,三幅路优点居多,用于机动车交通量大、非机动车多的城市道路在条件具备的城市道路宜优先考虑采用三幅路断面。如北京市道路已采用快慢分行的三幅路断面,提高了通行能力,有利于交通安全,并美化城市。四幅路占地大、造价高,当条件允许时才采用,一般适用于机动车车速较高、各向两条机动车道以上、非机动车多的快速路与主干路。

(3) 布置实例

图 4-51 为一些城市道路的横断面布置实例,可作设计参考。

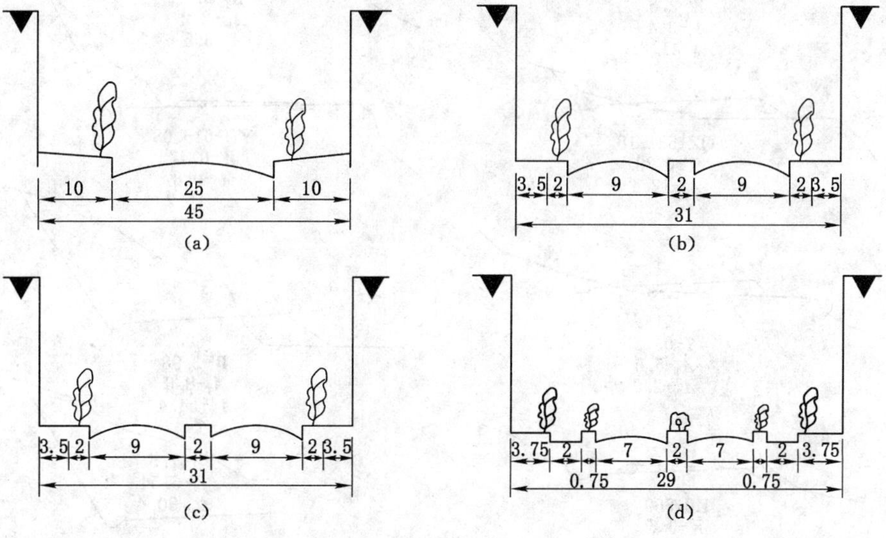

图 4-51　城市道路横断面布置实例(单位:m)

4.5.3　横断面设计步骤及主要成果

4.5.3.1　设计步骤

应用路线 CAD 时,按路基标准横断面输入各组成部分尺寸、分段起止桩号,显示设计横断面，逐一检查、修改设计断面，绘制路基横断面设计图，输出路基设计表、土石方工程数量表等，上述过程均由计算机自动完成。下面以传统横断面设计方法为例进行介绍。

（1）在计算纸上绘制横断面地面线。地面线是在现场测绘，若是纸上定线，可从大比例尺地形图上内插获得。横断面图的比例一般是 1∶200。

（2）根据《标准》和《规范》，结合设计要求确定路基宽度，根据纵断面设计资料，按设计标高在路基设计表上逐桩进行计算，完成路基设计表。从“路基设计表”中抄入路基中心填挖高度、“左高”、“右高”、“左宽”、“右宽”等数据。

（3）按照土质、水文条件拟定路基边坡坡度；按照排水要求拟定边沟、截水沟等尺寸；按弯道半径大小分别拟定超高加宽值。

（4）按路基设计表数据，绘出横断面设计线，根据现场调查的“土壤、地质、水文资料”，参照“标准横断面图”，画出路幅宽度、填或挖的坡度线在需要设置各种支挡工程和防护工程的地方画出该工程结构的断面示意图。陡峻山坡需设挡土墙时，应绘于横断面图上，并将挡土墙设计成果另行绘图。

（5）根据综合排水设计，画出路基边沟、截水沟等的位置和断面形式，必要时须注明各部分尺寸。此外应画出取土坑、弃土堆、绿化带、碎落台等。经检查无误后，修饰描绘（参考图 4-52）。

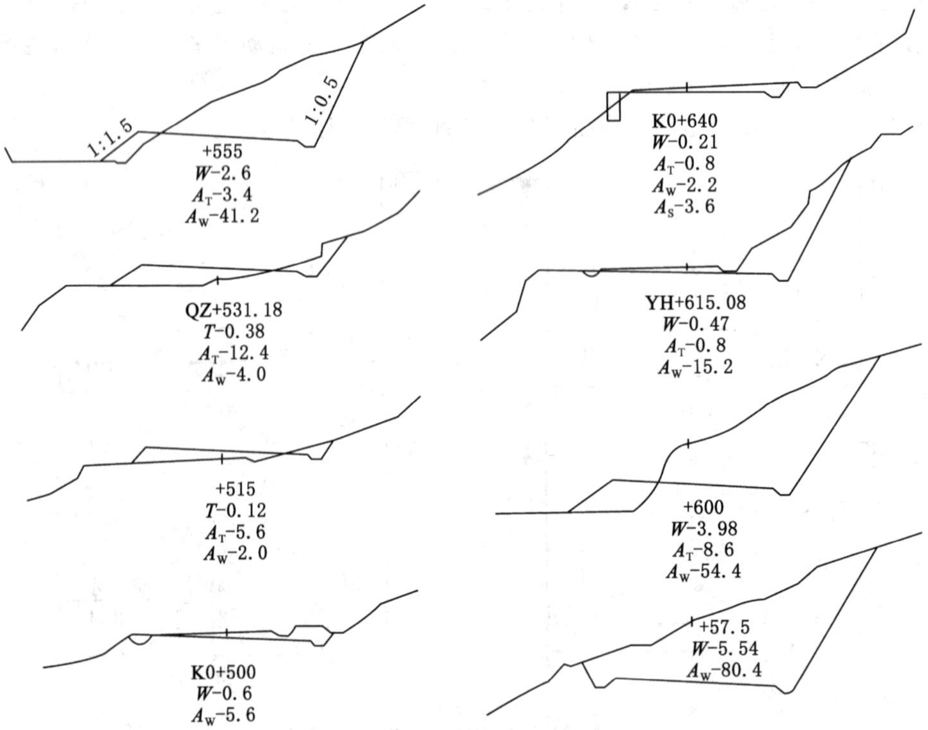

图 4-52　公路路基横断面设计图

（6）检查弯道路段横断面内侧视距是否足够，是否需要清除障碍及设置视距台。

对分离式断面的公路和设有变速车道、爬坡车道、避险车道、紧急停车带的断面，可参照上述步骤绘制。横断面的绘制，一般在方格纸上按桩号由上向下绘制，并在每个横断面上注明必要的数据(包括加宽、超高、土石分界等)。

上述横断面设计方法,仅限于在“标准横断面图”范围以内的断面设计,其操作比较机械,所以形象地称之为“戴帽子”。对特殊情况下的横断面,如高填、深挖、特殊地质、陡坡路堤、浸水路基等,则必须按路基工程中所讲述的路基稳定原理和方法进行特殊设计,绘图比例尺也应按需要调整。

4.5.3.2　**设计成果**

根据《公路工程基本建设项目设计文件编制办法》规定,公路路基设计的主要成果及要求如下:

(1) 路基设计表:是公路设计文件的组成内容之一,它是平、纵、横等主要测设资料的综合,在公路设计文件中占有重要地位。应列出平曲线要素、纵坡(坡度、坡长、变坡点桩号及高程)、竖曲线要素、桩号、地面高程、设计高程、填挖高度、路基宽度(原宽、加宽、加宽后总宽)、缓和长度、超高值(左、右)、路基边缘与设计高之差(左、右)等。边沟(排水沟)需特殊设计时还应列出沟底纵坡设计资料、形状及尺寸、沟底高程(左、右)。

高速公路、一级公路应列出平曲线要素、纵坡(坡度、坡长变坡点桩号及高程)、竖曲线要素、桩号、地面高程、设计高程、填挖高度、路基宽度(中央分隔带、左、右幅分别按行车带及路缘带、硬路带、土路肩计列)、各点与设计高之差(左、右幅分别按左侧路缘外缘、硬路肩外缘、土路肩外缘各点填列),并说明加宽、超高情况。

(2) 边沟 (排水沟)设计表:列出桩号、地面高程、设计高程,按左、右侧分别列出边沟或排水沟形式及尺寸、沟中心至中桩距离及沟底纵坡(设计资料、沟底高程、说明等)。

(3) 路基标准横断面图:在标准横断面图中,一般要包括路堤、路堑、半填半挖、护坡路基、挡土墙路基等断面。应示出路中心线、行车道、拦水缘石、土路肩、路拱横坡、边坡、护坡道、边沟、碎落石、截水沟、用地界碑等各部分组成及其尺寸、路面宽度及概略厚度。高速公路、一级公路按整体式、分离式路基分别绘制,还应示出中央分隔带、缘石、左侧路缘带、硬路肩(含右侧路缘带)、护栏、隔离栅、预埋管道等设置位置。比例尺用1∶100～1∶200。

(4) 路基一般设计图:绘出一般路堤、路堑、半填半挖路基、高填方路堤、深挖路基、水田内路堤及沿河(江)及水塘(库)等不同形式的代表性路基设计图,并应分别示出路基、边沟、碎落台、截水沟、护坡道、排水沟、边坡率、护脚墙、护肩、护坡、挡土墙等防护加固结构形式和标注主要尺寸。比例用1∶200。

(5) 路基横断面设计图:绘出所有整桩、加柱的横断面图,示出加宽、超高、边坡、边沟、截水沟、碎落台、护坡道、路侧取土坑、开挖台阶及视距台等,注明用地界。挡土墙、护面墙、护脚、护肩、护岸、边坡加固、边沟(排水沟)及截水沟加固等均绘在本图上,并注明起讫桩号、圬工种类及断面尺寸(另绘有防护工程设计图的只绘出示意图,注明起讫桩号和设计图编号)。高速公路、一级公路还应标出设计高程、路基边缘高程、边沟(排水沟)底设计高程。比例尺用1∶200。

(6) 超高方式图:分类型绘出超高纵断面、缓和段代表性超高横断面,注出主要尺寸、超高渐变率、横坡及超高值。

(7) 特殊路基设计工程数量表:分别列出软土地基等不良地质和病害地段路基起讫桩号、位置、长度、宽度、地质说明、处理方式或措施、工程及材料数量等。

(8) 特殊路基设计图:绘出软土地基等不良地质和病害地段处理设计图(平面、立面、断面）、加固及构造物等结构设计图，示出工程地质情况。比例尺用1：50～1：200。列出每延米或每处（段）工程及材料数量表，软土地基处理应列出地基处理、填土、预压设计表。必要时应绘出工程地质平、纵面图，比例尺根据情况确定。

（9）中间带设计图：绘出中央分隔带平面、断面设计图及路缘石大样图，示出预埋管道及轮廓尺寸等，列出每延米工程及材料数量表。比例尺根据情况确定。

（10）中央分隔带开口设计图：按类型分绘出平面布置图、中央分隔带渐变段断面图、开口处路面结构图、缘石大样图。比例尺用1：20～1：200。列出中央分隔带开口一览表、一个开口工程及材料数量表。

（11）路基土石方数量表：列出桩号、断面积、平均断面积、挖方（总体积、土类、石类）、填方[总体积、填土及填石（分压实方和自然方）]、本桩利用方、余方、欠方、远运利用方、调配示意、运量、借方（分土类、石类、运距、运量）、弃方（土、石、运距、运量）等。

（12）路基每公里土石方数量表：列出起讫桩号、长度、挖方（总体积、土类、石类）、填方[总体积、填土及填石（分压实方和自然方）、本桩利用方、远运利用方、借方]、弃方、总运量、计价土石方总数量。

（13）路基土石方运量统计表：列出起讫桩号施工方法（人工施工土方、推土机施工土方、铲运机施工土方、挖土机配自卸汽车施工土方、人工施工石方、机械施工石方（人工清运）、机械施工石方（机械清运）等）、数量、平均运距。

（14）取土坑（场）、弃土堆（场）一览表：列出取土或弃土地段起讫桩号、取土或弃土位置（上下路桩号、支线长度、运距）、取土坑（范围、土名、土类最大挖深、可取量、计划用量）、占用土地（永久或临时）、开挖方式及运输条件、弃土堆（土石方数量、运距）、临时工程（便道、便桥等）。

（15）弃土堆（场）设计图：大型取土坑（场）应绘制本图，绘出取土坑（场）或弃土堆（场）平面布置图（示出地形、地物、道路等，沿线取土坑和弃土堆可绘在路线平面总体设计图上）、纵横断面及排水系统、绿化等设计图，并说明施工注意事项。比例尺根据需要确定。

（16）路基防护工程数量表：列出起讫桩号、工程名称、主要尺寸及说明、单位、数量（左、右）、工程及材料数量等（包括挡土墙、护墙、护脚、护肩、边坡加固、驳岸、护岸、防水堤坝等）。

（17）路基防护工程设计图；绘出各项防护工程立面、平面、断面及结构设计图、比例尺用1：50～1：500。按不同情况列出每延米或每处工程及材料数量表。

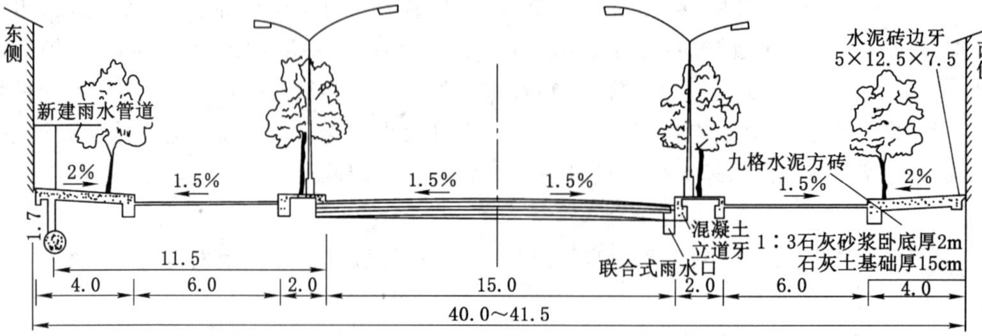

图4-53　城市道路横断面设计图（单位：m）

4.5.3.3 城市道路横断面图绘制

城市道路断面图绘制的方法如下：

(1) 绘制各个路段上的远期规划横断面和近期设计横断面图，即远期和近期的标准断面图。一般采用1∶100或1∶200的比例尺。在图上应绘制红线宽度、车行道、人行道、绿化带、照明、新建或改建的地下管道各组成部分的位置和宽度，以及排水方向、横坡等。

(2) 绘制各个中线桩处的现状横断面图。图中包括横向地形、地物、中心桩地面高程、路基路面、横坡、车行道、人行道、边沟等。一般采用1∶100或1∶200的比例尺，直接在米厘纸上绘制，横距表示水平距离，纵距表示高程。纵横坐标通常都采用相同的比例尺，这给绘制横断面图和计算土石方数量都方便。但在某些情况下，例如横断面很宽，地面又较平坦时，如水平距离和高程仍采用相同的比例尺，则显示不出地形的变化。此时，应根据高程的变化程度，横断面图的纵横坐标可以选用不同的比例尺，以能显示地形的起伏变化为原则。先在米厘纸上定出中心线的位置，然后将中心桩的地面高程和中心桩左右各地形的高程点出来，连接各点即得现状横断面的地面线，注写上桩号和高程。在一张米厘纸上可以绘制若干个地面，一般是依桩号为序自上而下和自左而右地布置。

(3) 最后在绘制的各个桩号的现状横断面图上，点出中心线的设计标高，以相同的比例尺，把设计横断面图(即标准横断面图)画上去。土石方工程的计算和施工放样，就是以图作为依据，故称为施工横断面图。

4.6 路基土石方计算与调配

路基土石方工程是道路工程的主体工程之一，特别是在公路工程的工程量中占有很大比重。土石方工程数量又是公路方案评价和比选的主要技术经济指标之一。

土石方计算与调配的主要任务是：计算路基土石方工程数量，合理进行土石方调配，并计算土石方的运算。为编制公路概(预)算、公路施工组织、施工计量支付提供依据。

4.6.1 土石方数量计算

路基土石方计算工作量较大，加之路基填挖变化的不规则性，要精确计算土石方体积是十分困难的，在工程中通常采用近似计算，计算的精度取决于中桩间距、测绘横断面时采点密度和计算公式与实际的接近程度等。

若相邻两断面均为填方或均为挖方且面积大小相近，则可假定两断面之间为一棱柱体，如图4-54所示，按平均断面法计算，其公式为：

$$V=\frac{1}{2}(A_1+A_2)L \tag{4-52}$$

式中 A_1、A_2——两相邻断面的断面面积，m^2；

L——两相邻断面的间距，即两相邻断面的桩号差，m。

平均断面法计算简便实用，是公路上目前常采用的方法。但其精度较差，该方法只有当两相邻断面面积相差不大时才较准确。当相差较大时，按棱台体公式则更为接近，其公式如下：

$$V=\frac{1}{3}(A_1+A_2)L\left(1+\frac{\sqrt{m}}{1+m}\right) \tag{4-53}$$

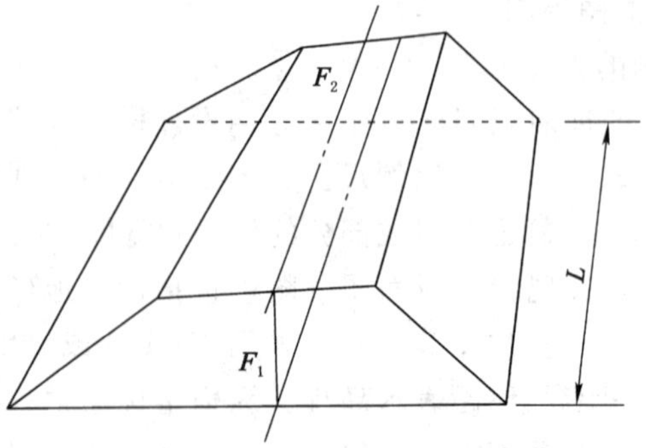

图 4-54 路基土石方体积计算

式中，$m=\dfrac{A_1}{A_2}$，其中 $A_2>A_1$。

由式可知，当 $A_1=A_2$ 时，$V=\dfrac{1}{2}(A_1+A_2)L$；若 $A_1=0$，则 $V=\dfrac{1}{3}A_2L$。

用上述方法计算的土石方体积中，包含了路面体积。若所设计的纵断面有填有挖且基本平衡，则填方断面中多计的路面面积与挖方断面中少计的路面面积相互抵消，其总体积与实际体积相差不大。但若路基是以填方为主或以挖方为主，则填方要扣除，挖方要增加路面面积，特别是路面厚度较大时更不可忽略。

4.6.2 断面积计算

路基横断面面积为不规则的几何图形，计算方法有积距法、几何图形法、坐标法、方格法等多种方法，通常一般常用积距法和坐标法。

4.6.2.1 **积距法**

积距法的原理是：按单位宽度 b，把断面积切割成若干梯形与三角形条块，则每一小块面积为其平均高度 h_i 与 b 的乘积，即 $A_1=bh_2$，$A_2=bh_2$，…，$A_n=bh_n$。

总面积：$A=A_1+A_2+\cdots+A_n=bh_1+bh_2+\cdots+bh_n=b\sum_{i=1}^{n}h_i$，通常横断面图都是绘在方格米厘纸上的，直接可以用米厘格子 5 mm 宽（等于 1 m）来划分横断面。平均高度总和 $\sum_{i=1}^{n}h_i$ 用“卡规”法或用“纸条法”来求积距，其中纸条法多适用于求最大面积的积距，如图 4-55 所示。

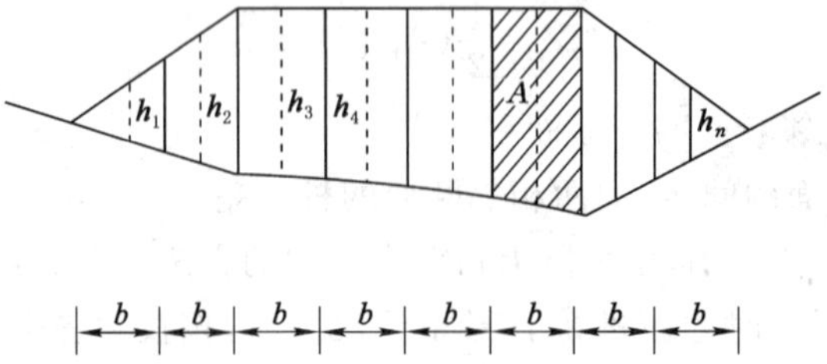

图 4-55 横断面面积计算（积距法）

4.6.2.2　**坐标法**

由解析几何公式很容易推出面积计算公式如下：

$$A=\frac{1}{2}\sum_{i=1}^{n}(x_i y_{i+1}-x_{i+1}y_i) \tag{4-54}$$

式中　x,y——设计线和地面线围成面积的各折点的坐标，m。

坐标法计算面积精度较高，但方法较烦琐，适用于计算机计算，如图 4-56 所示。路基土石方多采用表格计算。

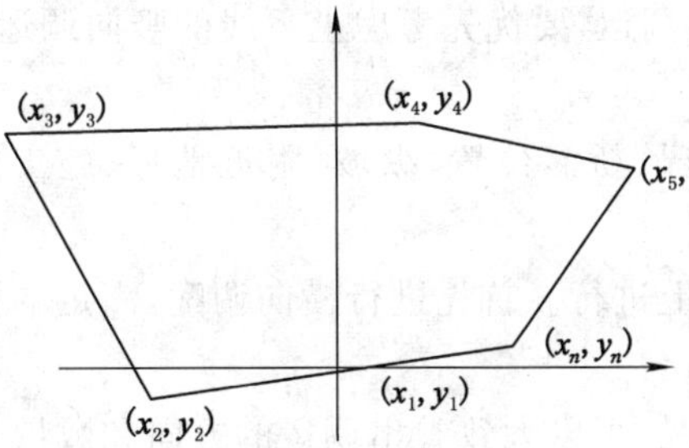

图 4-56　横断面面积计算(坐标法)

4.6.3　路基土石方调配

土石方调配是指路基挖方合理移用填筑路基，以及适当地布置取土坑及弃土堆的土石方调运量计算的工作。通过土石方调配，合理地解决各种路段土石方平衡与利用问题，达到填土有所“用”，挖方有所“用”，避免不必要的路外借土和弃土，尽量减少占用耕地。

4.6.3.1　**调配要求**

① 土石方调配应按先横向后纵向的次序进行。横向调运则是指将本桩位内的挖方直接横向调运作为本桩填方，达到横向平衡。纵向调运则是将本桩多余的外方(称挖余)纵向运至其他桩号填筑或将其他桩号的挖余土石方运至本桩不足的填方(称填缺)进行填筑。由于横向调运就近填挖，运量小，先横向后纵向调运可减少总的运输量。

② 纵向调运的最远距离一般应小于经济运距。路基填方的土石方来源：一是路上的纵向调运；二是就近在路基外借土。一般情况下，距离较近时纵向调运是比较经济的，但是如果调运的距离过长，以至于运价超过了在附近的费用时，纵向移挖做填就不如借方经济了。因此，是“调”还是“借”有一个限度问题，按费用经济计算的纵向调运的最大限度距离叫经济运距。计算的公式如下：

$$L_{\mathrm{i}}=\frac{C}{C'}+L_{\mathrm{m}} \tag{4-55}$$

式中　C——借方单价；

　　C'——远运运费单价；

　　L_{m}——免费运距。

根据定额规定，土石方作业包括：挖、装、运、卸四项工序，在规定的距离内(一般人工运输为 20 m，轻轨运输为 50 m，汽车运输为 1 000 m)只按方量计价，不另计运费，这一规定不单独计价的基本运距叫免费运距。在纵向调运计算运距时应扣除免费运距。

在调运时，应综合考虑不同的施工方法、运输条件、施工机械化程度及地形情况，选择合理的经济运距。在取土和弃土不受限制的路段,纵向调运运距应小于经济运距。

③ 土石方调运的方向应考虑桥涵位置和路线纵坡对施工运输的影响。一般情况下,不跨越深沟和少做上坡调运。

④ 借方、弃土方应与借方还田、整地建田相结合。尽量少占田地,减少对农业的影响。对于取土和弃土地点应事先同地方商量。

⑤ 不同性质的土方分别调运。调运时可以以石代土,但不可以以土代石,以保证路基填方质量。调运时还要注意与人工构造物材料应结合起来。

⑥ 回头曲线路段的土石调运,要优先考虑上下线的竖向调运。

4.6.3.2 调配方法

土石调配应明确填挖情况、桥涵位置、纵坡、附近地形、施工方法和可借方与弃方的地点等。

调配可在土石方数量表上进行。首先进行横向调配,满足本桩号利用方的需要,然后计算挖余和填缺的数量。

根据挖余和填方分布情况,可以大致看出调运的方向和数量,结合纵坡情况和经济运距对利用方进行纵向调配,而后填方若有不足或挖方未尽利用,再选定废土或借土的合适地点,确定借方或废方数量。调配一般在本公里范围内进行,必要时也可跨公里调配,但需将数量和方向分别注明。

调配的结果示于土石方数量表上,并可按下式复核:

横向调运＋纵向调运＋借方＝填方

横向调运＋纵向调运＋弃方＝挖方

挖方＋借方＝填方＋弃方

最后计算得计价土石方数量,即:

计价土石方数量＝挖方数量＋借方数量

习　　题

1. 阐述道路横断面的组成。
2. 试述车行道宽度确定的基本原理。
3. 公路路肩和城市道路人行道的组成及作用是什么?
4. 路拱的作用是什么? 有哪些基本形式?
5. 中间带的组成及作用是什么? 在什么情况下公路需设置路缘带?
6. 公路的超高设置的作用是什么? 超高过渡有哪些方式? 试述城市道路与公路的超高方式有何不同?
7. 道路设置加宽的作用是什么? 怎样设置? 制定加宽值标准的原理是什么?
8. 什么是行车视距? 有哪些类型? 公路设计中如何采用?
9. 城市道路横断面布置有哪些基本形式? 综述各基本形式的特点及适用情况。
10. 简述道路土石方计算的基本原理和方法。怎样对土石方计算进行校核?

5　道路线形组合设计与质量评定

〖内容提要〗　本章主要介绍道路景观的组成、特点及基本设计要求,道路景观的影响因素及设计要点,道路线形设计的视觉分析,道路平、纵线形组合设计的基本要求及设计原则,平、纵线形常用组合方式及效果分析,应避免的不良平、纵线形组合方式,道路线形与景观配合的原则,道路线形质量的评定方法。

〖能力要求〗　通过本章的学习,学生应到达了解道路景观的组成特点及影响因素,熟悉不同设计阶段道路景观设计的要点、道路视觉分析的概念;掌握平纵线形组合设计的基本要求及原则,掌握应避免的平、纵线形设计的不良组合形式,掌握道路线形质量评定方法:路线透视图法和《公路项目安全性评价规范》(JTG B05—2015)评定法的能力。

5.1　道路景观与视觉分析

5.1.1　道路景观及其影响因素

5.1.1.1　道路景观的组成、特点及基本设计要求

环境是指影响人类生存和发展的各种天然和经过人工改造自然因素的总体。包括大气、水、土地、矿藏、森林、草原、野生动物、野生植物、水生生物、名胜古迹、风景游览区、温泉、疗养区、自然保护区、生活居住区等。按环境要素的属性,分为自然环境和社会环境两大类。

(1) 自然环境

自然环境是指可以直接和间接影响人类生存和发展的一切自然形成的物质和能量的总体,是人类赖以生存和发展的物质基础,按其主要环境组成要素,自然环境可分为大气环境、水环境、土壤环境、声环境等。

大气是自然环境的重要组成部分,是人类生存所必需的物质。大气由混合气体、水汽和杂质组成,其中氮气、氧气的体积占大气总体积的99%以上。

水环境一般指河流、湖泊、沼泽、池塘、水库、地下水、冰川、海洋等水体中的水及其物质和生物。地球上97.3%的水是海水,淡水只占总水量不到3%,且大多数分布在地球两极和格陵兰岛的冰川上,人类可开发和使用的淡水仅占总水量的0.3%,且这部分淡水在时空的分布很不均衡。

土壤环境是指土壤系统的组成、结构和功能特性及所处的状态。土壤由矿物质、有机质、水分和空气等物质组成。

声音是由物体振动产生,振动的物体称为声源。声音能通过固体、液体和气体介质向外界传播,被感受目标接收。声音的三要素指声源、介质和接收器。

自然环境中由生物群落及非生物自然要素组成的各种生态系统成为生态环境,生态环境间接地、潜在地、长久地影响人类的生存和发展。

道路环境保护所称的自然环境是指大气、水、土壤、声环境，以及道路中线两侧各 200 m 范围内的自然保护区、水源保护地、森林、草原、湿地和野生生物及其栖息地等生态环境。

(2) 社会环境

社会环境是人类在利用和改造自然环境中创造的人工环境，及人类在生活和生产活动中所形成的人与人之间的关系总体。社会环境是人类生存及活动范围内的社会物质、精神条件的总和。广义上包括整个社会经济文化体系，如经济、政治、文化、道德、意识、风俗以及人类建造的各种建筑物、构造物、人工物品等要素。狭义上指人类生活的直接环境，如家庭、劳动组织、学习条件和其他集体性社团等。社会环境对人的形成和发展进化起着重要作用，而人类活动对社会环境影响很大。

经济水平的发展对道路运输提出越来越高的要求，最初人们仅要求有路可走，道路设计的重点是寻求工程量最小的公路线形，提供晴、雨通车的道路系统；之后人们要求快速、安全、舒适的道路系统，进而要求设计出符合特定标准的路线、路面体系，并提供安全可靠的交通措施。在道路设计管理中进一步考虑道路与环境的关系已成为一种必然趋势。

景观是景物通过人眼视网膜在某一地点、某一时刻产生的映像在人脑中的反映。人们所处的环境位置、视线范围、行进速度不同，这种映像不同。道路景观主要是道路自身形成的景观以及道路沿线的自然景观和人文景观，是展现在道路使用者视野中的道路线形、道路构造物和周围环境共同组成的图景。

道路景观构成可分为内部景观和外部景观。道路内部景观是指由道路本体（路面、桥梁、边坡、隧道等）、道路栽植及附属构造物（标志、护栏、声屏障等）所构成的景观因子。道路外部景观是指道路路域外与道路及沿线设施关系较密切的环境景观因子，主要包括自然、人文两种景观类型，如风景名胜、文物古迹、自然保护区、森林湖泊等。

道路景观不同于城市、乡村景观，也有别于自然山水、风景名胜。它具有其自身的特点与性质，概括起来有以下几个方面：

① 构成要素的多元性。道路景观由自然的与人工的、有形的与无形的多种元素构成。在诸多元素中，道路线形及道路构造物起决定性的作用，它们可加强或削弱环境景观的品位，影响环境景观的质量。

② 时空存在的多维性。从道路景观空间来说，它是上接蓝天、下连地表、延绵起伏的连贯性带形空间。从时间上来说，道路景观既有前后相随的空间序列变化，又有季相（一年四季）、时相（一天中的早、中、晚）、位相（人与景的相对位移）和人的心理时空运动所形成的时间轴。

③ 景观评价的多主体性。任何一种景观环境，都无法取得异口同声地褒贬，道路景观更是如此。评价的主体不同，评价主体所处的位置、活动方式不同，评价的原则和出发点必有显著的差别。如观赏者、旅行者多以个人的体验和情感出发，经营者、投资者多以维护管理、经济效益等方面甄别，沿线居住者多以出行是否便利、生活环境是否受到影响等方面考虑，道路设计者、建设者考虑更多的则是行驶的技术要求及建设的可行性。

④ 景观环境的多重性。道路景观不同于单纯的造型艺术、观赏景观，为满足运输通行的功能，它有自身的体态性能、组织结构，同时，又包含一定的社会、文化、地域、民俗等含义。可以说它既具有自然属性又具有社会属性，既有功能性、实用性又具有观赏性、艺术性。

良好的道路系统不仅可以为人们提供一种安全迅速的运输通道，而且还具有赏心悦目的外观和音乐般的节奏。道路的设计应该与周围的地形、地物和地貌有机地融为一体，成为当地风景的组成部分。道路景观设计的基本要求如下：

① 根据工程及沿线区域环境特征或行政区划等。宜将道路划分为若干景观设计路段，各景观设计路段宜选择大型构造物和沿线有特色的景物作为设计景点。道路景观设计尽可能做到点、线、面兼顾，整体统一，使道路与沿线景观相协调。

② 道路沿线各种人工构造物的造型与色彩应考虑景观效果和驾驶员视觉效果，尽可能减少或消除各种构造物对自然景观的不利影响。

③ 有条件时，应充分利用各种人工构造物和绿化补偿、改善道路沿线景观，并结合不同路段区域环境特征形成其特有的风格。

④ 合理组合路线平、纵、横面，保证线形流畅、视野开阔，并与自然地形相适应，避免较大的切割自然地形。

⑤ 利用道路沿线设施和各种人工构造物，诱导驾驶员视线，预告道路前方路况的变化，以适时采取安全行驶措施。

5.1.1.2　**道路景观的影响因素**

道路与景观的作用是相互的，良好的设计可对当地景观增添现代气息，而风景的利用不仅可以使道路使用者感到赏心悦目，而且可以增加行车的安全感。对道路的使用者而言，从动态角度考虑道路景观是极其重要的。

道路与景观的相互作用涉及三个因素：

(1) 文化因素——包括两个方面：一是道路建设对周围人文景观(名胜古迹)的影响；二是道路景观设计所体现出的文化背景，即具有地方(民族)特色的审美观。

(2) 视觉(美学)因素——道路自身因素及周围自然因素相互作用所展示出的视觉优美性。

(3) 交通心理因素——道路景观给驾驶者和乘客所带来的有关交通安全方面的心理感觉；过分单调和使人害怕得神经紧张的道路景观都是不良的道路景观。

影响道路景观的因素如表 5-1 所示。

表 5-1　　道路景观的影响因素

影响因素类型	影响因素
文化方面	广告、色彩、造型、名胜古迹
视觉方面	1. 路线与地形或景观的协调性； 2. 道路自身的因素：路线布局三维空间线形、道路几何尺寸的视觉变化、道路结构物与路线、地形的协调性(色彩、造型)； 3. (道路及环境)色彩及造型的变化； 4. 视野的连续性； 5. 视野内的景观； 6. 交通标志(线)的色彩和大小； 7. 上述各因素在设计行车速度下的视觉效果

续表 5-1

影响因素类型	影响因素
交通心理方面	1. 边坡及安全措施； 2. 视觉导向、视觉的连续性； 3. 道路感受的多样性； 4. 安全设施的色彩及尺寸； 5. 视觉空间的大小； 6. 交通顺畅程度； 7. 空气清新程度及能见度； 8. 噪音

由表 5-1 可知，影响视觉和交通心理的因素虽不完全一样，但均与工程本身有直接关系，故可将影响道路景观的三方面因素粗略地合并为两方面，即文化因素和工程因素。

文化因素与评价的主体（评价者）有关，即评价者的文化背景。具有不同审美观的人们对同一群体的美学评价不会是完全相同的，他们对色彩的偏爱、对线形及结构物造型的喜好以及对名胜古迹的态度等，都将对评价结果产生决定性的影响。

道路两侧广告的存在无疑是道路景观的一部分，甚至可充当一些次要的道路设施。此时，管理者应要求广告的设计不仅应从商品本身考虑，而且应与道路的景观相配合。

道路建设对景观的影响有正反两个方面：一方面，出于不可避免的填、挖工程，不合理的或不美观的立交和桥隧设计等将影响或破坏固有的天然景观；另一方面，合理的设计和修饰也有可能为原有景观增色，甚至形成新的人工风景点。

5.1.1.3 不同阶段的道路景观设计要点

(1) 可行性研究阶段

在道路可行性研究阶段，重点解决宏观线位与各景点的联系，要合理利用道路沿线的土地资源、生态资源及景观资源，保护各种动植物和名胜古迹，精良避免破坏自然环境和原有风景，使道路建设走可持续发展之路。具体方法是进行环境景观普查，在地形图上标注环境敏感点，确定道路景观的总体规划。

(2) 初步设计阶段

初步设计阶段应全面考虑路线经过地区的自然条件，景色以自然环境为基调，充分利用自然风景资源。道路选线时要充分考虑经过地区视野的多样性，使风景特征引人入胜而避免单调。要合理确定与风景区的距离，避开受保护的景观空间，如风景旅游点、温泉疗养区、文物保护区，尽可能减少对自然风景的破坏。

道路路线本身要充分利用地形与地区特点，尽可能与地形地貌相吻合，科学选线，合理组合线性要素。做到连贯、均匀、协调、舒畅，使其具有良好的视觉诱导性和优美的外观，与自然环境协调一致，给人以统一、连续的舒适感，使司乘人员感到线性流畅、清晰，行驶舒适安全。

山区道路应避免大填大挖，任意取直，生硬切割地形而破坏景观。如挖方深度较大时，已进行路堑与隧道方案的比选论证。路线通过山间谷地、路基高度较大时，应综合考虑填筑路基对谷地通风、日照等原有生态环境的不利影响，必要时应进行高路堤方案与高架桥方案的比选论证。地面横坡较陡时，可采用分离式断面以减少土石方量，降低对环境的破坏。

道路通过森林区时应做好路基断面设计，力求拓宽双幅公路的中央分隔带，并尽可能保留中央分隔带位置的原有林木。

(3) 施工图设计阶段

道路沿线应尽可能与地形、地貌相吻合，平、纵、横各要素应很好配合，使路线能诱导司乘人员的视线并满足视觉景观的要求，要避免空间线形的扭曲、暗凹、跳跃等景观缺陷。

道路景观设计应注意与当地风土人情、建筑物形式相协调，充分利用沿途孤立大树、独立山丘、瀑布等独立景观作为主导建筑进行景观设计，另外还要注意将沿线的风景点、文化古迹、古树古庙、古塔、古碑等尽可能保护利用并组织到道路环境中，通过前方“对景”，两侧“借景”，加上因地制宜、适地种树绿化，使路线环山傍水，绿树成荫，与周围自然风景融为一体，构成风景如画的道路景观。

旅游公路越岭线的垭口处，除应有广阔的视野外，还可根据当地条件，设置适当的观景台。公路沿线服务设施宜设置于海滨、湖滨、风景名胜区附近，其形式选择应有利于瞭望风景。

各种构造物的结构、造型、材料均应与当地自然和人文景观条件相适应。

道路交叉口设计时应具有良好的通视条件，分合流的出入口应易于分辨，并通过标志、标线、绿化栽植等进行视线诱导。

小的构造物，如小桥、涵洞、挡土墙、护栏等，在道路画面中应尽量使其不引人注目。大的构造物，如大桥、隧道等，应将其作为一处单独的景点加以设计，突出它在环境中的视觉效果。

在服务区、停车场等人们停留时间较长的区域，应采用植物、雕塑小品和水景等的组合，注意植物花期、花色与树形的合理搭配，力求突出当地特有的人文气息和自然景色。

道路用地范围内，除收费站、服务区外，一般不宜设置广告牌、宣传栏等。除标志、标线、护栏等把规定涂覆色彩外，一般不宜涂特别刺眼的色彩。雕塑小品的设置应注意色彩、造型，并不得妨碍视线。道路沿线纳污设施、工业废弃堆弃点等影响视觉景观的位置在景观设计时应通过公路绿化或工程措施予以遮蔽。

(4) 施工阶段

在道路施工阶段，应最大限度保持自然形态，减少施工占地，避免大填大挖，使道路和景观结合起来，与周围风景融为一体，而不露施工痕迹。不可避免时应迅速予以恢复，或者通过协调的修整和适当的种植来恢复其自然外观。

5.1.2 视觉分析

道路景观的评价应以动态方式进行，这种动态性包括两个方面：一方面，随着时间的推移，人们的审美观会随之变化；另一方面，人们对景观的感受是在高速行车的条件下完成的，这与静态的感受有所不同。动视觉是连接道路与汽车的重要媒介。

从视觉心理出发，对道路的空间线形、道路与周围环境及自然景观的协调所进行分析研究，使之能满足视觉的连续性以及舒适和安全感的综合设计，就称为视觉分析。

汽车在道路上快速行驶时，驾驶员是通过视觉、运动感觉和时间变化感觉来判断线形的。道路的线形、周围的景观、标志以及其他有关信息，几乎都是通过驾驶员的视觉感受到的。因此，视觉是连接道路与汽车的重要媒介。

从视觉心理出发，对道路的空间线形及其与周围自然景观和沿线建筑的协调等进行研究分析，以保持视觉的连续性，使行车具有足够的舒适感和安全感的综合设计称为视觉分析。

驾驶员的视觉判断能力与车速密切相关，车速越高，其注视前方越远，而视角逐渐变小，如表 5-2 所示。研究表明：

① 驾驶员的注意力集中和心理紧张程度随车速的增加而增加。

② 注意力集中点和视野距离随车速而增大，高速行驶时，驾驶员对前景细节的视觉开始变得模糊不清。

③ 视角随车速逐渐变窄，高速时驾驶员已不能顾及两侧景象了。

由此可见，对于快速道路来说，驾驶员的主要集中力是观察视点较远路幅的线形状况，因此道路设计和视觉分析时，必须使驾驶员明白无误地了解前方线形变化，尽量避免由于判断错误而导致驾驶失误。

表 5-2　　行车速度与视角、注视距离的关系

车速/(km/h)	40	60	80	100	120
视角/(°)	100	86	60	40	22
注视距离/m	180	335	377	564	710

所谓线形状况，是指道路平面和纵面线形所组成的立体形状，汽车快速行驶中给驾驶员提供的连续不断的视觉印象。该视觉印象的优劣，除依靠设计者对三维空间的想象判断之外，比较好的方法是利用视觉印象随时间变化的道路透视图来评价。它是按照汽车在道路上的行驶位置，根据线形的几何状况确定的视轴方向以及公路和风景是否协调，而且小至超高过渡段的连接，大至构造物的设计，差不多在公路几何设计的所有领域中都可以利用。在设计中用透视图检查出存在缺陷的路段可随时修改，然后再绘制透视图进行分析研究，因此，绘制透视图是视觉分析的较好方法。

汽车行驶在路上，驾驶者注意力随车速提高越集中，视野距离增大，范围越缩小。如图 5-1 所示，车速为 60 km/h 时，视角为 75°，视野距离为 400 m；当车速增加到 80 km/h 及 90 km/h 时，视角分别为 60°及 40°，视野距离分别增加到 450 m 及 550 m。

调查发现，驾驶者在行驶视野内能看到两个或两个以上的平、纵面线形时，会产生驾驶紧张。

汽车行驶速度越高，驾驶者的注视点（注意力集中点）就越远。驾驶者到注视点的距离称为行驶视野。行驶视野和汽车行驶速度的关系见表 5-3。

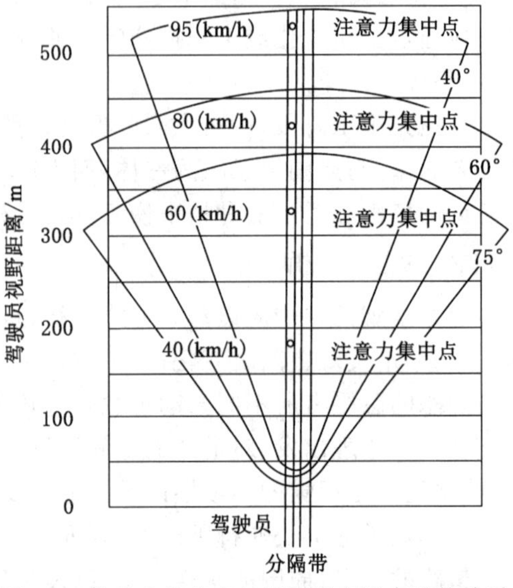

图 5-1　注意力集中点与视野距离及车速的关系

表 5-3　　**行驶视野和汽车行驶速度的关系**

行驶速度/(km/h)	120	110	100	90	80	70	60	50	40
行驶视野/m	675	625	575	475	450	375	325	250	200

相关研究表明:两眼视觉范围如图 5-2 所示。为满足视觉心理上对线形连续、舒顺的要求,通常利用远视图或动态的录像显示来分析线形的视觉反应。

道路透视图的绘制是基建立以视点 O 为原点的空间坐标(D,B,H)体系。如图 5-3 所示,O 为视点原点,OD 为视轴,H 为纵坐标(上为正、下为负),B 为横坐标(行为正、左为负)。绘图时,道路特征点(沿中线桩号)的(D,B,H)坐标,分别由平面图和纵横断面团求得,单位为 m,而相对应的画面坐标(d,b,h)中 d 为固定值,一般取 d=1 000 m 或 500 mm。此时:

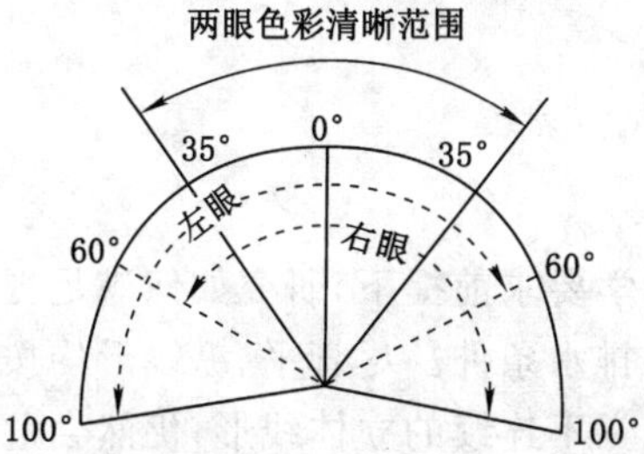

图 5-2　驾驶员两眼视觉范围

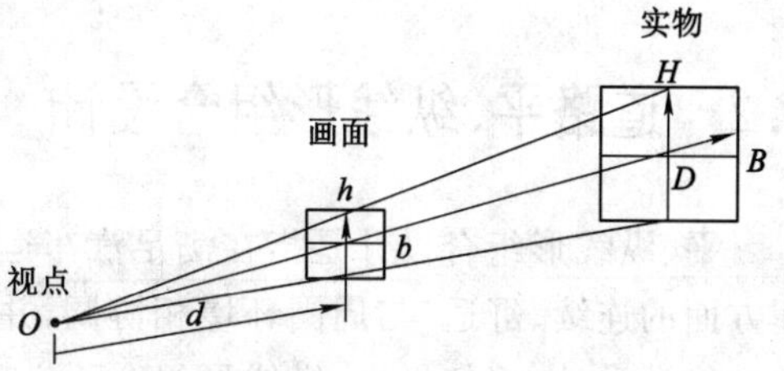

图 5-3　透视图绘制原理

$$b=\frac{d}{D}B$$

$$h=\frac{d}{D}H$$

为绘制道路透视图,驾驶者视点一般取在前进方向右侧行车道分界线往右 1 m 的位置上,高度为 1.2 m(图 5-4),概略可以 1.5 m 计,而所绘道路透视图视点到回面的距离一般取 d=1 000 mm。

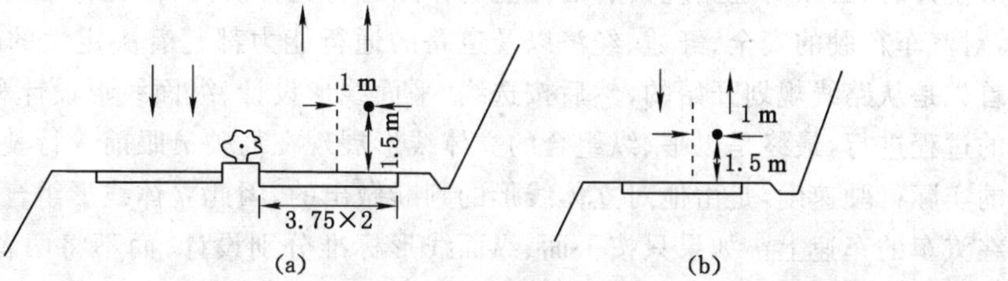

图 5-4　视点在路上的位置

(a) 高速(四车道)公路;(b) 双车道公路

从透视法则可知,透视所绘物体图形符合下列法则:① 近高远低;② 近大远小;③ 近宽远窄;④ 近前远后;⑤ 近下远上;⑥ 近清远浊;⑦ 近弯远直。因此,道路透视图形象地反映了驾驶者视点与物像的距离和方向。

采用如图5-5所示的道路透视图，由于线形连续舒顺，可获得优美的立体感，取得平、纵线形与周同景观的协调。为此，道路线形设计要保持视觉的连续性，即要使道路具有舒顺的视觉线形，必须研究线形与视觉的关系。

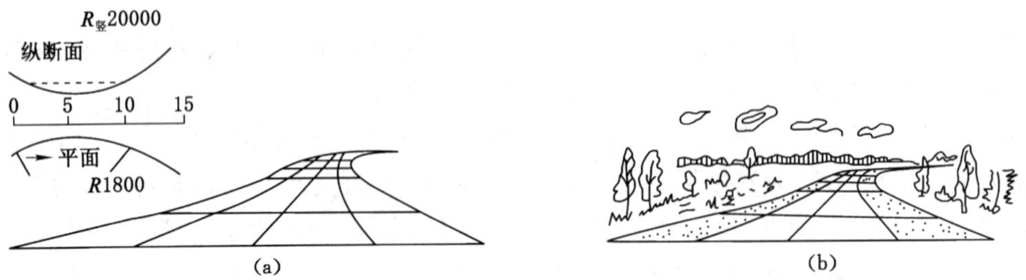

图5-5　道路透视图

5.2　道路平、纵线形组合设计

平、纵线形组合设计是指在满足汽车运动学和力学要求前提下，研究如何满足视觉和心理方面的连续、舒适，与周围环境相协调，并有良好的排水条件。尽管平、纵线形均按前述标准进行了设计，但如果平、纵线形组合不良，会形成视觉不连续的立体线形，仍然会危及行车安全。

平、纵线形组合设计的总要求：当计算行车速度大于或等于60 km/h时，必须注重平、纵的合理组合，尽量做到线形连续、指标均衡、视觉良好、景观协调、安全舒适。而当计算行车速度小于或等于40 km/h时，首先应在保证行驶安全的前提下，正确地运用线形要素规定值(最大值、最小值)，在条件允许情况下力求做到各种线形要素的合理组合，并尽量避免和减轻不利组合。

5.2.1　平、纵线形组合的基本要求及设计原则

道路建成以后，要改变道路路线线形几乎是不可能的，它将长期限制汽车的运行。在进行线形设计时，必须对道路应具有的性能与作用进行充分研究，以免留下后患。线形设计的好坏，对汽车行驶的安全、舒适、经济以及道路的通行能力都起着决定性的作用。道路线形设计首先是从路线规划开始的，然后按选线、平面线形设计、纵面线形设计和平、纵线形组合设计的过程进行，最终是以平、纵组合的立体线形展现在驾驶员眼前。行驶过程中驾驶员所选择的实际行驶速度，是由他对立体线形的判断做出的，因此立体线形组合的优劣最后集中反映在汽车的车速上。如果只按平面、纵面线形标准分别设计，而不将两者综合起来考虑，最终不一定能得到好的设计。

平、纵线形组合设计是指在满足汽车运动学和力学要求的前提下，研究如何满足视觉和心理方面的连续、舒适与周围环境的协调和良好的排水条件。在进行路线平纵组合设计时应满足的基本要求如下：

(1) 直线与直坡线、直线与凹形竖曲线、直线与凸形竖曲线、平曲线与直坡线组合中都含有直线或直坡线，是设计中经常采用的平纵组合。

只要圆曲线半径或竖曲线半径能达到一般值以上，便能获得视觉良好、行车顺适的效

果。路侧适当植树，可以起到增强引导视线的作用。

(2) 平曲线与竖曲线应相互重合，且平曲线稍长于竖曲线。

这种组合是使平曲线和竖曲线相对应，最好使竖曲线的起终点分别放在平曲线的两个缓和曲线内，即所谓的"平包竖"。这种线形不仅能起到诱导视线的作用，而且可取得平顺而流畅的效果。对于等级较高的道路应尽量做到这种组合，并使平、竖曲线半径都大一些才显得协调，特别是凹形竖曲线处，两者的半径应该更大一些。

竖曲线的起终点应分别设置在平曲线的两个缓和曲线内，其中任何一点都不要设在缓和曲线以外的直线上或圆曲线内，如图 5-6 所示。若平、竖曲线半径都很大且坡差较小时，则平、竖曲线位置可不受上述限制；若做不到平、竖曲线较好的组合，可将两者拉开适当距离，使平曲线位于直坡段或竖曲线位于直线上。

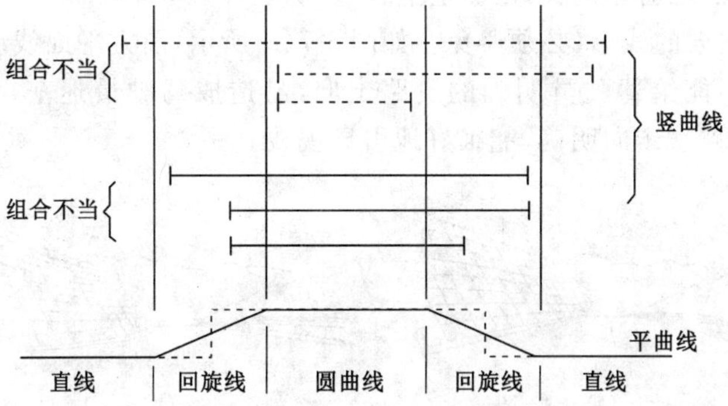

图 5-6　平曲线与竖曲线的组合

(3) 要保持平曲线与竖曲线大小均衡。

保持平曲线和竖曲线的半径和长度均衡，能在视觉上获得协调、舒顺的感觉。若平曲线和竖曲线有一方大而平缓，那么另一方就不要形成多而小。若一个长的平曲线内有两个以上竖曲线，或一个大的竖曲线含有两个以上的平曲线，则视野较差，显得线形扭曲。

平、竖曲线半径的均衡研究认为：竖曲线半径为平曲线半径的 10～20 倍，便可以获得视觉上的均衡，具体见表 5-4。

表 5-4　　平、竖曲线半径的均衡

圆曲线半径/m	竖曲线半径/m	圆曲线半径/m	竖曲线半径/m
500	10 000	1 100	30 000
700	12 000	1 200	40 000
800	16 000	1 500	60 000
900	20 000	2 000	100 000
1 000	25 000		

(4) 要选择适当的合成坡度。

合成坡度过大，对行车安全不利，特别在冬季结冰期更危险，车辆易产生打滑、侧滑，甚

至发生倾覆、坠崖等事故。山区纵坡大的路段插入小半径平曲线时，应控制最大合成坡度，陡峻傍山路段的合成坡度宜小于8%。合成坡度过小，不利于路面排水，车辆易打滑、制动距离增加、高速行驶产生的溅水影响行车安全。当变坡点与路面横向排水不良的平曲线路段组合，易形成过小的合成坡度，排水不利，妨碍高速行车。合成坡度一般应不小于0.5%。

(5) 暗、明弯与凸、凹竖曲线。

暗弯与凸形竖曲线及明弯与凹形竖曲线组合是合理的、悦目的。对于暗弯与凹竖曲线、明弯与凸竖曲线的组合，当坡差较大时，会给人留下舍弃坦坡、不走近路，而故意爬坡、绕弯的感觉。此种组合在山区难以避免，只要坡差不大，矛盾也不很突出。

道路的平、纵线形组合设计在满足以上基本要求外，还应遵循以下原则：

(1) 在视觉上能自然地引导驾驶员的视线，并保持视觉的连续性。

在视觉上能自然地引导视线，是衡量平、纵线形组合最基本的原则。任何使驾驶员感到茫然、迷惑和判断失误的线形，必须避免。如图5-7(a)所示，前方平面线形可能存在转弯，也可能不存在转弯，不能给驾驶员明确的道路走向，易造成驾驶员迷茫，无法引导视线。如图5-7(b)所示前方路线走向明确，能很好地引导视线。

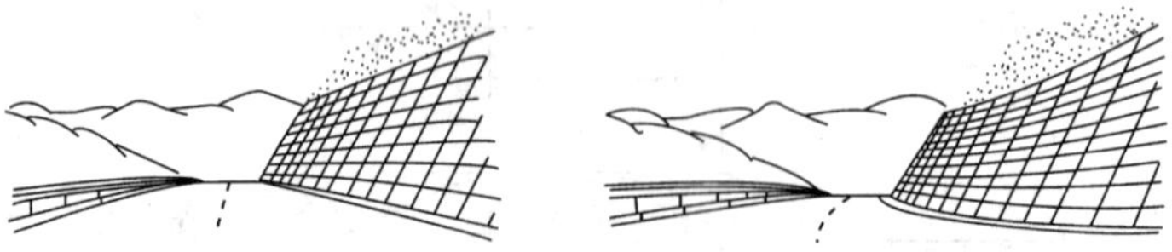

(a) (b)

图5-7 立体线形是否引导视线

(2) 保持线形技术指标在视觉和心理上的大小均衡。

如果不平衡，会给人不畅快的感觉，失去视觉上的均衡性，均衡性影响线形的平顺性，且与工程费用相关。如纵断面线形反复起伏，而平面上采用高标准的线形是无意义的，反之亦然。

(3) 选择组合得当的合成坡度，以利于路面排水和行车安全。

(4) 注意与道路周围环境相配合。

良好的立体线形应与道路周围环境协调，可减轻驾驶员的疲劳和紧张程度，并起到引导视线的作用。因地形条件、工程建设投资等影响，对设计速度较低的道路，当立体线形难与道路周围环境协调时，可采用植树、设置路标等方法改善(图5-8、图5-9)。

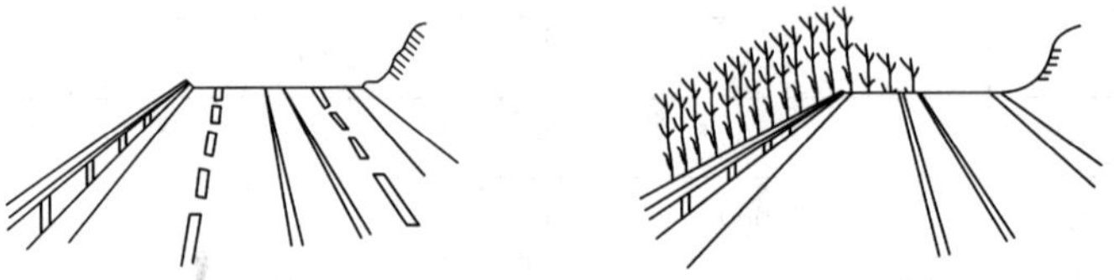

(a) (b)

图5-8 坡顶植树可以预告驾驶员前方道路线形

图 5-9 用植树改善视觉环境

5.2.2 平、纵线形组合方式及效果分析

通过分解立体线形要素，平、纵线形有以下六种组合形式：

(1) 平面为直线，纵断面是直坡线—构成恒等坡度的直线，如图 5-10 所示。

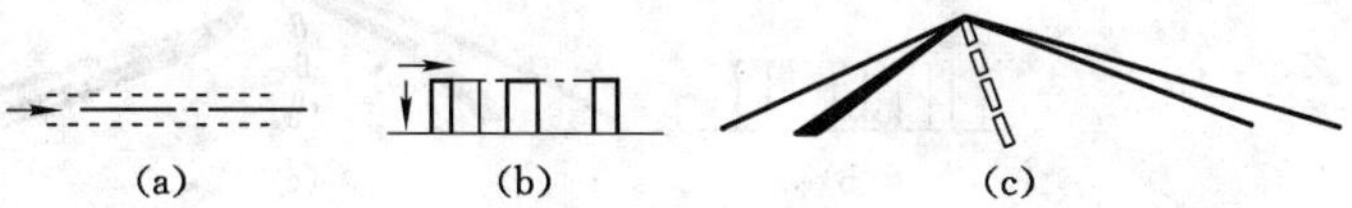

图 5-10 具有恒等坡度的直线

(a) 直线；(b) 直坡线；(c) 具有恒等坡度的直线

这种组合线形简单、枯燥，在行车过程中视景无变化，容易使司机产生疲劳和超车频繁，在线形组合设计时一般应避免这种情况。但在交通比较错综复杂的路段(如交叉口)，采用这种线形要素是有利的。为调节单调的视觉，增进视线诱导，设计时可用划行车道线、标志、绿化、注意与路旁建筑设施配合等方法来弥补。

(2) 平面为直线，纵断面是凹形竖曲线—构成凹下去的直线，如图 5-11 所示。

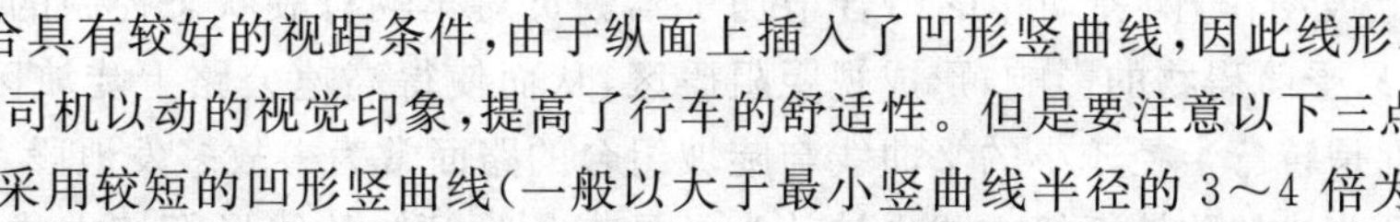

图 5-11 凹形直线

(a) 直线；(b) 曲线；(c) 凹形直线

这种组合具有较好的视距条件，由于纵面上插入了凹形竖曲线，因此线形不再生硬、呆板，而且给予司机以动的视觉印象，提高了行车的舒适性。但是要注意以下三点：

① 避免采用较短的凹形竖曲线(一般以大于最小竖曲线半径的 3～4 倍为宜)，以避免产生折点。

② 在两个凹形竖曲线间注意不要插入短直线。若能将两凹形竖曲线合二为一，则会具有更佳的视觉和行车效果。

③ 长直线的末端不宜插入小半径凹形竖曲线。

(3) 平面为直线，纵断面是凸形竖曲线—构成凸起的直线，如图 5-12 所示。

这种组合线形视距条件差，线形单调，应尽量避免。注意要采用较大的竖曲线半径，以保证有较好的视距。纵面线形的优劣很大程度上取决于竖曲线半径的大小，竖曲线半径大

图 5-12　凸形直线

(a) 直线；(b) 曲线；(c) 凸形直线

小的选择应满足视距要求，且竖曲线长度不宜过短。一般情况下，凸形曲线段事故率要比水平段高，小半径凸形曲线往往成为事故的诱因。竖曲线频繁变换会影响行车视距，严重降低公路安全性。

(4) 平面为曲线，纵断面是直坡线—构成恒等坡度的平曲线，如图 5-13 所示。

图 5-13　具有恒等坡度的曲线

(a) 曲线；(b) 直坡线；(c) 具有恒等坡度的曲线

这种组合若平曲线半径选择适当，平面的直线与圆曲线组合恰当，其视觉效果是良好的。汽车在这种路线上行驶，可以获得较好的路旁景观，且景观逐步变化使驾驶员感觉新鲜，方向盘操纵舒适。但如平曲线与直线组合不当（如断背曲线），或半径过小、直线长度过短等都将在视觉上产生折曲现象。

① 避免断背曲线。短直线介于两个圆曲线之间，形成所谓的断背曲线，这样容易使驾驶员产生错觉，把线形看成反向曲线，从而发生操作错误，甚至酿成车祸。

② 组合时要注意平曲线半径与纵坡度协调，还要注意合成坡度的要求，并避免急弯与陡坡相重合。

小半径平曲线与陡坡的组合，在由平竖曲线构成的既转弯又上、下坡路段，车辆的运动既发生径向、法向、竖向的三维平动，又同时伴随以上所述三个方向为轴的转动。当车辆行驶在有平面曲线存在的纵坡路段时，驾驶员一方面要完成转弯动作，同时需要调整车辆状态完成下坡或上坡动作，两种动作的组合增加了驾驶员对车辆行驶状态控制的复杂程度；另外，陡坡区段易受障碍物的影响，形成视距阻碍区，从而使得高速公路上陡坡区段成为事故多发地。特别是转弯半径较小的平曲线与陡坡组合的路面常为事故多发地段。纵坡下坡区段衔接小半径曲线的陡坡衔接方式也被认为是具有危险倾向的线形衔接方式，对于高速公路更是如此。这是因为该衔接方式易造成在不自觉的高速情况下驶入平曲线，车辆以高速实施平面转弯，事故隐患大为增加。

(5) 平面为曲线，纵断面是凹形竖曲线—构成凹下去的平曲线，如图 5-14 所示。平面为曲线，纵断面是凹形竖曲线—构成凹下去的平曲线，如图 5-15 所示。

这两种组合是较为复杂的组合形式，如果平纵面几何要素的大小适当，均衡协调，位置适宜，可以获得视觉舒顺、诱导良好的空间线形。但由于地形等条件的限制，这种组合往往不是总能争取到的。如果平曲线的中点与竖曲线的顶（底）点位置错开不超过平曲线长度的

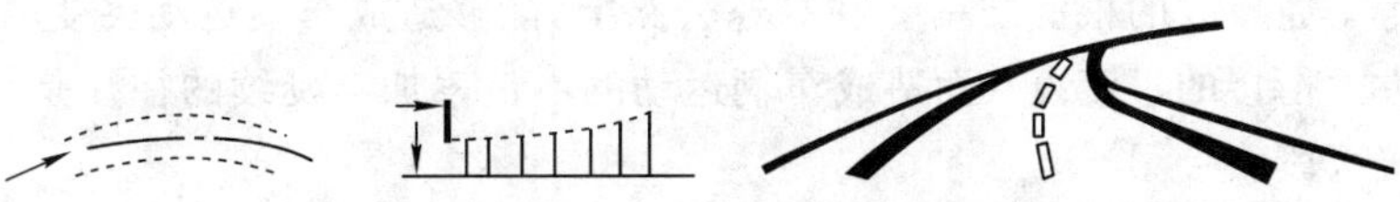

图 5-14　凹形曲线
(a) 曲线；(b) 凹形曲线

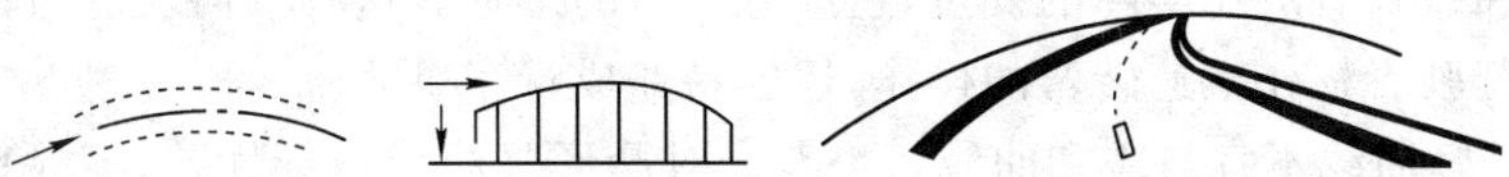

图 5-15　凸形曲线
(a) 曲线；(b) 凸形曲线

四分之一，仍然可以获得比较满意的外观。设计时应注意以下几点：

① 平曲线和竖曲线应相互重合，且平曲线应稍长于竖曲线。这种组合是使平曲线和竖曲线相互对应，竖曲线的起终点落在平曲线的两个缓和曲线内，即“平包竖”。其中任一点都不要放在缓和曲线以外的直线上，也不要放在圆弧段之内。

这种立体线形不仅能起到诱导视线的作用，而且可以取得平顺而流畅的效果。但在实际生产中往往不能完全做到这一点，如果平、竖曲线的顶点错开不超过曲线长度的四分之一，即可取得较好的视觉效果。若平、竖曲线半径都很大，则平、竖位置可不受上述限制；若做不到平、竖曲线较好的组合，宁可把二者拉开相当距离，使平曲线位于直坡段或竖曲线位于直线上。高速公路凸形竖曲线与凹形竖曲线的顶部或底部插入小半径的平曲线的路段也是交通事故易发区。前者，因为没有视线引导而必须急转方向盘；后者，在超出汽车设计速度的地方仍然要急转方向盘，这些都极易引起交通肇事。

② 注意平、竖曲线几何要素要大体平衡、匀称、协调，不要把过缓与过急、过长与过短的平、竖曲线组合在一起；根据相关计算统计，若平曲线半径小于 1 000 m，竖曲线半径为平曲线半径的 10～20 倍时，便可达到均衡的目的。

③ 明、暗弯与凹、凸竖曲线的组合。明弯与凹形竖曲线及暗弯与凸形竖曲线的组合是合理的，比较符合驾驶员的心理反应和视觉反应。对于明弯与凹形竖曲线及暗弯与凸形竖曲线的组合，当坡差较大时，一般给人留下舍坦坡，近路不走，而故意爬坡、绕弯的感觉。进行山区公路设计，有时难以避免这种情况，但只要坡差不大，对行车的影响也不是太大。

④ 注意凸形竖曲线顶部与凹形竖曲线底部，不得与反向平曲线的拐点重合，两者都存在不同程度的扭曲外观。前者会使驾驶员操作失误，引起交通事故；后者会使路面排水困难，产生积水。

⑤ 应避免在一个平曲线上连续出现多个凹、凸竖曲线。在一平面曲线内，如果纵断面反复凹凸，即形成只能看见脚下和远处，而看不见中间凹陷的线形，这样的线形容易发生事故。研究表明，车辆平动、转动的某种突变，或车辆的运动按某种方式做持续累加与延续，是

造成车辆发生交通事故的根源之一。在高速公路上，能够造成车辆运动突变的，往往是道路线形按某种方式衔接的过渡点；而造成车辆运动的不良累加与延续的往往是多种线形组合的区段及衔接区段。

⑥ 要尽量避免过多插入竖曲线或小半径竖曲线，这样容易产生“暗凹”、“跳跃”等不良现象，造成驾驶人员的视觉中断，诱发安全事故。

⑦ 避免平面转角小于7°的平曲线与坡度角较大的凹形竖曲线的组合。路线转角的大小反映了路线的顺适程度，以相对小一些为好。但转角过小，即使设置了较大半径的平曲线，也容易把曲线长看成比实际的要短，造成急转弯的感觉。这种倾向表现为转角越小越显著，以致造成驾驶者枉作减速转弯的操作，还容易造成行车事故。

⑧ 小半径竖曲线不宜与缓和曲线相重叠。对凸形竖曲线诱导性差，事故率高；对凹形竖曲线路面排水不良。

⑨ 计算行车速度≥40 km/h 的道路，应避免在凸形竖曲线顶部或凹形竖曲线底部插入小半径的平曲线。前者是去引导视线的作用，驾驶员必须接近坡顶才能发现平曲线，导致不必要的减速或交通事故；后者会出现汽车高速行驶时急转弯，行车不安全。

5.2.3 平、纵线形组合应避免的不良组合

平、竖曲线重合是一种理想的组合，但因地形等条件限制，这种组合常不能做到。前文对道路平、纵组合线形设计中应避免的组合也有所涉及，下面本节将对应避免的不良平、纵线形组合进行具体的介绍。

(1) 要避免使凸形竖曲线顶部或凹形竖曲线的底部与反向平曲线的拐点重合。此类组合都存在不同程度的扭曲外观。前者不能正确引导视线，会使驾驶员操作失误，引起交通事故；后者虽无视线诱导问题，但路面排水不畅，易产生积水。

(2) 计算行车速度不小于 40 km/h 的道路，应避免在凸形竖曲线的顶部或凹形竖曲线的底部插入小半径的平曲线。在凸形竖曲线的顶部设有小半径的平曲线，不能引导视线，且急转弯行车不安全。在凹形竖曲线的底部设有小半径的平曲线，会出现汽车加速行驶中急转弯，可能发生危险。

(3) 避免小半径的竖曲线与缓和曲线重合。对凸形竖曲线诱导性差，事故率较高；对凹形竖曲线路面排水不良，影响行车安全。

(4) 避免将小半径的平曲线起、讫点设在或接近竖曲线的顶部或底部。凸形竖曲线顶部设在小半径曲线的起、讫点时，该线形失去引导视线的作用，驾驶员必须接近坡顶才发现平曲线，导致不必要的减速或交通事故；凹形竖曲线底部设在小半径曲线的起、讫点时，汽车在该线形上会出现高速行驶急转弯，行车不安全。图 5-16(a)为凸形竖曲线的顶点位于平曲线的起点(或终点)，驾驶员在车辆驶上坡顶之前无法预知前方道路的走向，产生心理上的茫然；图 5-16(b)为凹形竖曲线的底点位于平曲线的起点(或终点)时，驾驶员会看到扭曲的线形，其扭曲程度随竖曲线半径的减小而加剧，也会产生下坡尽头接急转弯的错觉。

(5) 避免在长直线上设置陡坡或长度短、半径小的竖曲线。长直线与凸形竖曲线组合，视线引导差，行车茫然；长直线与陡坡组合易使驾驶员超速行驶，危及行车安全；长直线与凹形竖曲线组合，使驾驶员产生坡底狭窄的视觉，心理紧张，行车不安全。

(6) 避免出现驼峰、暗凹、跳跃等使驾驶员视线中断的线形。平原微丘区的高速公路设

计，因地形平坦，圆曲线半径一般较大；但因沿线通道多，为减少工程数量，降低路基填土高度，有时不得不在一个长的平曲线内多次变坡。在一个平曲线或一段长直线内包含几个竖曲线，特别是小半径竖曲线，易出现驼峰、暗凹、跳跃等线形，使前方道路失去连续性，如图 5-17 所示。实践表明，当纵坡不大且坡差较小时，只要坡长和竖曲线半径选择得当，多次起伏并不影响线形的连续性。另外，长直线上反复凸、凹的线形，尽管纵坡不大，视线良好，但这种平直路段上超速、超车较多，资料显示这种路段交通事故占各种平纵组合路段 90% 以上。

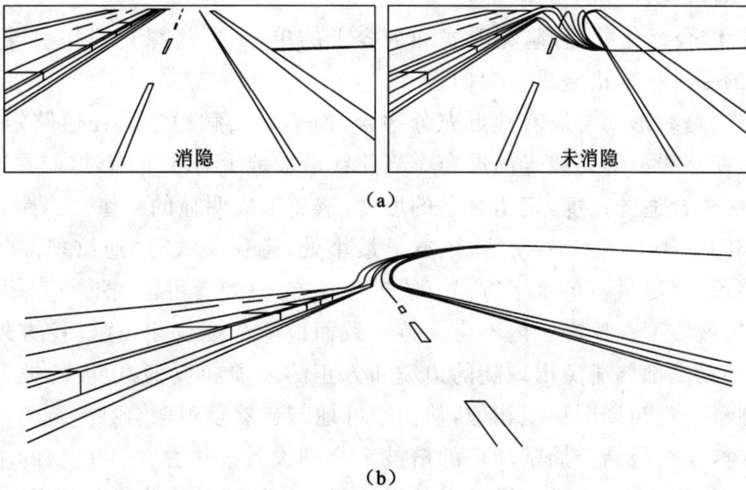

图 5-16 竖曲线位于小半径平曲线起讫点示例

(a) 凸形竖曲线位于平曲线起点；(b) 凹形竖曲线位于平曲线起点

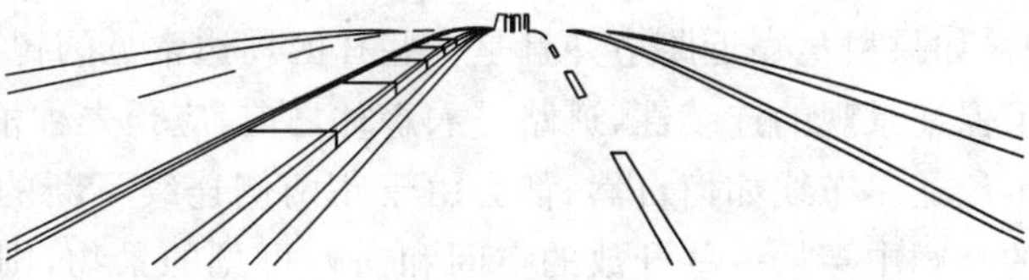

图 5-17 长直线段设置三个小半径竖曲线

5.2.4 道路线形与景观的配合

道路作为一种人工构造物，应将其视为景观对象来研究。修建道路会对自然景观产生影响，甚至产生一定破坏作用。而道路两侧的自然景观又会影响道路上汽车的行驶，特别是对驾驶员的视觉、心理以及驾驶操作等都有很大影响。平、纵线形组合设计必须要在与道路所经地区的景观相配合。平、纵线形组合设计必须要在与道路所经地区的景观相配合的基础上进行，否则即使线形组合符合有关规定也不一定是良好设计。对驾驶员，只有看上去具有优美的线形和景观，才能称为舒适和安全的道路。对设计速度高的道路，平、纵线形组合设计与周围景观彼此协调更为重要。道路线形与景观的配合要遵循以下主要原则：

(1) 应在道路的规划、选线、设计、施工全过程中重视景观要求。尤其在规划和选线阶段，比如风景区、自然保护区、名胜古迹区等景点和其他较特殊的地区，一般以绕避为主。

(2) 尽量少破坏沿线的自然景观，避免深挖高填。纵面尽量少填挖，横面设计要使边坡造型和绿化与现有景观相适应，弥补必要的填挖对自然景观的破坏。

(3) 应能提供视野的多样性，力求与周围的风景自然地融为一起，充分利用自然风景如湖泊、大树等，或人工建筑物如水坝、农舍等。

(4) 不得已时，可采用修整、种草皮、种树等措施加以补救。

(5) 条件允许时，宜适当放缓边坡或将其边坡修整圆滑，宜使边坡接近于自然地面形状，增进路容美观和与环境的协调。

(6) 应进行综合绿化处理，避免形式和内容上的单一化，将绿化视作引导线、点缀风景以及改造环境的一种技术措施进行专门设计。

具体来说，道路线形要与原有地形充分融合，而不是去触犯它。在道路定线时，首先要充分利用地形，使路线沿等高线走向展布。当路线沿坡地上升或下降时，应在道路路线与等高线之间选择一个合适的角度，定出合适的坡度，避免形成明显的断崖。当路线沿与等高线直角的方向行进时，其位置应选在填、挖方量最小处，避免路线有"逆纹理"穿越的生硬感。对于填、挖方路段，要尽量避免水平方向直线进入挖方，只要有可能，挖方应采用水平方向弯道进入。路堑边坡坡度在挖方区内不应保持一致而应随深度变化，这样挖方外形将显得更为自然。路堑和路堤都要避免出现陡的边坡和方正的坡顶和坡脚，边坡的坡顶和坡脚应加以修饰，使得圆滑美观与周围环境相似，从而很好地与自然景观融合在一起。

道路布线时，要充分结合周围环境的植被来合理设计。道路使用植物的主要目的是要把道路结合到景观中去，那么进行设计必须要按照与该地区的植物生长情况、地形以及道路车流的速度等在相应的规模上进行。远处的景物能在视野里停留相当长的时间而近处的物体将一瞬而过，这就要求沿着路线种植的植物应按车速比例设计其种植规模和植物的类型。为保证景物在视线中的停留时间，道路两侧林带之间的间隙也必须与车辆行驶速度相称。道路进入森林地段时，如果树丛靠近路边并且是一些林区周边常见的树木，就会让人消除道路入侵的感觉。为了保证景观的连续性，道路进入森林之前，应预先种植一些树木或灌木作为过渡。在林区内不论道路布线如何自然，都会由于路两侧连续不断的林带而让人感到压抑。但如果在封闭的林廊中穿插一些开放的空间和向外可见的景物，则会减轻驾驶人员的单调感。因此在林区布线应尽可能地提供一系列开放和封闭间隔交替的情景，使司乘人员视觉体验赋予韵律感。

再者，通过道路两侧植被的合理布置，可以明确和加强路线的视觉逻辑性。有时道路出现扭曲或断掉的不连贯现象，可以通过道路两侧种植植物来掩饰、弥补景观上的缺陷。弯道内侧植树能突出水平弯道的视觉效果，而在弧形弯道外侧植树能够强调道路弧线。竖向弯道两侧有树，可以预先见到弯道另一端的延续性。道路上有叉道时，也可以通过在叉道口植树或在一条叉道两侧植树来加以强调。

道路景观设计就是从美学观点出发，使道路与周围景观协调所进行的设计。道路在满足规定的技术与经济要求下，应平顺而合理地适应当地环境。道路线形与景观的协调包括路线绿化、建筑浆饰、标志设置等。具体可通过护栏、植树、处理边坡、交通标志及路面划线等来改善行车、诱导视线及美化景观。例如，曲线外侧及丁字路口植树绿化可指引道路方向(图 5-18)。若直线或曲线转折点位附近有凸顶，在分隔带或路旁植树有利于给驾驶者预告道路方向。为避免过长直线招致车祸，可设置一些醒目的建筑物或纪念碑，以调整司机视觉，减轻单调疲劳的感觉。此外，还应注意避免大填挖对自然景观的破坏，可采用绿化隐蔽不雅观的景物（如陡峭的沟谷、杂乱的取土坑、造型不整的房屋等）。

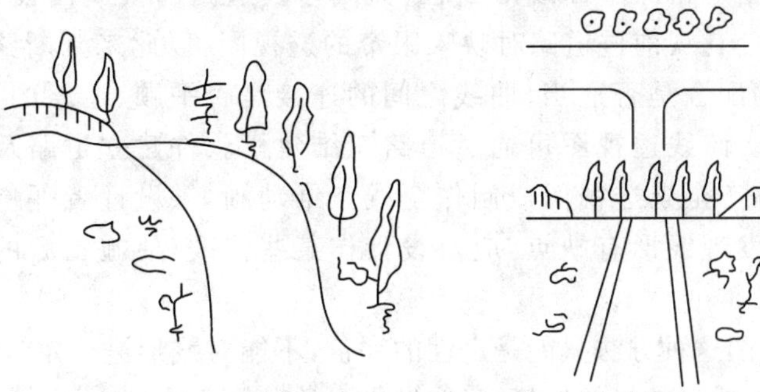

(a)　(b)

图 5-18　植树绿化指引道路方向

(a) 曲线外侧植树；(b) 丁字路口植树

道路绿化可以调节气候、美化环境、净化空气、防风固沙、降低噪音、减少疾病。因此，可以认为“植树绿化”是“新鲜空气的加工厂”、“天然除尘器”、“卫生消毒站”。公园是“城市的肾脏”，绿化地带则是“控制市民神经和感情的调行器官”。此外，道路绿化还能防止路面老化，能防风沙、雨雪，降低冲刷，稳定边坡，还能诱导交通视线，促进行车安全，道路绿化带还可兼作交通分隔带和地下管线地上杆柱的埋设用地，从而提高交通功能。但要注意，植树绿化要因地制穴，并与当地生态景观相适应。

树木是道路上主要的垂直要素，对视觉有明显影响。因此，道路两侧的绿化要与路线的平、纵线形，横断面状况保持一致。这不仅诱导了视线，充分展现了道路线形曲直、起伏的动态特征，也强调了道路的延伸与空间的延伸，增强了路线流畅的美感。同时，在树木选择、植被高低层次、间距、色调搭配以及修剪形态上作精心设计，将使道路绿化体现出无限的韵律美和色彩美。

5.3　道路线形质量评定方法

道路线形设计应充分利用当地的地形地物，正确地掌握技术标准与规范的要求，使所设计的路线在一定年限内总的经济效益为最佳，以达到经济、迅速、安全、舒适的目的。因此，道路线形设计不能片面地只追求造价低，还应保证道路线形的良好质量。目前，国内外对线形设计质量评价的方法有很多，从设计的安全性、连续性、一致性、经济性等方面都进行了研究。道路线形设计的质量可以采用道路透视图、沿线运行速度、耗油量、事故率等方法进行检验和评价。

5.3.1　路线透视图法

《公路路线设计规范》(JTG D20—2017)规定：“线形设计应综合考虑公路的平面、纵断面和横断面三者间的关系，做到平面顺适、纵面均匀、横面合理，必要时可采用路线透视图进行分析与评价。”公路立体线形的优劣对汽车驾驶者而言就是能提供其安全性、快速性及舒适性的程度，而安全与舒适的感觉主要是通过视觉所获得的各种信息得到的。公路路线透视图或动态连续透视图能直观地提供对视觉的检验与评价，进而对路线平、纵、横组合设计，一般情况下采用路线透视图进行评价是直观而有效的。

透视图法是根据道路的平面线形、纵断面线形及道路的横断面设计资料，绘制出驾驶人员在不同桩号处目视前进道路时映入眼帘的透视图，以此来判断路线平纵线形是否协调、道路与景观的配合是否适当、曲线之间的连接是否平顺、道路的走向是否清楚、通视条件是否良好等。路线透视图可通过道路三维建模软件建立道路及周围环境的三维模型，生成动态或静态全景透视图或制作全线三维动画，供设计者评价道路线形设计的质量。如果检查中发现线形有缺点，应对设计作某些修改，使施工后的道路空间线形达到较为完美的程度。

但是，路线透视图这种方法只能是定性的评价，不能对线形进行定量评价，没有确定的指标来评价公路立体线形效果的好坏，只能做出视觉上的评价。

路线透视图法的具体应用实例如下：

为了研究 $R=1\ 000$ m 的平曲线是否需要设置缓和曲线，不同情况下道路透视图如图 5-19所示。图 5-19(a)是未设缓和曲线的情况，图 5-19(b)是插入参数 $A=250$ m 的回旋线作为缓和曲线后的透视图。比较两个透视图可以看出，出于插入回旋曲线使直线近入圆曲线的时候变得顺适，从而提高了线形质量。

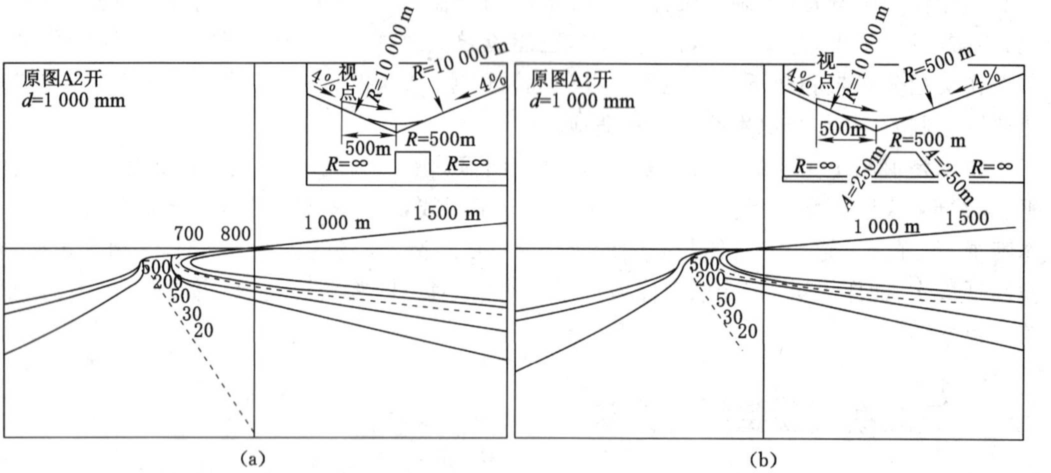

图 5-19　道路路线透视图

(a) 未设置缓和曲线；(b) 设置缓和曲线

某高速公路一个段落的平纵断面图如图 5-20 所示，平面线形为一复曲线，纵断面线形有 A、B 两个比较方案。方案 A 为凸凹竖曲线相间的波浪形纵断面线形，其透视图如图 5-20(a)所示。方案 B 为三个凸形竖曲线连接而成的凸形竖曲线断面线形，其透视图如图 5-20(b)所示。对比上述两个透视图可知，方案 B 的透视图要比方案 A 的路线方向清楚。这是因为，复内线的平曲线形本身的曲率就是变化的，再加上波浪形的纵断面线形，就很容易使驾驶人员对平面线形发生错觉，也许会误打方向盘而引起事故。同时，也可能感到线形不顺适。所以，方案 B 优于方案 A。比较线路的透视图如图 5-21 所示。

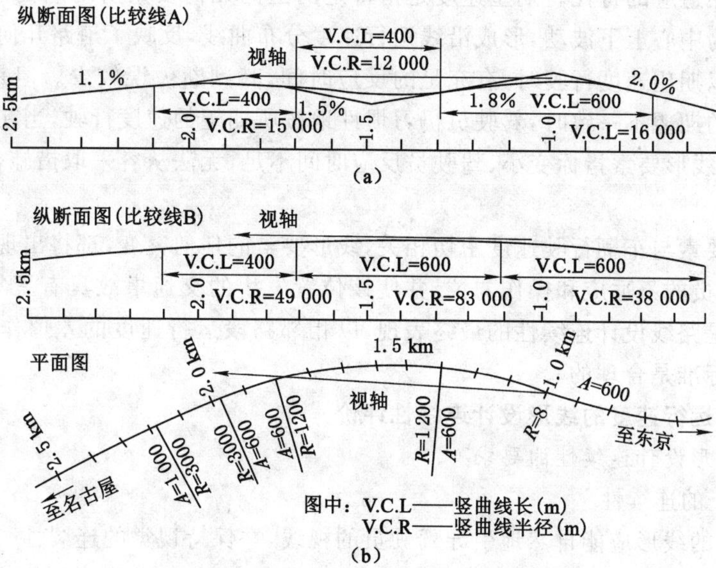

图 5-20 高速公路某段落的平纵断面图

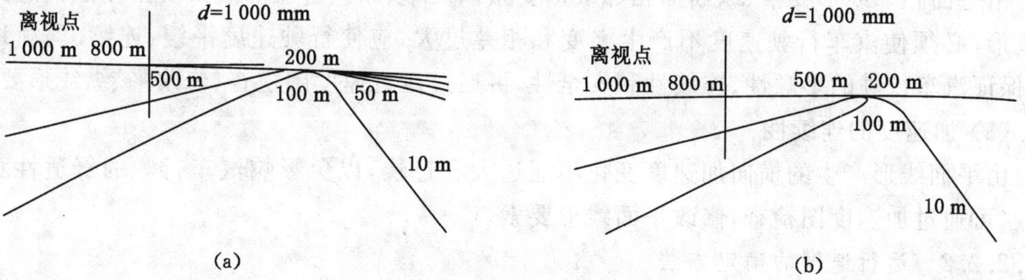

图 5-21 比较线的透视图

(a) 比较线 A 的透视图；(b) 比较线 B 的透视图

5.3.2 《公路项目安全性评价指南》评定法

5.3.2.1 评定方法简介

我国《公路项目安全性评价指南》(以下简称《安评指南》)中规定采用运行速度来评价道路线形设计的连续性，采用相邻单元路段间运行速度的差值进行评价。

在车辆的行驶过程中，其运行速度不可能是一成不变的，它是随着道路线形、路面状况、天气条件及交通状况和驾驶员的状态而变化的。可以通过一定的数学方法将运行车速、线形和交通安全资料组合到一起，发现其中的规律，进而建立公路线形设计的安全性评价标准和车速管理标准，为公路的安全性设计和管理打下基础，真正使其成为安全、快速、舒适的高等级公路。

连续的道路线形可以保证汽车行驶的安全，道路的连续性可以评价线形设计的安全性，是评价线形设计质量的一个重要指标。线形设计连续性是指道路设计中的几何要素与驾驶员的期望速度相适应的特性。期望速度是指特定的道路几何要素所对应的运行速度，该速度以设计速度为中心上下波动，形成沿线运行速度分布曲线，反映了道路几何要素的变化情况。当驾驶员以期望速度行驶时，有充足的反应时间，其判断失误较少。但是，当路线几何要素与驾驶员的期望不一致时，驾驶员仍习惯性地按所期望的速度行驶，当在这种路段上出现意外情况，如线形要素指标变小、驾驶员反应时间不足，无法从容采取措施，发生事故的概率将增大。

线形设计要素与车辆行驶速度密切相关，线形要素的任何突变，都将出现不连续的运行速度，造成驾驶员的不适应和操作匆忙，并使该位置发生的交通事故具有聚集性。因此，连续的运行速度是路线设计连续性的最终表现，以相邻路段运行速度的差值作为评价道路路线设计质量的标准是合理的。

5.3.2.2 基于运行速度的线形设计连续性评价

5.3.2.2.1 线形设计连续性的要求

(1) 视觉上的连续性

平、纵组合的线形应能自然地引导驾驶员的视线，并保持视觉的连续性。任何使驾驶员感到茫然、迷惑或判断失误的线形，必须尽力避免，可通过道路透视图检查，修改平、纵线形组合。

(2) 行驶速度的连续性

由平面相邻线形要素、纵断面相邻线形要素以及平、纵组合相邻线形要素构成的道路空间线形，必须使汽车行驶速度不产生突变和相差过大，应使行驶速度平缓、连续、均衡地变化，保证汽车行驶的平顺性、连续性和安全性，可通过运行速度图检查，修改平、纵线形要素。

(3) 加速度的连续性

由平面线形产生的横向加速度变化不能过大和过快，以免影响汽车行驶的舒适性和安全性，可通过加速度图检查，修改平面线形要素。

5.3.2.2.2 运行速度的确定方法

(1) 路段实测回归法该法

通过现场实测某车型在多条路段的实际行驶速度，经回归分析建立道路几何要素与运行速度的关系模型，对其进行相关性分析和验证，根据模型预测各种线形要素和组合线形所对应的运行速度。

路段实测回归模型是建立在实测数据基础上的，因实测数据的局限，各影响因素对运行速度的影响可能因地域的不同而异，模型的推广应用有一定局限性。

(2) 理论预测法

根据汽车动力性能的加、减速行程计算基于纵断面线形的行驶速度，根据圆曲线半径计算公式反算弯道上允许行驶速度。将纵断面和平面分别预测的速度比较后取小值，作为平、纵线形组合的运行速度。该法没有考虑竖曲线以及横断面的影响。

《安评指南》中采用的是路段实测回归模型来预测高速公路和一级公路的运行速度，其他等级公路参照使用。

5.3.2.2.3 基于运行速度的线形设计连续性评价标准

《安评指南》中采用相邻路段运行速度的差值（Δv_{85}）来检查线形设计的连续性。相邻路段是指平面、纵断面、横断面指标或设计速度不同的相接路段，一般是指平曲线的起点、曲中点、终点，纵断面变坡点及横断面宽度变化的前后路段。其中规定，相邻路段运行速度的差值小于 10 km/h 时，连续性好；在 10～20 km/h 之间时连续性较好，条件允许时宜适当调整相邻路段的线形指标，使运行速度的差值小于 10 km/h；大于 20 km/h 时连续性差，相邻路段需要调整平、纵面设计。同时规定，当同一路段的运行速度与设计速度的差值大于 20 km/h时，应对该路段的相关技术指标进行安全性验算。

5.3.2.3　**基于运行速度的线形设计评价方法**

运行速度的计算方法采用《安评指南》中推荐的方法，具体计算如下：

5.3.2.3.1　划分分析路段

根据圆曲线半径和纵坡的大小将整条路线按平直路段、纵坡段、小半径平曲线段和弯坡组合段四种分析单元进行划分，每个单元的起、终点为预测运行速度线形特征点。

① 平直路段：指平面线形为直线或半径大于或等于 1 000 m 的平曲线且纵坡小于 3%，或纵坡大于 3%但坡长小于等于 300 m 的路段。

② 纵坡段：指平面线形为直线或半径大于或等于 1 000 m 的平曲线，且纵坡大于或等于 3%，坡长大于 300 m 的路段。

③ 小半径平曲线段：指平面线形为半径小于 1 000 m 的平曲线，且纵坡小于 2%路段。

④ 弯坡组合路段：指平面线形为半径小于 1 000 m 的平曲线，且纵坡大于或等于 2%的路段。当直线段位于两小半径平曲线之间，且长度小于临界值 200 m 时，则该直线视为短直线，车辆在此路段上的运行速度保持不变。

5.3.2.3.2　运行速度 v_{85} 的测算

任选一个方向进行运行速度 v_{85} 测算时，首先要推算与设计路段衔接的相邻路段速度，作为本路段的初始运行速度 v_0。根据所划分的路段类型，按平直路段、纵坡段、小半径平曲线段和弯坡组合路段等分别进行运行速度 v_{85} 的测算。

(1) 设计路段的初始运行速度 v_0

一般可通过调查点的现场观测或按表 5-5 估算各种设计速度对应的小客车和大型货车的运行速度，作为设计路段的初始运行速度 v_0。

表 5-5　　设计速度与初始运行速度的对应关系

设计速度/(km/h)		60	80	100	120
初始运行速度 v_0	小客车	80	95	110	120
	大型货车	55	65	75	75

(2) 平直路段运行速度

在平直路段上，小客车和大型车的期望速度见表 5-6。

① 当直线入口速度等于期望速度时，车辆在平直路段上保持期望速度匀速行驶，直线段出口运行速度 v_{out}，等于期望速度 v_e。

② 当直线入口速度小于期望速度时，车辆在平直路段上将加速行驶，直线段出口运行速度 v_{out} 按式(5-1)计算；但当计算的运行速度大于或等于期望速度时，直线段出口运行速度 v_{out} 取期望速度。当入口速度大于期望速度时，车辆将减速行驶(a_0 为负)，直到期望速度匀速行驶后，v_{out} 为期望速度。

$$v_{out}=\sqrt{v_0^2+25.92a_0S} \tag{5-1}$$

式中 v_{out}——直线终点处的运行速度，km/h；

v_0——直线入口处的运行速度，km/h；

a_0——车辆的推荐加速度(减速度)，m/s²，见表 5-6；

S——直线段长度，m，当 $S<200$ m 时，取 $S=0$。

表 5-6　　平直路段上期望速度、加速度

车型	小客车	大型货车
期望速度 v_e/(km/h)	120	75
推荐加速度/(m/s²)	0.15～0.50	0.20～0.25
推荐减速度/(m/s²)	−0.15～−0.50	−0.20～−0.25

(3) 小半径平曲线路段运行速度

小半径平曲线路段的运行速度，按表 5-7 中的运行速度预测模型计算平曲线中点和平曲线出口的运行速度。

表 5-7　　小半径平曲线上速度预测模型

曲线连接形式	车型	平曲线速度预测模型
入口 直线—曲线	小客车	$v_{middle}=-24.212+0.834v_{in}+5.729\ln R_{now}$
	大货车	$v_{middle}=-9.432+0.963v_{in}+1.522\ln R_{now}$
入口 曲线—曲线	小客车	$v_{middle}=1.277+0.942v_{in}+6.19\ln R_{now}-5.959\ln R_{back}$
	大货车	$v_{middle}=-24.472+0.990v_{in}+3.629\ln R_{now}$
出口 曲线—直线	小客车	$v_{out}=11.946+0.908v_{middle}$
	大货车	$v_{out}=5.127+0.926v_{middle}$
出口 曲线—曲线	小客车	$v_{out}=-11.299+0.936v_{middle}-2.060\ln R_{now}+5.203\ln R_{front}$
	大货车	$v_{out}=5.899+0.925v_{middle}-1.005\ln R_{now}+0.329\ln R_{front}$

注：v_{in} 为平曲线入口的运行速度，km/h；v_{middle} 为平曲线中点的运行速度，km/h；v_{out} 为驶出平曲线的运行速度，km/h；R_{front} 为平曲线前方圆曲线的半径，m；R_{now} 为当前圆曲线半径 m；R_{back} 为平曲线后方圆曲线的半径，m。

(4) 纵坡段运行速度

当纵坡大于 3% 且坡长大于 300 m 时，需对运行速度进行修正。计算纵坡段运行速度时不考虑平面线形，只需根据该段的纵坡和坡长对入口速度按表 5-8 进行修正。修正后的结果作为该段的出口速度。速度折减量与坡长关系曲线如图 5-22 所示。

表 5-8　　纵坡路段各车型的修正速度修正

纵坡		速度修正值/(km/h)	
		小客车	大型货车
上坡	纵坡≤4%	每 1 000 m 降低 5 km/h	按图 5-24 所示速度折减量与坡长关系曲线进行调整
	纵坡>4%	每 1 000 m 降低 8 km/h	

续表 5-8

纵坡		速度修正值/(km/h)	
		小客车	大型货车
下坡	纵坡≤4%	每 500 m 增加 10 km/h (最大至平直路段的期望速度)	每 500 m 增加 10 km/h (最大至平直路段的期望速度)
	纵坡>4%	每 500 m 增加 20 km/h (最大至平直路段的期望速度)	每 500 m 增加 15 km/h (最大至平直路段的期望速度)

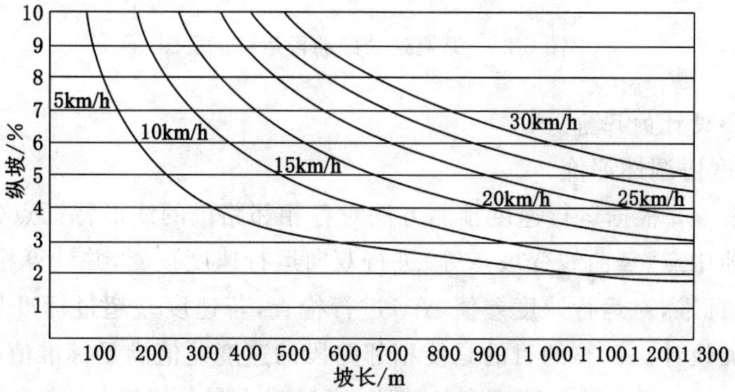

图 5-22 速度折减量与坡长关系曲线图

(5) 弯坡组合路段运行速度

根据划分路段曲线前的入口速度、曲线半径和纵坡坡度，按表 5-9 中的运行速度预测模型计算弯坡组合路段平曲线中点和平曲线出口的运行速度。

表 5-9 弯坡组合路段的运行速度预测模型

曲线连接形式	车型	平曲线速度预测模型
入口 直线—曲线	小客车	$v_{\text{middle}}=-31.669+0.547v_{\text{in}}+11.714\ln R_{\text{now}}+0.176I_{\text{now1}}$
	大货车	$v_{\text{middle}}=1.782+0.859v_{\text{in}}-0.51I_{\text{now1}}+1.196\ln R_{\text{now}}$
入口 曲线—曲线	小客车	$v_{\text{middle}}=0.750+0.802v_{\text{in}}+2.717\ln R_{\text{now}}-0.281I_{\text{now1}}$
	大货车	$v_{\text{middle}}=-1.798+0.248\ln R_{\text{now}}+0.977v_{\text{in}}-0.133I_{\text{now1}}+0.23\ln R_{\text{back}}$
出口 曲线—直线	小客车	$v_{\text{out}}=27.294+0.720v_{\text{middle}}-1.444I_{\text{now2}}$
	大货车	$v_{\text{out}}=13.490+0.797v_{\text{middle}}-0.697I_{\text{now2}}$
出口 曲线—曲线	小客车	$v_{\text{out}}=1.819+0.839v_{\text{middle}}+1.417\ln R_{\text{now}}+0.782\ln R_{\text{front}}-0.480I_{\text{now2}}$
	大货车	$v_{\text{out}}=26.837+0.830v_{\text{middle}}-3.039\ln R_{\text{now}}+0.109\ln R_{\text{front}}-0.594I_{\text{now2}}$

注：圆曲线半径的取值范围是大于等于 120 m，小于等于 1 000 m；纵坡绝对值的取值范围是大于等于 2%，小于等于 6%；I_{now1} 为曲线前段的坡度，%；I_{now2} 为曲线前段的坡度，%；其余符号意义同前。

某高速公路一个路段的左幅运行速度图如图 5-23 所示。

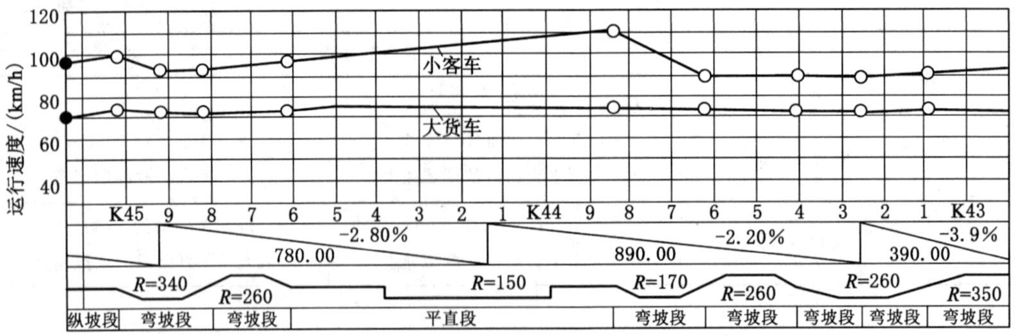

图 5-23 某高速公路路段运行速度图

5.3.2.3.3 线形设计的评价

(1) 运行速度协调性评价

① 评价方法——根据运行速度预测方法对各相邻路段的线形特征点(直线起、终点,平曲线起、终点及曲中点,竖曲线变坡点等)进行双向运行速度预测,并计算相邻路段运行速度的差值。按评价标准,对运行速度差值 Δv_{85} 进行检查,若速度差超过标准规定值,应调整相邻路段的平、纵面设计。调整的目的是使相邻路段的速度差值满足标准值。

② 调整方法——对速差处速度高的路段,通过减小圆曲线半径、增大纵坡进行调整,使运行速度降低,减小 Δv_{85};对速差处速度低的路段,可增大圆曲线半径、减小纵坡,使运行速度增大,减小 Δv_{85};若因地形或线形条件限制,不能调整或经调整速差仍较大时,应采取限速等措施,使运行速度差值 Δv_{85} 减小。

(2) 设计速度与运行速度协调性评价

设计速度与运行速度协调性评价是对同一路段的运行速度与设计速度的差值进行评价。同一路段是指设计速度、平纵面技术标准及横断面相同的路段。

当同一路段运行速度与设计速度的差值大于 20 km/h 时,应对该路段的设计指标进行安全性检验和调整。运行速度与设计速度之差是指该路段运行速度高于设计速度的差值,而平、纵线形要素是按设计速度设计的,因此应按运行速度检验和调整,否则行车不安全;而运行速度低于设计速度时,只要运行速度连续,行车是安全的,不必调整。

① 圆曲线半径。在超高值不变的前提下,采用路段运行速度计算圆曲线半径。圆曲线半径可采用式(5-2)计算:

$$R=\frac{v_{85}^2}{127(\mu \pm i_h)} \tag{5-2}$$

式中 R——路段运行速度要求的圆曲线半径,m;

v_{85}——运行速度计算值,km/h;

μ——运行速度计算值,m;

i_h——超高值。

设计速度对应的超高值不变时,增大后的圆曲线半径应不小于运行速度对应的圆曲线半径,圆曲线长度应不小于按运行速度的 3S 行程;设计速度对应的圆曲线半径不变时,应按运行速度计算超高值;设计速度对应的圆曲线半径和超高值调整均受限制时,应采取限速措施，以减小运行速度与设计速度的差值。

② 缓和曲线。根据运行速度从离心加速度的变化率、超高渐变率、行驶时间、与相邻回旋线参数的均衡性四个方面对缓和曲线进行评价。

③ 最小直线长度。最小直线长度采用运行速度评价。路段运行速度与设计速度之差小于或等于 20 km/h 时，直线长度不调整；路段运行速度与设计速度之差大于 20 km/h 时，反向圆曲线间直线最小长度宜大于等于 $2v_{85}$，同向圆曲线间直线最小长度宜大于或等于 $6v_{85}$。

④ 纵断面。采用路段运行速度对纵坡、坡长及竖曲线半径进行评价。

路段运行速度与设计速度之差小于或等于 20 km/h 时，路段的纵坡、坡长及竖曲线半径值不变；路段运行速度与设计速度之差大于 20 km/h 时，应按运行速度计算值调整相应路段的纵坡、坡长及竖曲线半径值。

⑤ 视距。a. 小客车停车视距。小客车停车视距采用路段运行速度计算。当采用路段运行速度计算的停车视距大于设计速度对应的停车视距时，应加大停车视距。停车视距采用式(5-3)计算。

$$S_C=\frac{v_{85}t}{3.6}+\frac{v_{85}^2}{254\varphi} \tag{5-3}$$

式中 S_C——小客车停车视距，m；

t——反应时间，按表 5-10 取值；

φ——纵向附着系数，依运行速度和路面状况，按表 5-10 取值。

表 5-10　　反应时间和纵向附着系数

运行速度/(km/h)		120	110	100	90	80	70	60
小客车	反应时间/s	2.5	2.5	2.5	2.5	2.5	2.5	2.5
	附着系数	0.29	0.29	0.3	0.3	0.31	0.32	0.33
大货车	反应时间/s	—	2.5	2.5	2.5	2.4	2.3	2.2
	附着系数	—	0.17	0.17	0.17	0.17	0.17	0.17

b. 货车停车视距。在货车或大客车可能多发事故的复曲线、减速车道、出口匝道端部、车道数减少处、丘陵区交叉口、桥墩附近的交叉口、位于或接近凸形竖曲线的交叉口等路段，应按运行速度进行货车停车视距评价。货车停车视距采用式(5-4)计算。

$$S_t=\frac{v_{85}t}{3.6}+\frac{v_{85}^2}{254(\varphi+i)} \tag{5-4}$$

式中 S_t——货车停车视距，m；

t——反应时间，按表 5-9 取值；

ψ——纵向附着系数，依运行速度按表 5-9 取值。

i——道路纵坡，%。

设计速度对应的停车视距应不小于采用运行速度计算的小客车停车视距。在以货车交通量为主及其他货车或大客车可能多发事故的路段，停车视距还应满足按货车运行速度计算的货车停车视距要求。

5.3.3 其他道路线形质量评定法简介

路线透视图法和运行速度法是评价道路线形质量的两种常用方法，除这两种方法外，沿线耗油量法，事故率预测模型，可能速度法和横、竖向及轴向加速度法等也可用以评价道路的线形设计质量。

(1) 沿线耗油量法

油耗图的评价方法可以用来分析公路纵坡线形设计的合理性，多用于越岭线路线方案的比选中。将各方案中汽车行驶所消耗的油量绘制成图，在耗油量图中进行分析，比较总耗油量的多少，分析全线耗油量是否均匀，通过比较选择较好的设计方案。车辆行驶时的燃油消耗量 Q 可用式(5-5)计算。

$$Q=\frac{g_e}{3\ 672\gamma\eta_T}\left(G\varphi+\frac{KAv^2}{21.15}\right) \tag{5-5}$$

式中 g_e——燃油消耗率，可在发动机台架试验获得的发动机负荷特性图上查得，g/(kW・h)；

γ——燃油重度，N/L，汽油为 6.96～7.15 N/L，柴油为 7.94～8.13 N/L。

其余符号同上。

燃油消耗量主要与汽车本身的结构(如外形尺寸、质量、发动机类型、传动系等)及汽车的使用特性(如行驶速度、挡位、道路阻力等)有关。道路使用特性显著影响汽车的燃油消耗量。

汽车在连续和平整的道路上行驶，可以获得较高的行驶速度，燃料经济性较好。汽车在凹凸不平或线形不连续的道路上行驶，行驶速度低，换挡和制动次数增加，燃油消耗量大，且加速了一些摩擦零部件的磨损和轮胎磨损。为提高燃油经济性，应采用协调、连续的道路线形和平整的路面，保证行车视距和安全净空，注重景观设计，减少侧向干扰，使车辆匀速、顺畅运行。

用式(5-5)可计算出沿线各路段每百公里的耗油量，并绘制成沿线耗油量变化曲线，用以分析道路线形设计的经济性。

沿线耗油量法主要用于分析道路纵坡线形设计的是否合理，研究人员根据油耗量与道路纵坡以及路段的平均海拔高程的关系编制计算程序。只要已知道路平纵横断面的设计数据，就可实现计算机自动输出道路沿线行车速度与单位耗油量的变化曲线。最后得到整条路线的行车时间、平均速度与耗油量数值，作为道路线形质量评定的经济指标，适用于越岭道路线形方案的对比。

(2) 事故率预测模型

事故率预测模型从行车安全的角度出发，利用交通事故率与路线几何要素的关系来评价或控制路线线形的设计。主要根据交通事故调查资料，采用回归分析的方法，建立平面线形、纵断面线形、车道宽度、行车视距、平纵组合线形等与事故率的关系曲线并拟合成公式，从而确定事故多发点和控制路线线形的指标，对指导公路线形设计具有一定的指导意义。据统计，有 10%～20%的道路交通事故与道路条件有直接关系，有 50%～60%的道路交通事故与道路条件有间接关系。

通过对大量事故资料的统计分析，道路交通事故的发生主要与人、车、路和环境相关，道路交通事故的发生主要与人、车、路和环境相关，就道路而言，又包括交通量、平面线形、纵断面线形、横断面宽度、视距、交叉口状况、路面类型、路侧安全距离等因素。根据这些影响因素得到道路的各种条件与事故率之间回归模型,这些回归模型可以用来分析道路线形与事故率之间的关系,对线形设计的质量进行分析。

(3) 可能速度法

可能速度是指在良好的气候条件和交通条件下,汽车行驶只受道路本身几何条件影响,技术熟练的驾驶员驾驶汽车沿某条道路行驶时可能达到的速度。

可能速度预测模型是根据汽车的动力性和平、竖曲线的允许速度,在初定路线平、纵面各技术指标基础上建立的。模型假设道路的横向加速度、轴向加速度及竖向加速度是连续的,分别建立横向允许速度、轴向行驶速度和竖向允许速度计算模型,并取三种速度中最小值作为可能速度预测值。

应用可能速度对线形进行检验的方法是根据路线的平、纵面而设计参数,采用可能速度预测模型计算沿线的可能速度,并绘制沿线可能速度图(图 5-24),根据可能速度变化应连续、均衡、协调的原则对路线的线形进行检查评价。可能速度也是确定其他技术指标和布设沿线设施的依据。

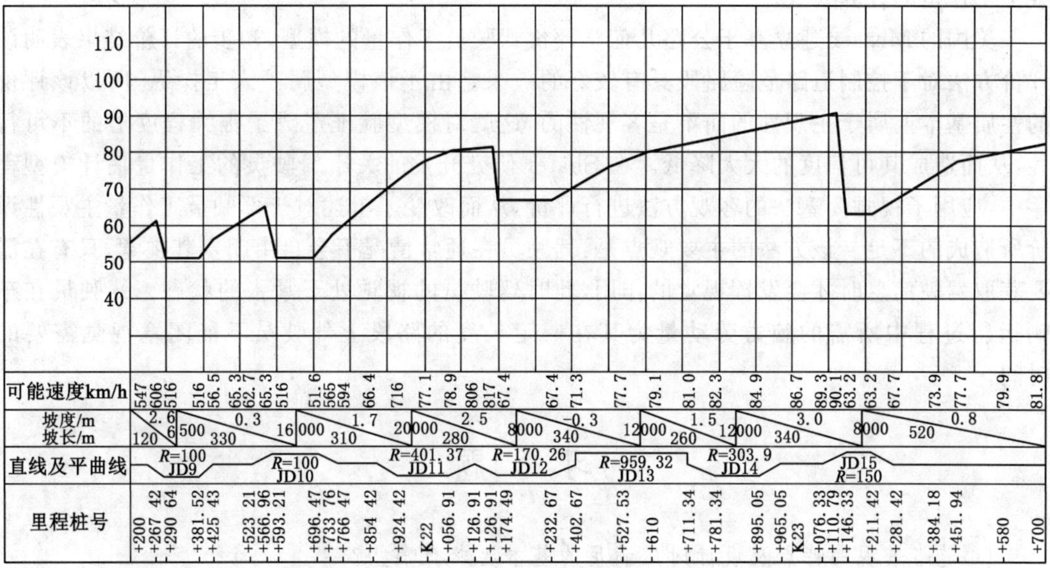

图 5-24 可能速度图

可能速度法采用可能速度速差作为评价标准,采用速差量评价各级道路线形的连续性。研究成果推荐评价指标如下:设计速度为 80 km/h 及其以上道路的速差量应不超过 20 km/h;设计速度为 60 km/h 时不超过 18 km/h;设计速度为 40 km/h 时不超过 15 km/h;设计速度为 30 km/h、20 km/h 时不超过 12 km/h。

(4) 横、竖向及轴向加速度法

驾驶的舒适性是道路线形与路面的特征通过车辆行驶过程中的速度、加速度等因素作用于驾驶员,从而在驾驶员主观上所产生的感觉。在公路上运行的汽车,难免遭遇沿途多种多样的公路条件、交通因素及周围环境等的影响,而作为交通中重要参与者的驾驶员,他在生理及心理不可避免地会受到某种程度的冲击,最后影响到司机正常驾驶。综上,驾驶的舒适性在道路线形设计质量优劣的评价中是非常重要的项目。在对汽车行驶力学的充分分析基础之上,建立起汽车横、竖向以及轴向加速度的相关模型,进而通过提出关于舒适性的加速度取值范围或者通过建立线形舒适性评价标准来评价道路线形的舒适性。但这种方法只是评价了道路线形的一个方面。

(5) 利用驾驶员工作负荷进行评价

利用驾驶员工作负荷模型进行道路线形评价主要是针对在汽车行驶过程中驾驶员的感知与反应以及决策等过程中所产生的脑力劳动。驾驶员执行上述过程所需时间的长短对汽车行驶安全是非常重要的,很大程度上决定着驾驶员执行的最终结果。在一般情况下,驾驶员驾驶车辆时所需处理的相关信息量越少,保持视觉自由放松的状态时间越长,则他的工作量就越小;相反若是驾驶员所需处理的信息量越多,观察路面所需的时间越久,则他的脑力劳动强度越大,从另一个侧面来说就是他的工作负荷越重。与基于汽车运行速度评价道路线形设计的方法相似,利用驾驶员工负荷模型评价道路线形设计也是用驾驶员的工作量变化作为其评价指标。它的关键技术在于如何建立驾驶员在平陆线上的工作量及驾驶员在直线上工作量的计算公式。

美国的 Messer 建立基于公路几何学评价驾驶员工作量的模型,初步的评价结果表明该评价方法对于控制道路危险路段具有较好的效果。由于该模型属于人工操纵,所以该评价的性质基本上属于主观性的而不是客观性的,这就对模型验证造成了很大程度上的不可行性,从而造成其可信度的大大降低。在 Shafer 研究开发的关于驾驶员的工作量估计模型程序中,应用了视觉闭塞法的客观方法进行评价,从而改变了上述对于驾驶员工作量主观性评价所造成的不足。该方法的主要观点是:驾驶员在通常情况下会自由闭塞其视觉,只有在需要获取驾驶信息时才会发挥视觉的作用,此时驾驶员的视觉处于紧张的状态。驾驶员在车辆运行过程中所需的脑力劳动量为其在一定长度的路段上驾驶员不能闭塞视觉需要的时间。

习　　题

1. 道路景观的特点及设计时应满足的基本要求有哪些?
2. 不同设计阶段道路景观设计的要点有哪些?
3. 道路平、纵组合设计时应满足哪些基本要求?
4. 道路平、纵组合设计时应满足哪些原则?
5. 道路平、纵线形设计常见的组合形式有哪些?
6. 道路平、纵线形组合应避免的不良组合有哪些?
7. 道路线形与景观的配合应遵循哪些主要原则?
8. 道路线形质量的评定方法有哪些? 如何评定?

6 道路选线与定线

〖内容提要〗 本章主要内容包括道路选线与定线的目的任务与方法步骤。本章的教学重点为平原区选线、布线的要点;沿溪线布线要点、线位高低的选择、桥位的选择;越岭线布置要点、垭口位置的选择、过岭标高的选择、山脊线的布线要点、如何展线布局;路线方案的比选;道路纸上定线、实地放线与实地定线的方法步骤。教学难点为沿溪线线位高低和越岭线垭口位置的选择以及道路纸上定线的方法步骤。

〖能力要求〗 通过本章的学习,学生应达到了解道路选线与定线的目的、任务、原则;熟悉平原区及山岭区的选线与布线要点,路线方案的比选以及纸上定线与实地定线的方法步骤;掌握不同地形道路选线与定线的方法及步骤的能力。

6.1 概述

选线是在路线起终点之间的大地表面上,根据计划任务书规定的使用任务和性质,结合当地自然条件,选定一条技术上可行、经济上合理,又能符合使用要求的道路中心线的工作。选线是道路线形设计的重要环节,选线的质量直接影响整条道路的使用质量和工程造价。选线需要考虑自然环境和社会经济条件,以及线形技术指标等各方向的因素。因此,选线是一项涉及面广、影响因素多、政策性和技术性都很强的工作。

定线是指在选线布局中确定的“路线带”范围内,根据技术标准结合地形、地质等条件,综合考虑平、纵、横三方面的合理安排,最终确定道路中线的确切位置。定线是道路测设中的关键,它不仅要解决工程技术、经济方面的问题,还要解决道路与周围环境的协调,以及工程技术标准、国家政策等因素的影响。

6.1.1 选线的目的与任务

选线的目的就是根据道路的性质、任务、等级和标准,结合地形、地质沿线条件,综合平、纵、横三方面因素和桥梁、隧道、交叉等结构物设置,在实地或纸上选定道路路中线的平面位置。

道路选线的主要任务是确定道路的走向和总体布局;具体确定道路的交点位置、选定道路曲线的几何要素,通过纸上或实地选线,把路线的平面位置确定下来。

6.1.2 选线的一般原则

路线是道路的骨架,其优劣关系到道路本身功能的发挥和在路网中是否能起到应有的作用。正如前所述,影响路线设计除自然条件外尚受诸多社会因素的制约,选线要综合考虑多种因素,妥善处理好各方面的关系。

6.1.2.1 路线的基本定向必须与道路的主客观条件相适应

限制和影响道路基本走向的因素很多,归纳起来可分为主观条件和客观条件两类。主观条件是指设计任务书(或其他文件)规定的路线总方向、等级及其在道路网中的地位和作用。客观条件是指道路所经地区原有交通的布局(如铁路、公路、航道、航空、管道等)、城镇、工矿企业、资源状况、土地开发利用和规划的情况以及地形、地质、气象、水文等自然条件。其中主观条件是道路选线的基本依据,客观条件是选线时必须考虑的因素。选线时要充分考虑上述条件对道路的影响,在各种可能的方案中选择出一条最优的路线方案。

6.1.2.2 正确掌握和运用技术标准

选线时在工程数量增加不大时,尽可能采用较高的技术指标,不轻易采用较低指标或极限指标,但也不应不顾工程数量增加,片面追求高指标。路线布设,应在保证行车安全、舒适、快捷的前提下,做到工程数量小、造价低、运营费用少、效益好,并有利于施工和养护。

6.1.2.3 注意与农业配合

选线时要处理好道路与农业的关系,注意与农业基本建设的配合,做到少占田地,并应尽量不占高产田、经济作物田,避免穿过经济林园(如橡胶、茶林、果园等),并注意与修路造田、农田水利灌溉、土地规划等相结合。

6.1.2.4 重视水文、地质问题

不良地质和地貌对道路的稳定影响极大,选线时应对工程地质和水文地质进行深入勘测调查,确定它们对道路的影响。

对于滑坡、崩塌、岩堆、泥石流、岩溶、泥沼等严重地质不良地段和沙漠、多年冻土等特殊地区的路线,应慎重处理,一般情况下应尽量绕避,必须穿过时,应选择合适的位置,缩小穿越范围,并采取必要的工程措施。

6.1.2.5 重视环境保护工作

加强环保工作,重视生态平衡,为人类创造良好的生活环境,是我国的基本国策。在选线时应综合考虑由道路修建、汽车交通运行所引起的环境保护问题。主要注意以下几点:

① 通过名胜、风景、古迹地区的道路,应注意保护原有自然状态,并注意与周围环境、景观相协调,严禁损坏重要历史文物。

② 路线对自然景观与资源可能产生的影响。

③ 占地、拆迁房屋对环境带来的影响。

④ 路线布局对城镇布局、行政区划、农业耕作区、水利排灌体系等现有设施造成分割而引起的影响。

⑤ 噪音以及对大气、水源、农田污染所造成的影响。

⑥ 充分考虑对破坏自然景观、资源和污染环境的防治措施及其实施的可能性。

6.1.2.6 选线应综合考虑路与桥的关系

在选线中,个别特殊大桥桥位一般作为路线总方向的控制点,大中桥位原则上应服从路线的总方向,一般作为路线走向的主要控制点。小桥涵位置应服从路线走向。

上述选线原则,对于各级道路都是适用的。但在掌握这些原则上,不同等级的道路会有不同的侧重。如高等级公路主要为起终点及中间重要控制点间快速直达交通服务的,这就决定了它的基本方向不应偏离总方向过远,需要与沿线城镇连接时,宜用支线连接。对于等级低的地方道路主要是为地方交通服务,在合理的范围内可以考虑多联系一些城镇。

6.1.3 选线的方法与步骤

6.1.3.1 一般方法

(1) 实地选线

实地选线是由选线人员根据设计任务书的要求,在现场实地进行勘察测量,经过反复比较,直接选定路线的方法。

其特点是方法简便,切合实际,实地选线容易掌握地质、地形、地物情况,做出的方案比较可靠,定线时一般不需要大比例尺地形图。但是,这种方法野外工作量很大,体力劳动强度大,野外测设工作受气候季节的影响大。同时,由于实地视野的限制,地形、地貌、地物的局限性很大,使路线的整体布局有一定的片面性和局限性。实地选线适用于一般等级较低、方案比较明确的公路。

(2) 纸上选线

纸上选线是在已经测得的地形图上进行路线布局,方案比选,然后在纸上确定最终的路线,最后将此路线再放到实地的选线方法。

其特点是野外工作量较小,定线不受自然因素干扰,能在室内纵观全局,结合地形、地物、地质条件,综合平、纵、横三方面因素,所选定的路线更为合理。但纸上定线必须要有大比例尺地形图,地形图的测设需花费较大的工作量和具备一定设备。纸上选线的地形图若用航空摄影成图可大大缩短成图时间,随着航测技术的发展,纸上选线方法开始广泛运用,特别对于高等级公路和地形、地物及路线方案十分复杂的公路更为适用。纸上选线的一般步骤是:① 实地敷设导线;② 实测地形图(可用人工或航测法);③ 纸上选定路线;④ 实地放线。

(3) 自动化选线

随着航测技术和电子计算机技术的发展,一种将航测和电算相结合的自动化选线方法已研制成功,自动化选线的基本做法是:先用航测方法测得航测图片,再根据地形信息建立数字地形模型(即数字化的地形资料),把选线设计的要求转化为数学模型,将设计数据输入计算机,则计算机按照一定的程序进行自动选线、分析比较、优化,最后通过自动绘图仪和打印机将全部设计图表输出。自动化选线用电子计算机和自动绘图仪代替人工去做大量、繁重的计算、绘图、分析比较工作,这样能使选线方案更为合理、省工省时,是今后公路选线的发展方向。

6.1.3.2 一般步骤

一条道路路线的选定是经过由浅入深、由轮廓到局部、由总体到具体、由面到带再到线的过程来实现的,一般要经过以下三个步骤:

(1) 全面布局

全面布局是解决路线基本走向的全局性工作,就是在起讫点及中间必须通过的据点间寻找可能通行的“路线带”,并确定一些大的控制点,连接起来即形成路线的基本走向。此项工作宜在1∶10 000～1∶50 000地形图上进行路线布局,选定可能的方案。例如,在起讫点及据点间可能沿某条河,越某座岭;可能走这一岸,也可能走另一岸,这些都属于路线的布局问题。

路线布局,是关系到公路“命运”的根本问题。总体布局如果不当,即使局部路线选得再好,技术指标确定得再恰当,仍然是一条质量很差的路线。因此,在选线中首先应着眼于总体布局工作，解决好基本定向问题。全面布局是通过路线视察，经过方案比较来解决的。

(2) 逐段安排

这是在路线基本定向已经确定的基础上，以相邻主要控制点间划分段落，根据道路标准，结合其间具体地形通过试坡展线方法进一步加密控制点，解决路线局部方案的工作。即在大控制点间，结合地形、地质、水文、气候等条件，逐段定出小控制点。例如，翻越同一山岭垭口后是从左侧展线下山，还是从右侧展线下山；沿一条河是仅走一岸还是多次跨河两岸布线等等都是属于局部方案问题。逐段安排路线是通过踏勘测量或详测前的查看路线来解决的。这一步工作如做的仔细，研究的周到，就可以减少以后的不必要的改线与返工。

(3) 具体定线

有了上述路线轮廓即可进行具体定线，根据地形平易与复杂程度不同，可分别采取现场直接插点定线或放坡定点的方法，插入一系列的控制点，然后从这些点位中穿出通过多数点(特别是那些控制较严的点位)的直线段，延伸相邻直线段的交点，即为路线的转角点，随后拟定曲线半径，至此定线工作基本完成。做好上述工作的关键在于摸清地形情况，全面考虑前后线形衔接与平、纵、横综合关系，恰当选用合适的技术指标，以期使整个线形得以连贯协调。

6.2 道路选线

6.2.1 平原区选线

6.2.1.1 平原区自然特点与路线特征

平原区主要是指一般平原、山间盆地、高原等地面高度变化微小的地区，地面起伏不大，一般自然坡度都在3度以下。其地形、地物特征是：除泥沼、盐渍土、河谷漫滩、草原、戈壁、沙漠等外，一般多为耕地，且分布有较多的各种建筑设施，居民点较密，交通网系较密。在农业区农田水系渠网纵横交错；在城镇区则建筑、电讯管网密布；在天然河网或湖区，还密布有湖泊、水塘和河岔。从地质和水文条件来看，平原区一般不良地质现象较少，但有时会遇到软土和沼泽地段。另外，平原区地面平坦，往往排水较困难，地面积水较多，地下水位较高、平原区河流较宽阔，泥沙淤积，河床低浅，洪水较容易泛滥。

平原地区地形对路线的约束限制不大，路线平、纵、横三方面的几何条件很容易达到标准，其路线特征是短捷顺直。平面线形顺直，以直线为主体线形，弯道转角一般较小，平曲线半径较大；在纵面上，坡度平缓、以低路堤为主。路线布设除考虑地物障碍外，一般没有太大困难。平原区路线要充分考虑近期和远期相结合，在线形上要尽量采用高标准，以便将来提高公路等级时能充分利用原路基、桥涵等工程。

6.2.1.2 布线要点

平原区路线，因地形限制不大，布线应在符合基本路线走向的前提下，着重考虑政治、经济因素，正确处理对地物、地质的避让。综合平原区自然和路线特征，布线时应着重考虑以下几点：

(1) 以平面为主安排路线

选线时，首先在起、讫点间把经过的城镇、厂矿、农场及风景文物点作为大的控制点，在控制点间通过实地视察，进一步根据地形条件和水文条件选择中间控制点。除一般较大的建筑群、水电设施、跨河桥位、洪水泛滥线范围以外及其他必须绕过的障碍物外均可作为中间控制点。在中间控制点之间，无充分理由一般不设转角点。在安排平面线形时，既要使路线短捷顺直，又要注意避免过长的直线，在尽可能条件下多采用转角小、半径大的长缓平曲线线形。纵面线形应综合考虑桥涵、通道、交叉等结构物的要求，合理确定路基设计高度。注意避免纵坡起伏过于频繁，但也不应过于平缓而造成排水不良。

(2) 正确处理路线与农业的关系

修建道路时占地是难以避免的，解决好路线与农田规划、农业灌溉水利设施的关系是平原区选线的重要问题。布设路线时，要注意既不片面要求路线顺直而占用大面积的良田，也不片面要求不占耕地而降低线形标准，甚至恶化行车条件。再者，应解决好路线与农田水利设施的关系。使路线的布置尽可能地与农业灌溉系统相配合，除较高等级的公路外，一般不要破坏灌溉系统，布线要注意尽量与干渠相平行，减少路线与渠道的相交次数，最好把路线布置在渠道的上方非灌溉区一侧或者是渠道的尾部。如图 6-1 中，虚线方案穿经稻田区，路线短、线形好，但占耕地多、建筑路堤取土距离较远；实线方案的长度略有增加，但避开了大片稻田区，沿山坡布线，路基稳定，又可以节约土方数量。当路线标准不是太高时，应采用实线方案。

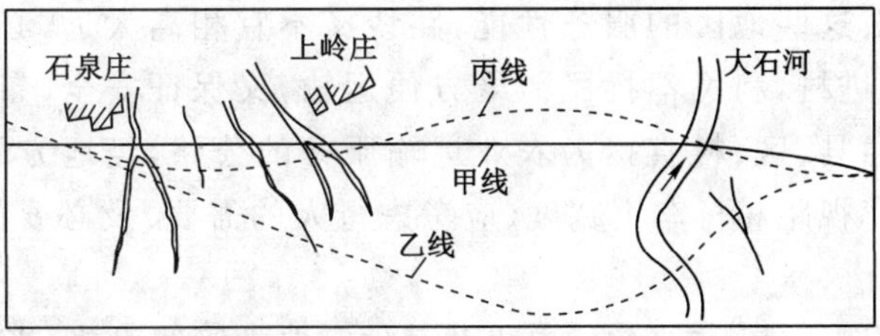

图 6-1　路线方案比较示意图

注意筑路与造田、护田相结合。在可能条件下，布线要有利于造田、护田，以支援农业。路线通过河曲地带，当水文条件许可时，可考虑路线直穿，裁弯取直，改移河道，缩短路线，改善线形，如图 6-2 所示。

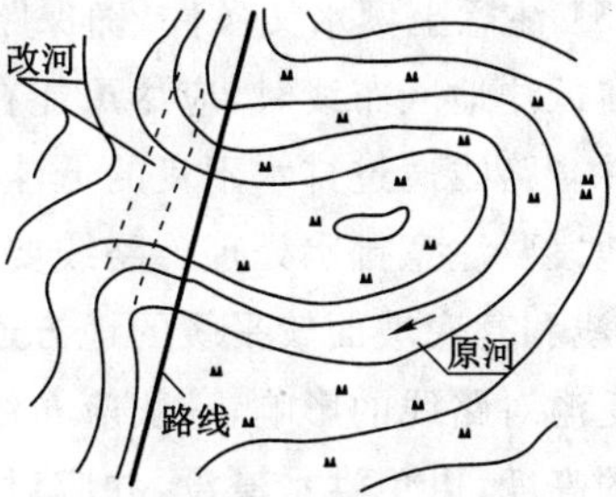

图 6-2　改移河道示意图

(3) 处理好路线和桥位的关系

大、中桥位往往是路线的控制点，应在服从路线总方向的原则下，路、桥综合考虑，选择有利桥位，布设路线。既要防止只考虑路线顺直、不顾桥位条件，增加桥跨的难度，又要防止片面强调桥位，使路线绕线过长，标准过低。一般情况下，桥位中线应尽可能与洪水主流流向正交，桥梁和引道都在直线上。桥位应选在水文地质、跨河条件较好的河段。如图 6-3 所示，有三个跨河方案，Ⅱ方案与河沟正交跨越，但线形曲折，不利于行车；Ⅲ方案路线直捷，但桥位处于河曲段，跨河不利，并且桥涵较多；综合比较，Ⅰ方案桥位虽略斜，比Ⅱ方案桥跨略长，但路线顺适，故为可取方案。

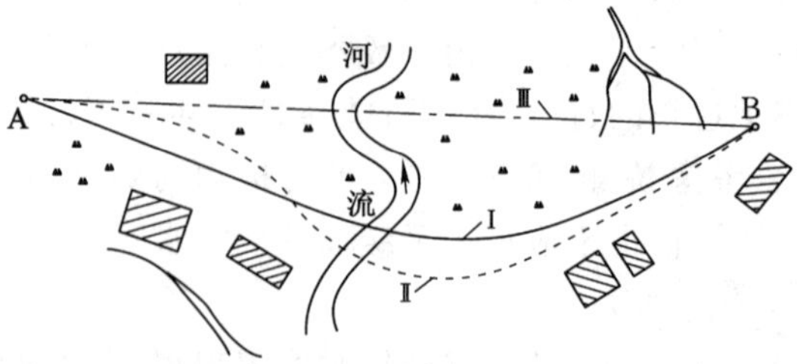

图 6-3 桥位方案比较示意图

小桥涵位置原则上应服从路线走向，但遇到斜交过大（夹角大于 45°时）或河沟过于弯曲时，可考虑采取改沟或改移路线的办法，调整交角，布线时应比较确定。

(4) 处理好公路与城镇的关系

平原区有较多的城镇、村庄、工业区及其他公用设施，路线布置应正确处理好服务与干扰、穿越与绕避、拆迁与保留的关系问题。

国防与高等级干线公路，应尽量避免直穿城镇、工矿区和居民密集区，以减少相互干扰。但考虑到公路对这些地区的服务性能，路线又不宜相离太远，必要时还应考虑支线联系。做到"近村不进村，利民不扰民"，既方便运输，又保证安全，布线时注意与地区规划相结合。一般沟通县、区、村直接为农业运输服务的公路，经地方同意可穿越城镇，但要注意有足够的行车视距和行车道宽度（应考虑行人的需要）及必要的交通设施，以保证行人和行车的安全。

路线布设应尽量避开重要的电力、电讯及其他重要的管线设施，当必须靠近或交叉时，应遵守有关净空和安全距离的规定，尽量少拆或不拆各种电力、电讯和建筑设施，还应注意与铁路、航道、机场、港口、已有公路等交通运输配合，以发挥交通运输的综合效益。

(5) 注意土壤水文条件，确保路基稳定

在低洼地区布线时，应尽可能在接近分水岭的地势较高处布线，以使路基具有较好的水文条件。路线通过排水不良的低洼地带，布线时要注意保证路基最小填土高度，低填及个别挖方地段要注意排水处理。路线要避免穿过较大湖塘、水库、泥沼地带，不得已时应选择最窄、最浅和基底坡面较平缓的地方通过，并采取保证路基稳定的措施。沿河布线时，应注意洪水泛滥对路线的影响，一般应布线于洪水泛滥线以外，必须通过泛滥区时，桥梁、路基应有足够的高度，以免洪水淹没，并应对路基边坡进行防护加固，避免冲毁。

(6) 正确处理新、旧路的关系

平原地区通常有较宽的人行大路或等级不高的公路，当设计交通量很大，需要修建汽车专用公路时，应分别处理好新旧路得关系。现有一般二级公路由于交通量很大需建汽车专用二级公路时，宜利用、改造原路，并另建辅路供非汽车交通行驶。现行公路等级低于一般二级公路标准，宜新建汽车专用公路，原有公路留作辅路。

(7) 尽量靠近建筑材料产地

平原地区一般缺乏砂石建筑材料，路线应尽可能靠近建筑材料产地，以减少施工、养护材料运输费用，降低工程造价。

6.2.2 山岭区选线

6.2.2.1 山岭区的自然特点与路线特征

山岭地区包括分水岭、起伏较大的山、陡峻的山坡，一般地面自然坡度在20°以上。其主要自然特征是：

(1) 山高谷深、地形复杂、山脉水系分明

由于山区高差大，加之陡峻的山坡和曲折幽深的河谷，形成了错综复杂的地形，这就使得公路路线弯急、多陡坡、线形差，但另一方面清晰的山脉水系也给山区公路走向提供了依据。因此，在选线中摸清山脉水系的走向和变化规律，对于正确确定路线的基本走向，选择大的控制点是十分重要的。

(2) 石多、土薄、地质复杂

由于山区的地质层理和地壳性质在短距离内变化很大，地质构造复杂，加之气候、水文及其他自然因素变化急剧，引起强烈的风化、侵蚀和分割作用，不良地质现象(如岩堆、滑坡、碎落、泥石流等)较多，这些直接影响路线的位置和路基的稳定。因此，在山区选线工作中，认真做好地质调查，掌握区域地貌和地质情况，摸清不良地质现象的规律，处理好路线与地质的关系，并在选线设计中采取必要的防护措施，对于确保路线质量和路基稳定具有十分重要的意义。同时，山区石多、土薄给公路建设提供了丰富的石料料场。

(3) 水文条件复杂

山区河流曲折迂回，河岸陡峻，比降大、水流急，一般多处于河流的发源地和上游河段。雨季暴雨集中，洪水历时短暂，猛涨猛落，流速快，流量大，冲刷和破坏力很大，这样复杂的水文条件，要求在选线中正确处理好路线和河流的关系，选择好桥位并对路基和排水构造物采取必要的加固措施，确保路基稳定。

(4) 变化的山区地形和地貌引起多变的气候

一般山区气温较低，冬季多冰雪(特别是海拔较高的山区)，一年四季和昼夜温差很大，山高雾大，空气较稀薄，气压较低。这些气象特征对于汽车行驶的效率、安全和通行性能都有很大的影响，在选线时应充分考虑。

山岭区由于自然条件复杂，地形变化很大，使得路线在平、纵、横三方面受到很大限制，因而技术指标一般多采用低限值。在所有自然因素中，高差急变是主导因素，因此，在路线布设时，一般多以纵断面线为主安排路线，其次是横断面和平面。在选线时要使平、纵、横三方面因素相协调，结合影响路线的主要自然因素，综合考虑。山岭地区按地形布线一般为顺山沿水或横越山岭，顺山沿水的路线可有沿溪线、山脊线等。

6.2.2.2 布线要点

6.2.2.2.1 沿溪线

沿溪(河)是指道路沿河谷方向布设的路线，如图6-4所示。沿溪线的有利条件是沿河流方向，路线走向明确，有较平缓的纵坡，便于利用有利地形，很少有回头曲线，平面和纵断面矛盾少且都容易达到高标准；沿溪线傍山临河，砂、石材料丰富，用水便利，为施工和养护提供了有利条件；山区的溪岸两侧多是居民密集的地方，沿溪线能更好地为沿线居民点服务，充分发挥道路的作用。

沿溪线的不利条件是路线临水较近，受洪水威胁较大，特别是低线位；峡谷河段，路线线位摆动的余地很小，难以避让不良地质地段；在路线通过陡岩河段时，工程艰巨、工程量集

中、工作面狭窄，给道路测设和施工带来很大困难；沿溪线线位低，往往要跨过较多的支沟，桥涵及防护工程等人工构造物较多；河谷两岸台地往往是较好的耕作地，筑路占地与农田及其水利设施的矛盾较为突出；河谷工程地质情况复杂，河谷的两岸通常处于路基病害（如滑坡、岩堆、坍塌、泥石流）的下部，路线通过时，容易破坏山体平衡，给道路的设计、施工、养护、运营带来困难。

图 6-4　沿溪线

路线布设的首要任务就是利用有利条件，防止和避让不利条件，沿溪线布局的决定因素是水的问题。出于路线自始至终都要与河流打交道，因此，解决好路线与水的关系是沿溪线布局的关键。沿溪线路线布局，主要解决三个方面的问题，即选岸（路线选择走河流的哪一岸）、定位（路线的线位放在什么高度）、跨河桥位选择（路线选择在什么地方设置桥位跨越河流）。这三个问题往往是相互联系和相互影响的，选线时抓住主要矛盾，根据路线等级和使用性质，结合自然条件，因地制宜，处理好三者关系。

(1) 选岸

沿溪线考虑选岸与跨河是同时进行的。两岸情况不尽相同，各有利弊，选择时应综合比较确定。主要综合考虑以下几个方面因素：

① 两岸地形、地质、水文条件。

② 积雪和冰冻的影响。主要是积雪地区，阳坡和阴坡、迎风面和背风面的气候条件差异很大，在不影响路线总体布局的前提下，一般走阳坡面和迎风面比较有利，可减少积雪和流冰对公路的危害，但在冰冻地区，则走阴坡面比较有利。

③ 城镇、工矿和居民点的分布情况。除国防路线外，一般公路尽可能选择村镇较多，人口较密的一岸，对革命史迹、历史文物、风景区等创造有利条件。

④ 两岸施工、养护以及路线等级标准和投资情况。

任何一条沿溪线公路，除了起终两点在同一岸，且相距又很近，工程又不大时，不考虑跨河外，一般情况下都有是否跨河两岸设线的问题。对于较大的河流，如果不是中间控制点的需要，一般因跨河桥梁工程过大而不宜跨河。但是，对于中小河谷，由于跨河较易，应充分利用两岸有利地形，往返跨河时有发生。

路线往返跨河主要有以下几种原因：

① 中间主要控制点的需要，当路线起讫点在河岸两侧，至少必须跨河一次。有时，起讫点虽在河流同一岸，控制点在对岸，如图 6-5 所示。这时，可有两种布线方式：一种是两次跨河方案，如图中虚线；另一种是一次跨河方案，如图中实线，用支线与中间控制点连接。一般情况，后一方案可省一座桥，且干线直达快速，路线短捷，是应优先考虑的方案。

② 由于避让严重不良地质地段的需要，对于严重地质病害无法穿越或处理时可考虑跨河绕避方案。

③ 由于避让艰巨工程跨河。在峡谷带，河谷两岸地形的好坏变化常是交替出现，为了

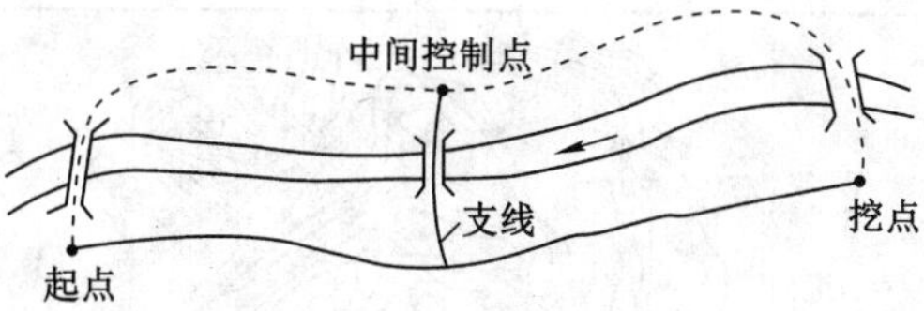

图 6-5 连接中间点的跨河方案

利用有利地形，避开艰巨石方工程，常采用两岸交替布线。

④ 避让其他地物障碍，如铁路、农田、大型水利工程、重要建筑设施等。

(2) 定位

定位是路线纵面线形布局的问题。路线沿岸走多高，首先应考虑洪水的威胁。不管是高线位还是低线位，均应在设计洪水位以上一定安全高度。因此，在选线中应认真做好洪水位调查工作，以确保路线必需的最低线位高度。

① 低线位——路基高出设计洪水位不多，路基临水一侧边坡常受洪水威胁的布线方案。其主要优点是：平、纵线形比较顺直、平缓，易争取到较高标准，路基土石方数量少，边坡较稳定，路线活动余地稍大，跨河利用有利条件和避让不利条件较容易；养护、施工用水、取材较方便，从国防来看，路基破坏后因线位低抢修也很快。其主要缺点是：线位低，受洪水威胁大，通常防护工程较多；低线位多在沟口附近跨越支沟，桥涵孔径较大，基础工程也较困难；路线与农田矛盾较大，处理弃方比较困难。

② 高线位——路线高出洪水位较多，完全不受洪水威胁的布线方案。其路线特征与山坡线相近。其主要优点是：无洪水影响，防护工程较少，弃方处理问题不突出。当采用台口路基时、路基比较稳定。其主要缺点是：路基多用台口路基，挖方大，弃方较多，由于线位高，路线势必随山形走势绕进绕出，特别是鸡爪地形地段，线形差，土石方大，跨支沟的桥涵构造物较多，工程费用较高；路基边坡常出现“缺口”，因而挡土墙和加固工程较多，线位高需要跨河时比较困难，施工、养护取料、用水也不如低线位方便。

综上所述，高线位一般害多利少，在洪水允许的条件下无特殊问题时，一般以低线位为主，结合路线具体条件，局部路段采用高线位。

(3) 跨河桥位选择

按路线与河流的关系，有跨支流和跨主流两类桥位。跨支流的桥位选择一般属于局部方案问题，而跨主河的桥位选择多属于路线布局的问题。跨主河的桥位往往是确定路线走向的控制点，它与河岸选择相互依存，互相影响，进行河岸选择的同时要认真研究好跨河桥位的选择。当路线由于地形、地质原因需要换岸布线时，如果桥位选择不好，勉强跨河，很容易造成桥头线形差，或者增大桥梁工程量。要处理好桥位及桥头路线的布设问题，河岸的选择非常重要。

① 利用河曲河段跨河。应注意防止河曲地段水流对桥台的冲刷，采取必要的防护措施。

② 利用“S”形河段跨河，将跨河位置选在“S”形河段的腰部，使桥头线形得以显著改善，如图 6-6 所示。

③ 改善桥头线形。路线跨越河流，若没有河曲或“S”形河段可利用时，由于沿溪线与河

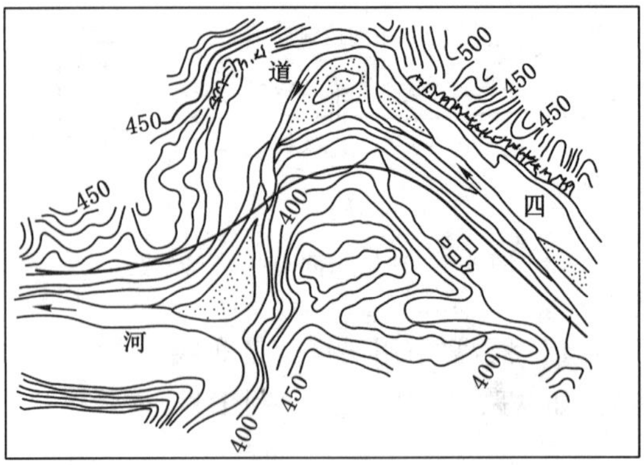

图 6-6　利用“S”形河段河腰过河

谷走向平行，在跨主河时往往形成“之”字形路线，桥头平曲线半径较小，线形差。对于中、小桥可用适当斜交的方法改善桥头线形，如图 6-7(a)所示。对于大桥不宜斜交时，可对桥头路线适当处理，形成构形桥头线。如图 6-7(b)所示，可改善桥头线形，争取较大半径。

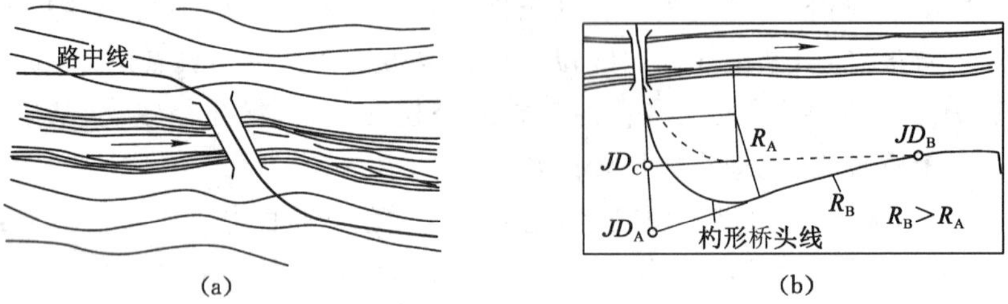

图 6-7　改善桥头线形

(a) 斜交跨河方案；(b) 构形桥头

6.2.2.2.2　越岭线

越岭线是指公路沿分水岭一侧山坡爬上山脊，在适当地点穿过垭口，再沿另一侧山坡下降的路线，称为越岭线。它的特点是布线不受河谷限制，活动余地大。由于无洪水问题，一般路基较稳定，桥涵及防护工程比沿溪线少。当采用隧道方案时，路线短捷且隐蔽，有利于运营和国防。但越岭线里程较长、线形差、指标低；线位高，远离河谷，施工用水、砂石材料的运输等都不方便，克服高差是越岭线的关键，路线的长度和平面位置主要取决于路线纵坡的安排，因此，在越岭线的选线中，首先考虑路线纵断面的安排。

越岭线的布线主要应解决的问题是：垭口选择，过岭标高和展线布局，它们是相互联系相互影响的，布局时应综合考虑，处理好三者的关系。

(1) 垭口选择

垭口是体现越岭线方案的重要控制点，应在基本符合路线走向的较大范围内选择，要全面考虑垭口的位置、标高、地形条件，地质情况和展线条件。

① 垭口位置选择。垭口位置在基本符合路线走向的前提下，与两侧山坡展线方案结合共同考虑。首先考虑高差较小，而且展线降坡后能与山下控制点直接衔接，不需无效延长路线。其次再考虑稍微偏离路线方向，但接线较顺且不致过于增长里程的其他垭口。

如图 6-8 所示，A、B 控制点间有 C、D 两个垭口，从平面位置看，C 垭口在 AB 直线上，D 垭口稍微偏离在 AB 直线方向，但从符合路线基本定向来看，穿 D 垭口比穿 C 垭口反而展线短些，而且平面线形较好。因此，D 垭口比 C 垭口更有优势。

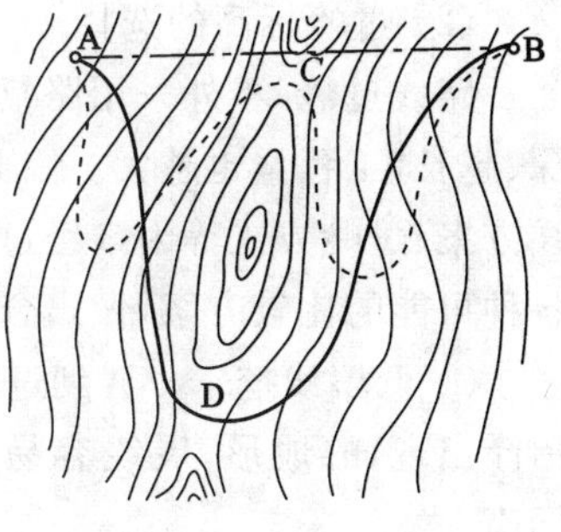

图 6-8　垭口位置的选择

② 垭口的高度。垭口与其山下控制点的高差，直接影响路线展线长度、工程数量大小各运营条件。在展线条件相同时，垭口降低的高度 Δh 和缩短的里程 Δl 有如下的关系：

$$\Delta l = 2 \cdot \Delta h \frac{1}{i_p} \tag{6-1}$$

式中　i_p——展线的平均坡度，一般可取 5%～5.5%。

由式(6-1)可知，若垭口越低，里程越短。在地形困难的山区，减小路线长度而节省的工程造价和运营费都是很难得的。

③ 垭口的展线条件。山坡线是越岭线的重要组成部分。而山坡坡面的曲折与陡缓、地质的好坏等情况直接关系到路线的标准和工程量。因此，垭口选择要与侧坡展线条件结合考虑。选择时，如有地质稳定、地形平缓有利于展线的侧坡，即使垭口位置略偏或垭口较高，也应比较此垭口。

④ 垭口的地质条件选择。垭口一般地质构造薄弱，常有不良地质存在，应深入调查研究其地层构造，如图 6-9 所示，摸清其性质和对公路的影响。对软弱层型、构造型和松软土侵蚀型的垭口，只要注意到岩层产状及水的影响，路线通过一般问题不大。对断层破碎带及断层陷落型垭口，一般应尽量避开；必须通过时，应查清破碎带的大小及程度，选择有利部位通过，并采取可靠工程措施（如设置挡土墙）以保证路基稳定。对地质条件恶劣的垭口，局部移动路线或采取工程措施也不能解决问题时，应该放弃。

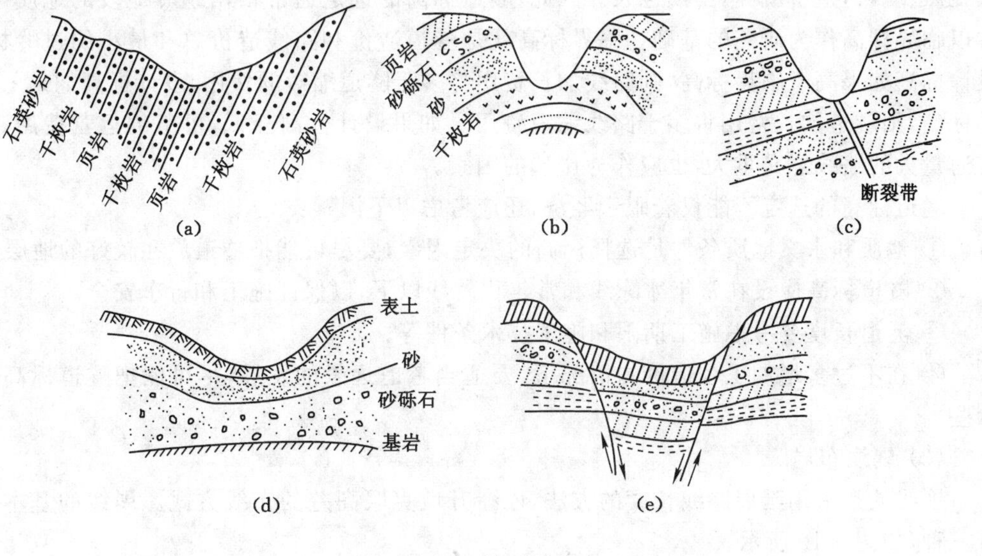

图 6-9　垭口的地层构造

(a) 软弱层型；(b) 构造型；(c) 断层破碎带型；(d) 松软层型；(e) 断层陷落型

(2) 过岭标高的选择

路线过岭,不外采用路堑或隧道通过。过岭标高越低,路线就越短,但路堑或隧道就越深、越长,工程量也越大。因此过岭标高应结合路线等级、越岭地段的地形、地质以及两侧展线方案、过岭方式等因素经过技术经济比较来选定。这些因素互相影响,必须全面分析研究各种可能的比较方案,做出合理的选择。过岭方式主要有如下几种:

① 低填浅挖——遇到过岭地段山坡平缓,垭口宽而厚(有的达到一、二公里,有时还有沼泽出现)的地形,展线容易,适宜采用低填浅挖的方式过岭,过岭标高基本上就是垭口标高。

② 深挖垭口——当垭口比较瘦削时,常用深挖的方式过岭。深挖垭口,虽土石方工程较集中,但由于降低了过岭标高,相应缩短了展线长度,总工程量并不一定增加。即使有所增加,也可从改善行车条件,节约运营费中得到补偿。至于深挖程度,应视地形、地质、气象条件以及展线对垭口标高的要求等因素而定。现有资料,一般挖深在 20 m 以内,地质情况良好时还可深些。垭口越瘦,越宜深挖。但垭口通常地质条件较差、挖深应以不致危及路基稳定为度,否则应采取有效措施,以防止遗留病害。有条件时,可采用隧道通过。

过岭标高是越岭线布局的重要控制因素,不同的过岭标高就有不同的展线方案。

深挖垭口,工程量集中,往往要处理大量废方,施工条件差,影响施工期限,这些都应在选定过岭标高时充分考虑。

③ 隧道穿越——当垭口挖深在 20～ 25 m 以上,采用隧道往往比明堑经济。特别是垭口瘦薄时,采用不长的隧道能大大降低路线爬升高度,缩短里程,提高路线线形指标,非常经济。另外,为了避让严重不良地质以及减轻或消除高山严重积雪、结冰对公路的不良影响时,也应结合施工条件及施工期限,考虑采用隧道通过的方案。

一般情况下,隧道标高越低,路线越短,技术指标也越易提高,对运营也越有利。但标高低,隧道就长,造价就高,工期也长。因此,隧道标高的选定通常根据越岭地段的地质条件,并以临界标高作为研究的基础。临界标高就是隧道造价和路线造价总和最小的过岭标高。设计标高如果高于临界标高,则路线加长费用将多于隧道缩短的费用,设计标高如果低于临界标高,则隧道加长费用将多于路线缩短费用。如果设计标高降低,可节约运营费用,这对交通量大的路线意义重大,也应作为比选的因素。

隧道标高的选定不能仅着眼于经济,还应考虑以下因素:

① 地质和水文地质条件是选择标高的决定因素,要尽可能把隧道放在较好的地层中。

② 隧道标高应设在常年冰冻线和常年积雪线以下,以保证施工和行车安全。

③ 隧道长度要考虑施工期限和施工技术条件等。

④ 在不过多增加工程造价的情况下,要适当考虑远景的发展,尽可能把隧道标高降低一些。

(3) 展线布局

展线就是采用延展路线长度的方法,逐渐升坡克服高差的布线方式。展线的基本形式有三种,如图 6-10 所示。

① 自然展线——图中Ⅰ方案,当山坡平缓、地质稳定时,以适当的纵坡,绕山嘴、沿侧沟来延展路线、克服高差的展线方式。这种方式的优点是:符合路线的基本走向,纵坡均匀,路

线短、线形好、技术指标较高。缺点是：路线避让艰巨工程和不良地质的自由度不大。

② 回头展线——图6-10中Ⅱ方案，利用回头曲线延展路线克服高差的布线方式。其优点是：能在短距离内克服较大的高差，并且用回头曲线布线灵活，利用有利地形避让艰巨工程和地质不良地段的自由度较大。缺点是：平曲线半径小，同一坡面上下线重叠，对施工、行车和养护都不利。图6-11所示的是利用有利地形，布局回头展线的实例。

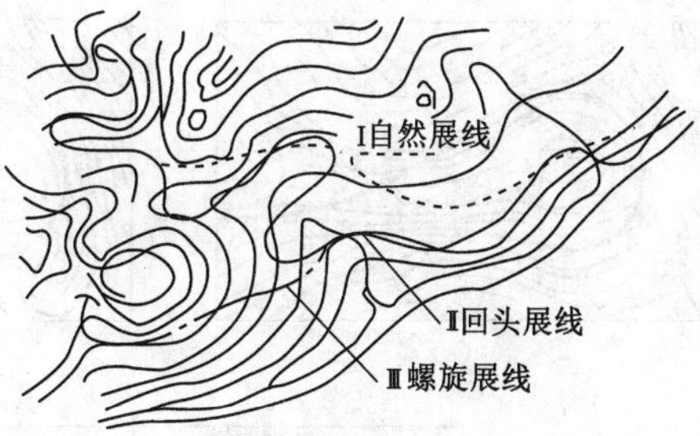

图6-10　越岭线展线形式

图6-11　回头展线实例

回头位置对于回头曲线的线形和工程大小以及展线布局有很大关系，选择时应多调查、多比较。回头地点在满足展线布局的前提下，宜选在地面横坡平缓，地形开阔，以使上下线路能布置的地点；相邻回头曲线间距应尽量拉长，以减少回头的次数，利用时要与纵坡安排相结合，既不因回头位置过高利用不上，也不要使其位置过低，使纵坡损失过大而增长路线。

一般较肥厚的山包、山脊平台、平缓的山坡、山沟、山坳及盆谷间的缓坡台地均是回头的有利地形。如图6-12所示的地形均适合于布置回头曲线。

③ 螺旋展线——当路线受到地形、地质限制，需要在某一处集中提高或降低一定高度才能充分利用前后的有利地形时，可以采用螺旋展线的方式。这种展线的路线转角大于360°，其优点是：路线利用有利的山包或瓶颈形山谷，在很短的平面距离内就能克服较大的高差，它比回头曲线有较好的线形，避免了路线的重叠；缺点是：需建桥或隧道，工程造价高。

螺旋展现可有上线跨桥(图6-13)和下线隧道(图6-14)两种方式。

以上三种展线形式中，一般应首先考虑采用自然展线，不得已时采用回头展线；当地形十分困难，又有适宜的山谷或山包等条件时，为在短距离内克服较大的高差，可以考虑使用螺旋展线，但需要进行方案比选。

展线布局的步骤：

① 拟定路线大致走向：在调查和踏勘阶段确定的主要控制点间进行广泛勘察，调查周

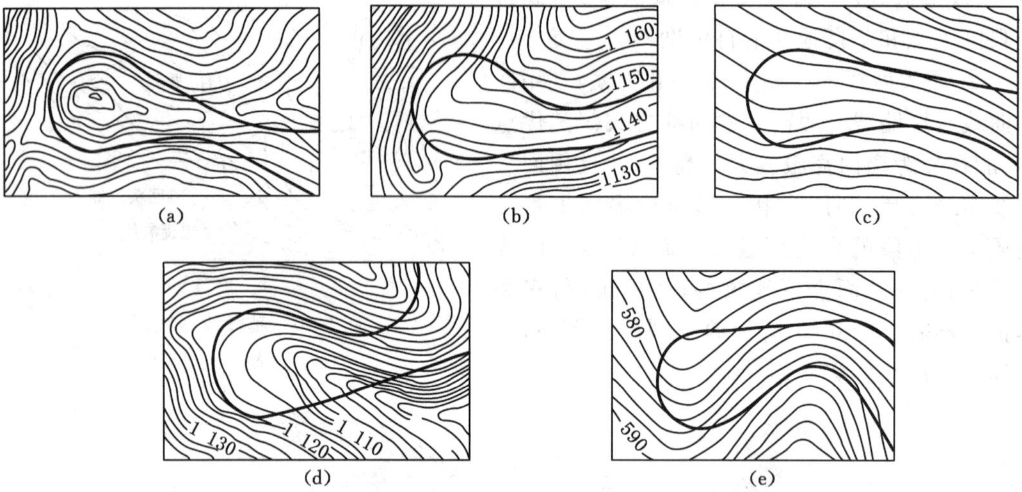

图 6-12　适合布置回头曲线的地形

(a) 利用山包回头；(b) 利用山脊平台回头；(c) 利用缓坡回头；(d) 利用山沟回头；(e) 利用山坳回头

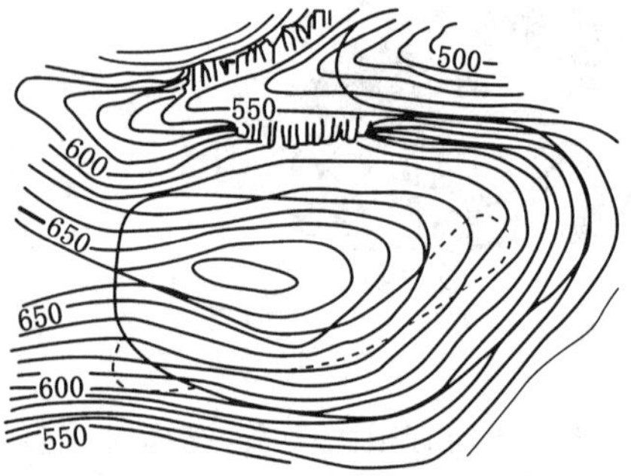

图 6-13　利用山包上线跨桥

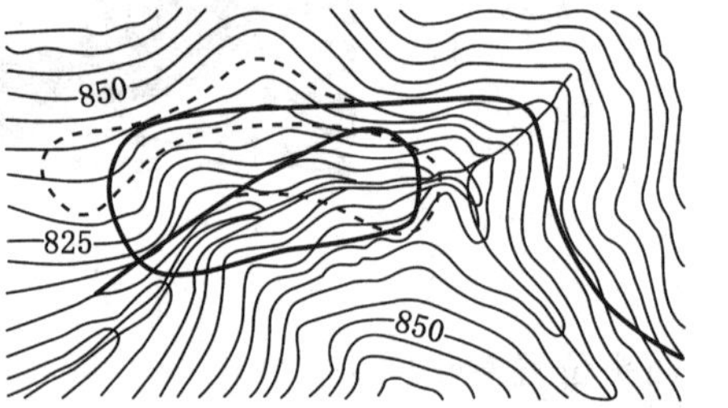

图 6-14　利用瓶颈形山谷下线隧道

围地形及地质情况，以粗略勘定的坡度作为指引，注意利用有利地形、地质，拟定路线可能的大致走向。

② 试坡布线：试坡的目的是进一步落实初步拟定的路线走向的可能性；发现和加密中间控制点，试定局部比较方案，拟定路线布局。

试坡由已定的控制点开始。越岭线通常先固定垭口，由上而下，视野开阔，便于争取有利地形，因此一般多由垭口向下试坡。试坡选用的平均坡度，应根据“标准”的规定，地形曲折，小半径曲线多的地段，可略低于规定值。在试坡过程中，遇到必须避让的地物、工程艰巨及地质不良地段，以及拟用作回头线的地点，要把路线最适宜通过的位置暂时作为一个中间控制点。如果它和试坡线接近，并与前面的暂定控制点之间的坡度不致超过最大和最小值，就把这个点大致的里程、高程以及可活动的范围记录下来，可供以后调整落实参考。如果这个点和试坡线的高差较大，则应返回重新试坡，或修改前面的暂定控制点，认为合适后再向前试坡。如经过修改后的路线纵断面或路线行经地带不够理想，应另寻比较线。这就是通过试坡发现控制点和局部比较线的大致过程，当一系列中间控制点暂定下来后，路线布局大体就有个轮廓了。

主要控制点间，可能有几个方案，要经过比选，剩下一两个较好的方案再进行下一步工作。

③ 分析、落实控制点，决定布局方案。控制点有固定和活动之分：第一种是位置和高程都不能改变，如工程特别艰巨地点的路线和某些受限制很严的回头曲线地点，必须利用的桥梁，必须通过的街道等；第二种是位置固定、高程可以活动，如垭口、重要桥位等；第三种是位置、高程都有活动余地的，如侧沟展线的跨沟地点，宽阔平缓山坡的回头地点等。一般第一种情况较少，第二、三种情况居多。也就是说，控制点大多数是有活动余地的，但活动范围有大有小。对活动范围小的控制点，可视为固定控制点，把位置、高程确定下来。然后再去研究固定控制点之间的活动范围较大的那些控制点。以便通过适当调整，达到既不增大工程量而又能使线形更加合理的目的。

活动控制点的调整落实一般有两种情况和做法：活动性较大的回头地点，可从前后两个固定控制点以适当的坡度分头放坡交会得出；两固定控制点间的非回头的活动控制点应在其可活动的范围内调整，以使固定控制点间的坡度尽量均匀些。

6.2.2.2.3　山脊线

山脊线是指大致沿分水岭方向所布设的路线。山脊线的平面线形随分水岭的曲折而弯曲，纵面线形随控制垭口间的高差变化而起伏。山脊线一般不单独使用，多与山坡线相结合，作为越岭线垭口两侧路线的过渡段。能否采用部分山脊线，还必须有适宜的山脊。一般服从路线走向，分水线平顺直缓，起伏不大，岭脊肥厚，垭口间山坡的地形、地质情况较好的山脊是较好的布线条件。

山脊线的有利条件是：当山脊条件好时，山脊线一般里程短，土石方工程量小；水文、地质条件好，路基病害少，稳定；地面排水条件好，桥涵人工构造物少。

山脊线的不利条件是：线位高，远离居民点，服务性能差；山势高、海拔高、空气稀薄，冬季云雾、积雪、结冰较大，对行车和养护都不利；远离河谷，砂石材料及施工用水运输不便。

由分水线作引导，山脊线基本走向明确。布线主要解决以下两个问题：

(1) 控制垭口的选择

在山脊上，连绵布置着很多垭口，每一组控制垭口代表着一个方案。因此，选择控制垭口是山脊线布线的关键。一般当分水岭顺直，起伏不大时，几乎每个垭口均可暂作控制点。如地形复杂，山脊起伏较大且较频繁，各垭口高低悬殊时，则低垭口即为路线控制点，而突出的高垭口可以舍去。在有支脉的情况下，相距不远的并排垭口，则选择前后与路线联系较好、路线较短的垭口为控制点。选择垭口时，还应与两侧布线条件结合起来考虑。

(2) 试坡布线

山脊线有时因两垭口控制点间的高差较大，需要展线；有时为避免路线过于迂回要采用起伏纵坡，以缩短路线里程。因此通常需要试坡布线，当垭口间平均纵坡不超过规定，一般情况下如中间无太大的障碍，应以均匀坡度沿侧坡布线。若中间遇障碍，则可以加设中间控制点，调整坡度，向两端垭口按均匀坡度布线。当垭口间平均纵坡超过规定时，可利用山脊地形展线。由图 6-15 可见，山脊展线的布线是十分灵活的，选线时应根据地形、地质条件，采用填挖、旱桥、隧道等工程措施来提高低垭口，降低高垭口，也可利用侧坡、山脊有利地形作回头展线或螺旋展线。

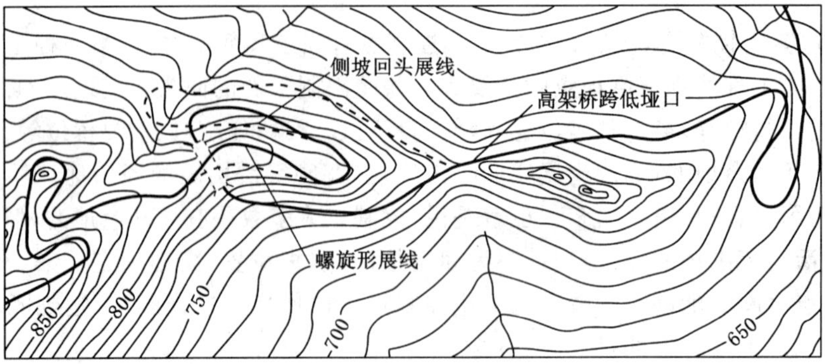

图 6-15　利用山脊展线

6.2.3　丘陵区选线

6.2.3.1　丘陵区的自然特点与路线特征

丘陵区是介于平原区和山岭区之间的地形，其地形特征是山丘连绵、岗坳交错、此起彼伏，山丘曲折迂回，岭低脊宽，山坡较缓，相对高差不大。丘陵区包括微丘和重丘两类地形。

微丘区起伏较小，地面自然坡度在20°以下，山丘、沟谷分布稀疏，坡形缓和，相对高差在100 m以内，而且有较宽的平地可以利用。选线应充分利用地形，处理好平纵线形的组合。不应迁就微小地形，造成线形迂回曲折，也不宜采用长直线，造成纵面线形起伏过大。

重丘区起伏频繁，相对高差较大，地面自然坡度在20°以上，山丘、沟谷分布较密，而且具有较深的沟谷和较高的分水岭，路线平、纵面部分受地形的限制。选线应充分利用地形，处理好平、纵、横三者的关系，恰当地掌握技术指标，提高线形质量。

6.2.3.2　布线要点

（1）布线的原则

① 局部方案多。由于丘陵区的山岗、谷地较多路线走向的灵活性大，可行的布线方案一般比较多，一条路线的最终确定往往需要经过多方案的比较。

② 需要路线平、纵、横三方面相互协调、密切配合。由于丘陵区地形的迂回曲折和频繁起伏，平、纵、横三方面相互之间的约束和影响较大，若三者组合合理，可以提高线形技术标准。

③ 路基形式以半填半挖为主。由于丘陵区的地形特点决定了路线所经地面常有一定的横坡，但是横坡一般并不太陡，路线与农林用地和水利设施的矛盾较大。为节约耕地，应采用半填半挖为主的路基形式。

④ 注意少占耕地，不占良田。当线路通过个别高台地或山鞍时，应结合地质、水文条件，做深挖与隧道方案的比选，以节约耕地或避免病害；当线路跨越宽阔沟谷或洼地时，应结合节约用地的要求，做旱桥与高填方案的比选，应结合灌溉系统及流量要求，修建相应的桥涵，注意避免引起水害，冲毁或淹没农田。

⑤ 注意不同地形、地质条件。遇到冲沟发育较大的地段时，高速公路、一级和二级公路可采用高路堤或高架桥的直穿方案；三、四级公路则宜采用绕越方案。遇到地质不良地段时应考虑绕避通过，不得已时，应尽量调整平、纵线形，恰当掌握技术指标，以尽量小的扰动方式通过，并采取必要的工程防护和支挡措施及排水设施，确保路基边坡及路基稳定。

(2) 路线布设的方式

根据选线的实践经验，可概括为三类地形地带和相应的三种布线方式，如图 6-16 所示。

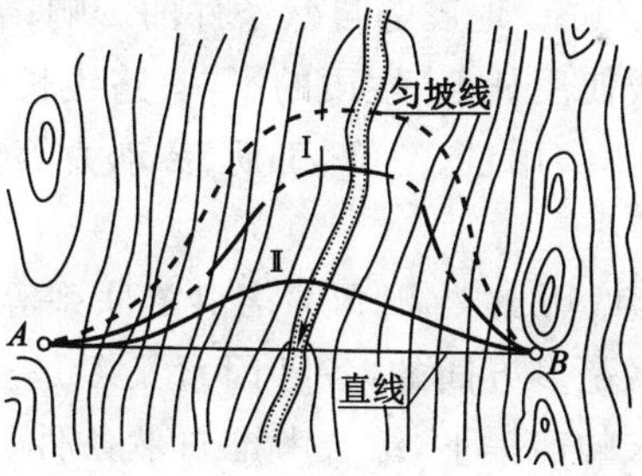

图 6-16　丘陵区路线布设方式

① 平坦地带走直线——相邻两个控制点间，地势平坦，应按平原区以方向为主导的原则布设。如其间无地物、地质障碍，或应趋就的风景、文物以及居民点，路线应走直线；如有障碍，或应趋就的地点，则加设中间控制点，相邻控制点间仍以直线相连，路线转折处布设长而缓的平曲线。这样的路线是平坦地形上平、纵、横三面最好的统一体，切勿无故拐弯。

② 斜坡地带走匀坡线——匀坡线是相邻两控制点之间，顺自然地形，以均匀坡度定的地面点的连线。在具有较陡横坡地带，两个已定控制点间，如无地物、地形、地质上的障碍，路线应沿匀坡线布线；如有障碍，则在障碍处加设控制点，相邻控制点间仍按地形匀坡线布线，路线转折处设长而缓的平曲线。

③ 起伏地带走直线与匀坡线之间——起伏地带也属于横坡的地带，特点是地面横坡较缓，匀坡线很迂回。路线要跨越丘陵和坳谷时，沿直连线走，路线最短；但纵坡起伏大或横断面需高填、深挖，沿匀坡线走，坡度最好，但路线绕行长，工程费用与运输成本都较高，因此，一般在直线和匀坡线之间进行选择。

6.2.4　路线方案比较

6.2.4.1　影响路线选择的主要因素

一条路线的起终点及中间必须经过的重要城镇或地点，通常是由公路网规划所规定或领导机关根据社会主义建设需要指定的。这些指定的点称为“据点”，把据点连接成线就是路线的总方向。两个据点之间的线路可以有不同的走法，可以沿某河、越某岭，也可能沿某几条河、翻某几个岭；可能走某河的这一岸，靠近某城镇；也可能走对岸，避开某城镇等。这些每一种可能的走法就是一个大的路线方案。选线的任务就是在深入调查的基础上，综合考虑路线方案选择的主要因素，通过方案的比选，提出符合设计要求、经济合理、切实可行的最优方案。路线方案的取舍是路线设计中的重要问题，方案是否合理不仅直接关系到道路本身的工程投资和运输效率，更重要的是影响路线在道路网中的作用，直接关系到是否满足国家政治、经济及国防的要求和长远利益。

选择路线方案应综合考虑以下主要因素：

① 路线在政治、经济、国防上的意义，国家或地方建设队路线使用任务、性质的要求，改革开放、综合利用等重要方针的体现。

② 路线在铁路、公路、航道、空运等交通网系中的作用，与沿线工矿、城镇等规划的关系，以及与沿线农田水利等建设的配合及用地情况。

③ 沿线地形、地质、水文、气象、地震等自然条件的影响；要求的路线技术标准与实际可能达到的技术标准及其对路线使用任务、性质的影响；路线长度、筑路材料来源、施工条件以及工程量、三材（钢筋、木材、水泥）用量、造价、工期、劳动力等情况及其对运营、施工、养护等方面的影响。

④ 其他如与沿线旅游景点、历史文物、风景名胜的联系等。

影响路线方案选择的因素是多方面的，各种因素又多是互相联系和互相影响的。路线应在满足使用任务和性质要求的前提下，综合考虑自然条件、技术标准和技术指标、工程投资、施工期限和施工设备等因素，通过多方案的比较，精心选择，提出合理的推荐方案。

方案比较是选线中确定路线总体布局的有效方法。在可能布局的多种方案中，通过方案比较决定取舍，选择出技术合理、费用经济、切实可行的最优方案。路线方案的取舍是路线设计中的重要问题。方案是否合理，不仅直接关系到道路本身的工程投资和运输效率，更重要的是影响到路线在道路网中的作用，直接关系列是否满足国家政治、经济及国防的要求和长远利益。从方案比较的深度不同有原则性方案比较和详细的方案比较两种。

6.2.4.2 原则性方案比较

从形式上来看，方案比较可分为质和量的比较。对于原则性的方案比较，主要是质的比较，多采用综合评价的方法，这种方法不是通过详细计算经济和技术指标进行比较，而是综合各方面因素进行评比。主要综合因素有：

① 路线在政治、经济、国防上的意义，国家或地方建设对路线使用任务、性质的要求，以及战备、支农、综合利用等重要方针的贯彻和体现程度。

② 路线在铁路、公路、航道等网系中的作用，与沿线工矿、城镇等规划关系以及与沿线农田水利建设的配合及用地情况。

③ 沿线地形、地质、水文、气象、地震等自然条件对道路的影响，要求的路线等级与实际可能达到的技术标准及其对路线使用任务、性质的影响，路线长度、筑路材料来源、施工条件以及工程量、三材（钢材、木材、水泥）用量、造价、工期、劳动力等情况及其对运营、施工、养护的影响，以及施工期限长短等。

④ 工程费用和技术标准情况。

⑤ 其他如与沿线历史文物、革命史迹、旅游风景区的联系。

影响路线方案选择的因素是多方面的，而各种因素又是互相联系和互相影响的，比选时应在满足使用任务和性质要求的前提下，综合考虑自然条件、技术标准和技术指标、投资、施工期限和施工设备等因素，精心选择，反复比较，才能提出合理的推荐方案。

6.2.4.3 详细的路线方案选择

路线方案的最终选择是在考虑上述影响因素的基础上再进行详细的计算，主要包括技术指标和经济指标的详细计算，一般多用于局部方案比较。

(1) 技术指标的比较

① 路线长度及其延长系数：

$$\text{路线延长系数}=\frac{\text{路线方案实际长度}}{\text{路线方案起终点的直线距离}} \tag{6-2}$$

有时在初步比较时，可计算路线方案各大控制点间直线距离之和，可不计算路线方案实际长度，这时计算的系数称为路线技术延长系数。其值一般为1.05～1.20，具体值由地形条件确定。

② 转角数：包括全线的转角数和每公里的转角数。

③ 转角和转角平均度数。转角是体现路线顺直的一种技术指标。转角平均数按下式计算：

$$\theta=\frac{\sum_{i=1}^{n}\theta_i}{n} \tag{6-3}$$

式中　θ——转角平均度数，(°)；

θ_i——任一转角的度数，(°)。

④ 最小曲线半径数；

⑤ 回头曲线数；

⑥ 与既有道路及铁路的交叉数目(包括平面交叉和立体交叉)；

⑦ 限制车速的路段长度(指居住区、小半径转弯处、交叉点、陡坡路段等)。

(2) 经济指标的比选

① 土石方工程数量；② 桥涵工程数量（大桥、中桥、小桥涵的座数、类型及长度)；③ 隧道工程数量；④ 挡土墙工程数量；⑤ 征地数量及费用；⑥ 拆迁建筑物及管线设施的数量；⑦ 主要材料数量；⑧ 主要机械、劳动力数量；⑨ 工程总造价；⑩ 投资成本—效益比；⑪ 投资利润率；⑫ 投资回收期。

6.2.4.4　方案比较步骤

一条较长的路线，可能的方案很多，不可能对每一方案都进行实地视察和比选。只能事先尽可能收集已有资料，在室内进行筛选，然后就较佳的而且优劣难辨的有限方案进行实地视察和比选。一般步骤为：① 收集资料；② 在小比例地形图上布局路线，初拟方案；③ 室内初步比选，确定可比方案；④ 实地视察、踏勘测量(或在地形图上进行)；⑤ 进一步比选，确定推荐方案。

如图6-17所示为某公路干线，根据公路网规划要求按二、三级路标准进行视察，共视察为四个方案，各方案的主要技术经济指标汇总如表6-1所示。

比选结果：第三、四方案路线过于偏离总方向且比第一、二方案长100～150 km，虽能多联系两、三个县、市，但对发展地区经济所起的作用不大。而且第三方案线形指标较低，将来改建难以提高；第四方案又与现有高压电线连续干扰，不易解决。因而第三、四方案不宜采用。第二方案虽路线最短，但与铁路严重干扰，且用地较多，最后推荐路线较短，线形标准较高，用地最省，造价也较低的第一方案。

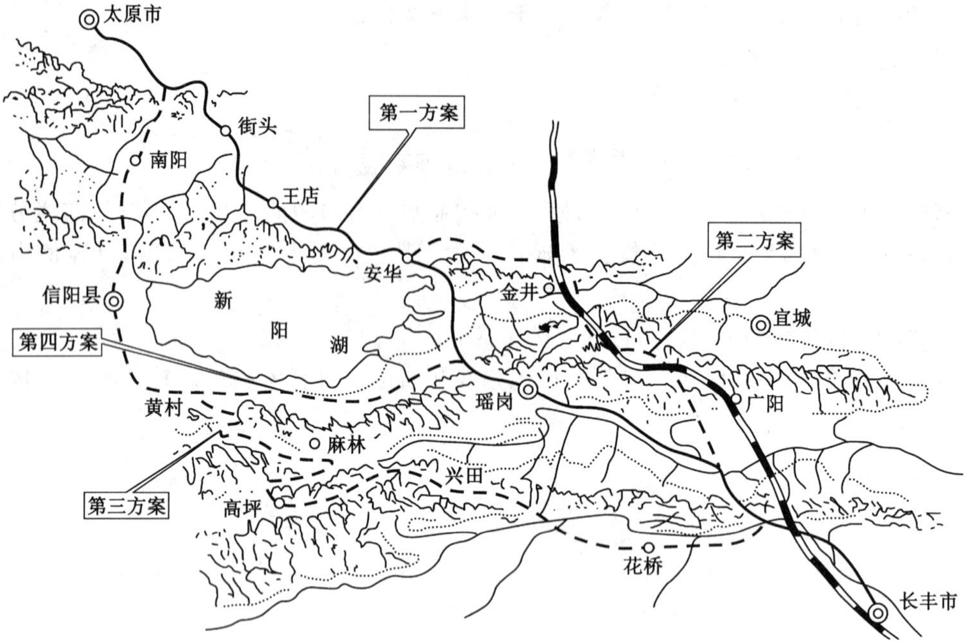

图 6-17　某公路方案比较

表 6-1　　某公路路线各方案主要指标比较表

指标		单位	第一方案	第二方案	第三方案	第四方案
通过县(市)		个	22	35	34	35
路线长度		km	1 300	1 290	1 410	1 390
其中新建		km	130	170	157	163
改建		km	1 220	1 120	1 303	1 253
地形：平原微丘		km	557	667	501	602
山岭、重岭		km	782	659	511	603
工程数量	土方	104 m^3	352	462	490	513
	石方	104 m^3	121	72	80	119
	次高级路面	km^2	5 316	5 592	4 453	5 659
	大、中桥	m/座	1 542/16	1 802/20	1 057/13	1 207/15
	小桥	m/座	1 084/57	846/54	980/52	1 566/82
	涵洞	道	970	950	1 091	1 270
	挡墙	m^3	73 530	53 330	99 770	111 960
	隧道	m/处	300/1	150/1	290/1	240/1
用地		km^2	1 525	1 913	2 092	1 928
材料	钢材	t	1 530	1 961	1 339	1 460
	木材	m^3	18 237	19 052	18 226	19 710
	水泥	t	30 601	39 148	31 281	33 629
劳动力		万工时	1 615	1 770	1 745	1 918
总造价		万元	3 118	5 647	5 178	5 982
比较结果			推荐			

6.3　道路定线

6.3.1　道路定线的任务与方法

(1) 任务

道路定线是道路选线的第三个步骤，就是具体落实公路中线确切位置的工作，其任务是在路线总体布局和逐段安排的基础上，按照已定的技术标准，结合地形、地质及其他沿线条件，综合考虑平、纵、横三方面因素，合理安排、定出路线中线位置。其内容包括确定交点和曲线定线两项工作。

(2) 方法

在具体做法上，有纸上定线和直接定线两种方法。纸上定线可在实测的大比例尺地形图上或在通过航测得到的大比例尺地形图上进行。技术标准高，地形、地物复杂的路线必须使用"纸上定线"，然后把纸上的路线敷设在地面上(实地放线)。直接定线省去了纸上定线的步骤，所以只适用于标准较低的路线。当实地定线需要局部修改时，可直接在纸上进行，而不必在实地修改，这种在纸上作局部修改定线的工作叫纸上移线。

(3) 定线应应注意的问题

① 路线定线应正确掌握和运用技术标准。定线工作应做好总体布局，根据各类地形、地质、水文条件、工程艰巨的路段拟定可能的方案，经进行反复推敲、比较，最终确定采用方案。

② 路线定线是公路设计过程中很关键的一步。它不仅要解决工程、经济方面的问题，同时要考虑公路与周围环境相配合，以及公路本身线形的美观等。

③ 路线定线受地形、地质及地物等条件的制约，还受技术标准、国家政策、社会经济、道路美学以及其他因素的制约。

④ 路线定线应该邀请桥梁、水文、地质等专业人员参加，还需要听取园林建筑方面的设计人员的意见，发挥各种专业人员的才能和智慧，使定线成为各专业组协作的共同目标。

6.3.2　纸上定线

纸上定线是在大比例尺(一般以 1∶1 000 为宜)地形图上确定道路中线的位置。

平原、微丘地区定线：地形起伏不大，路线一般不受高程限制，定线主要是正确绕避平面上的障碍，力争控制点间路线顺直短捷。

山岭、重丘地区定线：地形复杂，横坡陡峻，定线时利用有利地形，避让艰巨工程、不良地质地段或地物，都涉及调整纵坡问题，而山岭区纵坡的限制又是较严的，因此在山区和重丘陵区安排好纵坡就成为首要问题了。这些因地形而异的指导原则，并不因采用的定线方法不同而改变。

6.3.2.1　**定导向线**

(1) 确定路线方案

在大比例尺地形图上仔细研究路线布局阶段选定的主要控制点间的地形、地质情况，选择有利地形如平缓、顺直的山坡，开阔的侧沟，利于回头的地点等，拟定路线各种可能的走法。

(2) 绘均坡线

根据等高线间距 h 及选用的平均坡度 $i_{均}$(5.0%～5.5%,视地形曲折程度而定),按 $a=h/i_{均}$ 计算出等高线间平距 a,使两角规的开度等于 a(比例尺与地形图同),从某一固定点开始,如图 6-18 的 A 点,沿各拟定走法在等高线上依次截取 $a,b,c,\cdots$ 等点,如最后一点的位置和标高均接近另一固定点 D 时,说明这个方案能够成立,否则,修改走法或调整 $i_{均}$,重新试验至方案成立为止。

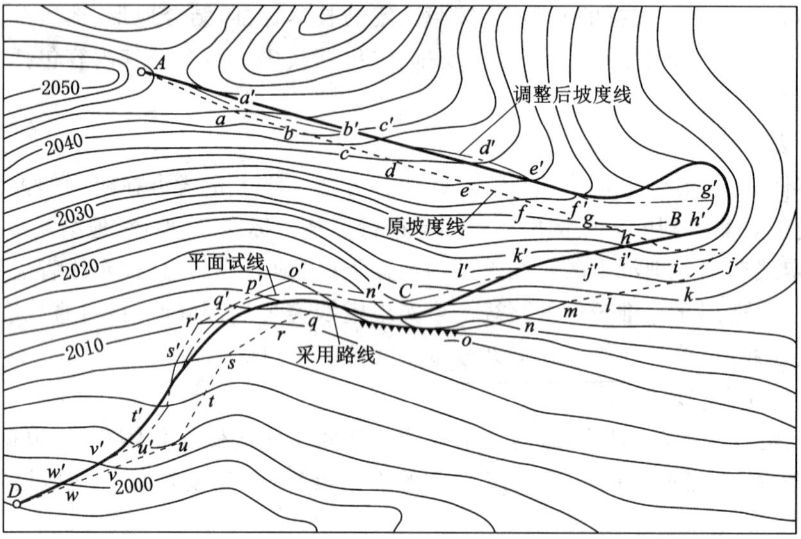

图 6-18　纸上定线示例(平面图)

(3) 定导向线

分析这条均坡线对地形、地物及艰苦工程和不良地质的避让情况。如有不合理之处,应选择出需避让或利用的中间控制点,调整平均纵坡,重新试坡。经过调整修整后得出的折线,称为导向线。如图 6-1 中,$Aab\cdots D$ 折线从 C 处陡崖中间通过,B 处利于回头的地点也未利用上,如调整一下 F、C 前后路段的坡度,即能避开陡崖和利用上有利的回头地点,因此可以把 B 定为中间控制点,然后再分段仿照上法截取 $a',b',\cdots$ 诸点,连接 $Aa'b'\cdots D$ 的折线,示出了路线将行经的部位,即为"导向线"。

(4) 平面试线

穿直线:按照"照顾多数,保证重点"的原则综合考虑平面线形设计的要求,穿线交点,初定路线导线(初定出交点)。

敷设曲线:按路中线计划通过部位选取且注明各弯道的圆曲线半径、缓和曲线长度等。

平面试线中要考虑平、纵配合,满足线形设计和《标准》的规定和要求,综合分析地形、地物等情况,穿出直线并选定曲线半径。

6.3.2.2　修正导向线

(1) 点绘纵断面草图

在平面试线的基础上量出地形变化特征点桩号及地面标高,点绘出粗略纵断面地面线(可用分规直接在图纸上量距,确定地面标高),进行初步纵坡设计,量各桩的概略设计标高。

(2) 纵断面修正导向线

根据初步纵断面设计的填挖情况，对纵断面地面高程进行修正(挖方过大，降低地面高程；填方大，升高地面高程)。然后在平面试线上的对应路段进行平面线位调整，称为修正导向线。如图 6-19 中 K0＋200～K0＋400 段，挖方较大，该处纵坡已是极限值无法调整，如将路线外移至崖顶边缘通过，如实线所示，则挖方工程减少很多。

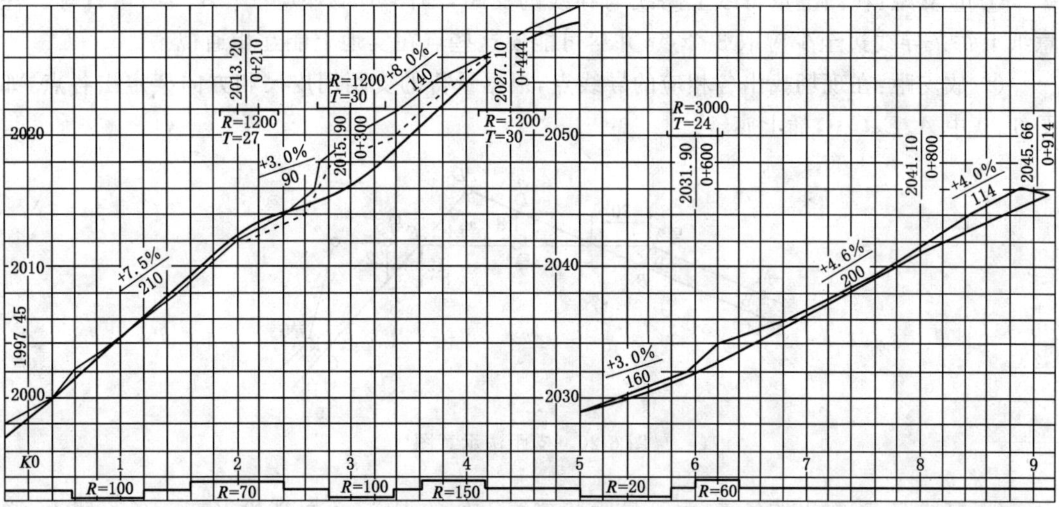

图 6-19 纸上定线示例(路线纵断面图)

(3) 横断面修正导向线

在修正导向线各点的横断图上，用路基模板逐点找出最经济的或起控制作用的最佳路基中线位置及其可以活动的范围，根据最佳位置点的性质分别用不同符号点在平面图上，这些点的连线是一条有理想纵坡、横断面上位置最佳的平面折线，称为二次修正导向线(小比例尺地形图上，最佳位置点显示不出者，可不做)。

横断面校核：根据初步纵坡设计，计算出路基填挖高度，绘出工程困难地段的路基横断面图，如地面横坡较陡或工程地质不良地段等的路基横断面图，根据路基横断面图的情况修正平面线形。

6.3.2.3 定线

经过几次修正导向线后，最终确定出满足《标准》、平纵线形都比较合理的路线导线，最终定出交点位置(一般由交点坐标控制)。纸上定线应该既符合该级路规定的几何标准，又能充分适应当地地形，避开了尽可能多的障碍物。为此定线，必须在分析研究二次修正导向线上各特征点的性质和可活动范围的基础上，反复试线才能得到满意的结果。

6.3.3 实地放线

实地放线是将纸上定好的路线敷设到地面上，供详细测量和施工之用。把纸上路线放到地面上的方法很多，常用的有穿线交点法、拨角法、直接定交点法、坐标法等，应根据路线复杂程度和精度要求高低、测设仪具设备、地形难易等具体条件选用。

6.3.3.1 穿线交点法

穿线交点法是根据平面图上路线与施测地形时敷设的控制导线(以下简称导线)的关

系，把纸上路线的每条边逐一而独立地放到实地去，延伸这些直线交出交点，构成路线导线，由于放线的方法不同，又可分为支距法和解析法两种。

(1) 支距法

通常所指穿线交点定线，多为此法，适用于地形不太复杂，路线离开导线不远的地段。其具体方法如下：

① 量支距：在图上量得纸上路线与导线的支距，如图 6-20 中导 1—A，导 2—B 等。注意纸上每条导线边至少应取 3 个点，并尽可能使这些点在实地上能互相通视。

② 放支距：在现场找出各相应的导线点，根据量得的支距用皮尺和方向架定出各点，如图 6-20 中 A、E、C…，插上旗子。

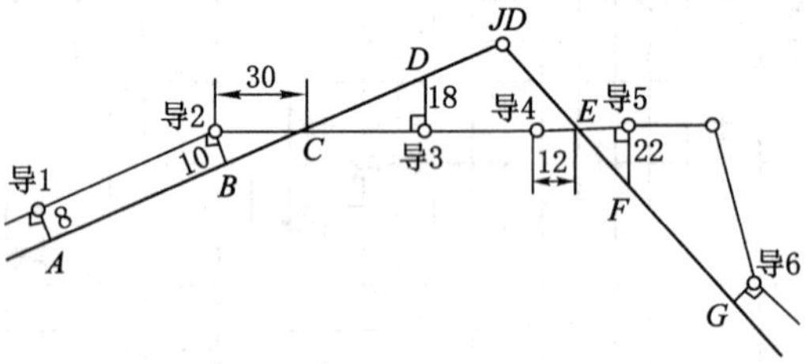

图 6-20　支距法示意图

③ 穿线交点：放出的各点，由于量距和放线工作的误差，不可能恰好在一条直线上，必须穿直，穿直线多用花杆进行(长直线或地形起伏很大时可用经纬仪)，穿出直线后要根据实际地形审查路线是否合理，否则现场修改，改善线路位置。两相邻直线的交点即为转角点，如交点距路线很远或交在不能架设仪器的地方，可插成虚交形式，所有交点和转点都应钉桩以标定路线。

(2) 解析法

解析法是用坐标计算纸上路线与导线的关系，此法较为准确。在地形复杂和直线较长，路线位置需要准确控制时用此法。

6.3.3.2　**拨角法**

拨角放线也是根据纸上路线在平面图上的位置与导线的关系，用坐标计算每一条线的距离、方向、转向角和各控制柱的里程，放线时就按照这些资料直接拨角量距，不穿线交点，外业工作较为迅速，但此法所根据的资料要可靠准确。

(1) 计算原理

如图 6-21 所示当需要在现场施放 A 点时，该点坐标可通过计算得到或直接从平面图上量得。在 A 点附近找到 2 个导线点(坐标为已知)，通过坐标解析法计算出 A 点到导线点的距离及 A 点与其两导线点连成的导线边的夹角，即可用拨角法放 A 点。

(2) 外业放线

根据内业计算资料的夹角和距离，先从导 1 上放出路线起点 A 和第一边 AB 以后各边按转向角及距离直接定出。拨角定线的精度主要决定于定线所依据的原始资料是否可靠准确和放线误差积累的大小。因此现场放线时，必须十分注意路线实际位置是否合宜，高度是否恰当，必要时可现场变动完善。为了削除拨角量距误差积累增大的影响，放线时应视现场具体情况，每隔一定距离，与导线联系闭合一次，并进行调整。

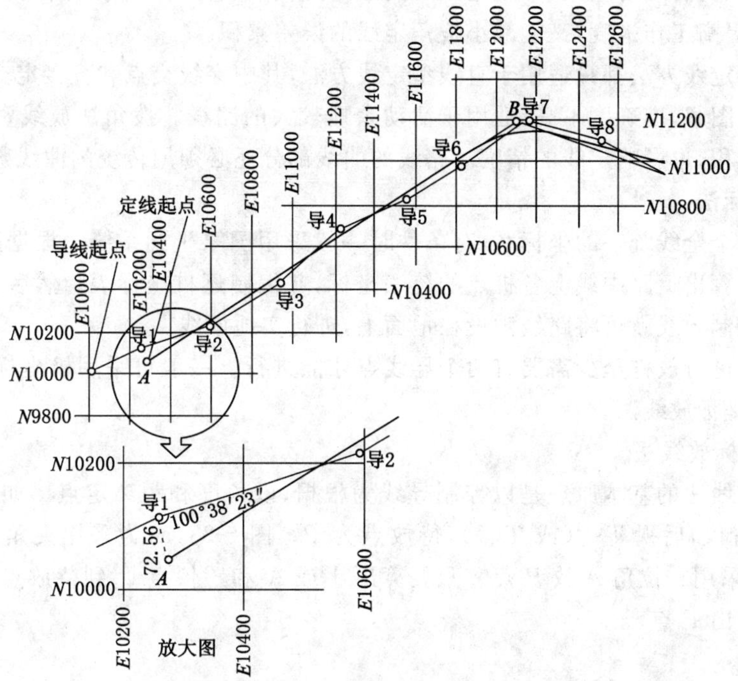

图 6-21　拨角法坐标计算示例

6.3.3.3　直接定交点法

在地形平坦，视线开阔，路线受限不大，路线位置能根据地面目标明显决定的地区；可依纸上路线和地貌地物的关系，现场直接将交点定出。如图 6-22 所示，从图上得知交点 JD 离河岸约 200 m，位于已有公路曲线内侧，一端切线距公路桥头 50 m，另一端切线距房屋 25 m，这样便可根据这些关系，直接于现场定出 JD。

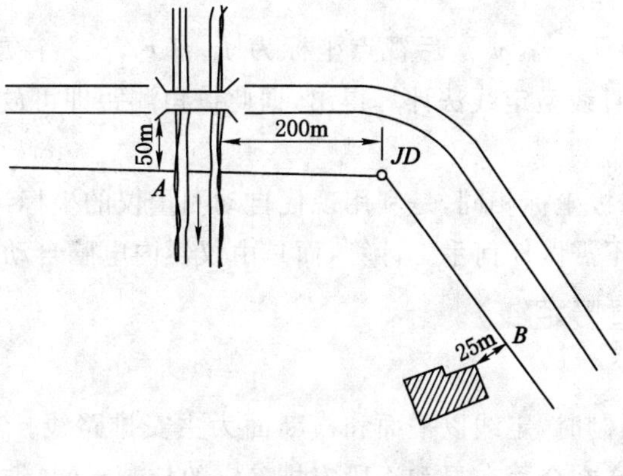

图 6-22　直接定交点示意图

在有些情况下，并没有上例这样明显的条件，路线的平面和高程位置，需要视地形、地质情况根据现场选线的原则，定出交点，做法参见现场直接定线。

综上所述，穿线交点定线费时较多，拨角定线误差积累，为了弥补这些工作方法的缺点，取长补短，可以两者结合应用，即拨角定线到一定距离后再用穿线交点法放线相交，这样又拨又交，既能提高工作进度，又能减小拨角定线的误差累积。

上述三种定线方法都只适用于直线型定线方法，其中穿线交点和直接定交点法，放线资料大多数来自图解，准确度不高，适用于活动余地较大的路线。拨角法放线资料虽较准确，但放线误差累积，也影响定线的精度。路线的曲线部分还必须用传统的曲线敷设方法标定。

6.3.3.4　坐标法

先建立一个全线统一的坐标系，有条件时一般采用国家坐标系统。根据路线地理位置和几何关系计算出道路中线上各桩点的统一坐标，并编制逐桩坐标表。然后按逐桩坐标表根据实地的控制导线就可将路线敷设在地面上，进行实地放线。

用全站仪进行放样至少需要有两个导线点才能进行。一般可采用极坐标放线法（即拨角测距法）和坐标放线法。

(1) 极坐标放线法

极坐标放线法的基本原理是以控制导线为根据，以角度和距离定点。如图 6-23 所示，在导线点 T_i 置仪，后视 T_{i-1}（或 T_{i+1}），待放点为 P。图 6-23(a)为采用夹角 J 来放 P 点，图 6-23(b)为采用方位角 A 放 P 点。只要算出 J 或 A 和置仪点 T_i 到待放点 P 的距离 D，就可在实地放出 P 点。

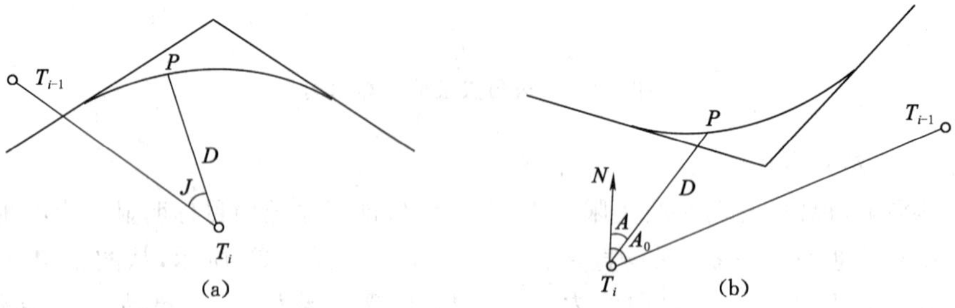

图 6-23　极坐标放线示意图

设置仪点的坐标为 $T_i(x_0, y_0)$，后视点坐标为 $J_{i-1}(x_h, y_h)$，待放点的坐标为 $P(x, y)$。放线数据 D、A、J 可用直线型定线法计算得出，据此拨角测距即可放出待定点 P。

(2) 坐标放线法

此法的基本原理与极坐标相同，是利用现代自动测量仪的坐标计算功能，只需输入有关点的坐标值即可，现场不需做任何手工计算，而是由仪器内电脑自动完成有关数据计算。

6.3.4　实地定线（直接定线）

6.3.4.1　一般定线

当路线不受纵坡限制时，定线以平面和横断面为主安排路线。其要点是：以点定线，以线交点。以点定线，就是在全面布局和逐段安排确定的控制点间，结合各方面因素进一步确定影响公路中线位置的小控制点，然后按照这些小控制点，大致穿出道路直线的方法。以线交点，就是在已定小控制点的基础上结合路线标准和前后路线条件，穿出直线，并延长交至交点。

(1) 控制点的加密

两控制点之间一般不可能作直线(特别是地形困难、等级较低的公路),常需要设置交点,使路线转向,从而避开障碍物,利用有利地形,以达到技术上符合要求,经济合理的目的。加密控制点,就是在实地寻找控制和影响路中线位置的具体点位。一般小控制点有经济性和控制性两种控制点。

经济性控制点,主要在路线穿过斜坡地带时考虑横向填挖平衡或横向施工经济(有挡土墙及其他加固边坡时)因素而确定的小控制点。如图 6-24 中Ⅱ—Ⅱ中线位置,使挖方面积和填方面积大致相等,这时的线位即为经济控制点。由于这类点仅从横向施工经济出发控制线位,它只能作为穿线定点的参考位置。

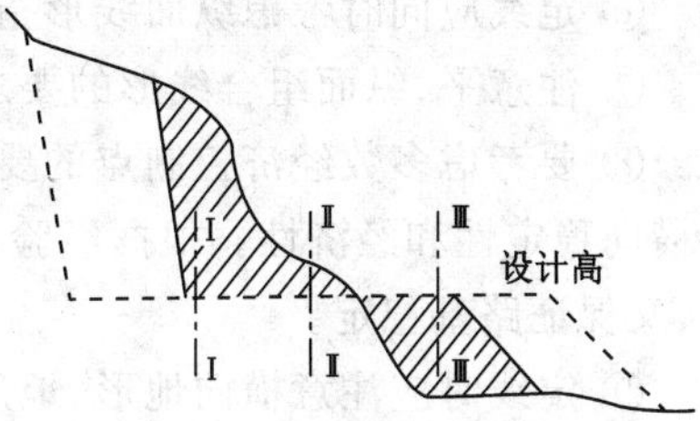

图 6-24　横断面经济位置

控制性控制点,是受艰巨工程、不良地质、地物障碍、路基边坡稳定等因素限制所确定的路中线位置。如图 6-25 所示为各种因素对线位影响的示意。从图中可看出,控制点的位置还与路基的形状尺寸、加固方式、通过不良地质地段的工程措施、地表形状、路基设计标高等因素有关。定线时应综合考虑这些因素,合理确定小控制点的位置。

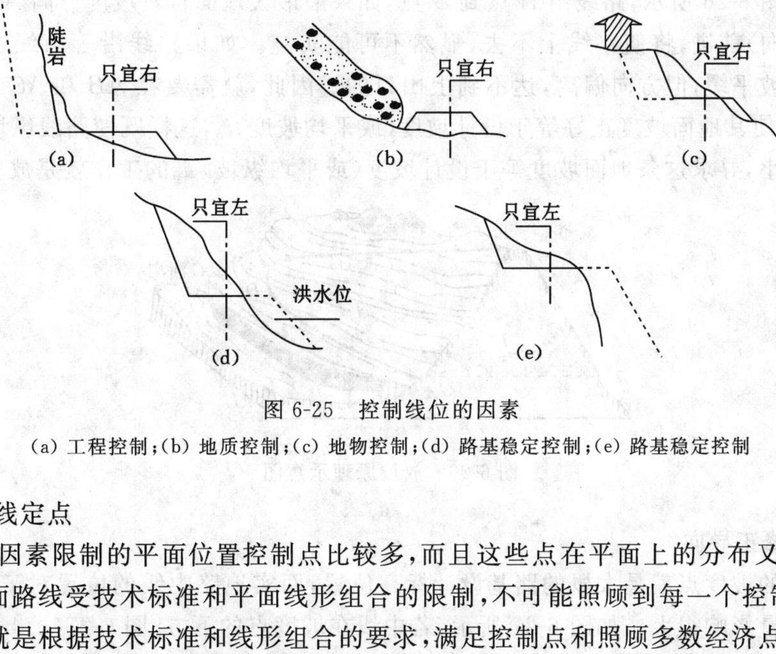

图 6-25　控制线位的因素

(a) 工程控制;(b) 地质控制;(c) 地物控制;(d) 路基稳定控制;(e) 路基稳定控制

(2) 穿线定点

受各种因素限制的平面位置控制点比较多,而且这些点在平面上的分布又没有一定规律,另一方面路线受技术标准和平面线形组合的限制,不可能照顾到每一个控制点。因此,穿线定点,就是根据技术标准和线形组合的要求,满足控制点和照顾多数经济点,前后考虑,用穿线的办法延长直线,交出转角点。

在进行穿线定点时,除要满足技术指标的要求外还应注意以下几个方面:

① 平曲线间必须有足够的直线长度。

② 同向平曲线间应避免“断臂曲线”。在满足控制点要求的前提下,调整交点位置使路线偏角较小,交点间距较长,以争取较好线形。

③ 注意保证行车视距。确定交点位置时,应尽量避免交点正对山嘴或其他障碍物。

④ 注意力求平面线形指标均衡,保持线形的连续性,长直线尽头应尽量避免设小半径

曲线，避免急弯，以利行车安全。路线绕避障碍物时要及早转向，以使线形舒顺均衡。

⑤ 路线平面弯曲要与纵面起伏相协调。在定线中既要防止由于路线平面过直使纵面起伏很大，造成高填深挖现象，又要避免只求纵面平缓，使平面线形不顺适的现象。在复杂地形地段，可结合纸上移线来求得平、纵面协调的线形。

⑥ 定线应同时考虑纵面线形指标，尽量少用或不用极限纵坡，越岭线要避免反坡。

⑦ 注意平、纵面组合线形的要求。

⑧ 要考虑多数经济控制点的要求，使所穿直线横向填挖基本平衡。所定线形应保证路基横向稳定性和经济性。根据经验，一般要注意暗弯勿多填、明弯勿多挖，这样既减少土石方，又保证路基稳定。

⑨ 定线时应注意横向地形、地质、地物控制的要求，做到定的是一条线，考虑的是一条带，从整个路带范围来布置路线。

⑩ 在横坡较陡的路段，应注意结合路基边坡加固措施来安排路线，尽量避免高边坡和长深的路堑。注意路线与桥涵和其他特殊构造物的配合。

6.3.4.2 **放坡定线**

按照要求的设计纵坡（或平均坡度）在实地找出地面坡度线的工作叫放坡。

在山岭重丘区路段，天然地面坡度角均在 20°以上，而设计纵坡（或平均纵坡）是有一定要求的。如图 6-26 所示，路线由 A 点到 B 点，如果沿最大地面自然坡度方向 AB（即垂直于等高线的方向）前进，将使路线上不去，显然不可能实施。如果路线沿等高线走（即 AC 方向），虽然纵坡平缓，但方向偏离，达不到上山目的。因此，就需要在 AB 和 AC 方向间找到 AD 方向线，使其地面坡度正好等于设计坡度（或平均坡度）i_p，这样既使路线纵坡平缓，又使填挖数量最小，寻求这条地面坡度等于设计坡度（或平均纵坡）i_p 的工作就是放坡的任务。

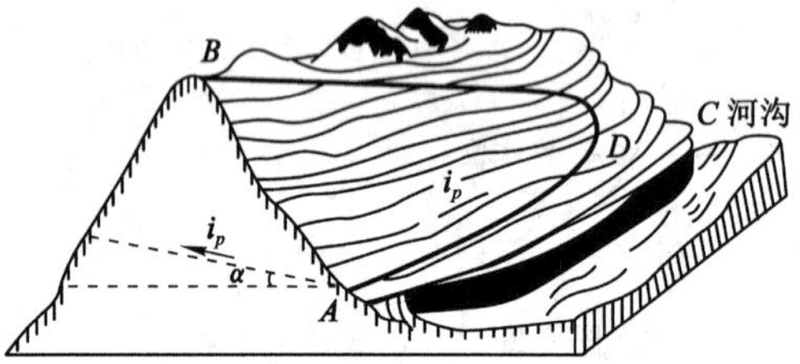

图 6-26　放坡原理示意图

(1) 作修正导向线

放坡后的坡度点就是大概的路基设计标高位置，而实地路中线的位置对于路基的稳定和填挖工程量影响很大。如图 6-27 所示，若中线在坡度点的下方[图 6-27(a)]，则横断面以路堤形式为主；若中线正好通过坡度点[图 6-27(b)]，则横断面为半填半挖形式；若中线在坡度点上方[图 6-27(c)]，则横断面以路堑形式为主。

根据坡度线（图 6-28 中虚线 $A_0A_1A_2\cdots$）连线结合地面横坡考虑路基稳定和工程经济即可确定出合适的中线位置，并插上花杆（或标志），细实线 $B_0B_1B_2\cdots$，叫修正的导向线。根据经验，一般情况当地面横坡在 1∶5 以下时，中线在坡度点上下方，对路基稳定和工程经济影响不大；当为 1∶2 时，中线与坡度点重合为宜；当横坡大于 1∶2 时，中线宜在坡度点上方，以形成全挖的台口式断面为好。

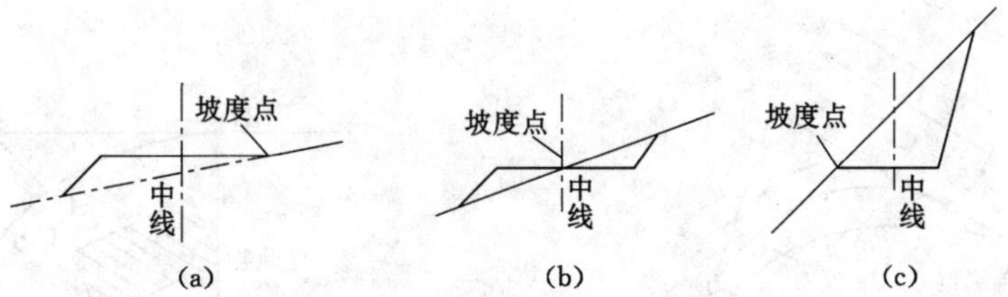

图 6-27　中线与坡度点在横断面上的位置

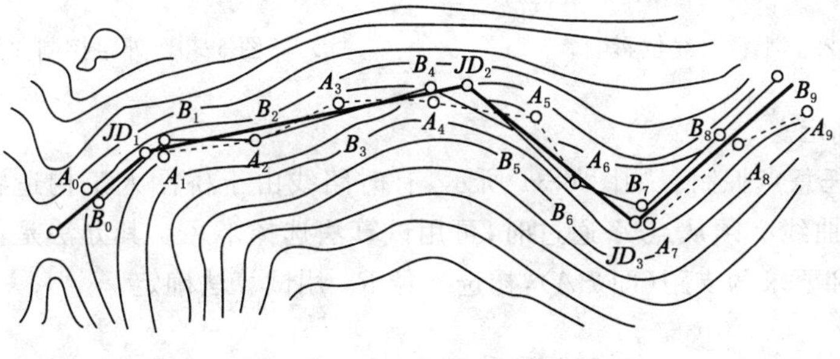

图 6-28　放坡定线示意图

(2) 穿线交点

修正导向线 $B_0B_1B_2\cdots$是具有合理纵坡且横断面上位置最佳的一条折线，但它不能满足平面线形标准的要求，尽可能靠近或穿过导向线上的点，裁弯取直，使平、纵、横三方面恰当结合，穿出与地形相适应并符合标准的若干直线，各相邻直线相交即可确定交点 JD_1、JD_2、JD_3 等。这一步工作是具体落实到交点，最后确定线位的工作，选线时要反复插试，逐步修改，才可能定出合理的线位。

6.3.4.3　**曲线定线**

(1) 单交点法

经过穿线交点确定了路线的交点位置，在交点处还需要根据标准结合地形、地物及其他因素选择适宜的平曲线半径，控制曲线线位。

单交点是实地定线最常采用的方法之一。它是用一个交点来确定一段单圆曲线的插设曲线方法，比较简便，适用于一般转角不大，实地能直接钉设交点的情况。半径 R 的大小，直接影响曲线线位，如图 6-29 所示，当转角较大，不同半径可能使曲线线位相差几米甚至几十米。线位的移动将直接影响线形、工程数量及路基稳定，确定半径一般结合地形和其他因素按以下控制条件来选择。

① 外距控制(即曲线中点控制)。如图 6-30 所示，根据弯道内侧的固定建筑物，确定曲线 A 点是不与其发生干扰的控制点。即可用皮尺量出控制的外距值 E，并用罗盘仪测出转角，即可反算确定半径。

② 切线控制(即曲线起、终点控制)。有时路线为了控制起终点位置，要求曲线的切线长为一定值，比如相邻的反向曲线间要求一定的直线长度，或者要求桥头或隧道洞口在直线上等，这时曲线半径就由控制的切线长来选定。

③ 曲线长控制。当路线转角较小，为使曲线长度满足最短曲线长度 $L_{\min}$，则曲线半径

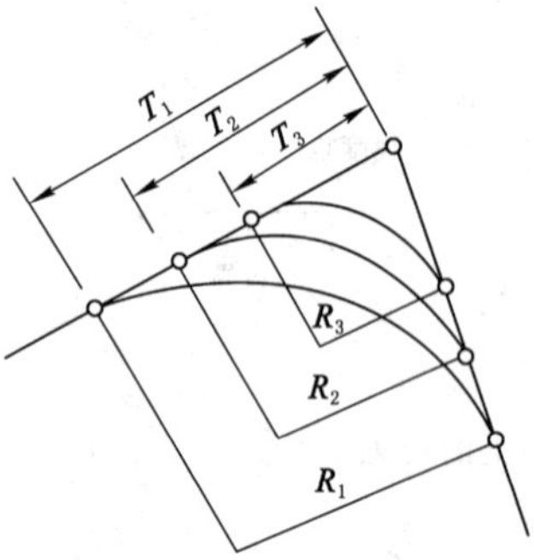

图 6-29　半径对线位影响

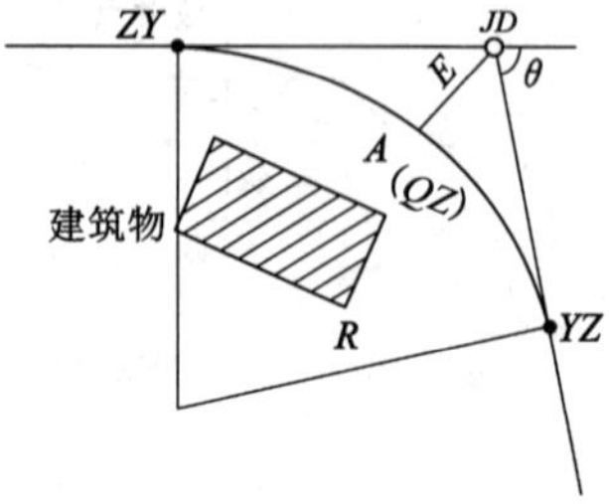

图 6-30　外距控制曲线半径

最小值可反算确定。

④ 曲线上任意点控制。如图 6-31 所示,有时路线由于桥涵人工构造物位置或原路改建的要求,控制曲线必须从点 A 通过时,可用试算法选择半径。其办法是:先实地量出 JD 至 B 点的距离和要求的支距(即 BA),初选半径 R,用试算法确定。

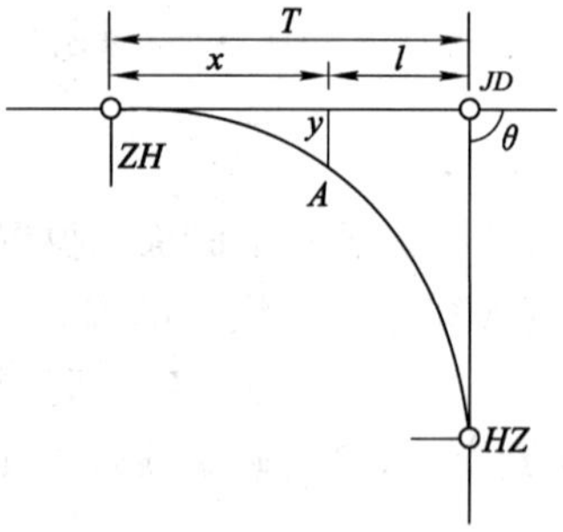

图 6-31　曲线上任意点控制

⑤ 按纵坡控制。当路线纵坡紧迫时,为使弯道上合成纵坡不因曲线半径太小而超过规定值,这时,应根据已定的纵坡和合成纵坡标准值来反算出超高横坡,再按控制的超高横坡求得最小控制半径。

(2) 双交点法(即虚交点法)

当路线偏角很大及交点受地形或地物障碍限制,无法钉设交点时,如图 6-32 所示,可在前后直线上选两个辅助交点 JD_A、JD_B 来代替交点 JD,敷设曲线选择半径,$JD_A JD_B$ 直线叫基线,具体做法可有两种:

① 切基线法。当选择基线可以控制曲线位置,能使所定曲线与基线相切时,叫切基线法,如图 6-32 中,GQ 为公切点,量出转角 θ_A、θ_B 和基线长度 AB 后可反算半径。选择半径后还要检查是否满足标准的要求。切基线法,方法简便,容易控制线位,计算容易,是比较常用的方法。

② 不切基线法。当选择基线不能控制曲线线位或切基线计算的半径不能满足标准要求时,则所设曲线不能与基线相切,只能按不切基线办法来选择半径。如图 6-33 所示,其方法是:先根据标准要求初选半径 R,测量 θ_A、θ_B、基线 AB、计算出 T_A、T_B,由 JD_A、JD_B 量出

T_A、T_B 值，即可定出曲线起、终点 ZH、HZ，并用切线支距 x，y 检查曲线上任一点的线位，如与实际情况相符，则所选半径合适，反之应再调整计算。

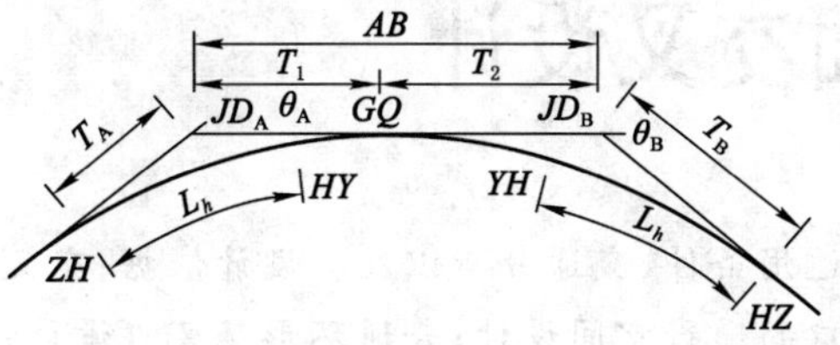

图 6-32 切基线的双交点

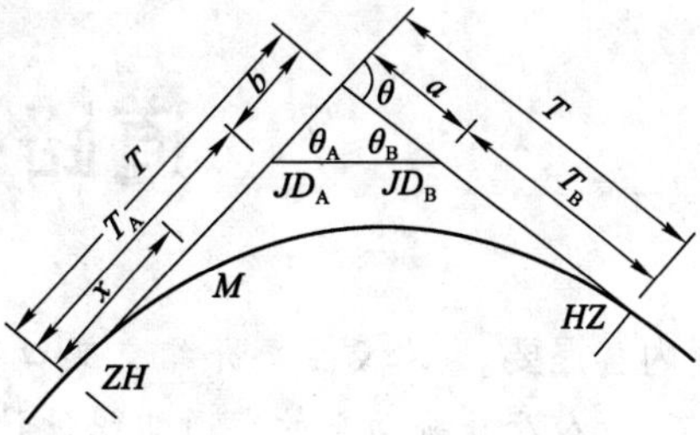

图 6-33 不切基线的双交点

习 题

1. 道路选线的原则有哪些？
2. 简述道路选线的步骤。
3. 路线方案技术指标的比选的内容有哪些？
4. 平原区路线布设时，应注意哪些影响因素？
5. 沿溪线应解决的主要内容有哪些？
6. 越岭线应解决的主要内容有哪些？
7. 越岭线展现的方法有哪些？什么是自然展线？什么是回头展线？各有何优缺点？
8. 高位线和低位线各有何特点？
9. 路线方案比较的方法有哪些？各自的特点是什么？
10. 简述纸上定线的一般步骤和要点。
11. 实地定线时应注意哪些问题？
12. 纸上定线的一般步骤包括哪些？
13. 实地放线的方法有哪些？各自的特点是什么？
14. 一般小控制点包括哪些？
15. 穿线定点时，除要满足技术指标的要求外还应注意哪些方面？
16. 曲线定线的方法有哪些？各自的特点是什么？

7 道路平面交叉设计

〖内容提要〗 本章主要介绍交叉口类型和适用条件、交通分析以及其设计依据；交叉口的车辆、行人及非机动车的交通组织设计；交叉口的通行空间设计；普通环形交叉口设计；交叉口立面设计的基本要求、基本类型和设计方法等内容。

〖能力要求〗 通过本章的学习，学生应达到掌握平面交叉口的基本类型、设计的基本要求和内容、交叉口的交通组织设计和立面设计，了解交叉口通行空间的概念和设计内容，熟悉平面交叉口交通分析及设计依据等内容的能力。

7.1 交叉口设计概述

道路与道路(或铁路)在同一平面上相交的地方称为平面交叉，又称为交叉口。在道路网中，各种道路纵横交错，必然会形成很多交叉口，它是道路系统的重要组成部分，是道路交通的咽喉。

相交道路的各种车辆和行人都要在交叉口汇集、通过和转换方向。由于交叉口车多、人多以及车辆和车辆之间、车辆和过街行人间，特别是机动车和非机动车之间的抢道、相互干扰，不但会降低车速和阻碍交通，而且也容易发生交通事故。据国内外交通事故统计资料表明，有35%～59%的交通事故是发生在交叉口上。此外，车辆在通过交叉口时，由于受红灯的影响，车辆在交叉上的延误时间就占了全程行车时间的31%；其中，因信号而引起的延误时间约占全部交叉口延误时间的60%。因此，如何正确设计交叉口，合理组织交通，对于提高交叉口的车速和通行能力、避免交通堵塞和减少交通事故，都具有重要的意义。

7.1.1 交叉口的类型及适用条件

平面交叉口的型式，取决于道路网的规划、交叉口用地及其周围的地形、地物情况，以及交通量、交通性质和交通组织。常见的交叉口型式有："十"字形、"T"字形及其演变而来的"X"形、"Y"形、错位交叉和多路交叉等。

这些交叉口在平面上的几何图形，由规划道路网和街坊建筑的形状所决定，一般不易改变。但在具体设计中，常因交通量、交通性质以及不同的交通组织方式，把交叉口设计成各具交通特点的形式，可归纳为加铺转角式、分道转弯式、扩宽路口式和环形交叉四类：

(1) 加铺转角式

交叉口用适当半径的圆曲线平顺连接相交道路的路基和路面，如图7-1所示。此类交叉口形式简单，占地少，造价低，设计方便，但行车速度低，通行能力小。适用于交通量小、车速低、转弯车辆少的三、四级公路或地方道路；若斜交不大时，也可用于转弯交通量较小的主要道路与次要道路交叉。设计时主要解决合适的转角曲线半径和足够的视距问题。

(2) 分道转弯式

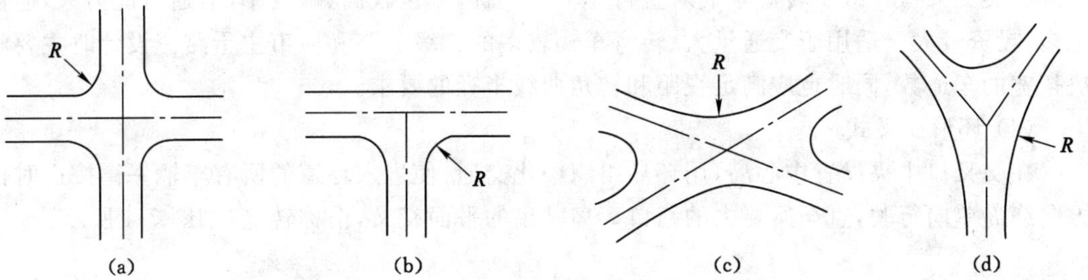

图 7-1 加铺转角式交叉口

(a) 十字形;(b) T 形;(c) X 形;(d) Y 形

通过设置分隔岛、导流岛、划分车道等措施,使单向右转或双向左、右转车流以较大半径分道行驶的平面交叉,如图 7-2 所示。

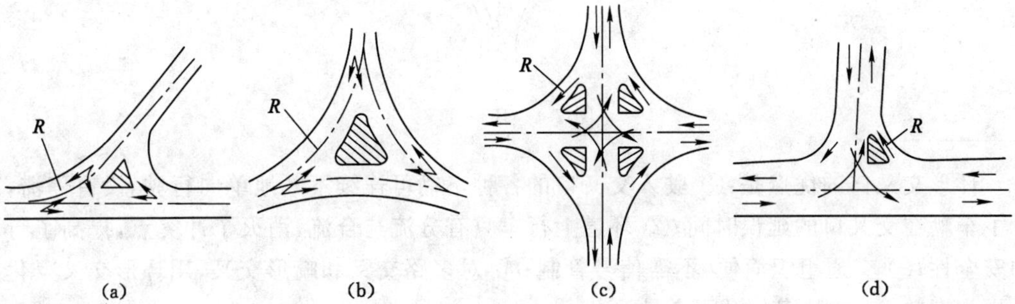

图 7-2 分道转弯式交叉口

此类交叉口转弯车辆,尤其是右转弯车辆行驶速度和通行能力都较高,适用于车速较高、转弯车辆较多的一般道路。设计时主要解决分道转弯半径、保证足够的视距和满足导流岛端部半径的要求。

(3) 扩宽路口式

为使转弯车辆不影响其他车辆的正常行驶,在交叉口连接部增设变速车道和转弯车道的平面交叉。这一类交叉可以单增右转或左转车道,也可以同时增设左、右转弯车道,如图 7-3 所示。

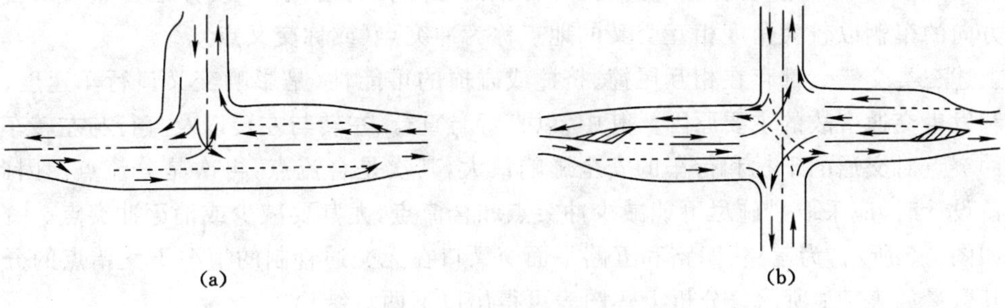

图 7-3 拓宽路口式交叉口

此类交叉口可减少转弯车辆对直行车辆的干扰，车速较高，事故率低，通行能力大，但占地多，投资较大。适用于交通量大、转弯车辆较多的二级公路和城市主干路。设计时主要解决拓宽的车道数，同时也应满足视距和转角曲线半径的要求。

（4）环形交叉式

在交叉口中央设置中心岛，用环岛组织渠化交通，使进入环道的所有车辆一律按逆时针方向绕岛单向行驶，直至所要去的路口离岛驶出的平面交叉，俗称转盘，如图 7-4 所示。

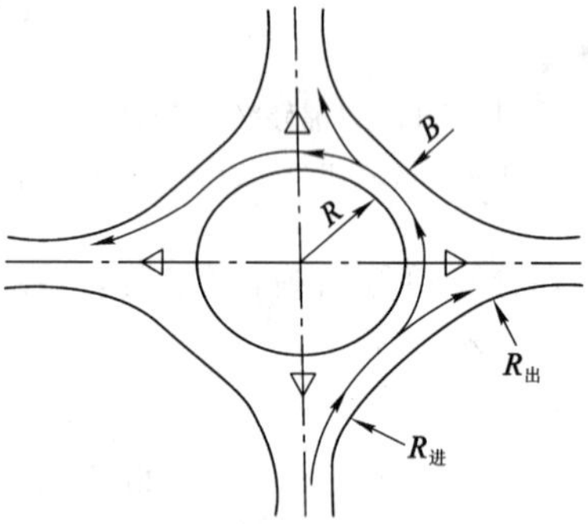

图 7-4　环形交叉

环形交叉口的优点是：① 驶入交叉口的各种车辆可连续不断地单向行驶，没有停滞，减少了车辆在交叉口的延误时间；② 环道上行车只有分流与合流，消灭了冲突点，提高了行车的安全性；③ 交通组织简便，不需信号管制；④ 对多路交叉和畸形交叉，用环形交叉渠化交通更为有效；⑤ 中心岛绿化可美化环境。

环形交叉口的缺点是：① 一般造价高于其他平面交叉口；② 增加了车辆的绕行距离，特别是左转弯车辆；③ 占地面积大，城区改建困难。

环形交叉口设计时主要解决中心岛的形状和半径、环道的布置和宽度、交织段的长度、交织角、进出口曲线半径和视距要求等问题，具体内容在本章 7.4 节阐述。

7.1.2　交叉口的交通分析

进出交叉口的车辆，由于行驶方向的不同，车辆与车辆之间的交错方式也不相同，可能产生的交错点的性质也不一样。

同一行驶的车辆向不同方向分离行驶的地点称为分流点（或称分叉点）；来自不同行驶方向的车辆以较小的角度向同一方向汇合行驶的地点称为合流点（或称汇合点）；来自不同行驶方向的车辆以较大角度相互交叉的地点称为冲突点（或称交叉点）。

上述三类交错点都存在相互尾撞、挤撞或碰撞的可能性，是影响交叉口行车速度、通行能力和发生交通事故的主要原因。其中，以直行与直行、左转与左转以及直行与左转车辆产生的冲突点对交通的干扰和行车的安全影响最大，其次是合流点，再次是分流点。因此，在交叉口设计时，应采取措施尽可能减少冲突点和合流点，尤其要减少或消灭冲突点。

如图 7-5 所示，为三路、四路和五路平面交叉口在无交通管制的情况下交错点的分布情况。其数量如表 7-1 所示。分析上述图表可得出以下两点结论：

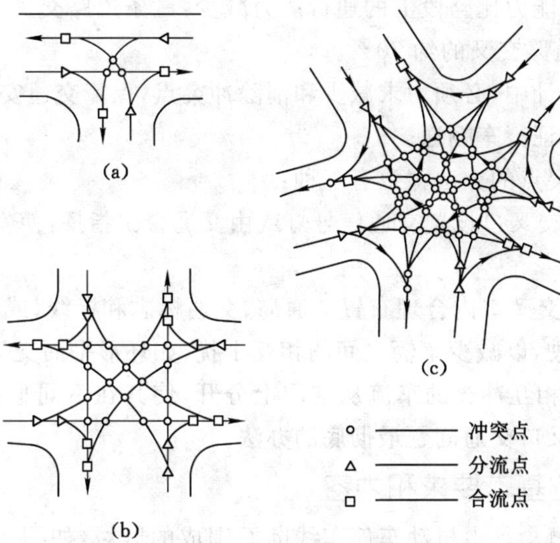

图 7-5 平面交叉口交错点

(a) 三路交叉口；(b) 四路交叉口；(c) 五路交叉口

表 7-1 **平面交叉口交错点数量表**

交叉口类型	交错点数量(个)			
	冲突点	分流点	合流点	总数
三路交叉口	3	3	3	9
四路交叉口	16	8	8	32
五路交叉口	50	15	15	80

① 在无信号控制的交叉口，各种交错点都存在。其数量随相交道路条数的增加而显著增加，其中增加最快的是冲突点。当相交道路均为双车道时，各交错点的数量可用下式计算：

$$分流点=合流点=n(n-2) \tag{7-1}$$

$$冲突点=\frac{n^2(n-1)(n-2)}{6} \tag{7-2}$$

式中 n——交叉口相交道路的条数。

例如：无信号控制时，三路交叉的冲突点只是 3 个，合流点 3 个；四路交叉的冲突点就增加到 16 个，合流点 8 个；五路交叉的冲突点猛增到 50 个，合流点 15 个。因此，在规划和设计交叉口时，应力求减少相交道路的条数，尽量避免五条或五条以上道路相交，以减少交错点，使交通简化。

② 产生冲突点最多的是左转弯车辆。如图 7-5 所示，四路交叉口若没有左转车流，则冲突点可由 16 个减少至 4 个，而五路交叉口则从 50 个减少至 5 个。因此，在交叉口设计中如何处理和组织左转弯车辆，是保证交叉口交通通畅和安全，是设计交叉口的关键之一。

③ 为了控制和减少交叉口上的冲突点，以保证行车安全，就必须设置信号灯，按顺序开放各条道路的交通，因此增加了交叉口的延误时间，影响了交叉口的通行能力。在设有信号

灯控制的交叉口，其通行能力比路段上的通行能力减少：三条道路交叉的约 30%，四条道路交叉的约为 50%，五条道路交叉的约 70%。

所以，在交叉口的设计中，必须力求减少和消除冲突点，保障交通安全，同时又要努力提高交叉口的通行能力，保证行车畅通。

通常减少或消除冲突点的方法大致有三种：

① 时间分离——在交叉口设置交通信号灯或由交通警察指挥，使发生冲突的车流从通行时间上错开。

② 渠化分离——在交叉口内合理布置交通岛、交通标志和标线，或增设车道等，引导各方向车流沿固定路径行驶，以减少车辆之间的相互干扰，如环形平面交叉可消灭冲突点。

③ 空间分离——将相互冲突的车流从空间上分开，使其在不同平面的车行道上运行，互不干扰。这是解决交叉口交通问题最彻底的办法。

7.1.3 交叉口设计的基本要求和内容

传统的交叉口空间概念是由机动车停车线断面围成的区域，如图 7-6(a)所示。考虑到当车辆接近交叉口时，由于转向的需求，车辆运行状态发生变化，在车速降低的同时，开始变更车道，寻求自己通过交叉口时的目标车道。同时考虑到行人交通可能对交叉口的通行能力和安全的影响仅考虑停车线围成区域设计空间不合理。因此，从平面交叉的几何设计和交通组织设计两个方面出发，一个完整的平面交叉口空间限定在交通流运行状态发生变化的断面围成的区域，应由交叉口及其相连接的部分组成，如图 7-6(b)所示。

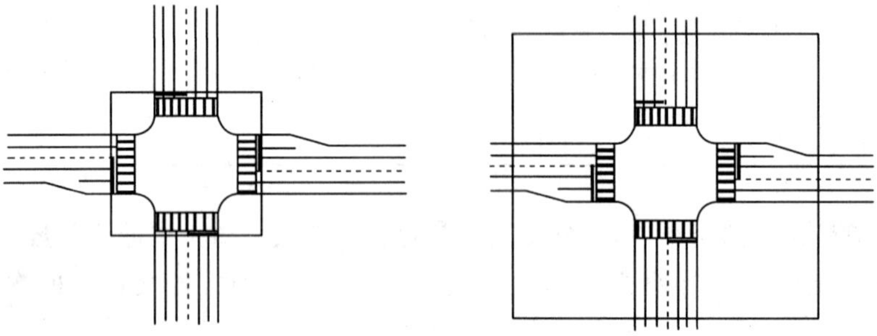

(a)　　(b)

图 7-6　交叉口设计空间范围

交叉口设计的基本要求：

① 保证车辆与行人在交叉口能以最短的时间顺利通过，使交叉口的通行能力能与各条道路的通行能力相适应；

② 正确交叉口立面设计，保证转弯车辆的行车稳定；

③ 交叉口的设计要满足排水的要求。

交叉口设计的内容主要包括：

① 选择交叉口的形式，确定各组成部分的几何尺寸，包括行车道的宽度、转角曲线的转弯半径、各种交通岛的尺寸、绿化带的尺寸等。

② 进行交通组织，合理布置各种交通设施，包括设置专用车道和组织渠化交通。

③ 验算交叉口行车视距，保证安全通视条件。

④ 交叉口立面设计，布置雨水口和排水管道。

7.1.4　交叉口的设计依据

7.1.4.1　交叉口的设计速度

交叉口的设计速度与连接路段的设计速度密切相关，两者速差大时会因减速过大而影响行车安全；对于车辆、行人较多的交叉口，当速差小而路段车速又高时，仍有行车危险。因此，确定交叉口的计算行车速度要格外慎重，主要根据以下原则：

① 交叉口范围内直行交通的计算行车速度，原则上应与路段计算行车速度相同，若受限制必须降低车速时，与路段速度之差不应大于 20 km/h。

② 转弯交通的设计速度，应根据相交公路的设计速度、交通量、交通类型和交通管理方式等因素合理确定，或按变速行驶需要而定，交叉范围车辆变速的加、减速度如表 7-2 所示。

表 7-2　　加、减速度值

道路类别		加速度/(m/s^2)	减速度/(m/s^2)
城市道路		1.5	3.0
公路	主要公路	1.0	2.5
	次要公路	1.5	3.0

③ 对于城市道路，《城规》规定：交叉口内的计算行车速度应按各级道路计算行车速度的 0.5～0.7 倍计算，直行车取大值，转弯车取小值。

7.1.4.2　设计车辆

道路设计采用小客车、载重汽车、鞍式列车（或铰接车）作为设计车辆，平面交叉口的设计也采用这三种车辆作为设计依据。平面交叉转弯曲线的线形和路幅宽度应以设计车辆转弯时的行迹作为设计控制，其转弯时的行迹与行驶速度有关。

城市道路的平面交叉口应根据道路与交通的性质、交通组成等情况，选择合适的设计车辆的转弯行迹作为设计控制。

7.1.4.3　规划交通量

在平面交叉设计中，多数情况下采用相交道路设计小时交通量作为交叉口规划交通量，并根据实测的转弯车辆比率决定各路口的左转、右转和直行交通量。对缺乏观测资料和新建的交叉口，可参照条件相似交叉口的交通量观测值类推确定。平面交叉口设计年限不一定等于道路设计年限，其值应根据相交道路交通量的发展趋势和交通组织方式决定，因为有时道路未达到设计年限，其交通量已较大，一般形式的平面交叉已无法适应，这时需作特殊处理或修立体交叉。

在决定规划交通量时，还应考虑其他影响通行能力的诸因素，如车辆种类、自行车及行人交通等。

7.1.4.4　通行能力

平面交叉口设计，必须使其设计服务水平下的通行能力满足交叉口的规划交通量的要求，而且不同的交通管制方式，交叉口的通行能力不一样，计算方法也不同。相关内容参见交通工程有关文献。

7.2 交叉口的交通组织设计

7.2.1 机动车交通组织方法

交叉口相对于路段的通行能力小、车速低、行车安全性差，主要原因是因为相交车流存在各种类型的交通特征点，其中以冲突点的影响和危险最大，而冲突点的产生则来源于左转及直行车辆，并知以左转所产生的冲突点为最多。右转车辆一般是不会产生冲突点的。因此，对于交叉口车辆交通组织设计的着眼点，应着重于解决左转车辆和直行车辆的交通组织。具体的交通组织方法归纳起来就是：正确组织不同去向的车流，设置必需的车道数，合理布置交通岛、交通信号灯及地面各种交通标志等，使车辆在交叉口能按渠化交通的原则组织起来，顺序通过交叉口。

7.2.1.1 设置专用车道

组织不同车种和不同行驶方向的车辆在各自的车道上分道行驶，互不干扰。如图 7-7 所示，根据行车道宽度和左转、直行、右转车辆的交通量大小可作出多种组合的车道。

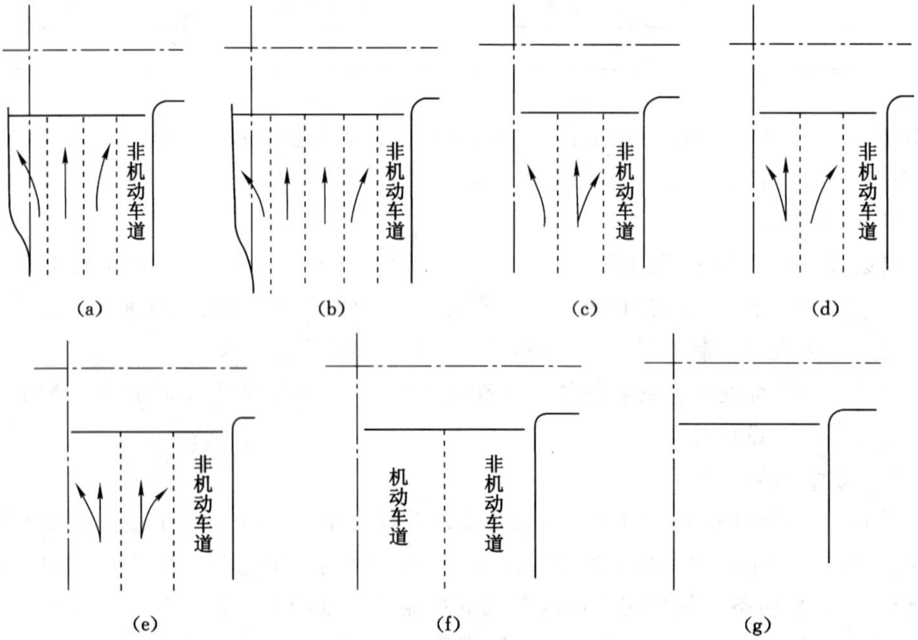

图 7-7　交叉口车道划分

① 左转、直行、右转车辆组成均匀，各设一专用车道；

② 直行车辆很多且左转、右转车辆也有一定数量时，设二条直行车道和左、右转各一条车道；

③ 左转车多而右转车少时，设一条左转车道，直行和右转车共用一条车道；

④ 左转车少而右转车多时，设一条右转车道，直行和左转车共用一条车道；

⑤ 左转和右转车辆都减少时，分别与直行车合用车道；

⑥ 行车道宽度较窄，不设专用车道，只划快、慢车分道线；

⑦ 行车道宽度很窄时，快、慢车也不划分。

7.2.1.2　左转弯车辆的交通组织

左转弯车辆是引起交叉口车流冲突点增多的主要原因，合理地组织左转弯车辆的交通，是保证交通安全，提高交叉口通行能力的有效方法。左转弯车辆的交通组织方法主要有以下几种：

(1) 设置专用左转车道

在行车道宽度内紧靠中线划出一条车道供左转车辆专用，以免阻碍直行交通，如图 7-7(c)所示；若原有车行道宽度不够时，可向中线左侧适当扩宽设置专用左转车道，如图 7-7(a)和图 7-7(b)所示。设置专用左转车道后可避免阻碍直行车辆的通行，左转车辆必须在左转车道上等待开放或寻机通过。

(2) 实行交通管制

通过信号灯控制或交通警察手势指挥，在规定时间内不准左转。

(3) 变左转为右转

① 环形交通——如图 7-8(a) 所示，利用环道，车辆逆时针单向交通，变左转为右转。

② 街坊绕行——如图 7-8(b) 所示，使左转车辆环绕邻近街坊道路右行以实现左转。这种方法绕街坊行程增加很多，通常仅用于左转车辆所占比例不大，旧城道路扩宽困难，或在桥头引道坡度大的十字形交叉口，为防止车辆高速下坡时直角转弯发生事故而采用。

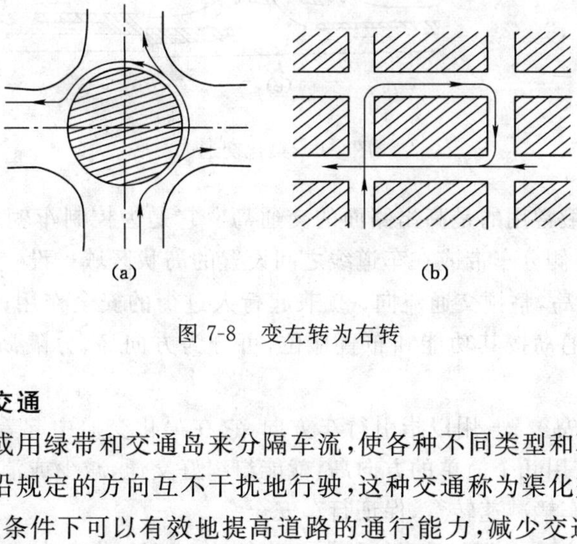

图 7-8　变左转为右转

7.2.1.3　组织渠化交通

在车道上画线，或用绿带和交通岛来分隔车流，使各种不同类型和不同速度的车辆能像渠道内的水流那样，沿规定的方向互不干扰地行驶，这种交通称为渠化交通。

渠化交通在一定条件下可以有效地提高道路的通行能力，减少交通事故。它对解决畸形交叉口的交通问题尤为有效。

渠化交通的主要作用是保证行车安全，具体表现在：

① 利用分车线或分隔带、交通岛等。如图 7-9(a) 所示，把不同方向和速度的车辆划分车道行驶，使司机或行人很容易看清互相行驶的方向，避免车辆相互侵占车道，因而可减少车辆相互碰撞的机会，增加行车安全。

② 如图 7-9(b)和图 7-9(c) 所示，利用交通岛的布置，限制车辆行驶方向，使斜交对冲车流为直角交叉或锐角交叉。

③ 如图 7-9(d)和图 7-9(e) 所示,利用交通岛的布置,限制车道宽度,控制车速,防止超车。

④ 可利用设置的交通岛或分隔带,设置各种交通标志,并可作为行人过街时避让车辆的安全岛。

⑤ 如图 7-9(f) 所示,在交通量大、车速较高的交叉口,还需要考虑设置变速车道和候驶车道,以利左转弯车辆转向行驶和变速行驶的需要。

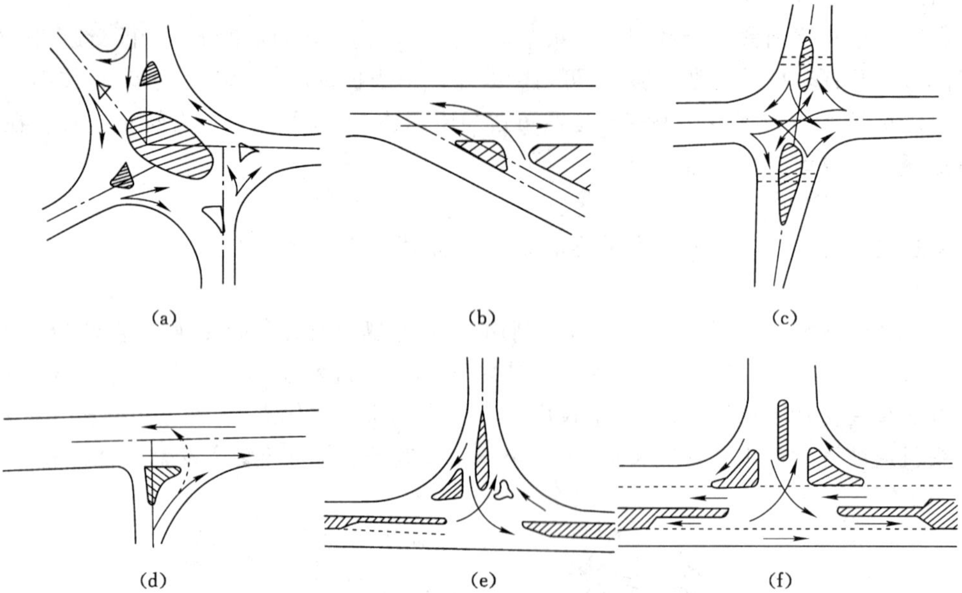

图 7-9 渠化交通

在渠化交通中,最常用的是高出路面的交通岛。它是为控制车辆行驶位置或为保护行人,在中央分车带、外侧分车带或在车道线之间设置的岛状区域。设置交通岛一般有下列效果:① 明确显示导流岛,整顿交通流向;② 兼起行人过街的安全作用;③ 可供设置信号、标志、照明等设施。交通岛按其功能和布置地位,可分为方向岛、分隔岛、中心岛和安全岛等几种。

① 方向岛(导向岛)——用以指引行车方向,它在渠化交通中起着很大的作用,许多复杂的交叉口往往只需用几个简单的方向岛,就能组织好交通,减少或消灭冲突点。方向岛还可用于约束车道,使车辆减速转弯,保证行车安全。

② 分隔岛——是用来分隔机动车和非机动车、快速车和慢速车,以及对向行驶的车流,保证行车速度和交通安全的长条形交通岛,有时也可在路面上画线来代替分隔岛。

③ 中心岛——是设在交叉口中央,用来组织左转弯车辆和分隔对向车流的交通岛。

④ 安全岛——供行人过街时避让车辆之用。在宽阔、交通繁忙的街道上,宜在人行横道线中央设置安全岛,以保证行人过街的安全。

交通岛设置条件为:

① 需分隔右转弯曲线车道与直行车道时,应设置导流岛。

② 信号交叉中,左转弯为两条车道时,在左转车道与直行车道间应设置导流岛。

③ 左转车道与向直行车道间应设置分隔带。

④ T 形交叉口，次要公路岔口的两左转弯行迹间应设置分隔岛。

⑤ 对向行车道间需提供行人越路的避险场所，或需树立标志、信号柱时，应设置分隔岛。

交通岛的形状为直线与圆曲线的组合图形，环形交叉中心岛的形状和尺寸详见 7.4 节，导流用的交通岛(方向岛、分隔岛)的要素如图 7-10 所示，其最小尺寸规定如表 7-3、表 7-4 和表 7-5 所示。

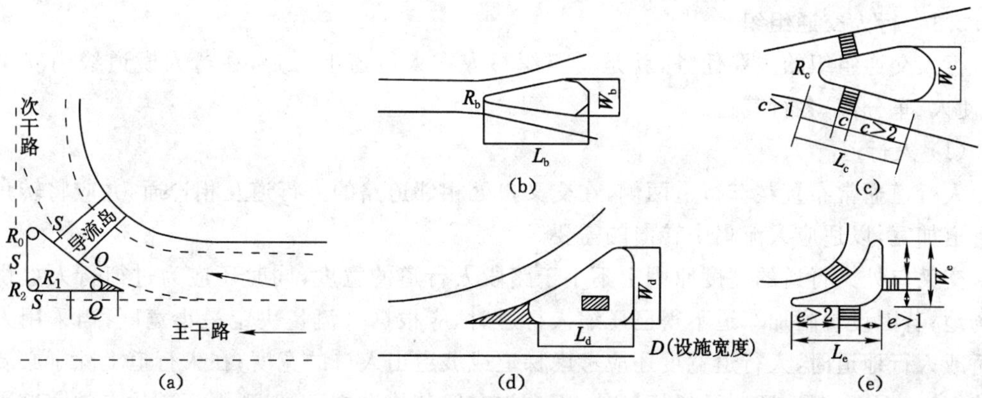

图 7-10　导流岛的要素

(a) 导流岛；(b) 只分隔交通流时；(c) 兼作安全岛时；(d) 设置设施时；(e) 导流岛的端部和移距

表 7-3　导流岛偏移距、内移距

计算行车速度 /(km/h)	偏移距/m			内移距/m	
	S_1	S_2	S_3	Q_1	Q_2
80	1.00	1.00	0.50	1.50	1.00
60	0.75	0.75	0.50	1.00	0.75
≤50	0.50	0.50	0.50	0.50	0.50

表 7-4　导流岛端部半径　　m

R_0	R_1	R_2
0.5	0.5～1.0	0.5～1.5

表 7-5　导流岛各要素的最小值　　m

图示	(a)			(b)			(c)		(d)
要素	W_a	L_a	R_a	W_b	L_b	R_b	W_c	L_c	W_b
最小值	1.5	5.0	0.5	2.0	5.0	0.5	D+1.5	5.0	1.5

各种交通岛的面积在城区不小于 5 m^2，其他地区不小于 7 m^2。用缘石标界的交通岛一般高出路面 15～25 cm，有行人通过时 12～15 cm。

7.2.1.4 调整交通组织

当旧城区道路改建困难时可对城市道路网综合考虑，采取改变交通路线、限制车辆行驶、控制行驶方向、组织单向交通，以及适当封闭一些主要干道上的支路等措施，简化交叉口的交通，以提高整个道路网的通行能力。

7.2.2 行人及非机动车交通组织

公路设计中往往不考虑行人和非机动车交通。但对城市道路因大量行人和非机动车的存在，合理组织行人和非机动车交通，是消除交叉口交通堵塞，保证交通安全的最有效方法。

7.2.2.1 行人交通组织

行人交通组织的主要任务，就是要组织行人在人行道上行走，在行人横道线内安全过街，使人、车分离，各行其道。

(1) 人行道

人行道通常布置在车行道两侧，在交叉口处相邻道路的人行道互相连通，并应将转角处人行道加宽，以适应人流集中转向的需要。

交叉口处人行道的宽度原则上不小于路段人行道的宽度，同时还应为过街行人提供等待场地；若因设置附加车道不得已压缩人行道时，应根据人流量决定最小宽度；当采用人行天桥或人行地道时，人行道宽度还应考虑梯道或坡道出入口的宽度；在人行道上除了必要的道路标志、交通信号、照明及栏杆等外，不允许布置其他设施，以保证人行道的有效宽度满足要求。

(2) 人行横道

为使行人安全、有序地横穿车行道，应在交叉口设置人行横道，人行横道两端应设置信号灯。人行道和人行横道相互连接，共同组成“步行道网”，应保证行人能到达任何地点。

人行横道应设置在驾驶员容易看清的位置，标线应醒目。人行横道可布置在交叉口人行道的延续方向后退 4～5 m 的地方[图 7-11(a)]；当转角半径较大时可将人行横道设在圆弧段内[图 7-11(b)]。原则上人行横道应垂直于道路设置，这样可使行人过街距离最短；但如道路斜交时，人行横道可与相交道路平行[图 7-11(c)]。T 形和 Y 形交叉口的人行横道可按图 7-11(d)和图 7-11(e)设置。

人行横道的宽度主要取决于过街人流量的大小，一般应比路段人行道宽些，其最小宽度为 4 m；当过街人流量较大时，可适当加宽，但不宜超过 8 m。

人行横道的长度应有所限制。当一次横穿距离较长时，会使过街行人思想紧张，会感到很不安全。因此，作出如下规定：当机动车车道数大于或等于 6 条，或人行横道长度大于 30 m时，应在道路中线附近设置安全岛，其宽度不小于 1 m。

在设置信号灯控制或设置停车标志的交叉口，应在路面上标绘停车线，指明停车位置。当有人行横道时，停车线应布置在人行横道线后至少 1 m 处，如图 7-11 所示，并应与人行道平行；对无人行横道的交叉口，停车线应尽量靠近交叉口，以减小交叉口的范围，提供通行能力，但不得影响相交道路的交通。

(3) 人行地道与人行天桥

当交叉口宽阔、人流量多、车流量大且车速高时，可考虑设置人行地道或人行天桥，这是解决行人交通安全最彻底、最有效的办法。

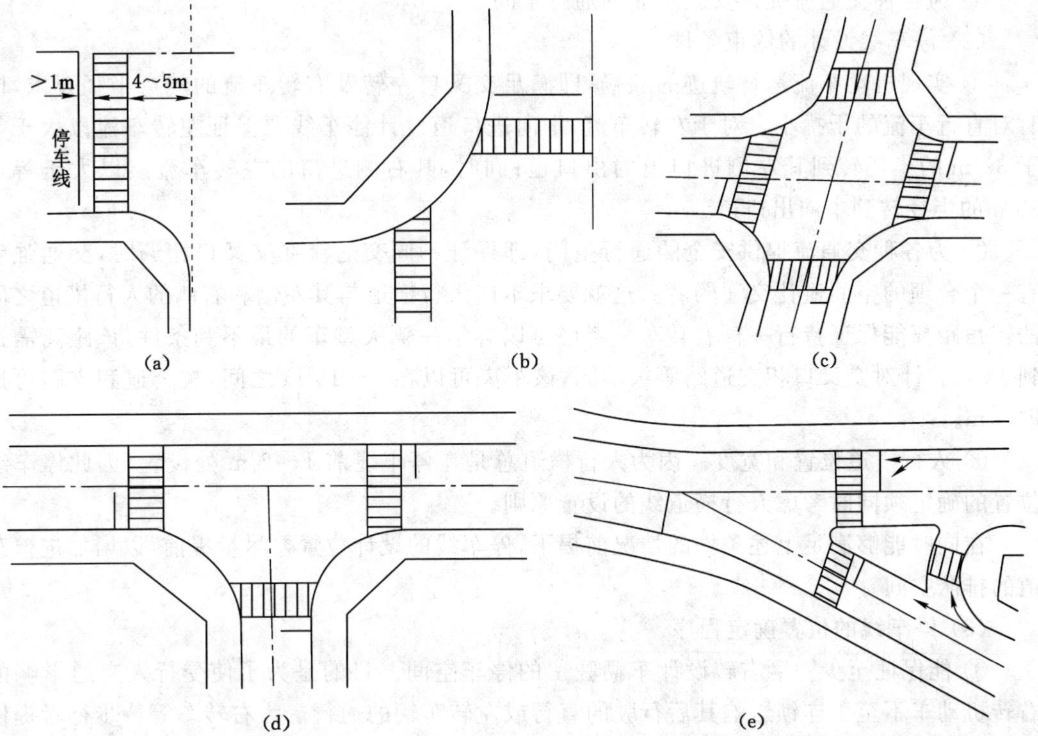

图 7-11　人行横道的布置

7.2.2.2　非机动车交通组织

在交叉路口,非机动车道通常布置在机动车道与人行道之间。

当车流量不大时,非机动车随机动车按交通规则在右侧行驶,不设分离设施;当车流量较大时,可采用分隔带或墩将机动车与非机动车分离行驶,减少相互干扰。上述两种情况,非机动车的交通组织与机动车共同考虑。

当车流量很大且机动车与非机动车之间干扰十分严重时,可考虑采用立体非机动车交通组织形式,并与人行天桥或人行地道一起考虑。一般行人宜用梯道型升降方式;非机动车应采用坡道型;当因地形或其他原因受限制时,可采用梯道带坡道的混合型升降方式。

7.3　交叉口通行空间设计

7.3.1　停车线和人行横道线设计

确定了停车线的位置,就可以明确交叉口内部空间的大小,对交叉口内部空间进行合理的设计。而人行横道线的设置总在停车线前 1～2 m,因此确定了停车线的位置,也就确定了人行横道线的位置,同时,也就确定了交叉口的内部面积。

7.3.1.1　停车线的设计目标及约束条件

(1) 停车线设计目标

① 保障机动车流运行轨迹的顺畅;

② 为各种交通流提供安全可靠的通行空间。

(2) 停车线设计的约束条件

① 实现机动车流运行轨迹的顺畅，即满足交叉口左转及右转车流的转弯半径要求，同时对直行车流的干扰小。对于左转车流，本向进口道设计停车线要保证左转车流以大于等于 30 m 的半径转到其左侧进口道的出口道；同时，其右侧进口的左转车流能以大于等于 30 m的半径转到本向出口道。

② 为各种交通流提供安全的通行空间，即保证不同交通流在交叉口相遇时，交通强者有一个合理的空间避让交通弱者。这就要求本向人行横道与其左侧和右侧的人行横道之间的转角距离能保证待行一辆右转车。考虑可以容纳一辆大型车的最不利条件，该距离需达到 15 m。针对交叉口相交道路等级不同，该距离可以在 6～15 m 之间，次干道和支路可选取 6 m。

③ 人行横道位置和宽度。因为人行横道总是在停车线前 1～2 m 处设置，因此停车线位置的确定须同时考虑人行横道线的设置原则。

在同时能够满足上述条件的情况前提下，停车线的设计位置要尽量提前，以增加进口车道的排队空间。

(3) 停车线的位置确定程序

① 能保证至少一辆右转设计车辆驻留的停车空间。目的是为了使受行人交通影响的右转机动车不至于连锁影响其后行驶的直行或左转车辆的通行。为右转车等待步行者提供足够的停车空间，同时，对右转车多的交叉口可减少对直行车的影响。这种方法适用于直右混行车道且右转车和行人发生冲突的情况。

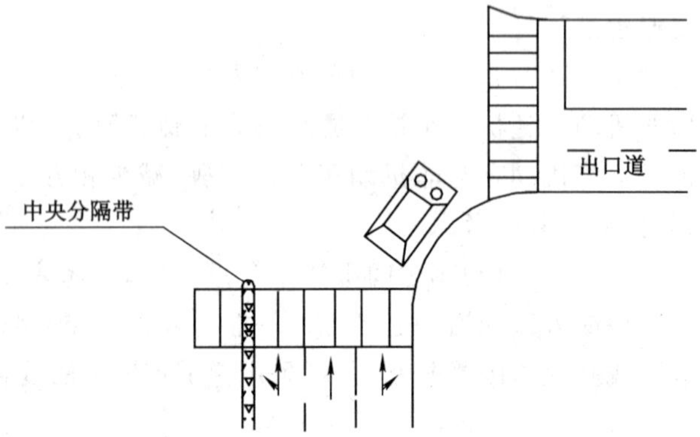

图 7-12　右转车驻留的停车线位置确定

② 保证交叉口内部各通行区域的完整性和可靠性，确保交叉口内部足够的通行空间是确定交叉口内部通行区域面积(亦即停车线位置)的下限条件。所以可用此方法和条件对确定和停车线位置加以检验和控制。有时一个交叉口交通组织的通行方式可能不像以上方法中所涉及的那样单一，需要综合应用以上两种方法来确定停车线，如果两种设计方法的结果有冲突，取较靠后的停车线位置。

③ 停车线的位置也确定了各人行横道的位置。人行横道应设在驾驶员容易看清楚的位置，尽可能靠近交叉口，与行人的自然流向一致，并尽量与车行道垂直，以缩短行人过街时

间。根据国内外研究，如果人行横道内部线侧方离相应路段上人行横道线 10 m 以上时，就会使行人不愿使用人行横道而发生危害的违法横穿交叉口的行为。为此建议对经过以上两步所确定的人行横道位置做如图 7-13 所示的检验，如果检验未通过，则以图中的做法作为确定停车线的方法重新确定停车线。

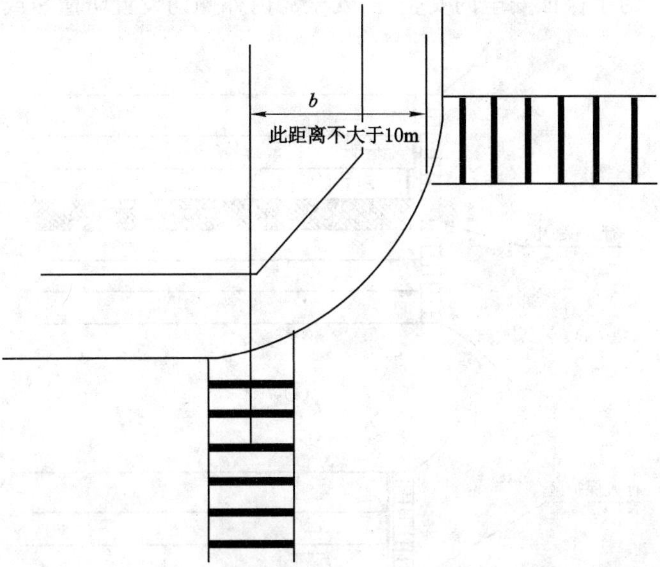

图 7-13　考虑人行横道位置时的停车线位置

④ 反向停车线的设计。在信号灯控路口，由于横过街道行人要受到右转弯车辆和此时允许通行的左转弯车辆的干扰和影响，在此情况下，行人在人行横道应有优先的通行权利。反向停车线即划在人行横道线前面的停车让行线。此时，车辆在人行横道上有行人通过时，应停车让行。

⑤ 为保证信号交叉口信号相位变换时前相位绿灯末的直行车尾与后相位绿灯初的直行车头，在正常行驶情况下通过它们之间冲突点时的安全时距，需要对经过以上几步确定的停车线位置做最后检定，并确定相应的交通控制参数。

7.3.1.2　**人行横道设计**

在停车线的位置确定以后，人行横道线的位置也相应确定了下来。此时对人行横道线的设计主要考虑行人的过街安全性和方便性。行人过街横道的设计应充分考虑行人通行安全和顺畅的要求，特别应关注交通的弱势群体(如老幼病残等)。

① 人行横道的宽度，与行人通过交叉口交通量、绿灯时间及行人排队等候区域服务水平有关。沿主干道的人行横道宽度除了不宜小于 5 m 以外，还应保证人均面积不少于 0.8 m^2/人。顺延支路的人行横道宽度不宜小于 3 m，人均面积不少于 0.6 m^2/人。

② 无障碍设计，人行横道及其两端不应有障碍。同时充分考虑到残疾人的通行需求，进行无障碍设计，宽度足够条件下应尽可能设置盲道。

③ 行人过街保护区设置。设置行人过街横道时应尽可能缩短行人在交叉口内步行的距离；当人行横道太长，行人无法安全通过交叉口时，可考虑在中间设置安全岛，供行人驻足，可实施行人二次过街方案。

安全岛的位置设置在有中央分隔带的道路上，当绿化带式中央分隔带的宽度为 1.5～4.0 m，可直接将安全岛沿行人斑马线置于中央分隔带的正前方(图 7-14)。当路口需要设置掉头车道时，可将中间分隔带与安全岛之间留出 4～6 m 的宽度，方便车辆掉头。这样的优点减少了掉头车与行人之间的冲突，给予安全岛上等待二次过的行人更大安全性，同时减少了车辆的绕行。为了保证安全的安全性，安全岛内外侧均设置防撞墩或者护栏。

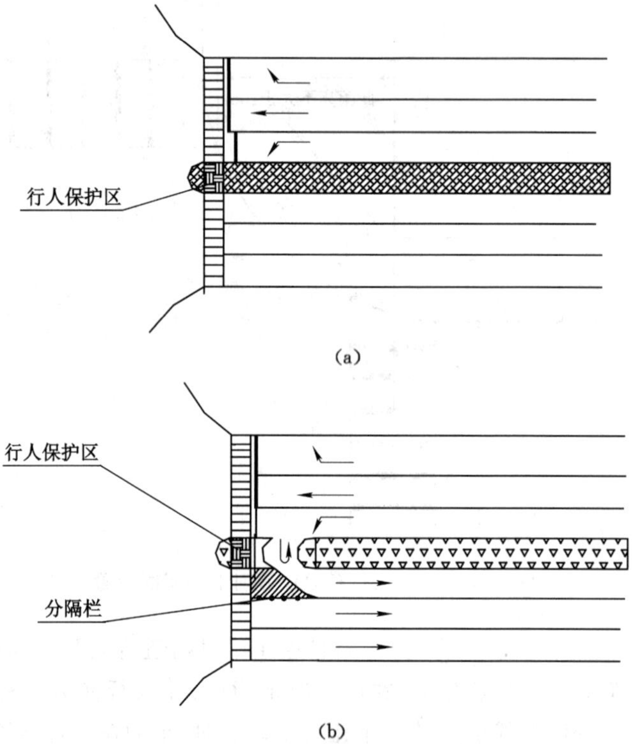

图 7-14　交叉口行人保护区设置

(a) 交叉口行人保护区设置；(b) 调转车道交叉口行人保护区设置

7.3.2　交叉口内部区域设计

平面交叉口内部通行区域，集中体现了平面交叉口交通与路段的差别，各种不同交通流的冲突，都发生在交叉口内部通行区域，同时亦产生了通行能力和交通安全上的问题。交叉口的内部区域设计就是解决不同车流之间的冲突，为不同流向的车流提供明确的通行空间，确保减少交通冲突，使交通流通行有序、安全、高效。主要是通过渠化设计来改善内部区域的交通冲突状况。

7.3.2.1　渠化的原则

交叉口渠化设计总的要求应有利于交通安全、提高通行能力和行车速度，减少延误和方便行车、行人。综合起来有如下八条原则：

① 简单易懂。进行交叉口渠化设计的基本思路是尽量使交叉口简单、明确，使驾驶员及行人等道路使用者容易理解交叉口设计的意图。

② 符合规范。渠化的一切措施，如设岛、画线、建立各种标志，均应按国家有关规范的规定，其位置、颜色、尺寸、形状及高度等均应严格依据规范或标准的规定进行，不能随意变

更和改动。

③ 有利安全。不同车种、不同流向、不同速度的交通流应尽可能采用画线或设置隔离墩(柱)或设岛的方法,使其分道行驶,以减少相互干扰或碰撞,以利于行车安全。

④ 方便直接。渠化时画线、设岛均应尽可能使行人和车辆的路线方便、直接、自然,可以最短时间或最短路程通过,切记迂回、逆向、急转或有可能引起碰撞的尖锐角度。

⑤ 保证视距。平面交叉口渠化应充分保证各方向各车道的车辆和行人视距,交叉口附近的所有绿化栽植物和街道上的公用市政设施均应以不阻挡视线和不妨碍视线为原则,凡是妨碍视线的建筑或绿化均应拆除或砍伐以确保行车视距要求。

⑥ 美观醒目。交通岛的路缘石必须醒目、美观,高度一般不超过 12～15 cm,因为过高的岛状物对驾驶员会产生心理压力,过低了又没有约束作用,同时还要鲜明清晰,使人有视觉美感。

⑦ 便于识别。平面交叉口的渠化方案要尽可能简单明确,一般采用比较集中的大岛。一般来说在 5～7 m^2之间,既能一目了然,也不过多占用土地。

⑧ 位置合理。各种交通岛的位置应设置在没有车流通过(或者通过比较少)的死点处,既不妨碍交通,又能限制车辆的活动范围,减少冲突区。

7.3.2.2 详细设计

(1) 导流岛的设计

导流岛应布置在交叉口内车行道的"死区",即行车轨迹很少压到的空间范围或不作行车之用的区域。导流岛一般设在较大的、不规则的、复杂的交叉口上,它将进入交叉口的不同方向的交通流指引到不同的车道或者是规定的线路上,以防止车流偏离方向。交叉口设立导流岛后,通过限制行车路线,可以减少车辆冲突,提高交叉口的行车安全和通畅。作用:明确车辆在交叉口内的行驶轨迹;减少交叉口面积;使横过人行道的步行者更安全、方便。

① 设置的导流岛应与车辆的行走轨迹相吻合。

在大型车交通量多的交叉口,要按大型车的行走轨迹来设置。这种情况下,像右转导流路那样,在曲线半径小的区间导流路的宽度容易变宽,因此容易出现小型车并排行驶的情况。这时需要使用导流标线来减小车道宽度。

② 导流的设置要使驾驶员易看易懂。

避免在交叉口内设置容易使驾驶员判断失误的多个小的导流岛。以保护步行者为目的而设置的导流岛,根据导流岛与人行过道宽度之间的关系,最低需要 10 m^2左右。

(2) 利用诱导线来诱导车流

明确交叉口内左转交通的行驶轨迹及等待位置以及交通流在交叉口内曲线行走的情况;明确标出左转车辆的行驶路线以及左转车等待对向直行车通过时的位置;在交叉口内交通流产生弯曲变形的情况下明确表示行驶方向。

(3) 停车让行标线设计

设在右转弯避让行人的人行横道线前进一步明确行人的通行权利,如图 7-15 所示。

(4) 反向停车线的设计

在两相位设置的路口,路口右转弯车辆和另一方向的左转弯车辆通常会与行人流产生冲突,这个时候,行人在人行横道上应该保有绝对的通行权利,车辆应停车让行,但在没行人的时候可以通行。因此，在人行横道线或非机动车网状线的前方画反向停车让行线，如图 7-16 所示。

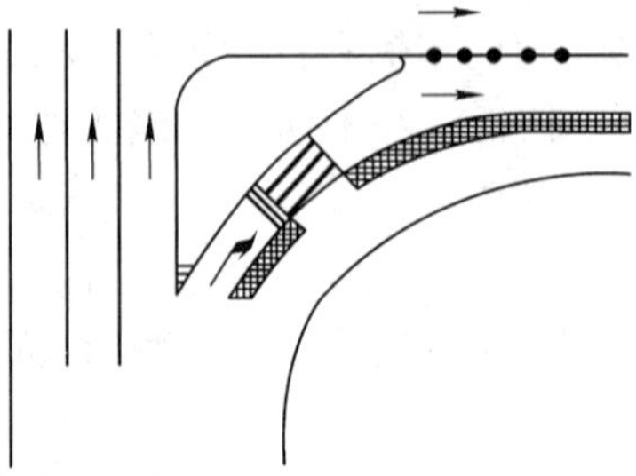

图 7-15　右转车的停车让行线设计

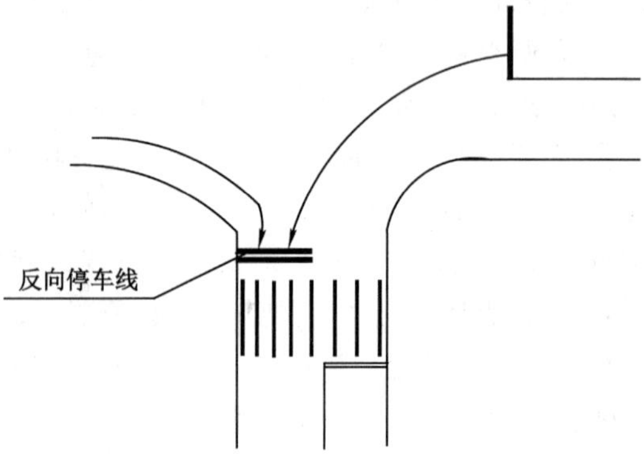

图 7-16　反向停车线设计

(5) 左转待行区设置

左转待行区是在有左转专用车道的前提下提出的渠化优化措施。从时间上分析，提前进入交叉口的左转车辆不应该影响侧向的交通流，所以左转车辆进入交叉口的时间应当于侧向车流进入信号交叉口的时间错开。从空间上分析，提前进入信号交叉口的车辆不应该影响本向和对向的直行车流，所以左转待行区不能与对向直行车流的轨迹相交。

左转待行区的设置位置见图 7-17。在图中，左转车辆提前等待区的停车线不仅进入了信号交叉口，而且还几乎平移了对向左转专用车道宽度的距离，这样使得左转车辆通过信号交叉口的时间变短了，并且使得提前左转的车辆对紧随在他们身后的左转车辆的影响降低了。

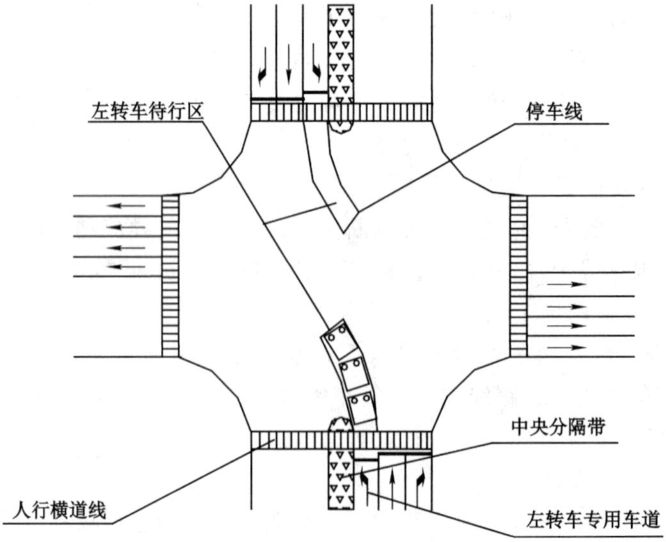

图 7-17　左转待行区设置示意图

7.3.3　交叉口外部区域设计

停车线位置和人行横道位置确定以后，交叉口的内、外部区域就有了明确的划分。交叉口的外部区域设计主要是处理交叉口与路段交通供需关系的平衡与协调，解决交叉口通行能力不足的问题。主要设计内容为：车道功能划分、进出口车道数设计、车道宽度设计、车道拓宽设计、左右转专用车道设计、出口道设计、隔离带设计等。

7.3.3.1　**车道功能划分**

车道功能划分的目的在于平衡交通负荷，均衡各流向流量比，使交叉口的空间资源得到合理利用。车道功能划分包括各流向车道数和各流向车道位置。

(1) 进口车道数

在进口车道数确定时，应保证交叉口进口道各车道流量不超过 450 pcu/h/ln。若平面交叉口外围机动车通行区域仍维持与路段上车道数相等的情形，则交叉口通行能力就较低，因此原则上有必要将进口车道数增至路段车道数的 2 倍，以使进口道与路段通行能力相匹配，同时考虑进口道的宽度约束。直、左、右车道数的划分根据道路不同流向的交通流量来确定。在道路宽度不够的情况下，要考虑道路红线允许的情况下拓宽道路。

表 7-6　　车道匹配情况

路段车道数(单向)	1	2	3	4
进口车道数	2	3～4	4～6	6～8

(2) 进口车道的功能划分

进口车道的功能划分主要考虑是否设置左、右转专用进口车道以及设置条线等内容。在进行车道布置时应从对向道路流量、车型比例和是否设置了公交专用车道等方面加以考虑。

① 左、右转专用车道。

根据可穿越间隙理论，对向交通流量的大小直接决定了左转可能通过的交通量。交叉口实际运行过程中，由于左转交通的必要通行能力没有得到保证而造成交叉口通行能力不足的情况十分普遍。在无左转专用道的情况下，因为左转车需要等待间隙通过，往往妨碍后续直行车辆的行驶，既降低了通行能力又滋生了事故隐患。

对于新建的交叉口，因为没有可靠而真实的交通量资料，建议除以下情况外都要设置左转专用车道：

a. 确认此进口道几乎没有左转交通；

b. 此进口道设左转专用进口车道后，只剩一条进口车道供直行和右转车使用。对此情况给出在今后交叉口投入运行后，根据现实交通量资料评价左转专用车道设置必要性的方法来确定是否改变车道划分，以使各进口车道的利用更为均衡，从而提高整个进口道的使用效益。

是否设置右转专用车道，与右转交通量有关。根据研究发现，设置右转占用车道虽然可以加大右转车的单位时间通过交叉口的交通流量，但是它会对过街的行人构成安全隐患。所以，对于新建交叉口，建议除以下情况外都不设右转专用车道。

a. 确认此进口右转车比例高于进口总流量的 $1/n$(n 为进口道车道数);

b. T 形交叉口有右转车流的进口道。

② 掉头车道。

由于不同类型车辆、所需转弯半径的差异,在各流向车道位置布置时予以考虑。尤其对于掉头车道的设置,当大型车掉头需求量较大时,除非路中设有较宽中央分隔带,可在交叉口前适当距离开设掉头专用通道;否则应考虑将左转及掉头车道移至外侧车道,以保证掉头车辆满足必要的转弯半径,并设置左转专用信号相位,如图 7-18 和图 7-19 所示。

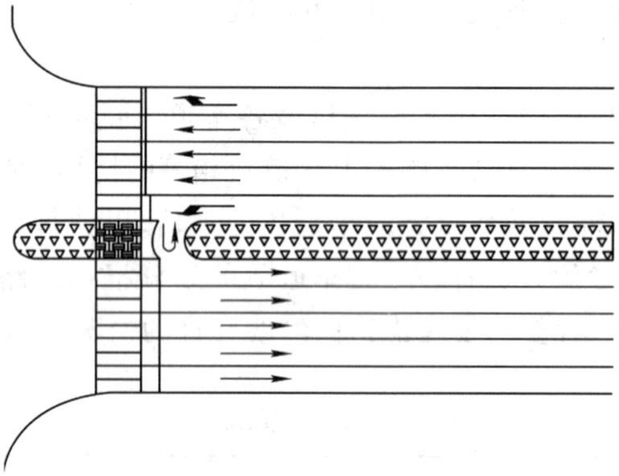

图 7-18　设置掉头专用通道

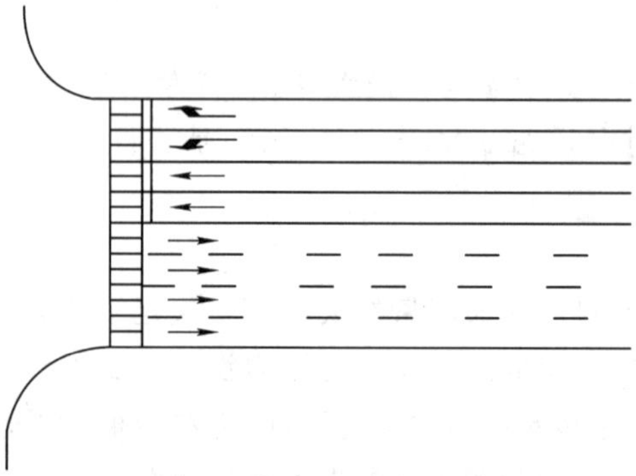

图 7-19　左转掉头车道外移布置形式

7.3.3.2　车道宽度

直行车道的宽度标准值一般为 3.75 m、3.50 m、3.25(3.00) m、3.00(2.75) m,依据道路等级的逐步提高,道路宽度也相应加大。附加车道一般为 3.00(2.75) m。

车道宽度是车辆宽度加上行驶时的侧向摆动宽度之和,因此车道宽度除了受车辆行驶速度影响外,还受车型组成、缘石、护栏、照明等路侧障碍物的位置及高度等条件的变化而不同。在现实中,相同的道路上,在右侧最外侧靠近步道的车道上行车时多与缘石、路面边缘保持一定距离,所以这些车道要比其他车道略宽。具体尺寸根据实际道路条件确定。

7.3.3.3 **车道拓宽设计**

当一般交叉口候驶车道不足时，为了提高交叉口的通行能力，采用向候驶车道一侧或两侧拓宽的办法，以增加车道数来提高交叉口的通行能力。交叉口的拓宽设计，主要解决拓宽的宽度、拓宽方式、拓宽道长度的设计问题。

(1) 拓宽宽度

根据道路的实际交通量和交叉口的设计通行能力来确定拓宽宽度，即确定增加的车道数，新建路口见表 7-7。

表 7-7　新建交叉口进口道规划红线宽度增加值　m

道路 / 交叉口	规划红线宽度 增加值		
	主干路	次干路	支路
主一主交叉口	10～15	—	—
主一次交叉口	5～10	5～10	—
主一支交叉口	3～5	—	3～5
次一次交叉口	—	5～10	
次一支交叉口	—	3～5	3～5
支一支交叉口			3～5

(2) 拓宽方法

交叉口拓宽必须在原有规划红线宽度内进行。进口拓宽的方式一般有三种：① 对进口道的右侧进行拓宽，增设右转弯车道；② 对进口道的左侧进行拓宽，当中央分隔带较宽时，可消除局部中央分隔带及调整直行车道位置设置左转专用车道，当中央分隔带较窄且分隔带前后两路口距离又可满足两方向的待转车辆所需长度的总和时，可将中央分隔带偏心设置，以提供两方向左转所需的左转专用车道；③ 交叉口进口道的左右两侧同时拓宽。

附加的机动车道宽度来自：

① 压缩原路段机动车道的宽度。因为车辆在这一范围内的车速较路段上的低，根据我国情况，进口车道宽一般不小于 3 m，出口车道不小于 3.5 m，在只有小汽车通行的车道，进口道车道可以压缩至 2.75 m，出口道压缩至 3.0 m。

② 压缩或取消原路段上的分隔带宽度。若取消分隔带，则须代之以宽度较小的分隔栏。

③ 上述两种措施还不足以满足需要，而原规划红线宽度又没有富余时，可适当压缩人行道宽度，但压缩后的人行道宽不宜小于原来宽度的 2/3。

(3) 拓宽车道长度设计

左、右专用车道长度设计的方法类似，下面以左转专用车道为例进行计算。

目前，在国内平面交叉口设计中，多将左转专用车道划分为展宽渐变段长度和展宽段长度两部分。左转专用车道的长度主要受下列因素的影响：左转的交通量、左转车辆长度和组成指标、行车速度、最小车头时距等。综合考虑以上因素的影响及驾驶员从发现目标到减速停止，车辆的制动全过程。在计算交叉口左转专用车道时，应将左转专用车道划分为待行区 L_1、减速长度 L_2 和反应段长度 L_3 三部分较为合理。

左转专用车道的长度可确定为：

$$L = L_1 + L_2 + L_3 \tag{7-3}$$

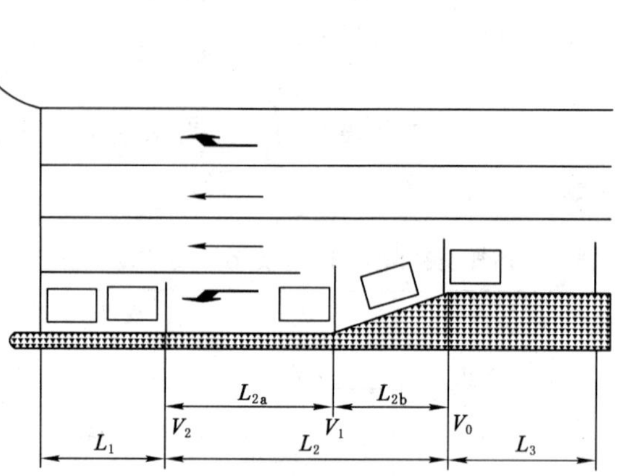

图 7-20　信号交叉口左侧展宽

① 待行区长度 L_1。

左转待行区设在左转专用车道前端，伸入交叉口内部，伸入长度应保证不小于 30 m 的情况下还要保证在此范围内待行的车辆不与对向直行车流发生冲突。左转待行区的标线为两条平行白色虚线，前端标绘停车线，标线 内标注“ 左转待行区”，用以指示左转待行区的范围。左转弯等候段的长度应按下式计算：

$$L_1 = 2SM$$

式中　L_1—— 左转待行区的长度，m。

L_2—— 平均车头间距，m。小客车 $S=6$ m，大型车 $S=12$ m，车型比例不明确时，$S=7$ m。

L_2—— 平均每分钟转弯车辆数，辆。

根据左转车道的设置原则，每个信号周期的左转车辆要大于 3 辆 。根据现场观察，重庆市的车辆多以小客车和公交车组成，而且根据公交车的到站规律，公交车都是几辆车相继到站，陆续进入左转专用车道，所以左转待行区的长度应至少能保证两辆公交车同时进入待行区的长度，待行区的长度应不小与 30 m。

② 减速长度 L_2。

减速区间设置在待行区之后，减速长度包括渐变段长度 L_{2a} 和减速段长度 L_{2b}，计算见以下公式：

$$L_2 = L_{2a} + L_{2b} = \frac{V_0 t_1}{3.6} - \frac{1}{2} a_1 t_1^2 + \frac{V_1^2 - V_2^2}{25.92 a_2} \tag{7-4}$$

其中，$V_1 = V_0 - a_1 t_1$（t_1 为渐变段的行驶时间为 3 s）；$a_1 = 1.8\ \text{m/s}^2$，$a_2 = 3\ \text{m/s}^2$；V_0 为主线行驶速度；V_1 为侧移后的速度；V_2 为减速过程的末速度。

根据不同的主线行驶速度可以计算处不同的减速长度，见表 7-8。由于左转车在信号交叉口需要停车排队，减速长度末速度取为 0。

表 7-8 **左转专用车道减速长度**

交叉道路名称	路段主线行驶速度/(km/h)	减速度/(m/s²)		渐变段长度 L_{2a}/m	减速段长度 L_{2b}/m	减速长度 L_2/m
		a_1	a_2			
主干道	60	1.8	3.0	40	35	75
次干道	40	1.8	3.0	25	15	40
支路	30	1.8	3.0	20	10	30

③ 反应变段长度 L_3。

驾驶员发现交叉口的感知—反应时间内行驶的距离，取决于其感知—反应时间和行驶速度。车辆行驶速度 v 可以参考道路的设计行驶速度。感知—反应时间首先取决于驾驶员对交叉口的熟悉程度；其次取决于驾驶员的警觉程度，不同交通状况下的驾驶员警觉程度是不同的，一般交通量大的情况下驾驶员的警觉性高，而交通量小的情况下驾驶员的警觉性低。城市道路反应时间 t 取为 1.5 s，用下式计算：

$$L_3 = vt \tag{7-5}$$

表 7-9 **左转弯专用车道反应段长度的取值**

路段设计速度/(km/h)	60	40	30
反应段长度/m	25	20	15

7.3.3.4 交叉口转弯半径设计

(1) 交叉口的圆曲线半径

为了保证各种右转车辆能以一定速度顺利转弯，交叉口转角处的缘石或行车道路面边缘应做成圆曲线或复曲线，圆曲线的半径 R_1 称为转角半径。为了保证行车的通畅与安全，应对交叉范围相交道路平曲线最小半径或最大超高横坡度加以限制。

在未考虑机动车道加宽的情况下，转角半径 R_1 为：

$$R_1 = R - \left(\frac{B}{2} + F\right) \tag{7-6}$$

式中 B——机动车道宽度，一般采用 3.5 m；

F——转弯处的非机动车道宽度，没有非机动车道时 $F=0$，m；

R——右转车道中心线半径，$R=\dfrac{V_1^2}{127(\mu \pm i_h)}$，m；

V_1——右转弯设计速度，可取路段设计速度的 0.5～0.7 倍，计算时可用 0.6 倍，km/h；

μ——横向力系数，在 0.15～0.20 之间取值；

i_h——交叉路口路面横坡度，一般采用 2%。

城市道路的缘石转角最小半径：城市道路单、双幅路交叉口的缘石转角最小半径见表 7-10，城市道路三、四幅路交叉口的缘石转角最小半径应满足非机动车行车要求。

表 7-10 **交叉口缘石转角最小半径**

右转弯设计速度/(km/h)	30	25	20	15
交叉口缘石转角半径/m	33～38	20～25	10～15	5～10

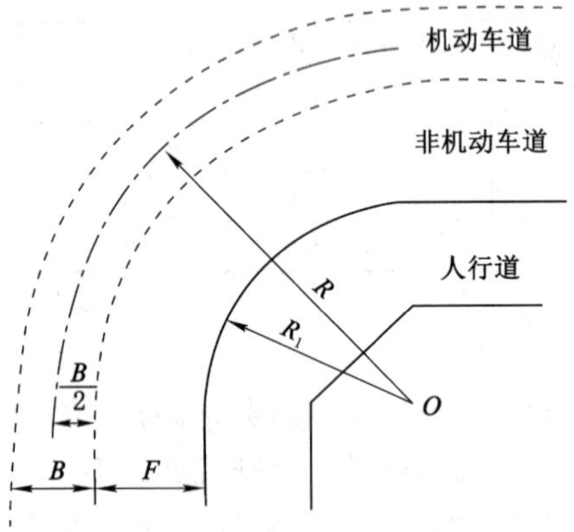

图 7-21　转角半径计算图式

公路的缘石转角最小半径：各级公路平面交叉口的转弯设计以 16 m 总长的鞍式列车进行控制设计。鞍式列车在各种转弯速度情况下，转角曲线路面内缘的最小半径见表 7-11。

表 7-11　　转角曲线路面内缘的最小半径

速 度/(km/h)	≤15	20	25	30	40	50	60	70
最小半径/m	15	15～20	20～30	30	45	60	75	90
最小超高/%	2	2	2	2	3	4	5	6
最大超高/%	一般值：6，绝对值：8							

公路交叉口转角曲线路面内缘的线形应符合车辆转弯时的行迹。

简单的非渠化交叉口中，在半挂车比例很小（小于 10%）的情况下，可在相交的路面边缘设一半径不小于 15 m 的圆曲线或带有缓和曲线的圆曲线；

以鞍式列车控制设计时，相交路面的边缘应采用图 7-22 所示的复曲线，相应半径 R_1、R_2 的取值见表 7-12。

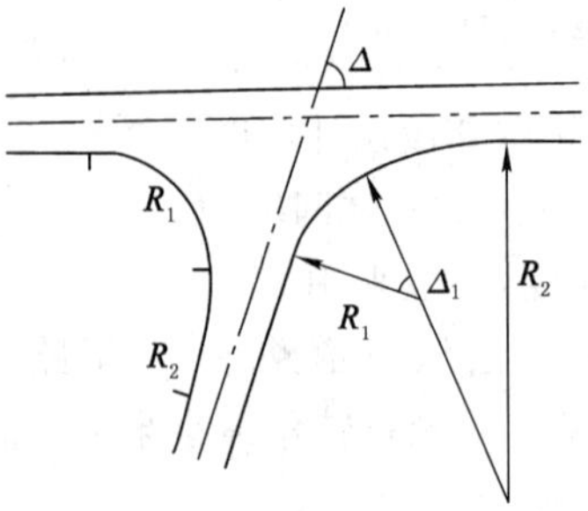

图 7-22　以鞍式列车控制设计时简单交叉口的转弯设计

表 7-12　　R_1、R_2 的取值

Δ/(°)	R_1	R_2	Δ_1
70～74	18	80	53°30′～58°50′
75～84	17	80	58°55′～68°00′
85～91	16	80	69°00′～75°00′
92～99	15	80	76°00′～83°00′
100～110	14	90	84°00′～95°00′

7.3.3.5　交叉口出口道设计

新建及改建交叉口的出口道车道数应与上游各进口道同一信号相位流入的最大进口车道数相匹配，即进口道的车道数小于或等于出口道的车道数。出口道每一车道宽度不应小于 3 m。

当出口道为干路，相邻进口道有右转专用车道时，出口道必须设置展宽段。

出口道设有公交停靠站时，按港湾停靠站要求设置展宽段；在设置展宽的出口道上设置公交停靠站时，应利用展宽段的延伸段设置港湾式公交停靠站。

出口道的总长度由出口道展宽段和展宽渐变段组成，出口道展宽长度由缘石转弯曲线的端点向下游方向计算，不设公交停靠站时，长度为 60～80 m；设置停靠站时，再加上公交停靠站所需长度，并须满足视距三角形的要求。出口道展宽渐变段的长度：

$$L'_{\mathrm{d}}=(30\sim 20)\Delta w \tag{7-7}$$

式中　L'_{d}——为出口道展宽渐变段长度，受条件限制时，也不应小于 30 m；

Δw——横向偏移量，m。

7.3.3.6　交叉口中央分隔带设置

在城市道路中，中央分隔带的主要作用：分隔对向的车流，避免交通事故的产生；利用绿化等手段，加强城市的景观效果；提供行人驻足等待空间；提供交叉口拓宽空间；预留城市道路发展用地。因此中央分隔带对于其宽度、树种选择以及管线布设均有一定的要求。中央分隔带宽度确定在中央分隔带的宽度标定中，应考虑设置掉头车道、设置行人过街待行区、种植绿化、交叉口进口道展宽以及预留车道等因素的影响。

(1) 中央分隔带宽度的确定

① 设置掉头车道的中央分隔带宽度。对于采用中央分隔带的城市主干道，应在路段上设置必要的掉头车道以满足车辆进出路侧单位的需求。

满足设置路段掉头车道的中央分隔带宽度计算公式如下：

$$W_{\mathrm{d}}=2\left(R-\frac{W_{\mathrm{c}}}{2}\right) \tag{7-8}$$

式中　W_{d}——设置路段掉头车道的中央分隔带宽度，m；

R——车辆掉头转弯半径，m；

W_{c}——车道宽度，m。

仅考虑小型车辆掉头的情况下，R 的最小值可取用 5 m 。

② 设置行人过街待行区的中央分隔带宽度。对于在中央分隔带上设置行人过街待行区的城市主干道，其待行区宽度应不小于 2 m 且人均面积不应少于 0.8 m^2/人。

③ 种植绿化的中央分隔带宽度。对于在中央分隔带上种植绿化的城市主干道，其宽度应满足植物存活的需要。如需要在中央分隔带中设置各种景观小品，可根据实际情况增加宽度。满足种植绿化的中央分隔带宽度计算公式如下：

$$W_l = \max(W_z, W_x)$$

式中 W_l——满足种植绿化的中央分隔带宽度，m；

W_z——保证植物存活的最小布置宽度，m，一般为 1.5 m；

W_x——设置景观小品所需要的宽度，m，可根据实际情况确定。

④ 考虑交叉口展宽的中央分隔带宽度。由于道路的通行能力瓶颈一般出现在交叉口，因此需要通过削减中央分隔带对交叉口进行展宽处理以增大通行能力。在进行中央分隔带设计时，应考虑到中央分隔带在交叉口处展宽的宽度需求。交叉口展宽一般与路段车道数相关，实践证明，路段车道数与交叉口展宽所需的宽度关系见表 7-13。

表 7-13　考虑交叉口展宽的中央分隔带宽度要求

路段车道数（单向）	交叉口进口道车道数	交叉口进口道宽度/m	中央分隔带消减宽度/m	中央分隔带宽度展宽/m
2	3～4	10～13	1.5～3	3～4.5
3	4～6	16	2.5～3	4～4.5
4	6～8	19	2.5～3	4～4.5

⑤ 考虑预留车道宽度的中央分隔带附加宽度。在城市主干道建成后，随着城市的不断发展，往往需要对其进行拓宽改造，以增大通行能力，满足交通需求。因此在新建主干道规划过程中，应根据未来交通结构的变化进行一定程度的预测和空间预留，以提高城市主干道的适应性。考虑到道路两侧地下管线铺设的需要，道路拓宽的预留宽度一般宜设置在中央分隔带上，与预留车道数相关。考虑预留车道宽度的中央分隔带附加宽度计算公式如下：

$$W_y = 2n \times W_c \tag{7-9}$$

式中 W_y——考虑预留车道宽度的中央分隔带附加宽度，m；

n——单向预留车道数；

W_c——路段车道宽度，m。

⑥ 中央分隔带宽度确定方法。根据以上约束条件，可以得到当充分考虑以上影响因素的情况下，中央分隔带的确定公式为：

$$W_z = \max(W_d, W_{dx}, W_l, W_{zk}) + W_y \tag{7-10}$$

式中 W_z——中央分隔带宽度，m；

W_{dx}——设置行人过街待行区的中央分隔带宽度，m；

W_d——设置路段掉头车道的中央分隔带宽度，m；

W_l——满足种植绿化的中央分隔带宽度，m；

W_{zk}——考虑交叉口展宽的中央分隔带宽度，m；

W_y——考虑预留车道宽度的中央分隔带附加宽度，m。

在实际设计中，可根据新建主干道实际情况选取在设计中应考虑的影响因素，以确定中央分隔带宽度。

(2) 中央分隔带绿化形式

在城市主干道上，中央分隔带绿化不仅需要满足城市景观的要求，同时也需要对主干道交通进行一定的考虑。具体来说，应满足以下几点功能：遮挡对向车辆的眩光；引导机动车行进路线；提供良好的行人驻足等待空间；防止行人违章穿越道路。因此，在中央分隔带的设置上，应采取以下措施：

① 在树种选择上，应采用低矮的灌木、灌木球、绿篱等枝叶繁密的常绿植物，高度控制在 0.6～1.5 m 之间，以遮挡眩光；

② 灌木应沿道路行进方向栽种，以引导车辆；

③ 应避免种植树冠较低的乔木，株距也应适当拉大，乔木种植在中央分隔带中间，距离分隔带两侧边缘距离不应小于 1.0 m，以防止树木遮挡住违章穿越的行人，导致驾驶员无法做出正确反应，成为交通隐患；

④ 道路预留拓宽空间中应种植易移植的植物，如灌木、草坪等，不宜种植乔木，以避免拓宽施工时的不便。

7.3.4　交通安全设施设计

交通安全设施主要包括：道路交通标志、信号机、道路照明、防护栏、防止冲撞设施（障碍物表示灯、视线引导路标、道路桩）。在交叉口附近设置的交通安全设施，不仅起到防止发生交通事故的作用，对通畅地处理交通也发挥着作用。

7.3.4.1　**交通标志设计**

道路交通标志是用图形符号、文字向驾驶员及行人传递法定信息，用以管制、警告及引导交通的安全设施，它在现代道路交通管理中发挥着重要作用。实践证明，合理设置道路交通标志，可以平滑交通，提高道路通行能力，减少交通事故发生。交通标志设计的主要内容：① 根据路口情况确定安装标志的类型；② 确定安装标志的地点；③ 确定安装标志的高度。

根据交叉口的交通管理状况，交叉口范围内的交通标志设计，主要表现在以下几个方面：

① 预告交叉路口形状警告标志和注意信号灯警告标志的设计。

a. 此类标志应设在平面交叉路口驶入段前适当位置，标志至危险地点的距离，根据道路设计车速按表 7-14 选取。

表 7-14　　**标志的前置距离**

路段设计车速/(km/h)	60	40	30
交叉口设计车速/(km/h)	25	20	10
标志到危险地点的距离/m	65	35	25

b. 设置条件：

Ⅰ. 平面交叉路口视线受绿化、建筑物等影响或不易被发现的交叉口；

Ⅱ. 畸形或错位交叉口；

Ⅲ. 设置 T 形或 Y 形交叉路口标志时，可配合设置线形诱导标，设置环形路口标志时应配合设置环岛行驶标志。

② 路口的指路标志设计。指路标志指示驾驶员的行车方向，减少无效交通，并可调节路网的流量，所以指路标志的设计尤为重要。

设置指路标志时应综合考虑、整体布局，标志布设应做到连贯性、一致性，防止出现标志不足或过多。各种不同等级道路（主干路、次干路、支路）所形成的交叉路口，是否设置指路标志参照表 7-15，若按此表设置的指路标志过密或过疏时，可作适当取舍调整。

表 7-15　　设置路口指路标志的路口选择

对象道路	交叉道路		
	主干路	次干路	支路
主干路	应设置	宜设置	可设置
次干路	宜设置	宜设置	可设置
支 路	可设置	可设置	不宜设置

注：对象道路指需要设置标志的道路；交叉道路是指与对象道路相交的道路。

③ 指向标志设计。为避免车辆行驶到交叉口时因行驶方向不明确而强行进行车道变换等危险行为，应根据情况设置预告标志，使驾驶员从距离交叉口有足够远的距离之前，及早明确交叉口的通行方法。尤其是在主交通流为左转弯的交叉口，以及不得已没有设置右转、左转专用车道的交叉口，应设置按行驶方向划分的通行区分标志，并应以悬臂式设置，使得行驶在任何一个车道上的车辆都容易看到。在信号灯控路口要设置导向车道标志，告知驾驶员在正确的车道候车通行。

④ 禁行标志。为了交通管理的需要，路口处常常要设置禁止车辆向某方向通行的标志，通常设置在路口禁止车辆向某方向通行地点处，需要时可以重复设置，并在前方适当位置配合设置绕行标志和提前告知标志。

设置条件：a. 交叉口转弯车辆过多，容易引起交通堵塞的；b. 交叉口转弯车辆较少容易造成对向大流量车流较大延误的；c. 路口转弯半径过小，转弯车辆车速下降过大而引起交通堵塞的；d. 有其他管理需要的。

⑤ 停车让行标志。右转机动车一般情况下不受信号灯的控制，因此常与在绿灯时间内通行的行人产生冲突，此时机动车应停车让行。在转弯处应设置停车让行标志。

7.3.4.2　信号机的位置设置

在设计信号机的设置位置时，要使得对面的信号机不被误认为是针对其他方向的信号机，并且要在交叉口进口道处能充分可见。单侧二条车道以上的道路，为了提高可视性，希望能在出口道的右侧再增设信号机。此外，当交叉口进口道附近为急转弯或上坡等影响可视性的情况下，根据需要设置警告标志等。

行人信号灯要设置在人行道靠近道路一侧或设置在安全岛上，对着行人设置。

7.3.4.3　交通照明

为了提高夜间交通的安全性与通畅性，要在考虑对信号机不构成可视性障碍以及不受道路两侧树木阴影影响的基础上进行道路照明。道路照明原则上在信号交叉口处设置局部照明。

夜间不容易看到道路上的步行者，所以利用道路照明要比汽车的前照灯更容易看见在人行道及人行横道上行走的步行者。

交叉口的道路照明，其作用是弥补左转及右转的车辆在交叉口出口道处变更车道的机动车的前照灯效果所不及的地方，使驾驶员能够看清交叉口附近的行人、自行车及其他车辆以及障碍物等的位置。不能造成由于道路照明设施遮挡信号机使驾驶员难以看清信号的状况，不能使路旁树木、标志牌等的阴影大量遮挡人行过街横道。

7.3.4.4 **隔离设施**

(1) 行人分隔设施

调查研究表明，交叉口的行人违章的比例很高，为了保证行人的安全以及机动车的通行效率，需要将行人和机动车通行权分隔开。除了在人行过街横道处留有开口外，交叉口范围其他地方须对行人区和机动车行车区进行分隔。交叉口曲线部位的行人和机动车隔离带，还有防止车辆向路外越出和提高驾驶员视线诱导的作用。分隔带的长度为行人过街横道进出口两侧沿路缘石 30～120 m 距离内。当交叉口为主干道相交时，如果附近有公交停靠站，分隔设施应一直延伸到公交停靠站处。从道路景观的角度考虑，分隔设施最好用绿化带，同时顾及交通功能的要求，合理选择绿化类型，以防交通视线不良。根据裴玉龙的研究发现，两侧分隔带从无到有时，对事故率的影响很大，故从安全的角度应鼓励设置两侧分隔带。另外，当分隔带的宽度趋于 2 m 时，最为安全，故推荐主干道道路两侧分隔带宽度为 2 m。依道路等级的变化宽度适当降低，最低不得小于 1 m，以便保证行人不能轻易跨过分隔带。分隔设施的设计如图 7-23 所示。在交叉口增加绿色隔离带，即起到美好城市的作用，又可以防止行人随意穿行，引导行人从人行横道线上过街。

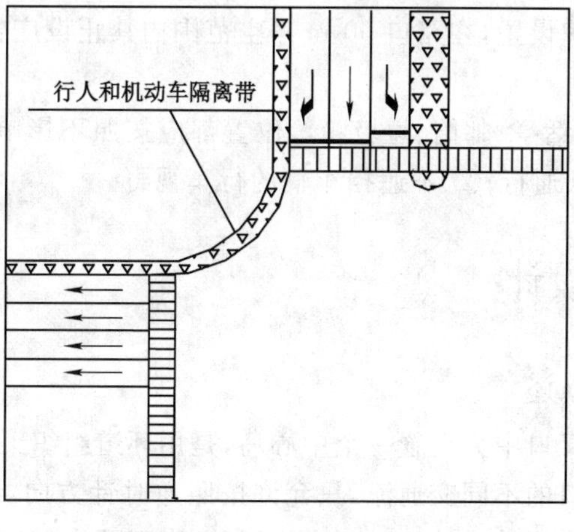

图 7-23 人与机动车分隔带的设置

(2) 隔离护栏的设置

重庆市所使用的隔离护栏主要有机动车之间的隔离和减速隔离。机动车隔离护栏主要设置在机动车道路中心线，隔离对向的交通流；减速隔离护栏，目的就是控制右转车的车速，防止车辆高速汇入主线车流，确保行人和车辆的安全，设置如图 7-24 所示。护栏的高度采用 20～50 cm 比较合适。隔离护栏在设置上以结合城市景观设计的整体布局，用绿化带进行分隔。

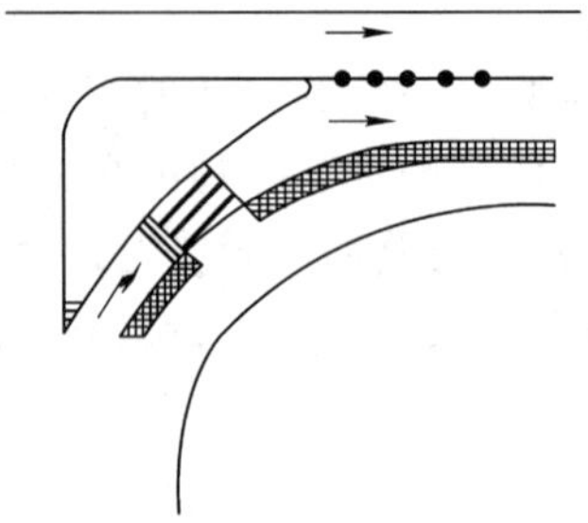

图 7-24 设置隔离护栏减速

7.3.5 附属设施设计

附属设施包括：各类线杆、绿化、电话亭、垃圾箱等，该设计即以交通的通畅性和安全性为目的，进行各类附属设施的合理布置设计。它们的设计应不影响交叉口转弯车辆的视距及阻碍车辆和行人的通行。

7.3.5.1 交叉口内的绿化设计

为防止交通事故发生，必须确保视野开阔，易于交通参与者观察。在路边及路中央带种树时，应考虑树高、树枝的扩散状态以及树的位置和间隔。在导流岛和交叉口附近的中央分离带上的树木应在 60 cm 以下。种树后，随着树木的成长，容易造成影响信号灯和交通标志可视性的情况，所以应经常修剪树木。

7.3.5.2 交叉口净空范围内的广告

控制交叉口的广告牌设置，在路口 50 m 净空范围内禁止设广告和其他非交通标志物。

7.3.5.3 其他附属设施

其他附属设施，如电话亭、邮筒、垃圾箱等位置都应按照不影响交通和视野的要求来设置：① 不影响和阻碍行人通行；② 不遮挡车辆的行车视野。

7.4 环形交叉口设计

7.4.1 环行交叉口概述

环形交叉口是在交叉口中央设置一个中心岛，是用环道组织渠化交通的一种重要形式。其交通特点是进入交叉口的不同交通流，只允许按照逆时针方向，绕中心岛做单向行驶；交通运行上以较低的速度合流并连续地进行交织行驶，直至要去的出口分流驶出。

图 7-25 示出环形交叉口的构成情况。采用环形交叉的目的是为了避免在交叉口产生周期性的阻滞，并消灭交叉口上的冲突点，从而提高行车安全性并减少车辆在交叉口的延误。

(1) 环形交叉口的形式

根据交叉口的占地面积，中心岛的形状和大小、交通组织原则等因素的不同，可将环形交叉口分成三种基本形式：

① 普通(常规)环形交叉口——具有单向环形车道，其中包括交织路段，中心岛直径大于 25 m。

② 小型环形交叉口——具有单向环形车道，中心岛直径为 4～25 m。

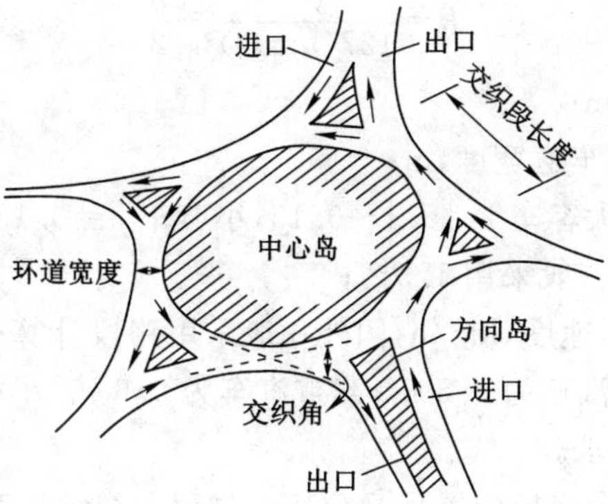

图 7-25　视距三角形

③ 微型环形交叉口——具有单向环形车道，中心岛直径小于 4 m。

(2) 环形交叉口的使用条件

当多条道路相交，通过交叉口的交通量总数为 500～3 000 辆/h，左右转弯车辆较多，且地形平坦时可考虑采用。但在快速道路，交通量大的干线道路，有大量非机动车和行人交通、位于斜坡较大的地形以及桥头引道上均不宜采用。另外，按规划需要修建立体交叉处，近期可考虑采用环形平面交叉作为过渡形式，并预留远期改建立交的可能性。

此外，在具有大量非机动车交通和行人众多的交叉口上，不宜采用环形交叉，因为它不仅增加了大量非机动车和行人通过交叉口时的行程，感到不方便，而且在环道的外侧和进、出口处将被大量的非机动车车流和人流所包围，使机动车进、出环岛时均会发生很大困难，因而影响车辆的连续通行，使通行能力下降甚至经常造成交通阻塞。

在斜坡较大的地形和桥头引道上，也不宜采用环形交叉，因为它使下坡的车辆等于走小半径的反向曲线，这对行车安全是很不利的。

7.4.2　环形交叉口几何设计

7.4.2.1　中心岛的形状与半径

(1) 中心岛的形状

中心岛的形状应根据交通流特性、相交道路的等级和地形地物等条件确定。原则上应保证车辆能以一定速度顺利完成交织运行，有利于主要道路方向车辆行驶方便，应满足交叉所在地的地形、地物和用地条件的限制。

中心岛的形状主要有：

① 圆形——采用居多。

② 圆角方形或菱形——有时采用。

③ 椭圆形——适用于主、次道路相交的交叉口。

④ 复合曲线形——适用于交角不等的畸形交叉。

⑤ 其他形状——可视地形、地物和交角等，采用其他规则或不规则的几何形状。

(2) 中心岛的半径

下面以圆形中心岛为例，介绍中心岛半径的计算方法。

① 按计算行车速度的要求，可由下式计算：

$$R=\frac{V^2}{127(\mu \pm i_h)}-\frac{b}{2} \tag{7-11}$$

式中 R——中心岛半径,m;

b——紧靠中心岛的车道宽度,m;

μ——横向力系数,大客车 $\mu=0.1\sim0.15$,小客车 $\mu=0.15\sim0.2$;

i_h——环道横坡度,一般采用 1.5%;

V——环道计算行车速度,km/h,国外一般采用路段计算行车速度的 0.7 倍,我国实测资料:公共汽车为 0.5 倍,载重汽车为 0.6 倍,小客车为 0.65 倍。

② 按交织段长度的要求。

交织就是两条车流汇合交换位置后又分离的过程。交织长度是指进环和出环的两辆车辆在环道上行驶时相互交织,交换一次车道位置所行驶的距离。交织长度主要取决于车辆在环道上的行驶速度,应能满足汽车以一定车速相互交织并连续行驶,最小应不小于 4 s 的行驶距离。如图 7-26 所示,当两个路口之间有足够的距离,此时在该环道上行驶的车辆均可在合适的时机互相交织,该段距离即为交织段长度,其位置大致可取相邻道路机动车道外侧边缘延长线与环道中心线交叉点之间的弧长。

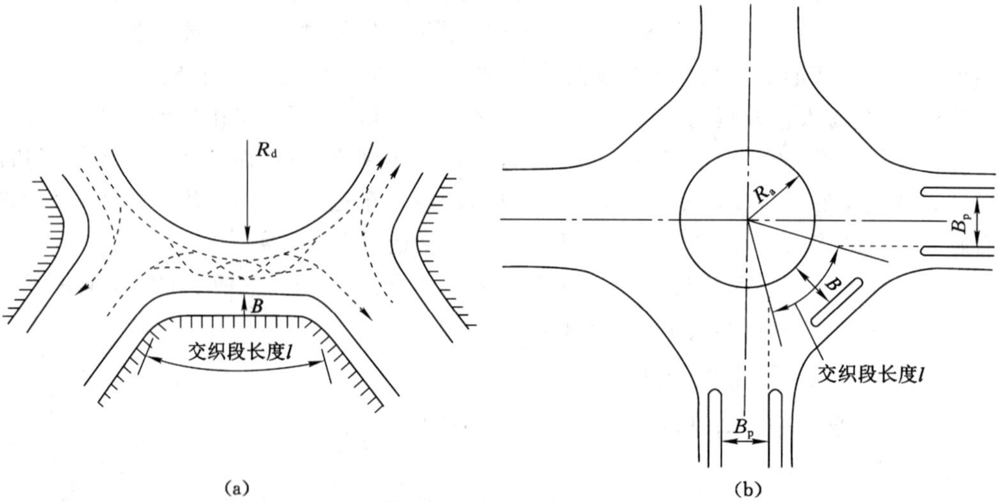

图 7-26 交织段长度

中心岛半径必须满足两个路口之间最小交织段长度的要求,否则,在环道上行驶中需要互相交织的车辆,就要停车等候,这是绝对不允许的。环道上所需的最小交织段长度如表 7-16 所示。

按交织段长度所要求的中心岛半径为:

$$R_d=\frac{n(l+B_P)}{2\pi}-\frac{B}{2} \tag{7-12}$$

式中 n——相交道路的条数;

l——相邻路口之间的交织段长度,m,可查表 7-16;

B——环道宽度,m;

B_P——相交道路的平均路宽,m。

由上式可以看出,交叉口相交道路的条数越多,为保证最小交织段长度的要求,则中心岛的半径就越大,将会大大增加交叉口的用地面积和车辆上在环道上的绕行距离,这样既不经济也不合理。因此,环形交叉口的相交道路以不多于 6 条为宜。

对四路相交的环形交叉口,可用式(7-11)和式(7-12)分别计算中心岛半径,然后选取较大者。

对中心线夹角差别较大或多路交叉口,也可以先按式(7-12)确定中心岛半径 R,然后再按下式验算其交织段长度是否符合要求:

$$l=\frac{2\pi}{n}\left(R+\frac{B}{2}\right)-B_P \quad 或 \quad l=\frac{\pi\alpha}{180}\left(R+\frac{B}{2}\right)-B_P \tag{7-13}$$

式中 α——相交道路中心线的最小夹角,(°)。

当用式(7-13)计算的 l 大于最小交织段长度时,符合要求;否则,增大 R 重新验算,直至符合要求为止。

根据实践经验,中心岛最小半径如表 7-16 所示。

表 7-16　环形交叉最小交织长度和中心岛最小半径

环道计算车速 V_r/(km/h)	35	30	25	20
横向力系数 μ	0.18	0.18	0.16	0.14
最小交织长度 l_w/m	40～45	35～40	30	25
中心岛最小半径 R_d/m	50	35	25	20

7.4.2.2 环道的宽度

环道的宽度取决于相交道路的交通量和交通组织。

一般情况下,靠近中心岛的一条车道作绕行之用,最靠外侧的一条车道供右转弯之用,中间的一至二条车道为交织之用,这样环道上一般设计三至四条车道。实践证明,车道越多,不仅难于利用,反而易使行车混乱,导致不安全。据观测,当环道车道数从二条增加到三条时,通行能力提高得最为显著;而当车道数增加到四条以上时,通行能力增加得很少。

因此,环道的车道数一般采用三条为宜;如交织段长度较大时,环道车道数可布置四条;若相交道路的车行道较窄,也可设二条车道。

如果采用三条机动车道,每条车道宽 3.5～3.75 m,并考虑弯道的加宽值。则当中心岛半径为 20～40 m 时,环形机动车道的宽度一般为 15～16 m。

对非机动车可与机动车混行或分行。为保证交通安全,减少相互干扰,一般以分行为宜,可用分隔带、墩或标线等分隔。非机动车道宽度应视具体情况而定,一般不小于相交道路中的最大非机动车行车道宽度,也不宜超过 8 m。

7.4.2.3 交织角

如图 7-27 所示,交织角是进环车辆与出环车辆轨迹的平均相交角度。它以距右转机动车道的外缘 1.5 m 和中心岛外缘 1.5 m 的两条切线交角来表示。

交织角的大小取决于环道的宽度和交织段的长度。环道宽度越窄,交织段长度越大,则交织角越小，行车就越安全。但交织角越小，需要的交织段长度越大，中心岛半径也就越大，占地要相应增加。所以，交织角要有一个合适的值，一般控制在20°～30°之间为宜。

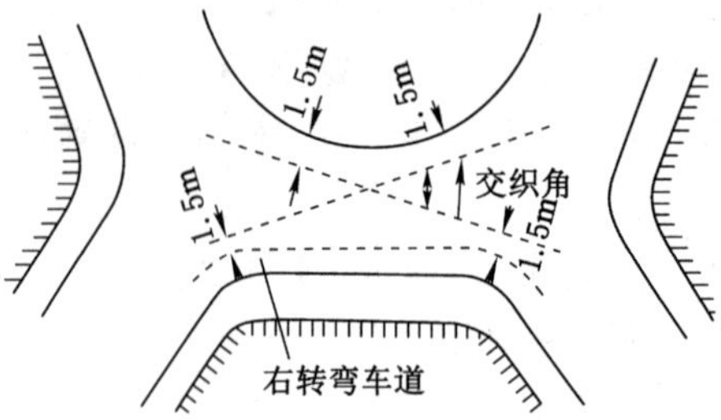

图 7-27　交织角

7.4.2.4　**环道外缘线形及进出口曲线半径**

(1) 环道外缘线形

从满足交通需要和工程节约考虑，环道外缘平面线形不宜设计成反向曲线形状(图 7-28中虚线)。据观测，这种形状在环道的外侧约有20％的路面(图 7-28 中的阴影部分)无车行驶，这既不合理，也不经济。实践证明，环道外缘平面线形宜采用直线圆角形(图 7-28 中的实线所示)或三心复曲线形状。

(2) 环道进出口曲线半径

环道进、出口曲线半径取决于环道的计算行车速度。为使进环车辆的车速与环道车速相适应，应对进环车辆的车速加以限制，一般环道进口曲线半径采用接近或小于中心岛的半径，且各相交道路的进口曲线半径不要相差太大。环道出口的曲线半径可较进口曲线半径大一些，以便车辆加速驶出环道。

7.4.2.5　**环道的横断面**

环道的横断面形状对行车的平稳和路面的排水有很大的关系，而横断面的形状又取决于路脊线的选择。通常情况下，环道横断面的路脊线设在交织车道的中间；若机动车与非机动车之间设有分隔带时，其路脊线也可设在分隔带上。如图 7-29 所示，图中虚线为路脊线，箭头指向为排水方向。显然，应在中心岛的周围设置雨水口，以保证环道内不产生积水。

另外，进、出环道处的横坡度宜缓一些。

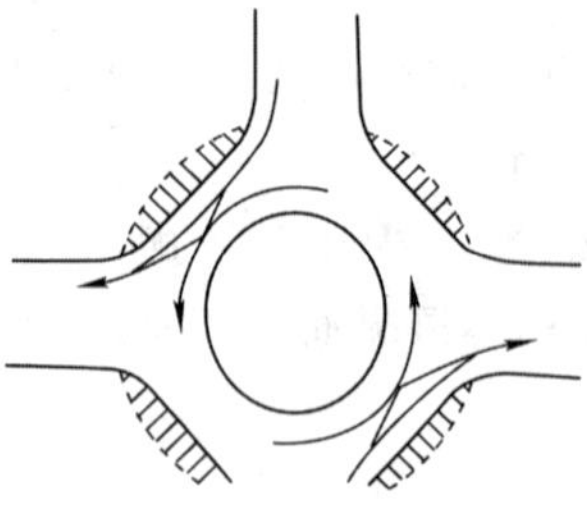

图 7-28　环道外缘线形

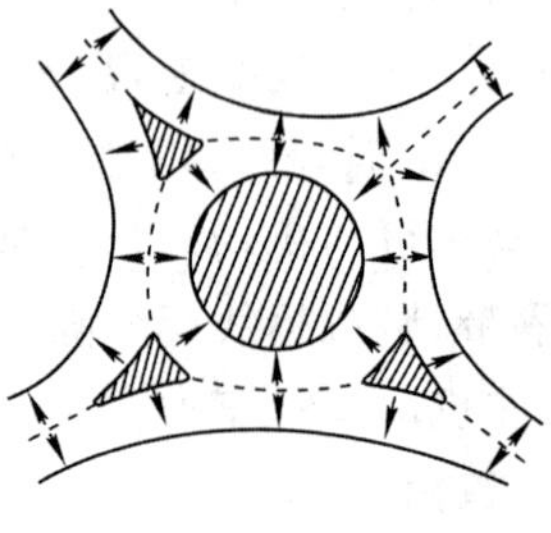

图 7-29　环道的路脊线

7.5 交叉口的立面设计

交叉口立面设计也称为竖向设计，其目的是要统一解决相交道路之间以及交叉口和周围建筑物之间在立面位置上的行车、排水和建筑艺术三方面的要求。使相交道路在交叉口内能有一个平顺的共同面，便于车辆和行人的交通；使交叉口范围内的地面水能迅速排除；使车行道和人行道的各点标高能与建筑物的地面标高相协调而具有良好的空间观感。

7.5.1 交叉口立面设计的原则和要求

立面设计主要取决于相交道路的等级、交通量、横断面形状、纵坡的大小和反向以及周围地形等。交叉口立面设计的基本要求是：首先应满足主要道路的行车方便，在不影响主要道路行车平顺的前提下，适当变动主要道路的纵坡和横坡，以照顾次要道路的行车需要。交叉口立面设计的一般原则为：

① 相同等级道路相交时，一般维持各自的纵坡不变，而改变它们的横坡度。通常是改变纵坡较小道路的横断面形状，使其横断面的横坡度与纵坡较大道路的纵坡一致。

② 主要道路与次要道路相交时，主要道路的纵、横断面均维持不变，而将次要道路双坡横断面，逐渐过渡到与主要道路纵坡相一致的单坡横断面，以保证主要道路的交通便利。

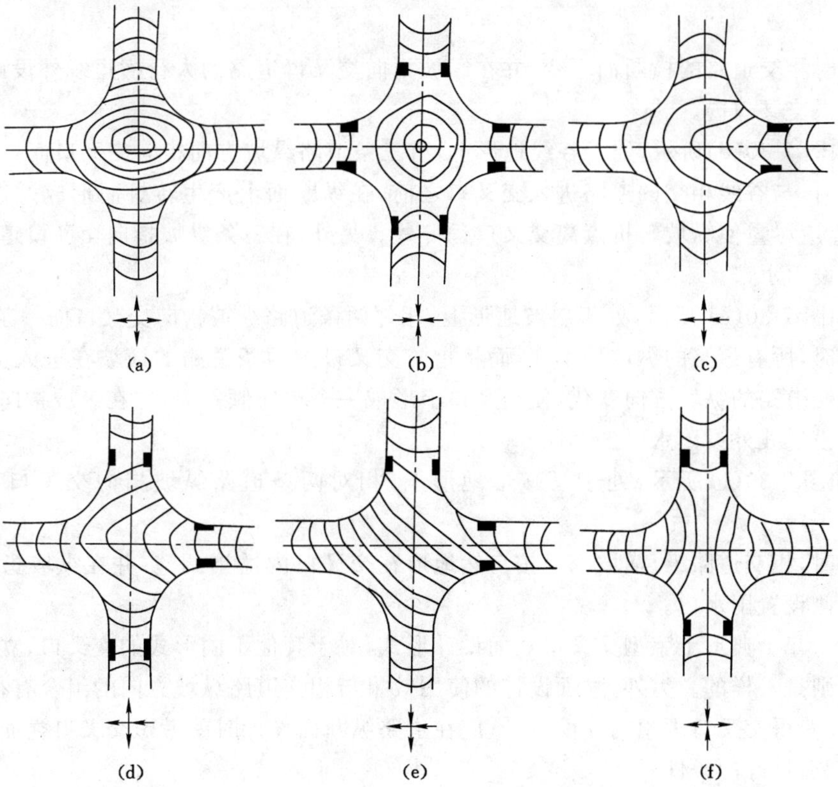

图 7-30 交叉口立面设计的基本形式

③ 设计时至少有一条道路的纵坡方向背离交叉口，以利于排水。如遇特殊地形，所有道路纵坡方向都向着交叉口时，必须在交叉口内设置雨水口和排水管道，以保证排水要求。

④ 在交叉口范围内布置雨水口时，应不使地面水流过交叉口的人行横道，也不应使地面水在交叉口内积水或流入另一条道路。所以，雨水口应设在人行横道之前或低洼处。

⑤ 交叉口范围内横坡要平缓些，一般不大于路段的横坡，以利于行车。纵坡度宜不大于2%，困难情况下应不大于3%。

⑥ 交叉口立面设计标高应与周围建筑物的地坪标高协调一致。

7.5.2 交叉口立面设计的基本类型

交叉口立面设计的形式，主要取决于交叉范围相交道路的纵坡、横坡及地形。以十字形交叉口为例，按其所处地形及相交道路纵坡方向，可划分为六种基本类型，如图7-30所示。

① 如图7-30(a)所示，处于凸形地形上，相交道路的纵坡方向均背离交叉口。

设计时使交叉口的纵坡与相交道路的纵坡一致，适当调整一下接近交叉口的路段横坡，让雨水流向交叉口四个转角的街沟或路基外排除，交叉口内不需设置雨水口。

② 如图7-30(b)所示，处于凹形地形上，相交道路的纵坡方向都指向交叉口。

这种形式地面水都向交叉口集中，排水比较困难，应尽量避免。若因地形限制，不得已时应设置地下排水管道排水。为防止雨水汇集到交叉口中心，应适当改变相交道路的纵坡，以抬高交叉口中心标高，并在转角设置雨水口。

③ 如图7-30(c)所示，处于分水线地形上，有三条道路纵坡方向背离而一条指向交叉口。

设计时相交道路的横断面不变，并在纵坡指向交叉口道路的人行横道线外设雨水口，防止雨水流入交叉口内。

④ 如图7-30(d)所示，处于谷线地形上，有三条道路纵坡方向指向交叉口而一条背离。

设计时，与谷线相交的道路进入交叉口之前，在纵断面上产生转折而形成过街横沟，不利于行车，应尽量使纵坡转折点离交叉口远一些。另外，在三条纵坡指向交叉口道路的人行横道线外设雨水口。

⑤ 如图7-30(e)所示，处于斜坡地形上，相邻两条道路纵坡指向交叉口而一条背离。

设计时，所有道路的纵坡均不变，而将指向交叉口的两条道路的横坡在进入交叉口前，逐渐向相交道路的纵坡方向变化，使交叉口上形成一个单向倾斜面，并在纵坡指向交叉口道路的人行横道线外设雨水口。

⑥ 如图7-30(f)所示，处于马鞍形地形上，相对两条道路纵坡指向交叉口而另两条背离。

设计时，相交道路纵、横坡都可按自然地形在交叉口内适当调整，并在纵坡指向交叉口的道路两侧设置雨水口。

以上为几个典形十字型交叉口立面设计形式，对于其他不同形式的交叉口，立面设计的要求和原则是一样的。另外，立面设计的使用效果与相交道路纵坡方向的组合有很大关系，因此，如要获得交叉口理想的立面设计，应在道路纵断面设计时就考虑交叉口立面设计的要求，为其创造良好的条件。

7.5.3 交叉口立面设计的方法与步骤

交叉口方面设计方法主要有三种，分别是方格网法、设计等高线法和方格网设计等高线法。

(1) 方格网法

在交叉口范围内以相交道路中心线为坐标基线打方格网，测出方格点上的地面标高，求出其设计标高，标出相应的施工高度。

(2) 设计等高线法

在交叉口范围内选定路脊线和标高计算线网，并计算其上各点的设计标高，勾绘交叉口设计等高线，最后标出各点的施工高度。

(3) 方格网设计等高线法

比较上述两种方法，其中设计等高线法比方格网法更能清晰地反映出交叉口的立面设计形状，但等高线上的标高点在施工放样时不如方格网方便。为此，通常把上述两种方法结合使用，称之为方格网设计等高线法，它可以取长补短，既能直观地看出交叉口的立面形状，又能满足施工放样方便的要求。

对于普通交叉口，多采用方格网法或设计等高线法，其中混凝土路面宜采用方格网法，而沥青路面宜采用设计等高线法；对于大型、复杂的交叉口或广场的立面设计，通常采用方格网设计等高线法。在实际工作中，若采用方格网法，则不需勾绘设计等高线，而采用设计等高线法时，可不打方格，只加注一些特征点的设计标高即可。所以，下面以方格网设计等高线法为例，来介绍交叉口立面设计的方法与步骤。

(1) 收集资料

① 测量资料——包括交叉口的控制标高和控制坐标，收集或实测 1∶500 或 1∶200 的地形图，详细标注附近地坪及建筑物标高；

② 道路资料——相交道路的等级、宽度、半径、纵坡、横坡等有关平纵横设计资料和规划资料；

③ 交通资料——交通量及交通组成；

④ 排水资料——区域排水方式，已建或拟建地下排水管道或地上排水沟渠的位置与尺寸。

(2) 绘制交叉口平面图

按比例绘出道路中心线、车行道、人行道及分隔带的宽度，转角曲线和交通岛等。以相交道路中心线为坐标基线打方格网，方格网的尺寸一般采用 $5\times5\sim10\times10\ m^2$，并量测方格点的地面标高。

(3) 确定交叉口的设计范围

交叉口的设计范围一般为转角圆曲线的切点以外 5～10 m(相当于一个方格网的距离)，主要用于过渡处理，如横坡的过渡、标高的过渡等。

(4) 确定立面设计的基本类型和等高距

根据相交道路的等级、纵坡方向、地形情况以及排水要求等，确定所采用的立面设计图式(图 7-30)。根据纵坡度的大小和精度要求选定等高线间距 h，一般 $h=0.02\sim0.1$ m，为便于计算，取偶数为宜。

(5) 勾绘设计等高线

① 路段设计等高线的计算和画法。

当道路的纵坡、横断面形式及路拱横坡度确定以后，可按照所需要的等高线间距，计算路段上设计等高线的水平距离。

如图 7-31 所示，图中 i_1 和 i_3 分别为车行道中心线和边线的设计纵坡（通常情况下 $i_1=i_3$）（%）；i_2 为车行道的路拱横坡度（%）；B 为车行道的宽度(m)；h_1 为车行道的路拱高度(m)。

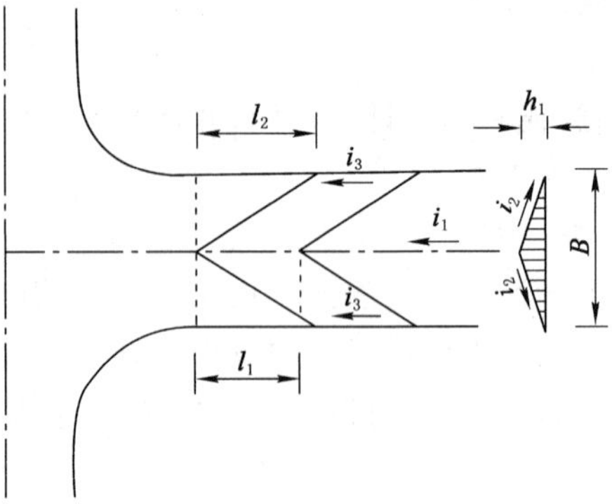

图 7-31　路段设计等高线的绘制

中心线上相邻等高线的水平距离 l_1 为：

$$l_1=h/i_1 \tag{7-14}$$

设置路拱以后，等高线在车行道边线上的位置沿纵向上坡方向偏移的水平距离 l_2 为：

$$l_2=h_1/i_3=\frac{B}{2}\cdot\frac{i_2}{i_3} \tag{7-15}$$

计算出 l_1 和 l_2 后，有 l_1 定出中心线上其余等高线的位置，再由 l_2 定出沿边线相应等高线的位置，最后连接相应等高点，即得用设计等高线表示的路段立面设计图。实际上，如路拱形式为抛物线时，等高线应以曲线勾绘，只有直线型路拱可用折线连成等高线，一般为简化起见用图 7-31 中的折线表示。

② 交叉口上设计等高线的计算与画法。

a. 选定路脊线和控制标高。选定路脊线时，既要考虑行车平顺，又要考虑整个交叉口的均衡美观。路脊线通常是对向行车轨迹的分界线，即行车道的中心线。在交叉口上，路脊线的交点就是控制标高的位置。

对于斜交过大的 T 形交叉口，如图 7-32 所示，其路中心线不宜作为路脊线，应加以调整，如图中的 AB'。调整后路脊线的起点 A 一般为转角曲线切点的断面处，而 B'的位置原则上应选在双向车流的中间位置。

交叉口的控制标高应以整个道路系统的立面规划标高为依据，并综合考虑相交道路的纵坡、交叉口周围地形、路面厚度和建筑物的布置等来确定。在定控制标高时，不宜使相交道路的纵坡相差太大，一般要求差值不大于 0.5%，可能时尽量使纵坡大致相等，以利于立面设计处理。

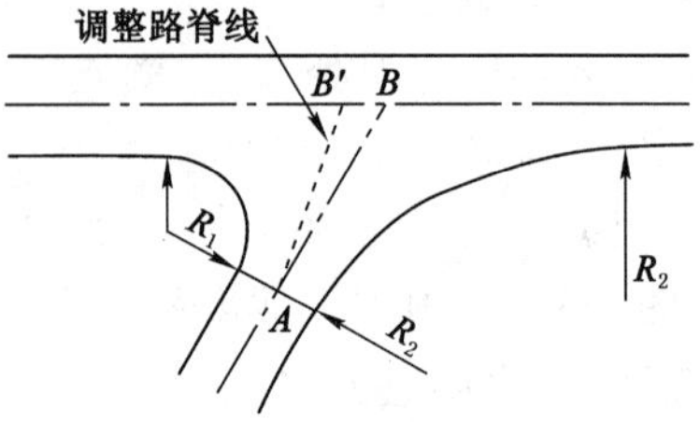

图 7-32　调整路脊线

b. 确定标高计算线网。确定交叉口的控制标高以后，路脊线上的设计标高就基本确定了。但是，只有路脊线上的设计标高还不足以反映交叉口的立面形状，依靠它来勾绘交叉口的等高线比较困难，必须增加一些辅助线，即标高计算机网。实践证明，交叉口立面设计的关键是正确选择路脊线和标高计算线网，如果妥善解决了这两个问题，则各点的标高计算也就迎刃而解了。路脊线按上述方法确定，而标高计算线网主要有四种绘制方法，分别有方格网法、圆心法、等分法和平行线法。

Ⅰ——方格网法。如图 7-33 所示，其标高计算线网就是前述已打了方格的交叉口平面图，该法使用于道路正交的交叉口。

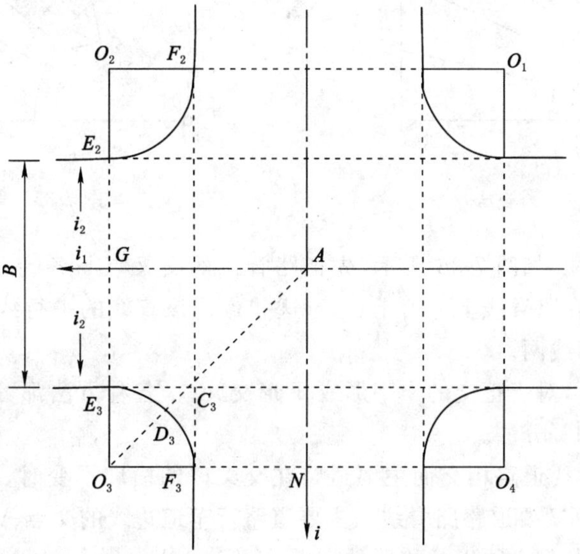

图 7-33　方格网法

根据路脊线交叉点 A 的控制标高 h_A，可逐一推算出某些特征点的设计标高。转角曲线切点横断面上的三点标高为：

$$h_G = h_A - AG \cdot i_1 \tag{7-16}$$

$$h_{E_3}（或\ h_{E_2}）= h_G - \frac{B}{2} \cdot i_2 \tag{7-17}$$

同理，可求得其余 3 个切点横断面上的 3 点标高。

由 E_3 或 F_3 的标高可推算出车行道边线延长线交叉点 C_3 的标高，如不平等，取平均值，即：

$$h_{C_3} = \frac{(h_{E_3} + Ri_1) + (h_{F_3} + Ri_1)}{2} \tag{7-18}$$

过 C_3 的 A、O_3 连线与转角曲线半径相交于 D_3，则 D_3 点的标高为：

$$h_{D_3} = h_A - \frac{h_A - h_{C_3}}{A_{C_3}} AD_3 \tag{7-19}$$

对于其他各点的标高，可根据上述已算出的特征点标高，用补插法求得。

Ⅱ——圆心法。如图 7-34 所示，在路脊线上，按施工要求每隔一定距离或等分定出若干份，并与转角曲线的圆心连成直线（只连到转角曲线上），即得圆心法标高计算线网。

Ⅲ——等分法。如图 7-35 所示，将路脊线等分为若干份，相应地把转角曲线也等分为相同份数，连接对应点，即得等分法标高计算线网。

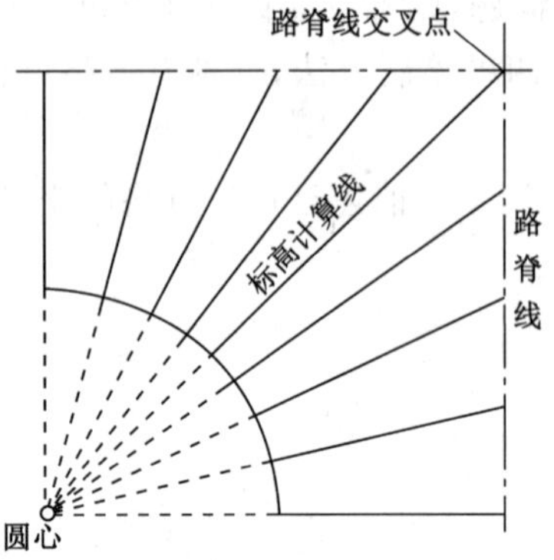

图 7-34　圆心法

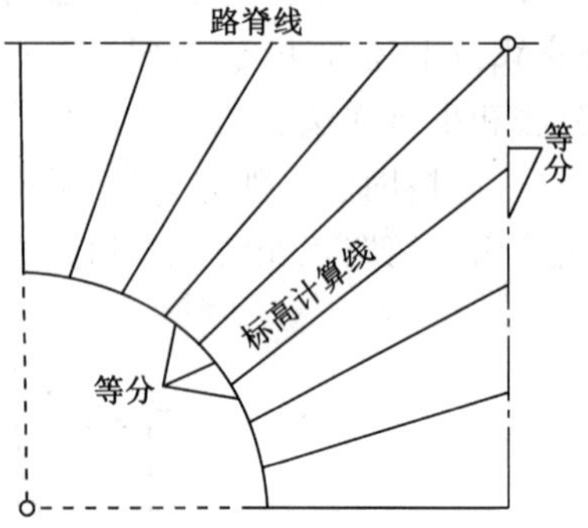

图 7-35　等分法

Ⅳ——平行线法。如图 7-36 所示，先把路脊线的交叉点与各转角曲线的圆心连成直线，然后按施工要求在路脊线上分若干点，过这些点作该直线的平行线交于行车道边线，即得平行线法标高计算线网。

以上四种方法中，对于正交的十字形或 T 形交叉口，各种方法都可采用，而对斜交的交叉口宜采用圆心法和等分法。

当主要道路与次要道路相交而主要道路在交叉口的横坡不变时，如图 7-37 所示，应将路脊线的交点 A 移到次要道路路脊线与主要道路行车道边线的交点 A' 出。此时，无论采用哪一种标高计算线网，都必须以位移后的交点 A' 为准。

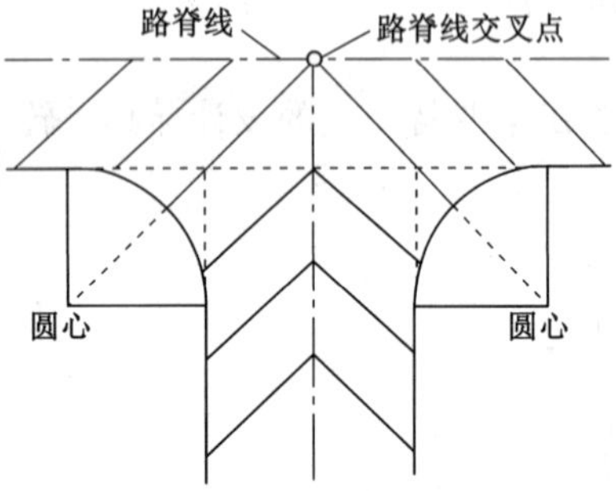

图 7-36　平行线法

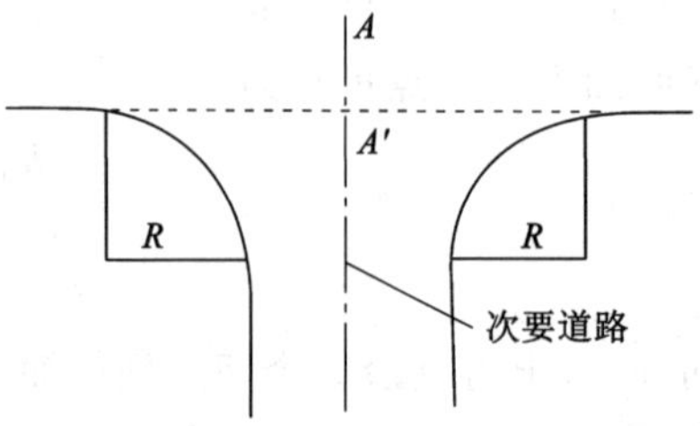

图 7-37　路脊线交叉点位移

c. 计算"标高计算线"上的设计标高。

每条标高计算线上标高点的数目，可根据路面宽度、施工需要以及等高距来确定。如图 7-38和图 7-39 所示，对于路宽、坡陡、施工精度要求高的，标高点可多些，反之则少些。

标高计算线上标高点的方程与所选用的路拱形式有关，当采用抛物线形路拱时，可用下列公式计算：

$$y=\frac{h_1}{B}x+\frac{2h_1}{B^2}x^2 \tag{7-20}$$

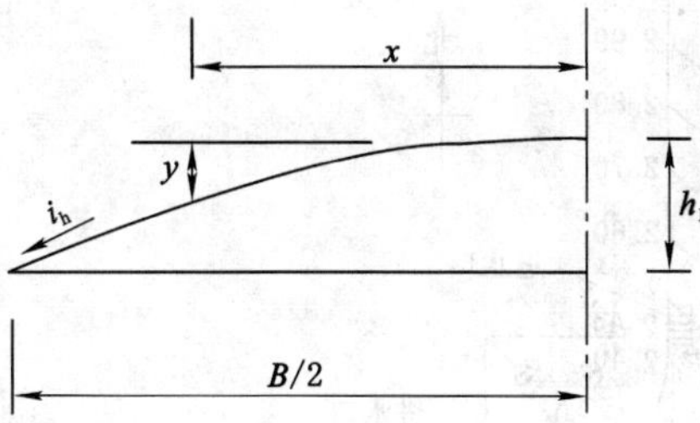

图 7-38　路拱标高计算图式

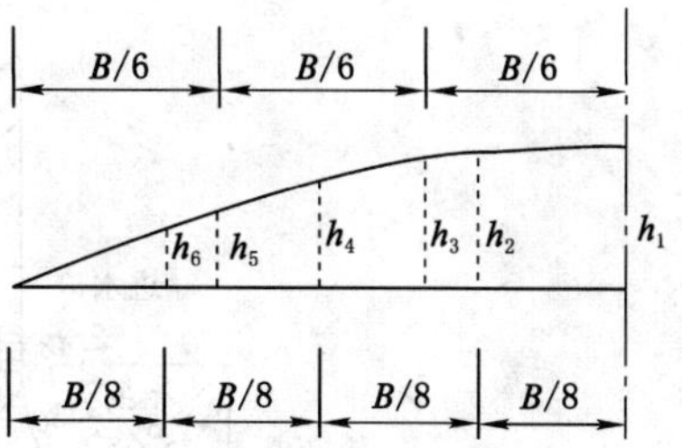

图 7-39　标高点数划分

或

$$y=\frac{h_1}{B}x+\frac{4h_1}{B^3}x^3 \tag{7-21}$$

式中　h_1——路拱高度，m，$h_1=Bi_h/2$；

B——行车道宽度，m；

i_h——路拱横坡，%。

以上两式可根据路面类型来选用，一般宽 14 m 以下的次高级路面和中级路面可用式(7-20)计算；宽 14 m 以上的高级路面采用式(7-21)计算。

③ 勾绘和调整等高线。

根据所选立面设计图式和等高距 h，把各等高点连接起来，就得初步的设计等高线图。

该设计等高线图应满足行车平顺和立面路面排水畅通的要求。通过调整等高线的疏密(一般中间部分疏一些，而边沟处密一些)，使纵、横坡度变化均匀，调整个别不合适的标高，并合理布置雨水口，如图 7-40 所示。

(6) 计算施工高度

根据设计等高线图，用内插法求出方格点上的设计标高，则施工高度等于设计标高减去地面标高。

〖例 7-1〗　正十字交叉路口(位于斜坡上)，纵坡 $i_1=i_3=3\%$，横坡 $i_2=2\%$，行车道宽 $B=15$ m，转角曲线半径 $R=10$ m，交叉口控制标高为 2.05 m，设 $h=0.10$ m，试进行交叉口立面设计。

设计方法：选用方格网—设计等高线法。

立面图式：图 7-30(e)。

设计：

(1) 路段上设计等高线绘制(图 7-31)

$$l_1=\frac{h}{i_1}=\frac{0.1}{0.03}=3.33\ \text{m}$$

$$l_2=\frac{B}{2}\cdot\frac{i_2}{i_3}=\frac{15}{2}\times\frac{0.02}{0.03}=5.00\ \text{m}$$

可绘出路段上的等高线，参见图 7-40。

(2) 交叉口上设计等高线的绘制

① 根据控制标高计算 F_3、N、F_4 三点的标高：

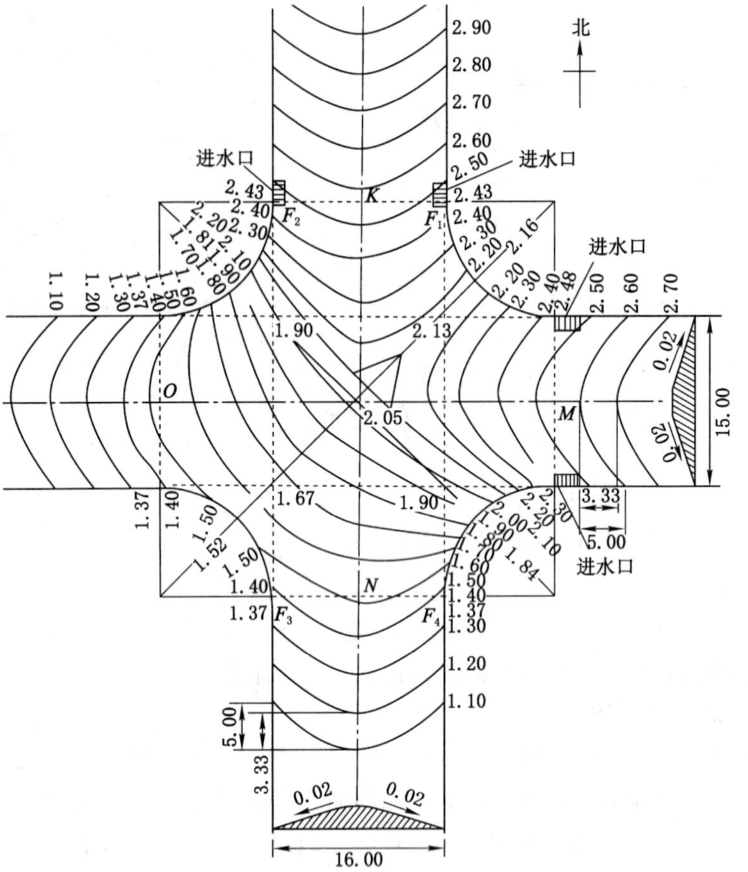

图 7-40　交叉口立面设计图示例

$$h_{\mathrm{N}}=h_{\mathrm{A}}-AN\cdot i_1=2.05-\left(\frac{15}{2}+10\right)\times 0.03=1.52\ \mathrm{m}$$

$$h_{\mathrm{F}_3}=h_{\mathrm{F}_4}=h_{\mathrm{N}}-\frac{B}{2}\cdot i_2=1.52-\frac{15}{2}\times 0.02=1.37\ \mathrm{m}$$

其余道口的：

$$h_M=2.58,h_{E_4}=h_{E_1}=2.43\ \mathrm{m}$$

$$h_K=2.58,h_{F_1}=h_{F_2}=2.43\ \mathrm{m}$$

$$h_G=1.52,h_{E_2}=h_{E_3}=1.37\ \mathrm{m}$$

② 根据 A、F_4、E_4 等点的标高求 C_4、D_4 等点的标高：

$$h_{C_4}=\frac{(h_{E_4}+R\cdot i_1)+(h_{E_4}-R\cdot i_1)}{2}=1.90\ \mathrm{m}$$

$$h_{D_4}=h_A-\frac{h_A-h_{C4}}{AC_4}\cdot AD_4=1.84\ \mathrm{m}$$

同理：

$$h_{C_1}=2.13, h_{C_2}=1.90, h_{C_3}=1.67\ \text{m}$$

$$h_{D_1}=2.16, h_{D_2}=1.84, h_{D_3}=1.52\ \text{m}$$

③ 根据 F_4、D_4、E_4 点的标高计算曲线上各等高点的标高。

用平均分配法

F_4D_4 和 D_4E_4 长为：

$$L=\frac{1}{8}\times 2\pi R=7.85\ \text{m}$$

F_4D_4 间等高线根数为：$\dfrac{h_{D_4}-h_{F_4}}{h}=\dfrac{1.84-1.37}{0.10}\approx 5$ 根。

等高线的平均间距为$\dfrac{7.85}{5}=1.57$ m。

D_4E_4 间等高线根数为：$\dfrac{h_{E_4}-h_{D_4}}{h}=\dfrac{2.34-1.84}{0.10}\approx 6$ 根。

等高线的平均间距为$\dfrac{7.85}{6}=1.31$ m。

F_3D_3 及 D_3E_3 间　$\dfrac{h_{D_3}-h_{F_3}}{h}=\dfrac{1.52-1.37}{0.10}\approx 2$ 根。

等高线的平均间距$\dfrac{7.85}{2}=3.93$ m。

F_2D_2 及 D_2E_2 分别与 D_4E_4 和 F_4D_4 相同。

E_1D_1 及 D_1F_1 间$\dfrac{h_{E_1}-h_{D_1}}{h}=\dfrac{2.43-2.16}{0.10}\approx 3$ 根。

等高线的平均间距$\dfrac{7.85}{3}=2.62$ m。

④ 根据 A、M、K、G、N 各点标高，可计算出 AM、AK、AG、AN 上的等高点(路脊上的点位反算更简便)。

⑤ 按选定的立面设计图式，将对应的等高点连起来。

⑥ 若个别点的高程明显不合适，略做调整，即完成。

习　　题

1. 简述交叉口的类型与适用条件。

2. 车辆在交叉口上的交错点有哪几种？各代表什么含义？减少和消除交叉口交通冲突的措施有哪些？

3. 交叉口交通组织设计的方法有哪些？

4. 何为渠化交通？其作用如何？

5. 什么是视距三角形？应如何绘制？

6. 何谓环形交叉口？其优缺点及适用条件如何？

7. 交叉口竖向设计的基本原则是什么？

8. 图 7-41 为某四路相交的交叉口，在 A、B、C 路段均设有中间带(其中 A、B 方向宽为

4.5 m，C 方向宽为 2.0 m），A 方向为双向六车道，B、C 方向为双向四车道，D 为双向双车道，每条车道宽 3.5 m，人行道宽 4.0 m。拟渠化解决的问题是：改善 C 往 B 的右转行驶条件；压缩交叉面积；明确各向通过交叉口的路径；解决行人过街问题。试拟定渠化方案。

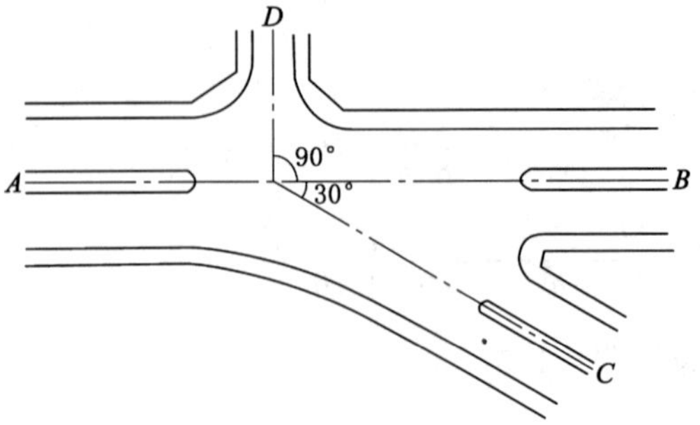

图 7-41　习题 8 图

9. 图 7-42 为正交的十字形交叉口，相交道路计算行车速度为 60 km/h，双向六车道，每条车道宽 4.0 m，人行道宽 4.0 m，进口道右侧车道供直右方向行驶，转角曲线半径为 15.0 m。从视距的要求考虑，试问位于转角人行道外边缘的建筑物 A 是否应拆除？绘制采用圆心法、等分法的标高计算线网。

10. 某五路相交的道口，拟修建普通环形交叉，各道口的相交角度如图 7-43 所示。已知路段设计速度为 50 km/h，行车道宽均为 14 m。若环道宽度为 15 m，内侧车道宽为 6 m，试确定中心岛半径（取 $\mu=0.15$，$i_h=2\%$，不考虑非机动车）。

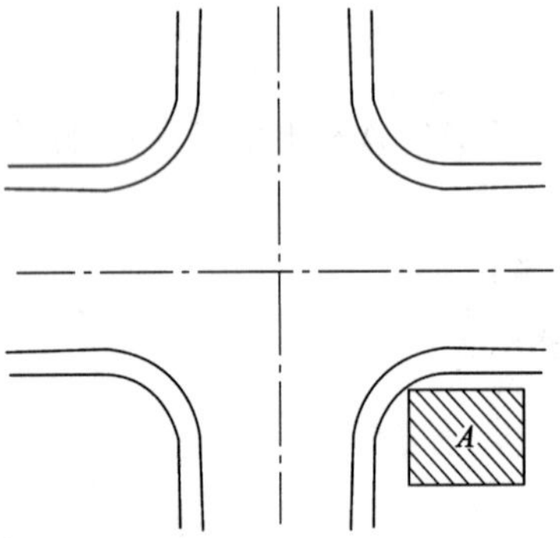

图 7-42　习题 9 图

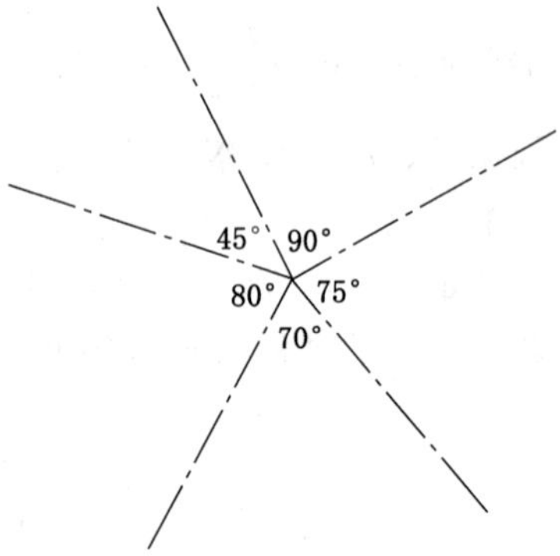

图 7-43　习题 10 图

8 道路立体交叉设计

〖内容提要〗 本章主要介绍道路立体交叉设计的基本理论和方法,讲述了立体交叉的组成、口的类型及适用条件、立体交叉的布置与形式选择、匝道设计、端部设计以及立交的其他设计,对立体交叉的布置及形式选择与匝道设计进行了重点介绍。

〖能力要求〗 通过本章的学习,学生应达到掌握立体交叉的组成、布置与形式选择、匝道设计和端部设计,了解立体交叉的类型与适用条件,熟悉立体交叉的其他设计等内容。

8.1 概述

道路立体交叉系指道路与道路、道路与铁路相互交叉时,用跨线桥或地道使两条路线在不同的水平面上通过的交叉形式。立体交叉简称为立交,是高等级公路和城市道路必不可少的组成部分,在道路交通中起着非常重要的作用,它取代了平面交叉口的信号管理,使各方向车流在不同标高的平面上行驶,消除或减少了冲突点,方便了相交道路车辆的出入,使车辆能连续稳定地通过交叉口,大大提高了道路的通行能力,同时可节约运行时间和燃料消耗,为车辆的快速、安全、经济、舒适行驶提供了保证。

由于立体交叉占地面积大、施工复杂、造价高、不易改建,因此应根据远景规划的要求,经技术、经济及环境效益的比较和分析确定。

8.1.1 立体交叉的组成

一般道路立体交叉的主要组成部分如图 8-1 所示。按立交内容一般可分为跨线构造物、主线、匝道、出入口、变速车道等,按道路的结构形式可分为道路和结构(桥梁、地道)两大部分。

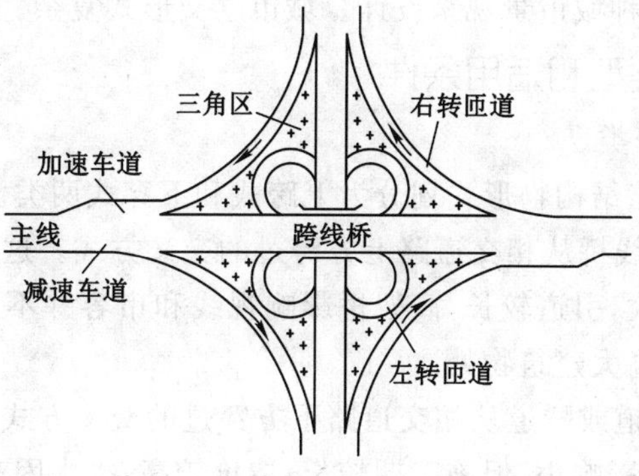

图 8-1 立体交叉的组成

(1) 跨线构造物

它是指立交实现车流空间分离的主体构造物，包括设于地面以上的跨线桥和设于地面以下的地道。

(2) 主线

它是组成立交的主体，指相交道路的直行车行道，主要包括连接跨线构造物两端到地坪标高的引道和交叉范围内引道以外的直行路段。

(3) 匝道

它是立交的重要组成部分，是指供上、下相交道路转弯车辆行驶的连接道，有时包括匝道与正线以及匝道之间的跨线桥或地道。

(4) 出口与入口

由正线驶出进入匝道的道口为出口，由匝道驶入正线的道口为入口。

(5) 变速车道

为适应车辆变速行驶的需要，在正线右侧的出入口附近设置的附加车道称为变速车道。正线出口端为减速车道，正线入口端为加速车道。

立体交叉的范围一般是指各相交道路出入口变速车道渐变段顶点以内包含的正线与匝道的全部区域。

8.1.2 公路立交与城市立交的主要区别

公路立交与城市立交的主要组成部分和设计方法是一致的，但由于受地形、地物、用地、交通组成、收费制式、环境要求及技术标准的影响，两者设计的重点和考虑的因素有所不同，各具特点。

公路立交一般附设收费站，两立交间的间距较大，地物障碍少，用地轻松，计算速度较高，线形指标也较高，交通组成较简单，立交形式简单，以二层式为主，但因匝道计算行车速度相对较高，立交占地较大，多采用地上明沟排水系统，施工时维持原有交通的要求较低，立体交叉形式较简单。

城市立交一般不收费，相邻立交间距较小，需要合理解决庞大的自行车流和行人交通，且用地较紧张，受地上和地下各种管线及建筑物的影响大，多采用地下暗管排水并与城市排水系统连接。同时，要考虑施工时便于维持原交通和快速施工等问题，比公路立交更多地重视美观的要求，常作为一种城市景观来设计。城市立交形式复杂、多样，往往做成多层式。

8.1.3 立体交叉的类型和适用条件

(1) 按结构物形式分类

立体交叉按相交道路结构物形式划分为上跨式和下穿式两类。

① 上跨式——用跨线桥从相交道路上方跨过的交叉方式。这种立交施工方便，造价较低，排水易处理，但占地大，引道较长，高架桥影响视线和市容并不利于非机动车的行驶，宜用于市区以外或周围有高大建筑物处。

② 下穿式——用地道或隧道从相交道路下方穿过的交叉方式。这种立交占地较少，立面易处理，对视线和市容影响小，但施工期较长，造价较高，排水困难，用于市区较为理想。

主线上跨或下穿应根据相交公路的功能、等级、地形和地质条件、跨线桥对主线线形及相关工程的影响程度、工程造价等确定。一般上跨式立体交叉宜用于被交道路地形低洼的乡村或城郊道路，以及对周围建筑物干扰较小的地带。而下穿式立体交叉多用于被交道路为高路堤或城区用地紧张、地面建筑物干扰大的凸型地带。

(2) 按交通功能分类

按交通功能可划分为分离式立交和互通式立交两类：

① 分离式立交。如图 8-2 所示，仅设跨线构造物一座，使相交道路在空间上分离，上、下道路无匝道连接的交叉方式。这种类型立交结构简单，占地少，造价低，但相交道路的车辆不能转弯行驶。只适用于高速公路与铁路或次要道路之间的交叉。

图 8-2　分离式立交

② 互通式立交。如图 8-1 所示，不仅设跨线构造物使相交道路在空间上分离，而且上、下道路有匝道连接，以供转弯车辆行驶的交叉方式。这种立交车辆可转弯行驶，全部或部分消灭了冲突点，各方向行车干扰较小，但立交结构复杂，占地多，造价高。

互通式立交根据交叉处车流轨迹线的交错方式和几何形状的不同，又可分为部分互通式、完全互通式和环形立交三种类型。

a. 部分互通式立交。相交道路的车流轨迹线之间至少有一个平面冲突点的交叉。当个别方向的交通量很小或分期修建时，高速道路与次要道路相交或用地和地形等限制时可采用这种类型立交。部分互通式立交的代表形式主要有：菱形立交和部分苜蓿叶式立交等。

Ⅰ. 菱形立交如图 8-3 所示。

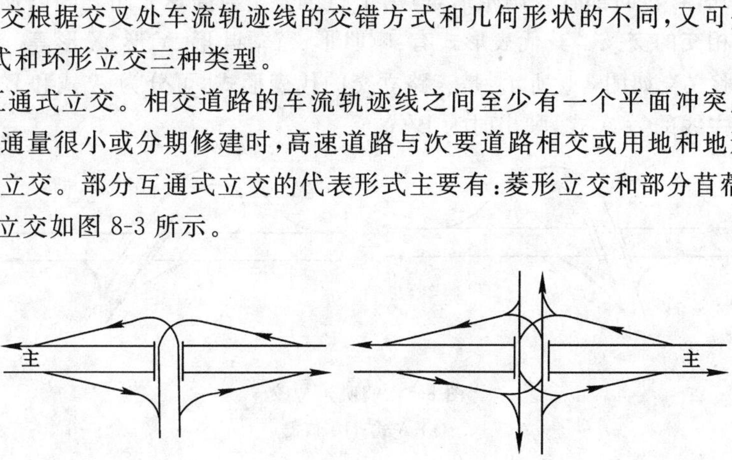

图 8-3　菱形立交

(a) 三路立交；(b) 四路立交

这种形式立交能保证主线直行车辆快速畅通；转弯车辆绕行距离较短；主线上具有高标准的单一进出口，交通标志简单；主线下穿时匝道坡度便于驶出车辆的减速和驶入车辆的加速；菱形立交形式简单，仅需一座桥，用地和工程费用小。但次线与匝道连接处为平面交叉，影响了通行能力和行车安全，只适用于高速公路与次要道路相交的场合。

Ⅱ. 部分苜蓿叶式立交如图 8-4 所示，可根据转弯交通量的大小或场地的限制，采用其中任何一种形式或其他变形形式。

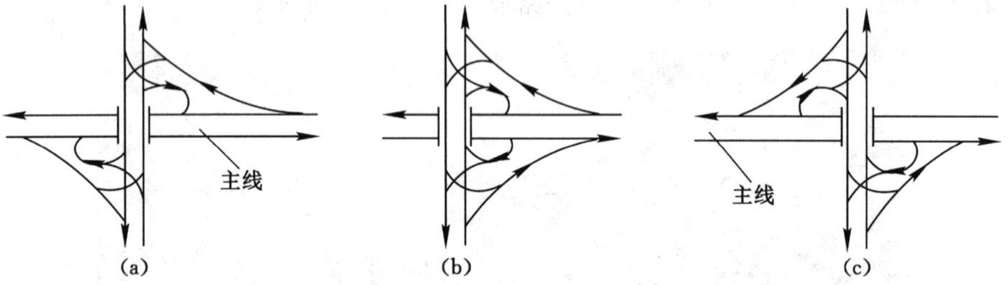

图 8-4 部分苜蓿叶式立交

这三种形式立交的主线直行车快速通畅；单一驶出方式简化了主线上的标志；仅需一座桥，用地和工程费用较小；远期可扩建为全苜蓿叶式立交。但次线上存在平面交叉，有停车等待和错路运行的可能。

布设时应使转弯车辆的出入尽可能少妨碍主线的交通，最好使每一转弯运行均为右转弯出入，不得已时应优先考虑右转出口。另外，平面交叉口应布置在次线上。

上述部分互通式立交特别适用于高速公路与次要道路相交时，当用地或地形等受限制时，也可考虑采用这种类型的立交。

b. 完全互通式立交。相交道路的车流轨迹线全部在空间分离的交叉。它是一种比较完善的高级形式，各转向都有专用匝道，适用于高速公路与高速公路之间以及高速公路与其他高等级道路相交的交叉。其代表形式有：喇叭形、苜蓿叶形、Y 形、X 形等。

Ⅰ. 喇叭形立交如图 8-5 所示，是三路立交的代表形式，可分为 A 式和 B 式。经环圈式左转匝道驶入主线的为 A 式，驶出时为 B 式。

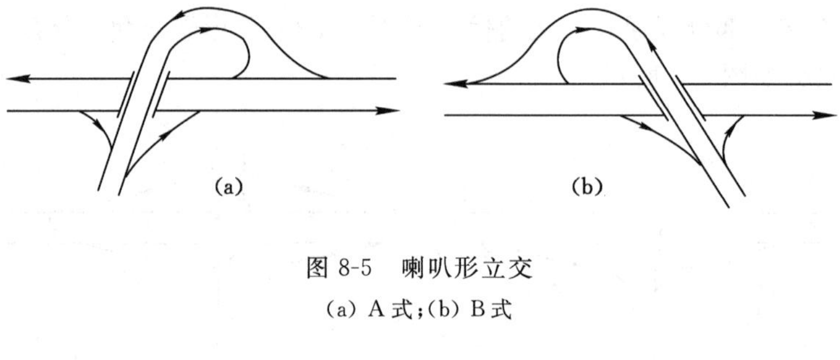

图 8-5 喇叭形立交

(a) A 式；(b) B 式

这种立交只需一座构造物，投资较省；无冲突点，通行能力大，行车安全；造型美观，行车方向容易辨认。

由于这种立交的环圈式匝道车速较低，布设时应将环圈式匝道设在交通量小的方向上，主线交通量大时宜采用 A 式。次线可上跨或下穿，上跨对转弯交通视野有利，下穿时宜斜交或弯穿。

Ⅱ．苜蓿叶式立交，如图 8-6 所示。

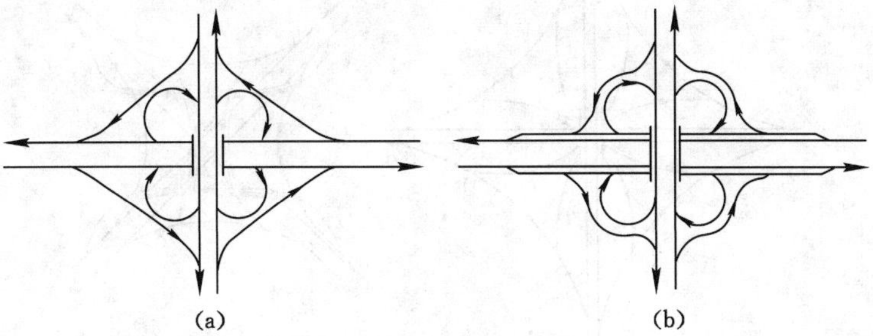

图 8-6　苜蓿叶式立交

(a) 标准形；(b) 带集散车道形

该立交平面形状酷似苜蓿叶，交通运行连续而自然，无冲突点，仅需一座构造物。但这种立交占地面积大，左转绕行距离长，环圈式匝道适应车速较低，且桥上、下存在交织；多用于高速公路之间的立交，而在市区内由于地形的限制很难采用。但因其形式美观，如果在城市外围的环路上采用，加之适当地绿化，也是较为合适的。

布设时为消除主线上的交织，避免双重出口、使标志简化以及提高立交的通行能力和行车安全，可加设集散车道。

Ⅲ．子叶式立交如图 8-7 所示，只需一座构造物，造型美观，造价较低。但交通运行条件不如喇叭式好，正线存在交织，多用于苜蓿叶式的前期工程。布设时以使正线下穿为宜。

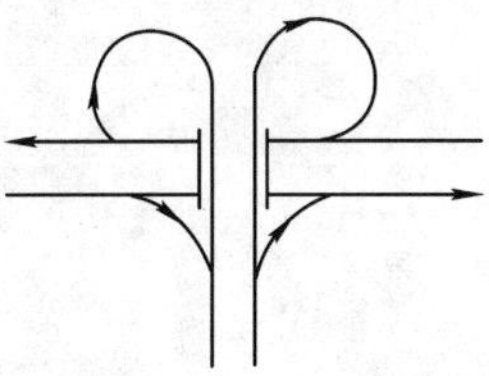

图 8-7　子叶式立交

Ⅳ．Y 形立交如图 8-8 所示，图 8-8(a)为定向 Y 形，图 8-8(b)为半定向 Y 形，右下图为三层式。

这种立交转弯车辆的运行速度较高，无交织，无冲突点，行车安全；行车方向明确，路径短捷，通行能力大；正线外侧占地宽度较小，但需要构造物较多，造价较高。

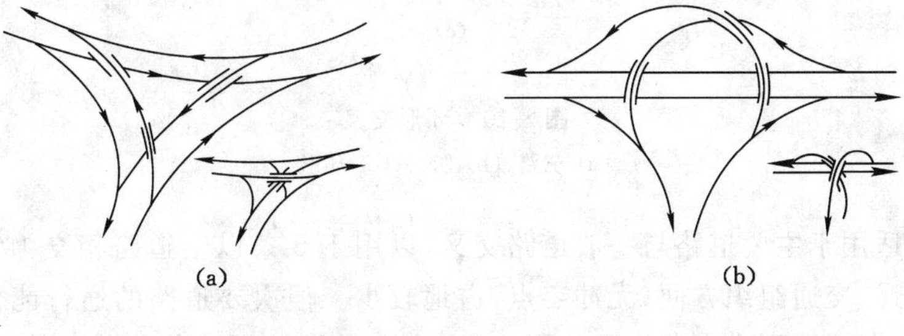

图 8-8　Y 形立交

(a) 定向 Y 形；(b) 半定向 Y 形

Ⅴ．X 形交叉(又称半定向式立交)，如图 8-9 所示，图中 8-9(b)为对角左转匝道拉开布置。各方向运行都有专用匝道，自由流畅，转向明确；无冲突点，无交织，通行能力大；适应车速高的立体交叉。但占地面积大，层多桥长，造价高，在城区受地形限制很难实现。

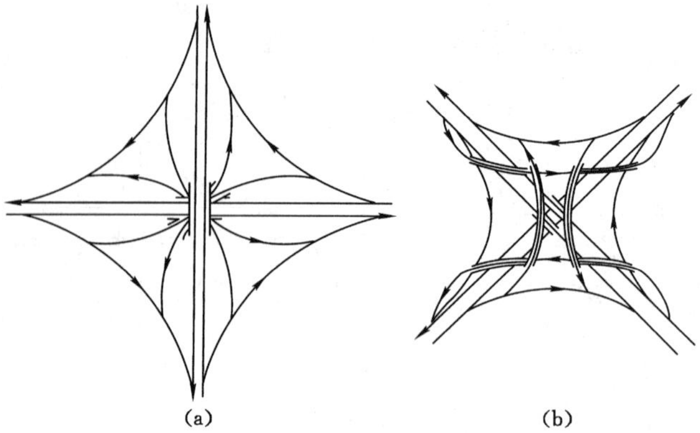

图 8-9　X形立交

c. 环形立交。相交道路的车流轨迹线因匝道数不足而共同使用，且有交织路段的交叉，如图 8-10 所示。

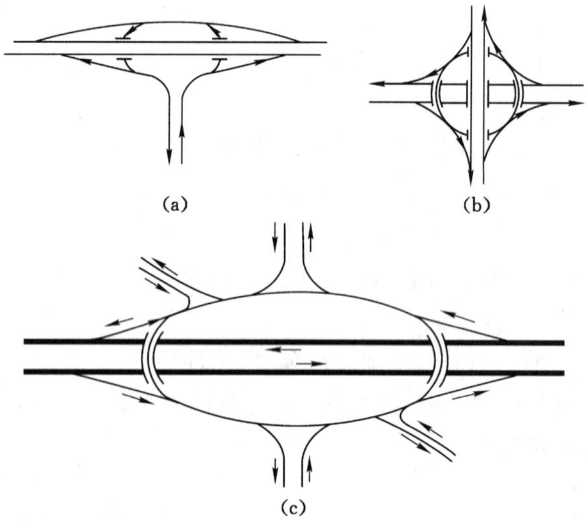

图 8-10　环形交叉

(a) 三路；(b) 四路；(c) 环形

环形立交适用于主要道路与一般道路交叉，以用于 5 条以上道路相交为宜。这种立交能保证主线直通，交通组织方便，无冲突点，占地较少。但次要道路的通行能力受到环道交织能力的限制，车速受到中心岛直径的影响，构造物较多，左转车辆绕行距离长。

当采用环形立交时，必须根据相交道路的性质进行比较研究，看环道的最大通行能力和所采用的中心岛尺寸能否满足远景交通量和车速的要求。布设时应让主线直通，中心岛可采用圆形、椭圆形或其他形状。

8.2 立体交叉的布置与形式选择

8.2.1 立体交叉的布置规划

8.2.1.1 立体交叉的设置条件

对互通式立体交叉位置的选定，应以现有道路网或已批准的规划为依据，综合考虑交通因素、社会因素和自然因素等条件确定，在保证主线畅通的条件下，同时考虑立交对地区交通的分散和吸引作用、立交的设置条件、技术上的合理性、经济上的可行性以及拟选立交的形式等，选择较为理想的地带。一般应选择在地势平坦开阔、地质良好、拆迁较少及相交道路具有较高的平纵线形指标处。通常主要根据下列条件设置立体交叉。

(1) 根据相交道路的等级

高速公路与各类道路相交时，必须采用立体交叉；一级公路与其他公路交叉时，应尽量采用立体交叉；城市快速路与快速路、主干路、铁路交叉时，必须采用立体交叉；大城市机场与一般道路相交时，可采用立体交叉。

(2) 根据交通量的需要

城市主干路与主干路交叉口的现有交通量超过 4 000～6 000 pcu/h，相交道路为四车道以上，且对平面交叉口采取改善措施、调整交通组织均难收效时，可设置立体交叉。高速公路和具有干线功能的一级公路与其他各级公路相交无须交通转换时，可采用分离式立体交叉。二、三、四级公路直行交通量很大或地形条件适宜且不考虑交通转换时，可采用分离式立交。

(3) 考虑地形条件

当交叉所在地形条件适宜修建立交时可采用立交，如高填方路段与其他道路交叉处，较高的桥头引道与滨河路交叉等。两条主干路交叉或主干路与其他道路交叉，当地形适宜修建立体交叉，经技术经济比较确定为合理时，可设置立体交叉。道路跨河或跨铁路的端部可利用扩建桥梁的边孔，修建道路与道路的立体交叉。

(4) 考虑相交道路的任务

高速公路、一级公路同通往县级以上城市、重要的政治或经济中心、重要工矿区、港口、机场、车站和游览胜地等主要公路相交处应设置互通式立体交叉。

(5) 考虑经济条件

经过对投资成本、运营费用和安全性分析，设置立体交叉的效益投资比和社会效益等大于设置平面交叉时，可修建互通式立体交叉。

(6) 道路与铁路的交叉符合下列条件时采用立体交叉

① 当地形条件困难，采用平面交叉危及行车安全时；

② 城市主干路、次干路与铁路交叉，在道路交通高峰时间内，经常发生一次封闭时间超过 15 min。

8.2.1.2 立交的间距

确定互通式立交间距时，主要应考虑以下影响因素：

(1) 能均匀地分散交通

相邻立交之间的间距，应保持其所担负的交通量均衡。间距过大会使交通联系不便；间距过小则又影响高速道路功能的发挥，且使建设投资增加。

(2) 能满足交织路段长度的要求

交织路段是指前一个立交匝道的合流点到后一个立交匝道的分流点之间的距离。相邻立交之间要有足够的交织路段，以便在相邻立交出入口之间设置足够的加减速车道。

(3) 满足标志和信号布置的需要

在相邻立交之间的路段，要设置一系列标志和信号，以便连续不断地告诉驾驶员下一立交出口的到来及去向。

(4) 驾驶员操作顺适的要求

相邻立交之间的距离如果过近，特别是在城市道路上，因互通式立交的平面连续变化，纵断面起伏频繁，会对车辆运行、驾驶操作以及景观均不利。

对互通式立交的标准间距，公路与城市道路不尽相同。公路上，在大城市、重要工业区周围为 5～10 km；一般地区为 15～25 km；最大间距以不超过 30 km 为宜；最小间距不应小于 4 km。城市道路上互通式立交的间距一般比公路小，但最小间距按正线计算行车速度为 80 km/h、60 km/h、50 km/h，分别采用 1 km、0.9 km 和 0.8 km。

8.2.2 立体交叉形式的选择

立交形式选择的目的是为提供行车效率高，安全舒适，适应设计交通量和计算行车速度，满足车辆转弯需要，并与环境相协调的立交形式。立交形式选择是否合理，不仅影响立交本身的功能，如通行能力、行车安全和工程经济等，而且对地区规划、地方交通的发挥及市容环境等都有密切关系。

8.2.2.1 影响立交形式选择的因素

影响因素可概括为道路、交通、环境及自然条件，具体内容详见图 8-11。

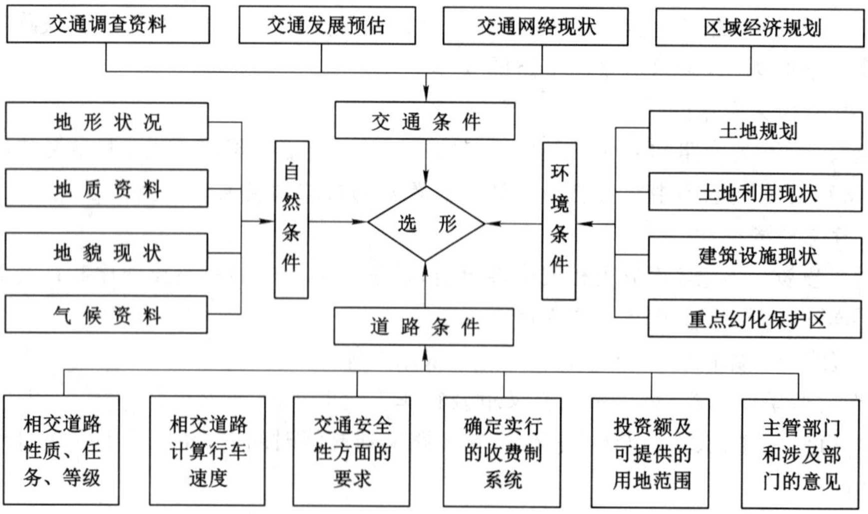

图 8-11　影响立交形式的基本因素

8.2.2.2 立交形式选择的基本原则

互通式立交形式选择，应遵循下列基本原则：

① 立交的形式首先取决于相交道路的性质、任务和远景交通量等，确保行车安全畅通和车流的连续。相交道路等级高时应采用完全互通式立交，且交通量大、计算行车速度高的行车方向要求线形标准高、路线短捷、纵坡平缓；在城市道路上，若使机动车和非机动车流分离行驶，可采用三层或四层式立交。

② 选定的立交形式应与所在地的自然环境条件相适应，要充分考虑区域规划、地形地质条件、可能提供的用地范围、周围建筑物及设施分布现状等。在满足交通要求前提下综合分析研究，力求合理利用地形，与周围环境相协调；力求造型美观，结构新颖合理。

③ 选型应全面考虑近远期结合，既要考虑近期交通要求，减少投资费用，又要考虑远期交通发展需要。

思 选型应从实际出发，有利施工、养护和排水，尽量采用新技术、新工艺、新结构，以提高质量、缩短工期和降低成本。

⑤ 选型和总体布置要全面安排，分清主次，充分考虑平面线形指标和竖向标高的要求。如铁路与道路相交，常以铁路上跨为宜，可减小净空高度；高速道路与其他道路相交，原则上高速道路不变或少变，其他道路抬高或降低；城市立交以非机动车道不变或少变，有利于行人及自行车通行。

⑥ 选型应与定位相结合。立交的形式随所在位置的地形、地物及环境条件而异，通常先定位后选型，两者统筹考虑。

8.2.2.3 立交形式选择的步骤和要点

(1) 初定立交的基本形式

首先选择立交的总体布局，如上跨式或下穿式，完全互通式或部分互通式，二层式、三层式或四层式，机动车与非机动车分行或混行，是否考虑行人交通，是否收费等，在此基础上进一步选择立交的基本形式，如菱形、Y 形等。

根据影响立交形式选择的主要因素，表 8-1 为常用立交形式的选择条件，可供参考。

表 8-1　　互通式立交形式的选择

项目 立交形式	设计速度/(km/h)			交叉口总通行能力/(pcu/h)	占地面积/公顷	相交道路等级及交叉口情况
	直行	左转	右转			
定向型立交	80～100	70～80	70～80	13 000～15 000	8.5～12.5	1. 高速公路相互交叉； 2. 高速公路与市郊快速路相交
首蓿叶式立交	60～80	30～40	30～40	9 000～13 000	7.0～9.0	1. 高速公路相互交叉； 2. 高速公路与快速路、主干路相交； 3. 用地允许的市区主要交叉口
部分首蓿叶式立交	30～80	25～35	30～40	6 000～8 000	3.5～5.0	1. 高速公路与快速路、主干路相交； 2. 首蓿叶式立交的前期工程

续表 8-1

立交形式＼项目	设计速度/(km/h)			交叉口总通行能力/(pcu/h)	占地面积/公顷	相交道路等级及交叉口情况
	直行	左转	右转			
菱形立交	30～80	25～35	25～35	5 000～7 000	2.5～3.5	1. 高速公路与次要公路相交； 2. 快速路与主干路相交
三、四层式环形立交	60～80	25～35	25～35	7 000～10 000	4.0～4.5	1. 快速路相互交叉； 2. 市区交叉口； 3. 高等级公路与次要道路相交
喇叭形立交	60～80	30～40	30～40	6 000～8 000	3.5～4.5	1. 高速公路与快速路相交； 2. 高等级公路相互交叉； 3. 用地允许的市区交叉口
三路环形立交	60～80	25～35	25～35	5 000～7 000	2.5～3.0	1. 高等级公路相互交叉； 2. 市区 T 形、Y 形交叉口
三路子叶式立交	60～80	25～35	25～35	5 000～7 000	3.0～4.0	1. 高等级公鹿相互交叉； 2. 苜蓿叶式立交的前期工程
三路定向型立交	80～100	70～80	70～80	8 000～11 000	6.0～7.0	1. 高速公路相互交叉； 2. 地形适宜的双向分离式道路相交

注：相交道路按六车道计。

对公路立交在确定基本形式时，应根据各方面的交通量，结合地形、地物、当地交通条件综合考虑而定，并注意以下几点：

① 直行和转弯交通量均大，相交道路的计算行车速度较高并要求用较高的速度集散时，可采用定向式或半定向式立交。

② 相交道路等级相差较大且转弯交通量不大时，可用菱形、部分苜蓿叶形或喇叭形。

③ 不设收费站的高速公路、一级公路相交时，可用苜蓿叶式。但其规模和用地较大，且应设置集散车道以减少交通堵塞和交通事故。

④ 部分苜蓿叶式有两处相隔较近的平面交叉，对次线直行交通不利。当各向转弯交通量相差悬殊时，应在适当象限内布置匝道，将冲突减至最低程度。

⑤ 汽车专用公路与一般公路相交，不设收费站时，应优先采用菱形；若设收费站而主线转弯交通量较小时，允许匝道上存在平交。

⑥ 苜蓿叶式的环圈式匝道以单车道为宜。若交通量接近或大于单车道通行能力，则应采用半定向或定向匝道。

(2) 立交几何形状及结构的选择

立交的几何形状及结构对行车速度、运行时间、行车视距、视野范围、服务水平及通行能力等影响较大。在基本形式的基础上，通过仔细研究，对立交的总体结构进行安排，并合理布置匝道。

(3) 立交方案的比较

有时要有几个立交方案可供选择，要经过多方案的技术、经济比较，选择合理的立交形式和适当的规模，以选择出满足交通功能要求、适合现场条件、工程量小、投资省的最佳立交方案。

8.2.3 立体交叉的设计资料和设计步骤

(1) 设计资料

在立体交叉设计之前，应通过实地勘测、调查收集下列所需设计资料：

① 自然资料：测绘立交范围内的 1∶500～1∶2 000 地形图，详细标注建筑物的建筑线、种类、层高、地上及地下各种杆柱和管线；调查并收集用地发展规划，水文、地质、土壤、气候条件资料；收集附近的国家控制点和水准点等。

② 交通资料：收集各转弯及直行交通量，交通组成；推算远景交通量；绘制交通量流量及流向图；调查非机动车和行人流量等。

③ 道路资料：调查相交道路的等级、平纵面线形、横断面形式及尺寸；相交角度、控制坐标和标高；路面类型及厚度等。

④ 排水资料：收集立交所在区域的排水规划及现状；各管渠位置、埋深和尺寸。

⑤ 文书资料：收集设计任务书及有关文件等。

⑥ 其他资料：调查取土、弃土和材料的来源；施工单位、季节、工期和交通组织与安全。

(2) 设计步骤

① 初拟设计方案：根据交通量和地形条件，在地形图上或其上覆盖的透明纸上勾绘出各种可能的立交方案。

② 确定比较方案：对初拟方案进行分析，应考虑线形是否顺适，技术指标能否满足，各层间能否跨越，拆迁是否合理等，从中选出 2～4 个方案进一步比较。

③ 确定推荐方案：在地形图上按比例绘出各比较方案，完成初步平纵设计和概略工程量计算，做出各方案的比较表，全面比较后确定推荐方案，一般 1～2 个。

④ 确定采用方案：对推荐方案视需要做出模型或透视图，征询有关方面的意见，最后定出采用方案。

⑤ 详细测量：对采用方案实地放线并详细测量，进一步收集技术设计所需的全部资料。

⑥ 技术设计：完成全部施工图和工程预算。

以上①～④步为初步设计阶段，当可选方案较少或简单明了时可酌减步骤，⑤～⑥步为施工图设计阶段。

8.3 匝道设计

匝道是互通式立交必不可少的组成部分。匝道设计的合理与否，直接关系到立交枢纽的功能、营运及安全等。因此，匝道的合理布置与使用合适的线形是至关重要的。

8.3.1 匝道的基本形式

匝道的形式多种多样，按匝道与相交道路的关系，分为右转匝道和左转匝道两大类。

(1) 右转匝道：如图 8-12 所示，从右侧驶出后直接右转约 90°，到相交道路的右侧驶入，一般不设跨线构造物。其特点是形式简单，车辆运行方便，直接顺当，行车安全。

(2) 左转匝道：车辆需转约 270°越过对向车道，至少需要一座跨线构造物。按匝道与相交道路的关系，左转匝道又可分为以下几种基本形式：

① 直接式（又称定向式或左出左进式）：如图 8-13 所示，左转车辆直接从左侧驶出，左转弯，到相交道路从左侧驶入。优点是匝道长度最短，可降低营运费用；没有反向迂回运行，自然顺畅；可适应较高车速。缺点是跨线构造物较多，单行跨线桥二层式二座，或三层式一座；相交道路的车辆之间要有足够的间距，一般车辆驶入；对重型车和慢速车左侧高速驶出困难，左侧高速驶入也困难且不安全。

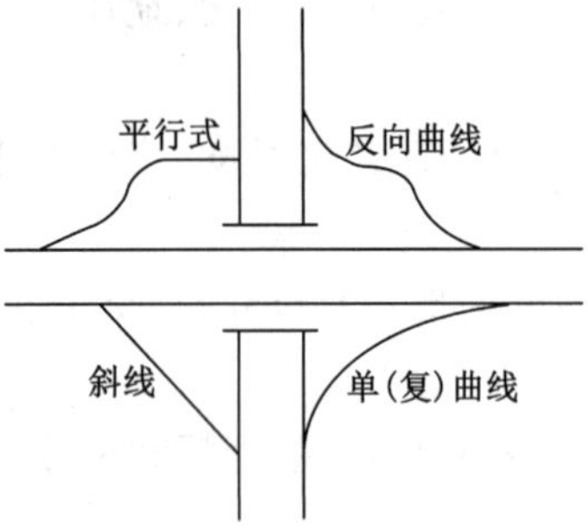

图 8-12　右转匝道示意图

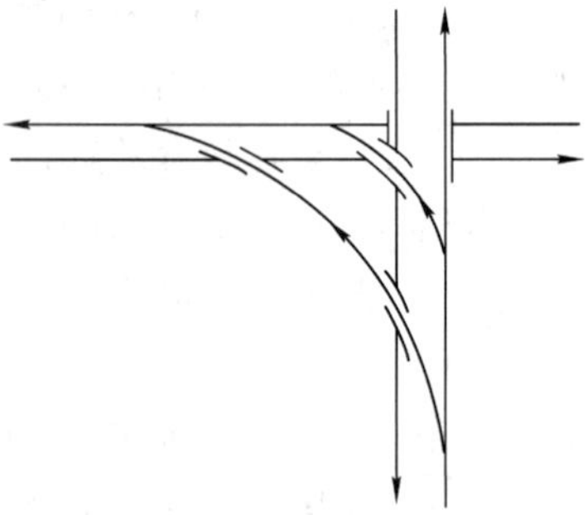

图 8-13　定向式左转匝道(左出左进)

因定向式左转匝道存在左出和左进的不利问题，且与我国右侧行驶规则不相适应，所以除左转交通量很大外一般不采用。图中两种形式可视经济性、线形指标及用地等比较选用。

② 半直接式（又称半定向式匝道）按车辆由相交道路的进出方式可分为三种基本形式：

a. 左出右进式：如图 8-14 所示，左转车辆从左侧直接驶出后左转弯，到相交道路时由右侧驶入。与定向式匝道相比，右进改变了左进的缺点，但仍然存在左出的问题；匝道略绕行。对应图式三种情况，需设二层式单行跨线桥和双向跨线桥各一座，或三层式双向跨线桥一座，或二层式单行跨线桥一座。

b. 右出左进式：如图 8-15 所示，左转车辆从右侧右转驶出，在匝道上左转，到相交道路后直接由左侧驶入。改善了左出的缺点，但左进仍然存在。

c. 右出右进式：如图 8-16 所示，左转车辆都是右转弯驶出和驶入，在匝道上左转改变方向。完全消除了左出、左进的缺点，行车安全。但匝道绕行最长，构造物最多。图中五种形式应视地形、地物及线形等条件确定。

③ 间接式（又称环圈式）：如图 8-17 所示，左转车辆先驶过正线跨线构造物，然后向右回转约 270°达到左转的目的。其特点是右出右进，行车安全；不需设构造物；造价最低。但最低线形指标差；占地较大；车速和通行能力低；左转绕行较长。

环圈式匝道为苜蓿叶式和喇叭式立交的标准组成部分。图中 8-17(a)为常用的基本形式，当苜蓿叶式立交设有集散道路时，可用其余三种形式。

8.3.2　匝道的特性

上述匝道的基本形式中，对右转匝道在不设跨线构造物前提下是定型的，几乎都采用右出右进的形式，只是在使用中视场地限制条件改变匝道的线形而已，若某一象限未设右转匝道，该立交相交道路上会出现平面交叉口。

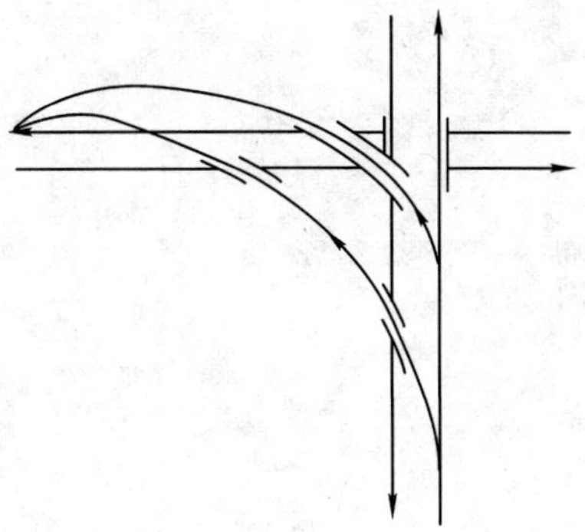

图 8-14　左出右进式

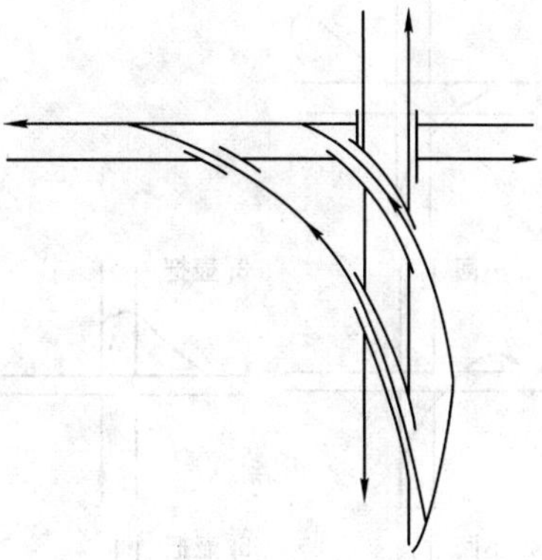

图 8-15　右出左进式

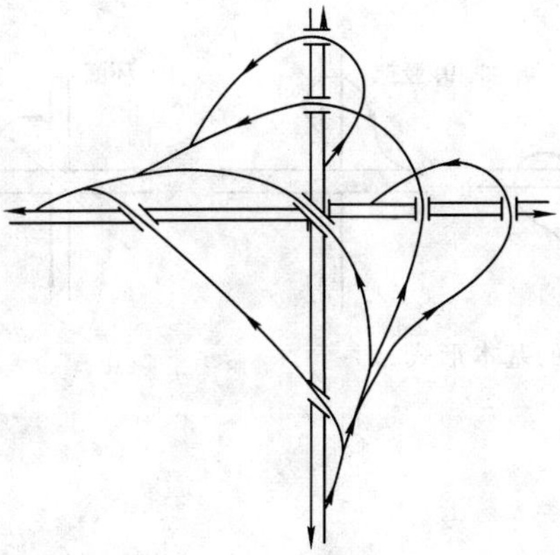

图 8-16　右出右进式

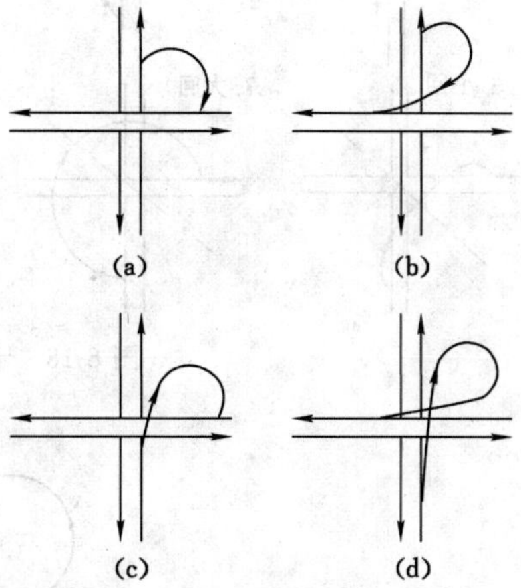

图 8-17　环圈式左转匝道

而左转匝道的基本形式变化多端，各种匝道可以单独或相互组合使用，形成许多不同类型的立体交叉。进一步观察左转匝道的基本形式，它们具有如下特性：

① 对称性：左转匝道可分为十种，如图 8-18 所示。从外观图形分析，可归纳为两类，一类为自身斜轴对称，如编号为 1、6、7、10 四种；另一类自身无对称轴，但可分为相互轴对称的三对，如 2 和 4、3 和 5、8 和 9 六种。由这两类不同对称性的左转匝道，可以相互组合成许多对称的造型美观的立交形式。

② 任何一个方向左转的车辆，均可在所在象限内完成左转弯运行。如图 8-19 所示，若 A 方向来车拟左转到 B 方向时，可在四个象限内布置左转匝道。

③ 所有行驶方向左转的车辆，均可在部分象限内完成左转弯运行，如图 8-20 所示，图 8-20(a)为一个象限集中布置，图 8-20(b)和图 8-20(c)分别只在两个和三个象限内布置。

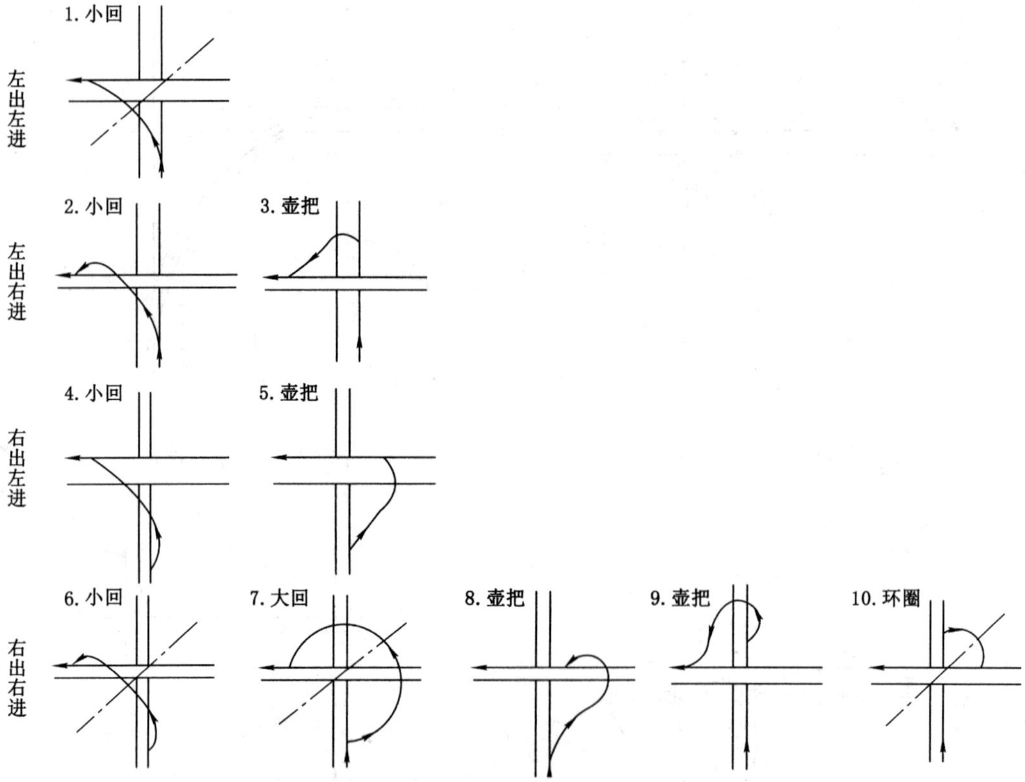

图 8-18　十种左转匝道的基本形式

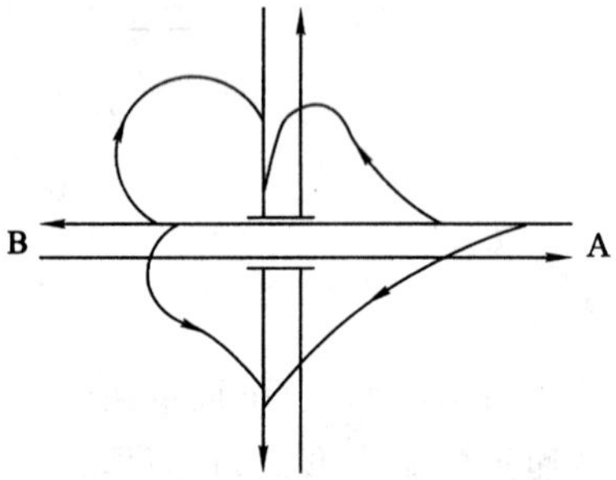

图 8-19　一个方向左转匝道布置

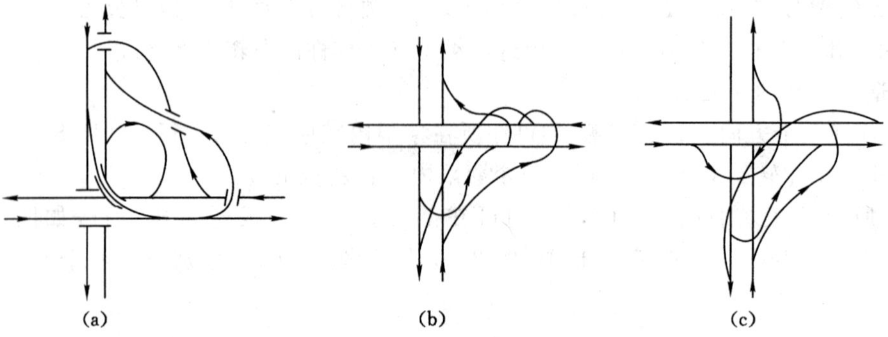

图 8-20　部分象限所有左转匝道布置

8.3.3 匝道的设计依据

8.3.3.1 立交的等级

公路互通式立交根据相交道路的等级划分为三级，其分级如表 8-2 所示。表中括号内等级适用于该立交建成使用后第 10 年的年平均日交通量不小于 10 000 辆的情况，或交通量虽小于此值，但因特殊需要而设置互通式立交时。城市道路立交未作分级规定。

表 8-2　互通式立交的分级

互通式立交分级		汽车专用公路			一般公路		
		高速公路	一级公路	二级公路	二级公路	三级公路	四级公路
汽车专用公路	高速公路	一	二(一)	三(二)	三(二)	三	三
	一级公路	二(一)	三(二)	(三)	(三)	(三)	(三)
	二级公路	三(二)	(三)				
一般公路	二级公路	三(二)	(三)				
	三级公路	三	(三)				
	四级公路	三	(三)				

8.3.3.2 设计速度

匝道的设计速度主要是根据立交的等级、转弯交通量以及用地和建设费用等条件选定。由于地形、用地和建设费用等限制，匝道的设计速度通常都较正线低，但降低不得过大，以免车辆在离开或进入正线时产生急剧的减速或加速，导致行车危险和不顺畅。最佳值以接近主线平均行驶速度为宜。当受用地或其他条件限制时，匝道设计速度可适当降低。

公路立交匝道设计速度的规定见表 8-3。城市道路立交匝道设计速度的规定见表 8-4。

表 8-3　公路立体交叉匝道设计速度　km/h

匝道形式		直连式	半直接式	环形匝道
匝道设计速度	枢纽互通式立交	80,60,50	80,60,50,40	40
	一般互通式立交	60,50,40	60,50,40	40,35,30

表 8-4　城市道路立体交叉匝道设计速度　km/h

相交道路设计速度	主线设计速度				
	120	80	60	50	40
80	60～40	50～40	—	—	—
60	50～40	45～35	40～30	—	—
50	—	40～30	35～25	30～20	—
40	—	—	30～20	30～20	25～20

选用匝道计算行车速度时应注意以下几点：

(1) 满足最佳车速要求：为确保行车安全及通行能力的要求，并考虑占地及行驶条件，匝道设计速度宜接近最佳车速（即匝道达到最大通行能力时的车速），其简化计算公式为：

$$V_K=\sqrt{\frac{L+L_0}{C}} \tag{8-1}$$

式中 L——车长，m；

L_0——安全距离，一般取 5～10 m；

C——制动系数，一般取 0.15～0.30 s^2/m。

最佳车速通常为 V_K＝40～50 km/h。

(2) 按匝道的不同形式选用：同一座立交各条匝道的设计速度应有所不同，原则上应根据匝道的形式选用。

① 右转匝道宜采用上限和中间值；

② 定向式左转匝道宜采用上限或接近上限值；

③ 半定向式宜采用中间值或接近中间值；

④ 环圈式宜采用下限值。

(3) 适应出、入口行驶状态的需要：

① 驶出匝道分流端的计算行车速度不能小于主线计算行车速度的 50%～60%；

② 驶入匝道与加速车道连接处的计算行车速度应保证车辆驶至加速车道末端的速度能达到主线的 70%；

③ 接近收费站或次要道路的匝道末端，计算行车速度可酌情降低。

(4) 考虑匝道的交通组织：双向无分隔带的匝道应取同一计算行车速度；双向独立的匝道依交通量的不同而分别选用。

8.3.3.3 设计交通量

匝道的设计交通量主要根据相交道路的交通量，结合交通调查资料，来进行直行、左行和右行方向交通量的分配。

8.3.3.4 通行能力

(1) 匝道的通行能力

匝道的通行能力取决于匝道本身的通行能力、入口处的通行能力和出口处的通行能力，以三者之中较小者作为采用值。通常出口和入口处的通行能力与匝道本身通行能力相比甚小，故匝道的通行能力主要受出、入口处通行能力的控制。出、入口处的通行能力可按如下 6 种情况计算，并采用每种情况较小者。

① 单车道匝道驶入单向双车道主线

$$\min\left\{\begin{aligned}&V_r=1.13V_D-154-0.39V_f\\&V_r=2V_D-V_f\end{aligned}\right\} \tag{8-2}$$

式中 V_r——出口或入口处的通行能力，pcu/h；

V_D——主线每一车道设计通行能力，pcu/h；

V_f——主线单向合计交通量，pcu/h。

② 单车道匝道驶出单向双车道主线

$$V_r = 1.02V_D - 317 - 0.66V_f \tag{8-3}$$

③ 单车道匝道驶入单向三车道主线

$$\min\begin{Bmatrix} V_r = V_D + 120 - 0.244V_f \\ V_r = 3V_D - V_f \end{Bmatrix} \tag{8-4}$$

④ 单车道匝道驶出单向三车道主线

$$V_r = 2.11V_D - 203 - 0.488V_f \tag{8-5}$$

⑤ 双车道匝道驶入单向三车道主线

$$\min\begin{Bmatrix} V_r = 1.793V_D + 357 - 0.499V_f \\ V_r = 3V_D - V_f \end{Bmatrix} \tag{8-6}$$

⑥ 双车道匝道驶出单向三车道主线

$$V_r = 1.76V_D + 279 - 0.062V_f \tag{8-7}$$

(2) 交织路段的通行能力

交织是互通式立交常用的交通组织方式之一。如环形立交、部分苜蓿叶式或全苜蓿叶式立交本身就存在交织运行。另外,为消除冲突点,常在匝道上为交叉车流设置一段公共匝道,形成交织路段。交织路段的通行能力主要与交织路段长度、行车速度及交织路段的交通量有关,可根据计算行车速度和交织路段长度求得。

8.3.4 匝道的线形设计

8.3.4.1 匝道的平面

互通式立交匝道平面线形设计,应根据相交道路的等级和性质所确定的互通式立体交叉的等级,依据预测的交通量、地形、用地条件、地下管线设置等因素来确定立交匝道类型及其曲线半径,使其适应行驶速度的变化,保证车辆连续安全运行。

(1) 匝道平曲线半径

匝道的平面线形和路线一样对汽车安全、顺利、舒适行驶具有重要作用,匝道的平曲线半径直接影响匝道的形式、用地、规模、造价以及行车的安全性与舒适性。匝道圆曲线最小半径计算公式与第3章公式相同。最小半径取决于匝道的计算行车速度,同时应考虑经济性、安全性和舒适性。表8-5为公路立交匝道圆曲线最小半径,通常应选用大于一般值的半径,当受地形条件或其他特殊情况限制时,方可采用最小值。冰冻积雪地区不得采用最小值。

表 8-5　　公路立交匝道圆曲线最小半径

匝道设计速度/(km/h)		80	70	60	50	40	35	30
圆曲线最小半径/m	一般值	280	210	150	100	60	40	30
	最小值	230	175	120	80	50	35	25

城市道路立体交叉圆曲线最小半径的规定见表8-6,选用时宜采用大于或等于表列超高 $i_h = 2\%$ 的最小半径,有条件的地方可采用不设超高的最小半径。

表 8-6　　城市道路立交匝道圆曲线半径及平曲线最小长度

匝道设计速度	60	50	45	40	35	30	25	20
横向力系数	0.18						0.16	0.14
超高 $i_h=6\%$的最小半径	120	80	65	50	40	30	20	15
超高 $i_h=4\%$的最小半径	130	90	75	60	45	35	25	20
超高 $i_h=2\%$的最小半径	145	100	80	65	50	40	30	20
不设超高的最小半径	180	125	100	80	60	45	35	30
平曲线最小长度	100	85	75	65	60	50	40	35

对环圈式匝道的圆曲线半径，除满足上述规定外，还应有足够的长度以保证曲率的缓和过渡以及上下线的展线长度要求，可按下式计算：

$$R_{\min} \geqslant \frac{57.3H}{\alpha i} \tag{8-8}$$

式中　H——上下线要求的最小高差，m；

α——匝道的转角；

i——匝道的设计纵坡度，%。

(2) 匝道缓和曲线参数

车辆在匝道上由直线段驶入圆曲线、由圆曲线驶入直线段或大半径圆曲线与小半径圆曲线之间应设置缓和曲线，缓和曲线采用回旋线，以满足车辆行驶轨迹和离心力渐变的特性。

曲线超高之间或曲线超高与直线双向路拱横坡之间的缓和段以及曲线平面加宽的宽度和直线路段宽度过渡段所需要的缓和段，均应在缓和曲线范围中完成。

缓和曲线应采用回旋线，其参数以 $A \leqslant 1.5R$ 为宜，并不小于表 8-7 所列数值。反向曲线的两个回旋线参数宜相等，不相等时其比值应小于 1.5。缓和曲线最小长度确定，必须使离心加速度变化率不超过一定限度，且在方向操作上要有合理的时间。匝道缓和曲线长度应不小于表 8-7 所列值。

表 8-7　　匝道回旋线参数及长度

匝道设计速度/(km/h)	80	70	60	50	40	35	30
回旋线参数 A/m	140	100	70	50	35	30	20
回旋线长度/m	70	60	50	40	35	30	25

8.3.4.2　匝道的纵断面

(1) 匝道最大纵坡

互通式立交一般交通量大，行驶车种复杂，为保证行车安全，立交匝道最大纵坡值按互通式立交等级，匝道设计速度采用不同标准；匝道因受上下行标高的限制，为克服高差、节省用地和减少拆迁，并考虑到匝道上行车速度较低，故匝道纵坡一般比正线纵坡大。

公路互通式立交匝道最大纵坡不应大于表 8-8 所列值。

表 8-8　**公路立体交叉匝道最大纵坡**

匝道设计速度/(km/h)			80,70	60,50	40,35,30
最大纵坡(%)	出口匝道	上坡	3	4	5
		下坡	3	3	4
	入口匝道	上坡	3	3	4
		下坡	3	4	5

因地形困难或用地紧张时可增大 1%。非冰冻积雪地区在特殊困难情况下可增加 2%。

城市道路立体交叉匝道的最大纵坡不应大于表 8-9 的规定。若机动车与非机动车混行时,考虑非机动车的行车要求,最大纵坡应按非机动车车行道的规定,一般不宜大于 3%。

表 8-9　**城市道路互通立交匝道最大纵坡**

匝道设计速度/(km/h)	80	70	60	≤40
一般地区最大纵坡/%	4	5	5	6(6.5)
积雪冰冻地区最大纵坡/%	4	4	4	4

注:以小汽车行驶为主的直线形匝道困难路段最大纵坡度可用表中括号值。

(2) 匝道竖曲线半径

各设计速度对应的竖曲线最小半径及最小长度见表 8-10。

表 8-10　**匝道竖曲线的最小半径及长度**

匝道设计速度/(km/h)			80	70	60	50	40	35	30
竖曲线最小半径/m	凸形	一般值	4 500	3 500	2 000	1 600	900	700	500
		最小值	3 000	2 000	1 400	800	450	350	250
	凹形	一般值	3 000	2 000	1 500	1 400	900	700	400
		最小值	2 000	1 500	1 000	700	450	350	300
竖曲线最小长度/m		一般值	100	90	70	60	40	35	30
		最小值	75	60	50	40	35	30	25

8.3.4.3　匝道横断面及加宽

(1) 匝道横断面

匝道横断面由车道、路缘带、硬路肩和土路肩(城市道路不设)组成,对向分离双车道匝道还包括中央分隔带。

匝道各组成部分的宽度:车道宽度一般为 3.5～4.0 m,公路立交一般多用 3.5 m。中央分隔带的宽度为 1.0 m(设刚性护栏时可为 0.6 m),路缘带宽度为 0.5 m。土路肩宽度为 0.75 m 或 0.5 m。单车道匝道应设硬路肩,其宽度包括路缘带为 2.5 m,特殊情况下可取 1.5 m,左侧硬路肩宽度为 1.0 m。匝道的车道、硬路肩宽度与正线不同时,应在匝道范围内设置渐变率为 1/20～1/30 的过渡段。

(2) 匝道圆曲线的加宽值

匝道圆曲线的加宽值，应根据圆曲线半径按表 8-11 所示数值采用。曲线加宽的过渡可按照正线加宽过渡的方式进行。

表 8-11　　匝道圆曲线的加宽值

圆曲线半径/m											
圆曲线半径/m	单向单车道匝道	≥72	58～<72	48～<58	42～<48	36～<42	32～<36	29～<32	27～<29	25～<27	23～<25
	单向双车道或双向双车道匝道	≥47	43～<47	39～<43	36～<39	33～<36	31～<33	29～<31	27～<29	26～<27	25～<26
加宽值/m		0	0.25	0.5	0.75	1.0	1.25	1.5	1.75	2.0	2.25

8.3.4.4　**匝道的超高及其过渡**

(1) 超高值

匝道上的圆曲线应根据规定设置必要的超高，超高值按表 8-12 选用。积雪冰冻区超高不得大于 6%，合成坡度不得大于 8%。当圆曲线半径大于表 8-12 所列值时，宜保持正常路拱，匝道上保持正常路拱的圆曲线半径见表 8-13。

表 8-12　　匝道圆曲线的超高

匝道设计速度/(km/h)	匝道圆曲线的超高								
80	<280	280～330	330～380	380～450	450～540	540～670	670～870	870～1240	>1240
70	<210	210～250	250～300	300～350	350～430	430～550	550～700	700～1000	>1000
60	<140	140～180	180～220	220～270	270～330	330～420	420～560	560～800	>800
50	<90	90～120	120～160	160～200	200～240	240～310	310～410	410～590	>590
40	<50	50～70	70～90	90～130	130～160	160～210	210～280	280～400	>400
35	<40	40～50	50～60	60～90	90～110	110～140	140～220	220～280	>280
30		—	30～40	40～60	60～80	80～110	110～150	150～220	>220
超高/%	10	9	8	7	6	5	4	3	2

表 8-13　　不设超高的圆曲线半径

匝道设计速度/(km/h)	80	70	60	50	40	35	30
保持正常路拱(2%)的圆曲线半径/m	3 500	2 600	2 000	1 300	800	650	500

(2) 超高过渡段

匝道上直线与圆曲线间或两超高不同的圆曲线间应设置超高过渡段，其长度应根据计算行车速度、横断面类型、旋转轴的位置以及超高渐变率等因素确定。超高过渡段计算公式与正线相同。

(3) 超高设置方式

超高设置方式与正线相同，即采用以行车道中心旋转或以中央分隔带边缘旋转两种。

超高过渡段设置方法视匝道平面线形而定，有缓和曲线时，超高过渡在回旋线的全长内进行；对低等级道路的匝道，当无缓和曲线时，可将所需过渡段长度的1/3～1/2设在圆曲线上，其余设在直线上；两圆曲线径相连接时，可将过渡段的各部分别置于两圆弧内。

8.3.4.5 **匝道的视距**

(1) 停车视距

单向单车道匝道主要满足停车视距；单向双车道可快、慢车分道行驶，无须考虑超车视距；双向双车道一般应设中间隔离设施，也不存在会车和超车问题，所以匝道全长只需满足停车视距的要求。匝道停车视距见表8-14，积雪冰冻地区应大于括号内数值。

表8-14　　匝道停车视距

匝道设计速度/(km/h)	80	70	60	50	40	35	30
停车视距/m	110(135)	95(120)	75(100)	65(70)	40(45)	35	30

(2) 识别视距

分流点之前正线上的识别视距应大于1.25倍的正线停车视距，有条件时宜按表8-15所列数值选用。

表8-15　　识别视距

主线设计速度/(km/h)	120	100	80	60
识别视距/m	350～460	290～380	230～300	170～240

8.3.5 匝道的线形设计要点

8.3.5.1 **匝道平面线形设计**

(1) 一般要求

① 汽车在匝道上的行驶速度是由高到低再到高逐渐变化的过程，相应匝道的平面线形也要与此变速行驶状态相适应。

② 匝道平面线形应与其交通量相适应，对于交通量大的匝道，应采用较高的技术指标。

③ 出口匝道的平面线形技术指标应高于入口匝道。

④ 分流与合流处应具有良好的平面线形和通视条件。

(2) 匝道平面线形

匝道平面线形要素仍然是直线、圆曲线及缓和曲线，但由于匝道通常较短，难以争取到较长直线，故多以曲线为主。

对右转匝道及直接式左转匝道，可采用单圆曲线或多心复曲线。若用多心复曲线时，相邻半径之比应满足规范要求，并使两端连接出、入口的圆曲线采用较大的半径，且出口半径应大于入口半径，而中间圆曲线半径可小一些。

对半直接式左转匝道，其平面线形可由反向曲线与单圆曲线或复曲线组成。反向曲线之间最好不插设直线段而以缓和曲线直接相连成S形曲线。

对环圈式左转匝道，最好采用曲率半径由大到小再到大的水滴形或卵形曲线，可满足车速变化的要求，但设计计算比较复杂。为简化设计，也可采用单曲线，但与匝道上车速的变化不相适应。另外，考虑减少占地和降低造价，环圈式匝道常采用最小半径。

8.3.5.2 匝道纵断面设计

(1) 一般要求

① 匝道及其同正线连接处,纵面线形应尽量连续,避免线形的突变。

② 匝道上应尽量采用较缓的纵坡,以保证行车的舒适与安全,避免采用最大纵坡值。

③ 匝道及端部纵坡变化处应采用较大半径的竖曲线,以保证足够的停车视距;分、合流点及其附近的竖曲线还应满足识别视距的要求。

(2) 匝道纵面线形

纵面线形多受其两端相连接正线的纵坡大小及坡长限制。右转匝道纵面线形常由一个以上竖曲线组合而成,但纵坡较小,起伏不大,及采用较大半径的竖曲线。左转匝道一般由反向曲线或同向竖曲线组成,反向曲线的上端多为凸形,下端多为凹形,中间宜插入直坡段,也可直接连接;同向竖曲线宜加大半径,连成一个竖曲线或复合竖曲线。

纵坡设计应尽量平缓,最好一次起伏,避免多次变坡。出口处竖曲线半径应尽可能大一些,以便误行或其他原因要倒车时不致造成危险或引起阻塞。入口附近的纵面线形必须有同正线一致的平行区段,以看清正线,安全驶入。

8.3.5.3 匝道平、纵线形组合设计

匝道平、纵线形组合设计的基本要求是使匝道立体线形平顺、无扭曲、视野开阔、行车安全舒适、视觉美观,并与周围环境相协调。设计的原则和要点与正线基本相同,但应注意进、出口处平、纵组合的处理。

在出口处,若是越过凸形竖曲线以下坡驶入匝道时,坡顶之后的平曲线不应突然出现在驾驶员眼前,应将凸形竖曲线加长以增大视距,使驾驶员能及早发现平曲线的起点和方向,并有足够的安全运行时间。在入口处,若由匝道上坡驶入道口时,应将连接道口的匝道(一般长度至少 60 m)的纵断面与邻近正线基本一致,以使驾驶员能对正线前后一目了然。出入口的设计详见后述。

8.4 端部设计

端部是指匝道两端分别与正线相连接的道口,它包括出入口、变速车道及辅助车道等。两端的道口与中间部分匝道共同组成一条完整的匝道。

在匝道端部车辆要做变速、分流、合流等复杂运动,是车辆驶出、驶入主线争夺时间和空间的场所,是互通式立交易发生交通阻塞和交通事故的部位,故设计时应予以特别注意。

匝道端部可以根据端部变速车道的外形分为平行式和直接式。也可根据端部变速车道车道数分为单车道和多车道型。

端部设计的一般原则:出入顺适、安全,线形与主线协调一致,出入口标识清晰,主线与匝道间应能相互通视。

8.4.1 出入口设计

(1) 主线出、入口

一般情况下,主线出、入口应设在主线行车道的右侧,出口位置应易于识别,一般设在跨线构造物之前。若在其后时,应与构造物保持 150 m 以上的距离为宜。为便于车辆减速,出口最好位于上坡路段。入口应设在主线的下坡路段,以利于车辆加速,并在匝道汇入主线

之前保持主线 100 m 和匝道 60 m 的三角形区域内通视无阻，如图 8-21 所示。

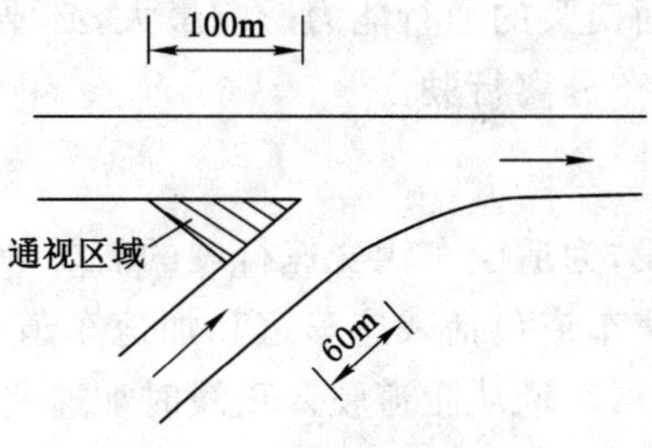

图 8-21　入口处通视区域

主线与匝道分流处，为给误行车辆提供返回的余地，行车道边缘应加宽一定偏置值，如图 8-22 所示。加宽后主线和匝道的路面边缘用圆弧连接，并用路面标线引导行驶方向。偏置值和楔形端半径见表 8-16，楔形端端部后的过渡长度 Z_1 和 Z_2 可按表 8-17 的渐变率计算。

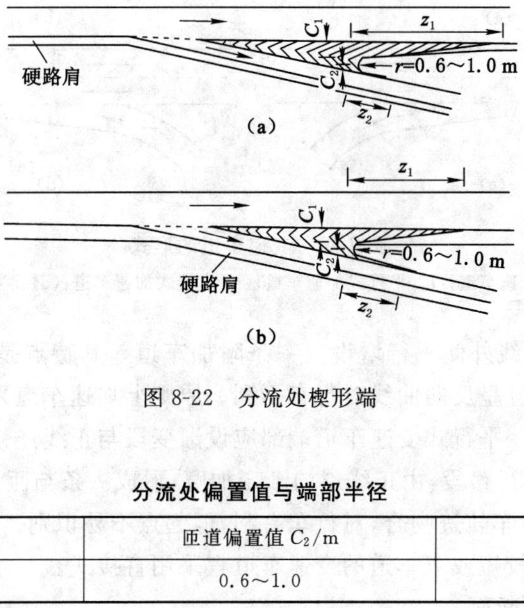

图 8-22　分流处楔形端

表 8-16　　分流处偏置值与端部半径

主线偏置值 C_1/m	匝道偏置值 C_2/m	端部半径 r/m
≥3.0	0.6～1.0	0.6～1.0

表 8-17　　分流处楔形端的渐变率

设计速度/(km/h)	120	100	80	60	40
渐变率	1/12	1/11	1/10	1/8	1/7

(2) 互通式立交的平面交叉口

互通式立交在次线或匝道上可设置平面交叉口。这种平面交叉口往往决定整个立交的通行能力、服务水平和交通安全，设计时应给予充分重视。

在选择互通式立交的形式时，应考虑所含平面交叉的必要性和合理性。设计中应将匝道布置在合适的象限内，使冲突点减至尽可能少的程度。对平面交叉应根据交通量、交通组成和行车速度等做出合理布置，并设置必要的标志、标线、分隔带、交通岛、变速车道、转弯车道等。行人及非机动车对平面交叉的通行能力影响最大，必要时应采取专辟车道、渠化交通或立体交叉等措施，与非机动车分离行驶。

8.4.2 变速车道设计

在匝道与正线连接的路段，为适应车辆变速行驶的需要，而不致影响正线交通所设置的附加车道称为变速车道。变速车道包括减速车道和加速车道：车辆由正线驶入匝道时减速所需的附加车道称为减速车道；车辆从匝道驶入正线时加速所需的附加车道称为加速车道。

(1) 变速车道的形式

变速车道的形式如图 8-23 所示，一般分为直接式与平行式两种。

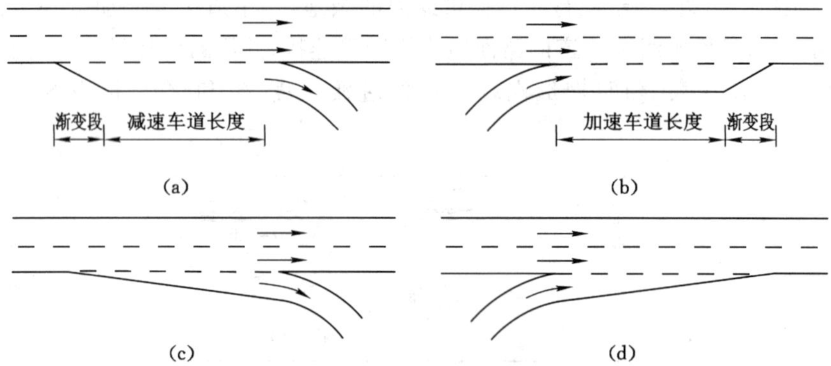

图 8-23　变速车道的形式

(a) 平行式减速车道；(b) 平行式加速车道；(c) 直接式加速车道；(d) 直接式加速车道

① 平行式：是在正线外侧平行增设的一条附加车道。其特点是车道划分明确，行车容易辨认，但车辆行驶轨迹呈反向曲线对行车不利。原则上加速车道采用平行式，应加速车道较长，平行式容易布置。平行式变速车道端部应设渐变段与正线连接。

② 直接式：不设平行路段，由正线斜向渐变加宽，形成一条与匝道连接的附加车道。其特点是线形平顺并与行车轨迹吻合，对行车有利，但起点不易识别。原则上减速车道采用直接式。另外，加速车道较短或双车道的变速车道宜采用直接式。

(2) 变速车道的横断面

变速车道横断面的组成与单车道匝道基本相同，是由行车道、路肩和路缘带组成的。城市道路可不设右路肩，但应保留路缘带。

(3) 变速车道的长度

变速车道长度为加速或减速车道长度与渐变段长度之和，如图 8-24 所示。

① 加、减速车道长度，其计算公式为：

$$L=\frac{V_1^2-V_2^2}{26a} \tag{8-9}$$

式中　V_1——正线平均行驶速度，km/h；

V_2——匝道平均行驶速度，km/h；

a——汽车平均加(减)速度，m/s²，加速时 $a=0.8\sim1.2\ \text{m/s}^2$，减速时 $a=2\sim3\ \text{m/s}^2$。

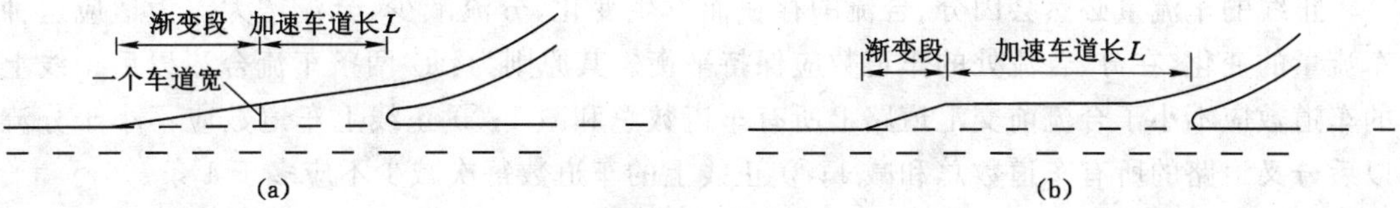

图 8-24　变速车道的平面

(a) 直接式;(b) 平行式

平坡时加、减速车道长度可按表 8-18 查用,并根据正线纵坡度大小,按表 8-19 系数修正。

② 渐变段:平行式变速车道渐变段的长度不应小于表 8-18 所列数值。直接式变速车道渐变段按外边缘渐变率控制,出口端和入口端渐变率规定见表 8-18。

表 8-18　　　　变速车道长度及渐变率

主线设计速度/(km/h)			120	100	80	60	40
减速车道长度/m		单车道	100	90	80	70	30
		双车道	150	130	110	90	—
加速车道长度/m		单车道	200	180	160	120	50
		双车道	300	260	220	160	—
平行式渐变段长度/m		单车道	70	60	50	45	40
直接式渐变率	出口	单车道	1/25		1/20	1/15	
		双车道					
	入口	单车道	1/40		1/30	1/20	
		双车道					

表 8-19　　　　坡道上变速车道长度修正系数

主线平均坡度/%	$i \leqslant 2$	$2 < i \leqslant 3$	$3 < i \leqslant 4$	$4 < i \leqslant 6$
下坡减速车道修正系数	1.00	1.10	1.20	1.30
上坡加速车道修正系数	1.00	1.20	1.30	1.40

注:城市道路变速车道长度按《城规》规定值选用。

8.4.3　辅助车道

在高等级道路的较长路段内必须保持一定基本车道数。同时在主线与匝道或匝道与匝道的分、合流处必须保持车道数的平衡,两者之间可通过辅助车道来协调。

(1) 基本车道数

基本车道数是指一条车道或其某一区段内,根据交通量和通行能力的要求所必需的一定数量的车道数。在高速公路、一级公路和城市快速路的全长或较长路段内,必须保持一定的基本车道数。同时在正线与匝道的分、合流处必须保持车道数的平衡,两者之间是通过辅助车道来协调的。

(2) 车道平衡原则

正线的车流量必然会因分、合流的存在而发生变化，分流减少，合流增大。为适应这种车流量的变化，在分、合流处的车道数应保持平衡。其原则为：① 两条车流合流以后正线上的车道数应不小于合流前交汇道路上所有车道数总和减1；② 正线上车道数应不小于分流以后分叉道路的所有车道数总和减1；③ 正线上的车道数每次减少不应多于1条。

如图8-25所示，一般按下式检验车道数是否平衡，即：

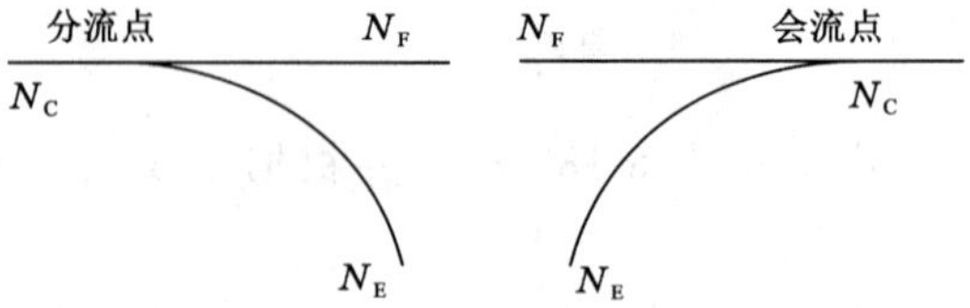

图8-25　分、合流处车道数的平衡

$$N_C \geqslant N_F + N_E - 1 \tag{8-10}$$

式中　N_C——分流前或合流后的正线车道数；

N_F——分流后或合流前的正线车道数；

N_E——匝道车道数。

（3）辅助车道

在分、合流处，既要保持车道数平衡，又要保持基本车道数，如果两者发生矛盾时，可通过在分流点前或合流点后的正线上增设辅助车道，如图8-26所示。

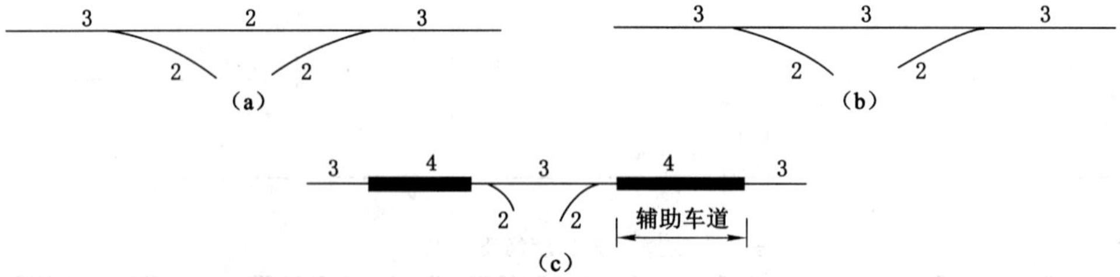

图8-26　辅助车道

(a) 车道数平衡但基本车道数不连续；(b) 基本车道数连续但车道数不平衡；(c) 车道数平衡且基本车道数连续

在基本车道数连续的条件下，一般单车道匝道也能满足车道数平衡的要求；而设置双车道匝道时车道数不平衡，应增设辅助车道。一般规定：辅助车道长度在分流端为1 000 m，最小为600 m；在合流端为600 m。另外，当前一个立交加速车道的末端至下一个立交减速车道起点之间的距离小于500 m时，必须设置辅助车道将两者连接起来。

8.5　立体交叉的其他设计

8.5.1　收费站和收费广场

8.5.1.1　收费道路上立交的布置

收费道路上的立交或需单独收费的立交，应按收费立交设计。前述均为不收费立交，出三路立交外，若要收费则需 2～4 个收费站，而每个收费站都是昼夜工作，需要的收费人员，管理费、收费机和住所等费用很高。一般应尽量减少收费站的个数，力求管理方便，设备集中，不干扰主线交通。一座立交以设一个收费站为宜，这样收费立交与不收费立交的形式区别较大。

(1) 收费道路设置立交的方法

设置方法是在距相交道路交叉点适当距离处另设一条连接线，如图 8-27 所示，两端与相交道路交叉处各设一个三路立交或平面交叉口，并使所有转弯车辆都集中经由连接线，这样只需在连接线上设置一个收费站即可。

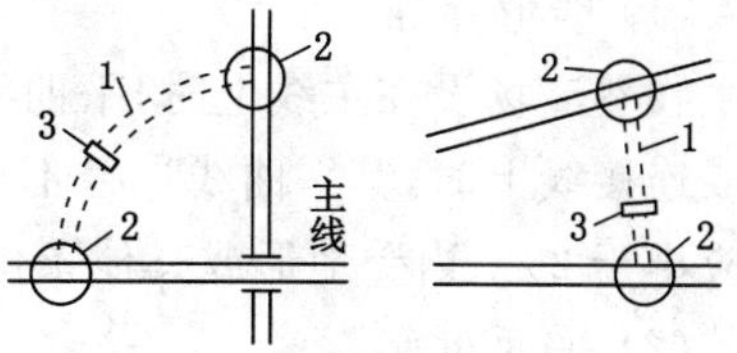

图 8-27 收费道路设置立交的方法

1——连接线；2——三路交叉；3——收费站

(2) 连接线的设置原则

① 连接线可设在任一象限，主要取决于地形和地物的限制，同时考虑交通量的大小，以设在右转交通量较大的象限为宜。

② 连接线的位置和长度应满足两端三路立交的加速长度和减速长度的需要。

(3) 连接线两端的交叉形式

① 平面交叉口——适用于该端与次要道路的连接。

② 子叶式立交——适用于该端与交通量较小的一般道路连接。

③ 喇叭形立交——适用于该端与主要道路或一般道路的连接，以采用 A 式为宜。

④ Y 形立交——适用于该端与交通量大的高速道路或一侧距离受到河流、铁路、建筑物等限制的其他道路连接。

(4) 常用收费立交的形式

① 三路收费立交——多采用喇叭形、Y 形及子叶式立交，只需一个设在支线上的收费站。

② 四路收费立交——常用形式有菱形、平交加喇叭形、双 Y 形、部分苜蓿叶形、双喇叭形、Y 形加喇叭形、平交加菱形、平交加 Y 形和喇叭形加子叶形等，四路收费立交需要 1～2 个收费站。

8.5.1.2 **收费站**

(1) 设置位置

收费站是用来对通过的车辆或行人收取通行费用的设施。收费立交必须设置收费站。收费站的设置位置一般有两种：一种是直接设在主线上，称为路障式，多用于主线收费路段的出、入口处；另一种是设在立交匝道上或连接线上，一般用于主线收费路段之间的互通式立交，以控制相交道路上的车辆进、出主线的收费。

(2) 收费站车道数

收费站所需车道数，应根据交通量、服务时间和服务水平三个因素来确定。

① 交通量：按设计小时交通量(DHV)计，一般采用第 30 位高峰小时交通量较合适，可由年平均日交通量(ADT)按下式计算：

$$DHV = ADT \times K \times D \tag{8-11}$$

式中 K——设计小时交通量系数；

D——方向分布不均匀系数。

② 服务时间：指车辆进出收费站所用时间，以秒计。时间越短，服务效果越好，通行能力就越大。一般来讲，区间收费的入口为 6 s，出口为 14 s；统一收费为 8 s；其他情况另取。

③ 服务水平：用各车道平均等待的车辆数表示。平均等待车辆越少，其服务水平越高。

8.5.1.3 **收费广场设计要点**

（1）线形标准

收费广场设在主线上时，平曲线与竖曲线应与互通式立交的主线线形标准一致；设在匝道或连接线上时，其平曲线半径不得小于 200 m，竖曲线半径应大于 800 m。收费广场处纵坡应小于 2%，当受地形或其他条件限制时不得大于 3%，横坡为 1.5%～2.0%。

（2）平面布置

收费广场平面布置如图 8-28 所示。图中 $L/S=3$；$l=5\sim20$ m，一般采用 10 m。收费岛前后应铺筑水泥混凝土路面，以提供较大的摩擦阻力系数和抗剪切变形能力，适应出入口处车辆频繁的制动、停车、启动之用。其长度 L_0 对匝道收费为 20～25 m，主线收费为 40～50 m。从收费广场中心线至匝道分岔点的距离不得小于 75 m，至被交叉道路平交点的距离不应小于 150 m，不能满足时，应在被交道路上增设停留车道。

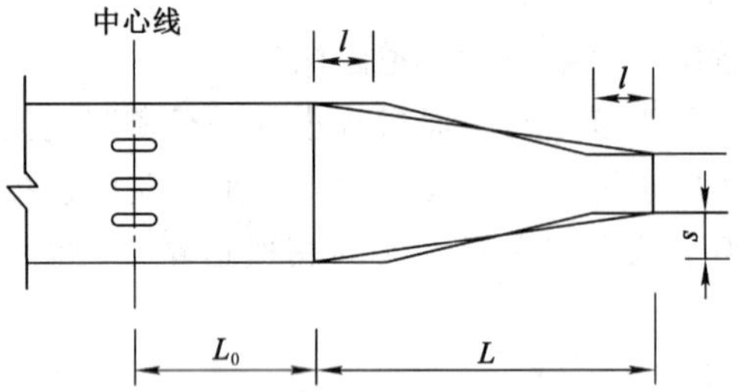

图 8-28　收费广场平面布置

（3）收费岛

由于车辆在收费车道上是减速停车然后启动慢行的，故收费岛间车道宽度采用 3.0～3.2 m 即可。但行驶方向右侧的边车道应是无棚开敞的，其宽度为 3.5～4.0 m，以供大型车通过之用。收费岛宽度一般为 2.0～2.2 m，长度为 20～25 m，设计时应根据所采用的收费设备情况具体确定。收费岛应具有一定高度并将端部收敛成楔形。收费岛上设置的收费室每侧应较收费岛缩进 0.25 m，以作为车辆通过的安全净宽度。对交通特别繁忙、收费车道多的收费站，应设置供收费人员上、下岗位的专用地下通道或天桥。

8.5.2 立体交叉景观设计

互通式立交景观设计的目的是使立交造型美观、视认性好，起到引导驾驶员视线、保证行车安全以及可观赏性作用。景观设计主要包括坡面修饰和绿化栽植两种。公路立交多侧重于坡面修饰，而城市立交则重视绿化栽植。

8.5.2.1 **坡面修饰**

坡面修饰是将匝道包围区域的边坡修饰成规则、圆滑和接近于自然地形的形状。坡面原则上只修饰匝道包围的区域，其外侧应满足通视条件和保持坡面规整为原则适当修整。

坡面修饰应保持坡顶圆滑、坡面规则和坡脚顺适。边坡坡顶适当范围内应修成圆滑形状；边坡坡度在接近坡脚的一定高度内应逐渐变缓，使其整齐、美观。在挖方路段应特别注意保证视距的要求，必要时应设视距台。在匝道所围区域内的小山一般应挖除，曲线内侧若有障碍物阻挡视线时应予以清除。

8.5.2.2 **绿化栽植**

绿化栽植除了美化环境、点缀城市外，还有诱导交通、提高交通安全的作用。图 8-29 为立交绿化示意图。绿化内容包括：

(1) 指示栽植——采用高大独乔木，设在环道和三角地带内，用来为驾驶员指示位置的栽植。

(2) 缓冲栽植——采用灌木，设在桥台和分流的地方，用来缩小视野，间接引导驾驶员降低车速或在车辆因分流不及时而失控时，缓和冲击、减轻事故损失的栽植。

(3) 诱导栽植——采用小乔木，设在曲线外侧，用来为驾驶员预告道路线形的变化，引导驾驶员视线的栽植。

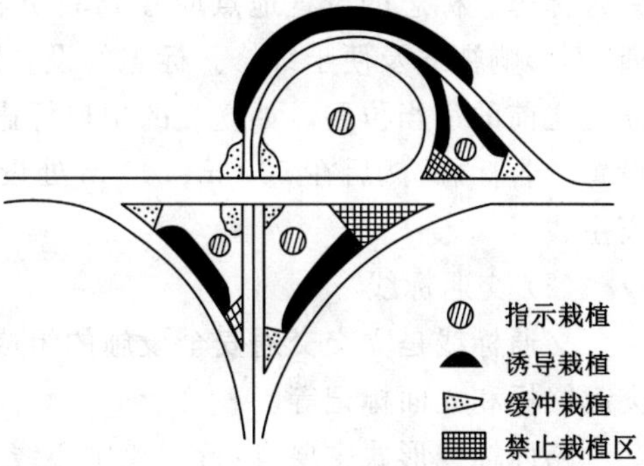

图 8-29 立交绿化示意图

(4) 禁止栽植区——在立体交叉的各合流处，为保证驾驶员视线通畅，安全合流，不能种植树木。

其他空地可种花植草，城市立交也可按设计图样摆放不同种类的花盆。

8.5.3 立交辅助设施设计

8.5.3.1 **立交范围的排水设计**

互通式立交范围内的排水，应与相交道路的排水统一设计，以构成完整的排水系统。立交设计(尤其是公路立交)应尽可能采用雨水管自流排水，雨水管出口的管底标高应高于排水沟或河道常水位。

当采用下穿式立交时，地道一般在地面以下较深处，地下水的排除常需设置泵站，为节省投资和管理费用，地道以外的地面水不应流入其内，并应尽量减少积水面积。为此，应在地道两侧设置挡水墙和截水设施。在纵坡设计时应在引道两端适当位置设凸形分水点，引道最低点应设在洞口外适当位置，并在该处设置进水口。为保证排水需要，引道最小纵坡不小于 0.3%。

8.5.3.2 **立交范围照明设计**

为保证夜间正常通车，立体交叉范围要有完善的照明设计。要求照度均匀，视野清晰，且照度标准应高于路面。各层道路上所产生的光斑应能衔接，使各个部分的照明互相协调。

当立体交叉的相交道路不设连续照明时，在立交的平交口、出入口、弯道、坡道等地段都应设置照明，且照明应延伸到立交范围以外，并逐渐降低亮度以形成过渡照明，以适应驾驶员的视觉要求。

对于环形立交、环圈式匝道及大型立体交叉等，可采用高杆灯照明，即灯具安装高度大于或等于 20 m 的照明。这种照明不仅经济合理，而且照明效果良好。

8.5.3.3 交通标志和交通标线

立交设计应能为车辆行驶提供明确的线路诱导和必要的交通信息，否则会造成驾驶员无所适从，感到茫然，极易引起迷路现象和错路运行，甚至导致交通事故。特别是大型、复杂的立交，更应合理设置交通标志和交通标线，以保证车辆安全、快速通过。

(1) 交通标志

交通标志是立交不可缺少的安全导向设施，主要包括指路标志、指示标志、禁令标志和警告标志。标志的设置地点应在驾驶员容易看到，能准确判读的醒目地点，且应不妨碍交通、不影响视线及便于维修。标志的设置距离应能起到预告、提示和指引的作用，并设置在立交之前的适当位置。如立交的出口标志，公路立交须在 2 km、城市立交在 1 km 之前就要设置预告标志，然后在 500 m、100 m 处设提示标志，到达出口时应设指示标志，引导车辆驶离主线。

(2) 交通标线

交通标线是立交交通安全设施的组成部分，其作用是管制和引导交通，包括路面标线、突起路标和立面标记等。

路面标线形式主要有：行车道中心线、行车道边缘线、车道分界线、停止线、人行横道线、减速让行线、导流标线、出入口标线、导向箭头以及路面文字或图形标记等。

突起路标是固定于路面上突起的标记块，应做成定向反射型。

立面标记可设在跨线桥的墩柱或侧墙端面上，或地道洞口和安全岛等壁面上。

交通标志和交通标线的具体做法应符合《道路交通标志和标线》(GB 5768—2009)的规定。

8.6 道路与铁路、乡村道路及管线交叉

8.6.1 道路与铁路交叉

道路与铁路交叉不存在互通问题，所以无须设置连接道，形式简单。道路与铁路交叉分为平面交叉(又称道口)和立体交叉两种。

8.6.1.1 设置条件

一般根据道路等级、性质、交通量(年客货量)以及道口封闭延误损失等因素来确定平交还是立交。

高速公路、一级公路和快速路与铁路相交时，必须设置立体交叉。道路同准高速铁路、路段旅客列车设计速度为 140 km/h 的一级铁路交叉，也必须设置立体交叉。其他各级公路与铁路交叉，符合下列情况之一者应设置立体交叉：

① 与国家干线铁路交叉时；

② 路段旅客列车设计速度为 120 km/h 的铁路与公路交叉时；

③ 铁路有大量调车作业且对公路车辆、行人时间延误严重时；

④ 无轨电车道路与铁路交叉时；

⑤ 地形条件适宜而不过多增加工程量时；

⑥ 受地形等条件限制，采用平面交叉会危及行车安全时；

⑦ 确有特殊需要时。

8.6.1.2 **位置选择**

道路与铁路交叉时,其位置的选择应按下述原则确定:

① 应选择在铁路轨线最少的地段;

② 交叉处道路与铁路路线以直线为宜,并尽可能正交,当必须斜交时,交叉角不应小于45°;

③ 尽量利用高路堤或深路堑作为立交;

④ 不应设在铁路站场、道岔等范围内。

8.6.1.3 **道路与铁路立体交叉设计要点**

道路与铁路立交形式有道路上跨或下穿两种,应根据总体规划,并考虑了望条件、地下设施、地形、地质、水文、环境、施工等因素综合比较后确定。

① 平面要求——立体交叉范围平面线形及与桥头直线距离应分别符合道路与铁路路线设计的要求,并以直线为宜;高速公路、一级公路应满足停车视距要求,二、三、四级公路应满足会车视距;道路引道范围内不得另有平面交叉。

② 纵面要求——道路上跨时,其桥上和引道纵坡应符合道路的有关规定;道路下穿时,纵坡不宜大于4%;当非机动车多时不得大于3%;当机动车与非机动车分离行驶时,两者可在不同标高上。

③ 横断面要求——无论道路上跨或下穿,行车道宽度都不应缩减;人行道宽度视人流量而定,但每侧不应小于1.5 m;道路各组成部分宽度发生变更时,应在引道上设置过渡段,其外边缘渐变率为1/15~1/30。

④ 净空要求——道路上跨时,桥的孔径应根据地形、地质情况和桥下净空要求等确定。桥下净空高度应符合铁路1 435 mm标准轨距建筑限界有关规定。

道路下穿时,铁路跨线桥桥下净空的宽度应包括该道路横断面的所有组成部分;净高应符合道路建筑限界的有关规定,并预留路面改建高度。三、四级公路行车道部分的净高不应小于5.0 m。

⑤ 路基路面要求——道路的路面应铺筑次高级以上的路面;下穿的道路应考虑地面水、地下水、毛细水和冰冻作用对路基强度和稳定性的影响,并采取相应的措施。

⑥ 排水要求——立交范围内的排水设计,应对铁路的排水系统和公路的排水系统进行综合考虑,合理设置,不得妨碍既有排水系统的功能。

⑦ 安全防护要求——公路上跨铁路路段旅客列车设计行车速度140 km/h路段时,跨线桥应设防撞护栏和防落网;铁路上跨高速公路、一级公路时,其跨线桥应设防落网。

8.6.2 道路与乡村道路交叉

乡村道路泛指位于村镇之间供机动车、非机动车及行人通行的非等级道路。乡村道路分为机动车通行道路和非机动车与行人通行道路两类,其中前一类又可分为"通行汽车道路"与通行农机的"机耕道路"两种。与乡村道路交叉主要是针对公路而言,城市道路一般不与其交叉。

8.6.2.1 **交叉间距**

各级公路与乡村道路交叉,其间距应对地方道路现状和规划及经济发展进行认真调查后确定,一般应根据公路等级对交叉有所控制,充分考虑沿线土地开发、群众生产和生活需要,兼顾交叉对公路通行能力、服务水平和投资的影响,确定合适的交叉间距。

高等级道路与乡村道路交叉时，其间距应根据路线总体设计而定。必要时合并相邻乡村道路，减少交叉数量。在乡村道路密集地区，当公路交通量较大时，可采取设置分隔带和辅道等必要措施，减少交叉的数量及隔离非机动车交通，提高公路的通行能力和服务水平。

8.6.2.2 **交叉形式**

高速公路与乡村道路交叉时，必须采用分离式立交；一级公路与乡村道路交叉时，应尽量采用立交；二、三、四级公路与乡村道路交叉时，一般采用平面交叉，地形条件有利或公路交通量大时亦可设置立体交叉。城镇或人口稠密的村落或学校附近宜设置专供行人通行的人行地道或人行天桥。

8.6.2.3 **立体交叉构造**

(1) 交叉方式

应根据地形及公路纵断面设计等情况而定。平原地区一般以乡村道路下穿(又称通道)主要公路为宜；丘陵和山区则应利用有利地形，合理确定上跨或下穿方式。当条件适宜时，也可利用平时无水或流量很小的桥涵作通道，并作相应的工程处理。

(2) 横断面及净空

乡村道路横断面宽度、组成和净空应根据通行种类和实际需要确定。

① 当乡村道路通行汽车或农机时，交叉处路基宽度采用四级公路的单车道或双车道路基宽度。

② 通道或跨线桥净宽为 4～6 m，且应考虑排水设施所需宽度。

③ 汽车通道的净高不得小于 3.2 m，机耕通道不得小于 2.7 m。

④ 当乡村道路仅通行非机动车和行人时，通道或天桥净宽不得小于 4 m，通道净高不得小于 2.2 m。

⑤ 乡村道路上跨公路时，桥下净宽和净高应符合公路的有关规定。

(3) 排水与标志

交叉处排水应通畅，当以下穿方式修建通道时，应使纵断面最低处高于地下水位 0.5 m，并使暴雨时的积水能向低洼处或河流排泄，以免通道积水。公路与乡村道路交叉处，应设置必要的交通标志。

8.6.3 道路与管线交叉

管线按性质和用途可分为管道和电缆两大类。管道主要有给水管、污水管、雨水管、燃气管、暖气管、输油管等；电缆包括电力线、电信线、无轨电车及地铁电力线等。根据管线布设位置，可有地下埋设和空中架设两种。一般管道都敷设在地下，称为地下管线；而多数电缆是架设在地面杆柱上，称为地上杆线。但也有不少电缆埋设在地下。当道路与管线交叉时应尽量正交，必须斜交时交角不宜小于 45°。各种管线均不得侵入道路建筑限界，也不得妨碍公路交通安全和损害公路设施。

(1) 道路与架空送电线路交叉

为确保行车安全和架空送电线路的正常使用，架空送电线路须按行业规范合理布置，并应满足最小净空高度的要求。道路从架空送电线路下穿过时，应从导线最大弧垂与杆塔间通过，并使送电线路导线与道路交叉处最小垂直距离不小于表 8-20 中的数据。

表 8-20 架空送电线路导线距路面的最小垂直距离

架空送电线路标称电压/kV	110	220	330	500
距路面最小垂直距离/m	7.0	8.0	9.0	14.0

(2) 道路与地下管线交叉

道路与地下管线交叉时，应以地下管网规划为依据，并应近远期结合，对各种管线综合考虑，合理确定其位置和标高。

对重要平面交叉、立体交叉、广场或水泥混凝土等刚性路面下，应预埋过街管或预留沟，其结构强度应满足道路施工荷载和路面行车荷载的要求。

① 埋式电缆——埋式电缆有电力和电信电缆两种。对埋式电力电缆，应该用管道保护，管顶到路面基底的最小深度应不小于 1.0 m；对埋式电信电缆，二级以上公路应该用管道保护，管顶到路面基底的最小深度应不小于 1.0 m，受限制时应不小于 0.8 m；三、四级公路不需管道保护，缆顶到路面基底不小于 0.8 m，受限制时应不小于 0.7 m；埋式电缆距排水沟低应不小于 0.5 m。

② 地下管道——地下管道有石油管道和天然气管道两种。道路与地下管道交叉时应取垂直交叉。必须斜交时，不应小于 60°。管顶距路面基底不小于 1.0 m，距排水沟底不小于 0.5 m。冰冻地区管道应埋设在冰冻线以下。

8.7 人行立交

人行立交早年广泛用于铁路上，或以跨线桥或以地道方式穿越铁路。近年来已广泛用于城市快速路、高速公路路段或城市交通繁忙的路口，甚至密集大厦之间。其主要作用是保证行人安全通过，使地面车辆不受干扰而能快速行驶，并且不致产生人车冲突的交通事故。在自行车流量较多的路口，还可以做成行人和非机动车天桥横跨主线，以使非机动车和机动车呈分离式立交，来提高主线的通行能力。日本已建 6 000 多座，香港也已建 2 000 余座。

8.7.1 人行立交的分类和组成

人行立交按作用可分为人行跨线桥、行人与非机动车天桥和地道。人行天桥供行人从地面车行道净空以上通行，地道让行人或自行车从路面以下通过，如地道桥或隧道。

人行立交按跨越方式分为天桥和地道。天桥可分为跨河人行桥，跨铁路天桥和城市人行天桥。城市人行天桥按所处位置分为路段上人行天桥和路口(交叉口)人行天桥。地道可分为过江人行隧道、路段人行地道、路口人行地道以及大型互通式立交中最底层的人行通道。路段人行地道按道路等级分为高速公路人行通道(俗称“人孔”，有的也可以同时通行自行车)和城市快速路或主干路下的人行地道。

8.7.2 人行立交的设置条件

根据人行立交的交通功能，其设置的条件主要取决于车流量和人流量的多少，还应根据道路等级和总体规划的要求。属下列情况之一者，可规划设置人行立交：

① 进入交叉口人流总流量达到 18 000 人次/h，或交叉口的一个方向进口道横过街的

人流量超过 5 000 人/h，且同时进入该路口的当量小客车交通量大于 1 200 pcu/h。

② 行人跨越全封闭或半封闭的快速路时。

③ 行人横过 80～100 m 宽的交通干线或 60 m 宽有高架道路的主干道。

④ 交叉口一个进口道或路段上当量小客车交通量超过 1 200 pcu/h 时，或高等级公路路段周边是居住密集城镇。

⑤ 铁路与城市道路相交道口，火车车次频繁，道口交闭超过 15 min 时，或列车通过一次阻塞行人超过 1 000 人次。

8.7.3 人行立交设置原则

① 符合总体规划要求合理选点，正确选址。

② 注意近远期结合，人行立交桥长度应按规划永久横断面考虑。梯道或坡道占用人行道宽，应保证人行道的最小宽度。

③ 因地制宜，尽量减少房屋拆迁和公用事业管线拆迁，节约用地，减少工程投资。

④ 注意与周围环境的协调，以实用为前提的同时适当注意桥型美观，使人行立交既是结构物和过街的安全设施，又是一种有艺术风格的建筑，能点缀街景。

⑤ 为文明施工创造条件，能尽量采用预制装配结构，减少对现有交通的影响，地道宜尽量避免大开挖的施工方法。

⑥ 地面梯口宜少占行人步道的空间，尽可能与附近大型公共建筑出入口结合。为吸引人流量，在商业集中地点，商业大楼之间用天桥相连时，宜在天桥上加设雨罩或采用封闭式罩棚，必要时还可设置自动扶梯来提高使用质量。

8.7.4 人行立交设计技术指标

(1) 人行立交的通行能力

按城市道路设计规范，人行天桥、人行地道的基本通行能力数值同人行道，为 4 800 人/(h·m)，步行速度采用 1 m/s。车站、码头的人行天桥、人行地道的基本通行能力为 2 600 人/(h·m)，步行速度采用 0.5～0.8 m/s。基本通行能力是按理想条件计算所得，实际上受季节天气、景物及行人是否带物等因素干扰，对行人速度有影响，所以通行能力会有所折减，码头、车站的人行立交用 0.7 折减系数。另设计通行能力按不同地点、场合又予以折减，所以人行立交的设计通行能力为 1 800～2 000 人/(h·m)，而车站、码头的人行立交通行能力为 1 400 人/(h·m)。

人行立交的交通量在特别繁忙的路口可不用一年内发生若干次的异常高峰量，而用平常的高峰小时人流量作为设计人流量，避免桥面(或地道) 修的过宽增加造价。

(2) 人行立交通道的净宽、梯道

人行立交通道的净宽，按设计年限人流量和设计通行能力计算确定，当计算值小于 3 m 时采用最小净宽 3 m，人流上梯速度慢于桥面(或道面)行走速度，立交每端梯道或坡道的净宽之和应大于通道的净宽。采用多条梯道时，每条梯道的最小净宽为 1.8 m，极限值为 1.5 m，自动扶梯净宽 1 m。

若设置行人梯道与自行车坡道推行相结合的形式，则一条坡道宽不小于 0.4 m，坡道位置应设在方便推车的右方。自行车推行坡道，其推车带宽 1 m。可按自行车交通量计算通道宽度，应该为推车带宽度的倍数。

(3) 净高

人行天桥的净空高度应根据桥下行驶的车种而异，详见表8-21，考虑到维修或改建路面可能提高桥下路面标高，所以净高还应适当增加。

表8-21 人行天桥桥下净高

车种	主线机动车	辅道或支路机动车	电车、双层公汽集装箱货车	火车	非机动车	行人
净高/m	5	4.5	5.2	6.5～7.2	3.5	2.5

人行地道净高：通道处为2.5 m，扶梯踏步中间位置的最小垂直净高2.4 m，坡道的最小垂直净空为2.5 m，极限值为2.2 m。

(4) 荷载标准和其他参数规定

① 荷载标准：人群荷载3.4～4 kN/m^2；

② 横坡：1.0%；

③ 踏步级高度：0.15 m，宽度：0.30 m；

④ 栏杆扶手高度：1.2 m。

8.7.5 人行天桥与地道的比选

人行天桥和人行地道在使用、施工和建筑造型等方面各有优缺点：天桥受地下管道的限制小，施工快，工期短，对现场的交通影响小，但由于至少要留出机动车行驶的净高4.5～6.5 m，因此高差大，行人上下不方便；天桥造型也受环境限制。人行地道的特点与天桥不同，雨雪天使用方便，高差小，造型不影响市容观瞻，但施工期长，造价高，使用时在排水和照明上要消耗能源，在治安、卫生、养护和维修工作上比天桥多花人力和财力，我国已建地道约为天桥的1/5。

在气温较低、冰冻雪期较长的地区，采用地道较多，如俄罗斯建地道多于天桥，95%以上为地道。而日本的城市，从安全与点缀街景考虑，建天桥者居多。日本大城市的天桥扶梯均采用自动扶梯，以减轻行人攀越天桥的体力负担和心理压力。

人行立交形式的选择还应考虑城市特色和环境要求。如在我国古城独特风貌的街区，为保持与历史性建筑物协调，采用地道，如西安南大街地道在风格上与钟楼和南门瓮城相协调。因为天桥的体积、重量、高度、造型、风格等方面均不适应古建筑物的和谐，破坏了独特风光。北京天安门东西对称的地道和天安门金水桥相映；武汉黄鹤楼处建地道，均为了与环境协调。人行地道还广泛用于大型多层互通式立交的最底层及用于跨越铁路处，使行人减少爬高。跨越铁路的天桥比跨越道路的天桥高出约3 m，人过铁路天桥更觉得劳累，而且铁路一般为双线、路基狭窄，地下管线简单，为确保铁路行车的安全，采用地道方案好，如上海延安西路和光新路穿越沪杭铁路的两座人行地道，其两侧各设0.4 m宽自行车推行坡道，地道两端进出口均设置雨篷，方便行人。

天桥和地道比选对照，见表8-22。

表 8-22　　人行天桥与人行地道特点与适用性对照

类别	人行天桥	人行地道
净高	桥下 4.5～6.5 m	人空 2.4～3.0 m； 覆土深度 1.0～1.5 m
人行道与车行道的高差	高差大，爬梯累 不宜建在铁路线上	高差不大，便于残疾者， 用于穿越铁路线处
地下管线	受影响小	受影响大
地下水位，地质水文	受影响小	受影响大
施工工期	短	长，难度大
施工对交通的影响	小	大
排水	简单，适用于地下水位高地区	复杂，要求防渗、防漏，泵房
照明	简单，适用于地下水位高地区	复杂，要求防渗、防漏，泵房
安全	保证设计与施工质量前提下安全	夜间欠安全
造价	低（未计豪华型）	较高
养护维修	要求不高	卫生，养护费用高
建筑造型	要求高，须与环境协调	不影响市容观瞻
受气候影响	冰冻地区慎用	适用于寒冷地区与炎热地区 （地道内夏凉）
地区限制	适用于南方	适用古城独特风貌的街区

习　题

1. 简述立体交叉的组成与各自的功能。
2. 简述公路立交与城市立交的主要区别。
3. 简述立体交叉的类型和适用条件。
4. 阐述立体交叉设置的条件和选型的影响因素。
5. 简述立交形式选择的步骤及要点。
6. 何谓变速车道？有哪几种类型？
7. 简述人行立交的分类和组成。
8. 阐述人行立交的设置条件与原则。

9 现代道路勘测设计新理念与新技术

〖内容提要〗 本章主要介绍道路设计的新理念，涉及生态公路和城市道路设计的新理念；遥感技术(RS)、全球定位系统(GPS)、数字地理系统(GIS)和数字摄影测量技术(DPS)的基本原理及其在道路勘测设计中的应用；道路计算机辅助设计的原理、常用的计算机辅助设计软件；道路仿真技术的概念、仿真模型的建立。

〖能力要求〗 通过本章的学习，学生应达到了解道路设计的新理念，熟悉生态公路和城市道路设计新理念的内涵；熟悉遥感技术、全球定位系统(GPS)、数字地理系统(GIS)和数字摄影测量技术(DPS)的基本原理及其在道路勘测设计中的应用；掌握道路计算机辅助设计的原理，熟悉常用的计算机辅助设计软件；熟悉道路仿真技术的概念和基本原则的能力。

9.1 道路设计新理念

9.1.1 “六个坚持，六个树立”设计新理念

2004 年 9 月，全国公路勘测设计工作会议提出了“六个坚持，六个树立”的公路勘测设计新理念。“六个坚持，六个树立”是新时期公路勘察设计工作的理论核心，也是“坚持以人为本，树立全面、协调、可持续的科学发展观”在公路设计和建设中的具体体现。其核心是紧紧围绕科学发展观的要求，通过采用灵活设计(“合理选用技术标准”)和创作设计，实现“安全”、“环境优美”、“节约资源”、“质量优良”、“系统最优”的目标。

第一，坚持以人为本，树立安全至上的理念。

在公路建设中体现“以人为本”的要求，就要改变“建设就是发展”的传统观点，坚持把“用户需求置于公路工作的核心”，树立“用户第一，行者为本”的新理念，把不断满足人们的出行需求和促进人的全面发展作为交通工作的最终目的。在人的诸多需求中，安全是首要因素。改善公路线形，完善交通设施，对预防交通事故、提高行车安全具有积极作用。广大勘察设计工作者在工程设计中，一定要综合考虑公路功能、行车安全、自然环境等因素，既要坚持地形选线、地质选线，更要做到安全选线；既要充分考虑公路设施的自身安全和运营安全，又要消除公路事故多发点和安全隐患；要尽量采用改善平纵线形的措施，从根本上解决行车安全问题，尤其是对长陡纵坡行车安全问题要给予足够的重视。

安全感是人类置身于某一环境中的首要要求。只有置身于环境中的人感到安全，其心里才能坦然，行为才可能自然和规范。公路是实现客货“位移”的基础设施，运动是实现其服务功能的方式，由此，公路工程只有给人以安全的感觉，才能发挥其最大效益，才能体现“以人为本”的原则。公路勘察设计是以人类的需求为基础，从人的本性和本能出发，使公路的各种功能适应和满足人的本能愿望，不过多强制人类行为的思想意识。为充分发挥公路服务功能、社会效益和培养人类行为规范打下基础，避免事与愿违。公路工程勘察设计不应

当强迫驾驶员用改变行车状态的方法来适应道路缺陷，相反，道路应当减轻驾驶员的工作，帮助驾驶员选择适当的运行路线与状态，为驾驶员提供连续、舒畅、顺适的行车视线和舒适环境的同时，充分重视潜在的不良效应，避免给行车安全造成负面影响。

第二，坚持人与自然相和谐，树立尊重自然、保护环境的理念。

在公路建设过程中，一定要尊重自然规律，建立和维护人与自然相对平衡的关系，倍加爱护和保护自然，要树立“不破坏就是最大的保护”的理念，坚持最大限度保护、最低程度破坏、最强力度恢复，使工程建设顺应自然、融入自然。要把工程防护与生态防护结合起来，把设计作为改善环境的促进因素，摒弃先破坏、后恢复的陋习，实现环境保护与公路建设并举、公路发展与自然环境相和谐，努力建成环保之路、景观之路、生态之路。

第三，坚持可持续发展，树立节约资源的理念。

公路建设绝不能以浪费土地、破坏资源环境为代价。要坚持“统筹规划、合理布局、远近结合、综合利用”的原则，正确处理适当超前与可承受能力的关系，合理利用线位资源，确定合理的路线方案，避免重复建设或工程衔接不合理造成的资源浪费；合理确定建设规模，以满足功能为主要目标，不片面追求不符合实际需要和经济能力的高标准，不建盲目追求政绩的形象工程，不搞不切实际的贪大求洋；合理确定建设方案，能利用老路进行改扩建的不要新建，确需新建的要尽量避免占用耕地良田。在满足功能要求的前提下，合理采用技术指标。

第四，坚持质量第一，树立让公众满意的理念。

传统上，我们较多从行业内看公路，在“路中”设计公路，对公路质量意识一般停留在实体质量和功能质量的层面，对外观质量和社会质量重视不够，甚至忽视社会质量。随着科学发展观的确立和人们意识的不断增强，社会公众开始逐渐关注政府投资的工程建设项目，包括公路使用者、路域居民在内的社会公众逐渐成为公路质量评价者的主体。这就要求我们要站在整个社会的“路外”来评价公路，不仅需要公路具有安全、耐久的实体质量和高效、方便的功能质量，而且还需要具有可以满足审美要求的外观质量和为沿线居住人群提供方便、降低负面影响的社会质量。

因此，公路规划及勘察设计阶段要充分考虑区域社会经济的发展要求，从实际出发，尽可能体现绝大多数人民群众的利益要求。公路选线应尽量避开村镇和环境敏感建筑物，尽量避免由于公路阻隔影响居民往来、农耕和水资源利用，尽量避免大规模的拆迁安置，并要充分体现国家安置补助政策。农用通道要保证排水通畅、使用方便。国内外经验表明，在建设项目立项阶段进行系统性的公众参与，充分考虑受影响群体和非政府组织的意见，特别是重视受项目影响最大，也可能是最困难公众群体的意见，对于减少此后可能产生的许多不利于项目建设的问题具有明显作用。

第五，坚持合理选用技术指标，树立设计创作的理念。

“灵活设计(合理选用技术标准)、创作设计”是达到“安全、环境优美、节约资源、质量优良、系统最优”的手段，也是公路勘测设计新理念的精髓。我国地域辽阔，各地条件迥异，不同地区公路乃至同一公路不同路段具有不同环境特征。为保护个性环境，需要灵活设计；为展现环境个性，需要精心创作。

(1) 把握技术标准，灵活设计

环境个性制约标准指标选择。标准和规范是多年经验的总结，是设计人员做好技术工作的准则。灵活设计，是指在全面、系统理解标准和规范的基础上，适应环境个性，科学确定标准，灵活运用技术指标。标准和规范中的指标有主次之分。主要指标，是指对安全、功能具有重大影响的指标，如线形指标中的最小圆曲线半径、最大纵坡、最大坡长、超高和视距等，主要指标在设计中应予保证；次要指标，是指在满足安全的前提下，从美学或舒适性等角度提出的指标，如曲线间直线长度等，该类指标在对环境不构成影响时可采用较高值，当对环境具有影响时，应采用较低值，当对环境和生态影响巨大时，可突破使用。此外，无论是主要指标还是次要指标，标准规范对其规定一般是考虑很多影响因素后，采用的具有典型性和代表性的通用值，而当实际条件发生变化时，这种通用值的适当变化并不违背标准规范对该指标的本质规定，也就是说，原始边界条件的变化也为突破使用指标提供了可能。

(2) 赋予公路个性，精心创作

设计不是复制。掌握公路专业知识只是做好公路设计的基础。环境个性决定公路具有个性，强化景观设计是体现公路个性的方法。以往，我们对景观设计的理解较多停留在绿化层面，以新的观点，景观设计不但贯穿公路各专业，还应更多融合公路相关专业内容。公路景观设计是跨学科的“艺术创作”，这一创作过程是以设计人员对环境个性(自然和社会)的理解为基础，以对公路专业、美学、生态学、建筑学、社会学、人类文化学、历史学、心理学、地域学和风俗学等学科的综合能力为条件，对公路所处的自然和社会环境所进行的一个再造(新建项目)或再融合(改扩建项目)过程，也是一个赋予公路文化的过程。

① 理解环境特征。公路景观是沿线景观和公路自身景观的统一体，公路自身景观的塑造基于沿线景观。对环境特征的理解是公路景观设计的前提和基础。

② 组建设计团队。公路景观是多学科的综合反映，提高设计人员对艺术和美的理解能力是景观设计成功的根本，组建设计团队是其辅助手段。

③ 确定设计主题。公路沿线景观是司乘人员的主要欣赏对象，也是公路景观的主旨。因此公路景观设计以“融入环境，不突兀”和“展现环境，适当强化外部景观特征”为目的，任何“别出心裁”“喧宾夺主”突出公路自身景观都不可取。

④ 体现细节艺术。细节部分是最可视的，也是最容易被公众认同的。细节是设计主题的具体化和设计团队意见的最直观反映，也是设计人员充分发挥想象力、独创性，工程结合艺术的关键阶段。因此，细节艺术对于道路的美观有着至关重要的作用。

(3) 增强历史责任感，保证合理设计周期

公路建设投资高，影响长远。按照目前的建设速度，今后一段时间，全国每年大约要建 4 000 公里的高速公路。如果公路设计、建设的质量高，所带来的效益将非常巨大，反之，留下的遗憾将长久难以消除。合理的周期是保证设计质量的前提，更是保证工程质量和降低成本的必要条件。公路设计过程是一个智力创作的过程，是设计团队将具有特定功能的公路工程融入自然环境，并赋予其美学价值的创造性思维过程。这个过程需要一定的测设手段，需要多学科的参与，需要集思广益，更需要充分的时间。只有保证合理的周期，设计人员才能反复琢磨，不断优化，才能出精品。要正确处理速度与质量的关系，宁可速度慢一点，也要保证合理的周期，保证设计质量，确保工程质量。

第六，坚持系统论的思想，树立全寿命周期成本的理念。

要树立全寿命周期成本的理念，在可能的条件下，宁肯先期投入大一些，也要减少后期养护费用，延长使用寿命，从而减少交通干扰，提高综合服务能力。另外，要坚持从国情出

发，从实际需要出发，不盲目追求和攀比我们力所不能及的高指标、高要求，继续倡导科学合理的经济设计理念，用好每一分建设资金。要增加成本意识，采用合理的工程规模、技术标准和建设方案，在确保安全和使用功能的前提下努力降低工程造价，节约工程投资。还要积极采用新材料、新工艺、新技术、新设备，通过提高技术含量，达到最佳的技术经济效益。

所有这些都要求设计工作要以人为本，实现环境保护与公路建设并举，把工程防护与生态防护结合起来，生态公路的防护工程、排水工程，应该既为公路防护和排水服务，又为工程所在地的山坡排水、防护、河道稳定、水流畅通服务，实现工程效益与生态效益统一起来。本着因地制宜、就地取材、便于施工、利于养护的原则，取土坑、弃土场应选择在土地较荒芜的地方，尽量选择在公路上不可视的地方，对占用农田的要提出复垦措施。

9.1.2　生态公路设计新理念

生态公路的新概念与公路生态工程建设为未来我国的公路建设提出了许多前所未有的新研究课题与发展方向。在进一步提高我国公路工程常规质量的同时，必须围绕生态公路建设的需求迎接更高的技术挑战，着手研究生态公路与公路生态工程建设的新课题，提出公路生态工程的具体计划与指标，建立其检测方法和评价手段，制定公路生态工程建设的新标准，不仅将在更高的层面上提升我国公路建设的科技水平，更可令我国公路生态工程建设技术走在世界前列。

生态公路建设的最基本原则是以人为本，它在用现有技术保证公路工程建设质量的基础上提出了更多、更新和更高的特殊功能要求。也就是说，在保证公路司乘人员和车辆行驶安全的基础上，提出了更为舒适的附加要求：

(1) 特殊地质、线性和气候条件下的行驶安全。

公路的行驶安全是公路向用户提供优质服务最基本的和本质的要求，也是一切更高层次的技术要求(如环保型公路、美化型公路或生态公路)的前提。毋庸置疑，安全性是现有公路工程技术标准中最基本的要求。在目前我国的技术标准中，一般地质、线性和气候条件下的行驶安全性是有保障的，但特殊条件下的行驶安全性必须引起高度重视，并对应开展如下研究：① 春秋季节平原或山区高速公路的消雾研究；② 青藏高原、严冬地区冻土、冰川或冰大阪部位公路预防翻浆、保证行车安全的隔热性路面研究；③ 冻雨或雨夹雪地区融雪、融冰型路面的研究；④ 山区大纵坡、急弯路段在雨雪、冻雨、冰凌天气下的抗滑构造与侧向摩擦系数研究，即高抗滑路面；⑤ 山区公路的线性改善或地形限制线性较差公路透水防滑路面以及交通工程和安全设施的研究。

(2) 降低公路行车噪音和振动。

公路上行车噪音和振动对沿线居民的生产和生活影响日益加重，已经出现了不少居民与公路交通部门间的纠纷，必须进行如下课题的研究：① 对公路行驶噪音和振动加以控制；② 低噪音路面的研究；③ 降噪隔音工程设施的研究；④ 公路噪音的测量标准、检测与评价技术研究；⑤ 公路行车振动的测量标准、检测与评价技术研究；⑥ 降低振动的路面研究。

公路降低噪音和振动的研究内容属于公路环保内容，我国已经有相当好的基础，但与发达国家相比，这方面还相当薄弱，在低噪音沥青路面和水泥路面以及降噪隔音工程设施等方面必须借鉴发达国家的丰富经验。

(3) 减少公路沿线尾气污染。

减少尾气污染的核心是逐步提高车辆的尾气排放标准，如北京强制执行欧洲Ⅱ号标准等。在公路工程上能够做的便是在绿化树木的树种、植草的草类选择上考虑吸收尾气的需求，即除了绿化美化外，兼顾吸收尾气中有害气体的需要。部分中小城市为了建设国际大都市，将路面宽度拓展至 50～80 m，甚至超过 100 m，道路两侧和中央无任何绿化，夏季强日下产生极高的热量，尾气及其他污染十分严重，这是典型的只重视工程而忽视环保与生态的做法。减少尾气污染的研究也属于公路环保的范畴，公路尾气排放标准的限制不仅与此段公路的车流量有关，还与通风及尾气消散的快慢等因素有关。

(4) 减少路面光反射与光污染。

减少光污染的内涵：一是减少行车对司乘人员眼部反射刺激；二是夜间对周围环境的光污染。光污染问题不便于从车辆角度解决，夜间行车车辆必须达到足够的亮度和能见度。目前我国在高速公路上使用的遮光板主要是为了解决反方向车辆灯光的炫光影响，低等级公路只能通过灯光管制来解决。但是在路面对强烈日光光线的反射及反射强度的问题上，国内外均极少进行研究，目前的解决办法是在车辆前排设置遮光板，在路面上可与抗滑构造结合，既满足安全的抗滑材料、构造及表面纹理，又使日光的反射及放射强度达到一定程度缓解。路面的彩色色调不仅与抗滑、光反射、行车导向、美学等要求有关，而且与路面消融冰雪的速率和冰雪天的行车安全有关。高速公路及其他公路纹理构造、路面光学和色彩学的研究应同时进行。

(5) 减少路面建设与改建工程的废渣弃料。

随着我国公路建设里程的增长与数量的增加，我国面临着改建路面工程废渣和废料的巨大环境压力，必须开展沥青混合料、水泥混凝土路面以及基层材料的再生利用工作。从环保的角度来说，水泥路面和水稳基层材料对环保的压力小于沥青路面材料，水泥水化后是天然的无机岩石材料——托贝莫来石，不存在老化问题，与环境的相容性好。而沥青材料则不同，它对明排水与地下水均造成污染，尤其是沥青路面上挖除铣刨下的废料，不可随意丢弃，应集中堆放并掩埋，等数量足够时再生利用，从而达到有效保护河流环境、地下水环境、土壤环境的目的。另外，生态公路建设的基本原则还应包括尽量减少对原有的生态环境、植被、树木、地形、地貌的干扰，具体做法有：尽量降低路基高度、减少填挖土方工程量、保护植被和树木、减少废弃土石量。废弃点应植被绿化，尽量放缓土边坡，减少土地冲刷。要求边沟流进小溪与河流中的水应是清水，基本不含泥沙。在不能放缓边坡的路段，进行上、下边坡可靠的防护与绿化；岩石边坡尽量采用光面爆破，破碎岩石边坡的防护不宜采用仅满足工程支护要求的喷锚混凝土或全浆砌片石，应考虑绿化和美化的需要；高架桥应呈拱形降低引道土路基高度，减少土方工程量及对原地貌的破坏；山区应拉开高速公路与一级公路两幅路面的距离，特别是陡峭的河谷或山涧，可将高速公路与一级公路在河道上合建双层桥梁，下部流水。

生态公路是由生态环境、社会经济和建设技术等多种构成因素相互作用、相互影响、相互制约而形成的综合体，是可持续发展战略在公路领域的具体体现，与区域的环境承载力相适应。生态公路的特征主要表现在以下几个方面：

(1) 效益最大原则和可持续发展思想

生态公路本身就是一种可持续发展的产物。因此，在它的理论体系中不再盲目地割裂人与自然的关系，而是将人类纳入到整个自然生态系统之中。人类为了自身的发展，对自然的改造必须是以尊重自然和自然规律为前提的。此外，从系统科学角度看，可持续发展实质上是社会系统和自然环境系统之间协调发展的问题。生态公路要实现经济效益、社会效益和环境效益的统一和综合最大化，必须把研究对象放在地球环境、生物、资源、污染等诸要素构成的“公路—自然—经济—社会”复合系统中进行全面考虑，把性质不同的生态环境系统与公路经济系统研究有机结合起来。

（2）对生态环境最小破坏和最大恢复

公路建设受到地质、水文等自然条件的制约，又受到现有生产力水平等技术条件制约，还受到社会经济水平的制约，使公路建设不可避免地对沿线的生态环境造成一定的影响。生态公路就是要在现存条件下综合运用各种工程措施、生物措施、管理措施将公路建设的破坏限制在最低范围内，降低到最低程度。而对于已造成的破坏采取最大可能的恢复措施，重建新的生态系统，使新建群落尽快达到顶级群落，并对占用土地进行补偿。

（3）良好的景观生态效应

生态公路在景观层面上的特征是最直观且最易被人感知的特征。生态公路要营造的是“脚下是路，周围是景”的行车环境。通过科学的绿化美化来改善公路景观。一方面给行者带来美的感受，另一方面维护自然生态系统的平衡。

（4）安全、高效性

生态公路要求行车安全舒适、运输高效便利。生态公路基础设施为货流、客流、能源流、信息流的运动创造必要的条件，从而在加速各种流的有序运动过程中减少经济损耗和对公路沿线生态环境的污染。

生态公路的提出将使我国对公路建设的指导思想由过去以工程为主转变为追求环保、绿化、美化，进而发展为包容量更大、内涵更宽广的生态保护主题。未来的生态公路建设不仅是国际上公路工程发展的趋势，也是未来公路工程技术前进和发展的方向。

9.1.3 城市道路设计新理念

城市道路设计是城市道路全寿命周期必不可少的阶段，是城市道路建设的关键环节，设计的好坏在很大程度上决定建设的成败。当前我国的城市道路设计主要存在以下问题：

（1）教条式设计

城市规划、国家及行业标准是城市道路设计的主要依据。然而，当前城市道路设计普遍存在对规划成果不进行思考和研究，对标准条文不加分析、判断，生搬硬套，盲目执行的现象，导致规划和标准基本被教条化，设计也偏离规划和标准真正意图，沦为简单绘图。如直接套用规划断面、规划曲线半径、规划竖向坡度，采用规范规定的缓和曲线最小长度、竖曲线最小半径、路基边坡最大坡率、结构层最小厚度、展宽段最小长度等。

（2）孤立式设计

城市道路设计是基于城市背景、系统的工程设计，对建设时序、道路全寿命周期、相关专业等应综合考虑，但缺乏整体观念、孤立设计的现象在目前并不少见。如设计道路与城市路网不协调，未能达到建设预期目的；设计与道路全寿命周期的其他阶段脱节，周期成本过高；同一道路不同标段设计风格不统一，平面、竖向设计等衔接出现问题，连续性差；同一道路各专业设计间沟通不善，道路整体功能受损等。

（3）封闭式设计

城市道路设计虽以室内设计为主，却受外界条件的影响较大，故对外部环境应密切关注并注意结合。但目前闭门造车、脱离实际的设计不在少数，导致设计看似内容齐全，实则陈旧、空乏甚至张冠李戴，与现场情况严重不吻合，失去对施工的指导意义。如不注意规范的更新，沿用过时条文；轻视经验交流，设计理念、设计手段落后；忽视现场踏勘，设计与现状不符；文字说明大量照抄规划、标准，没有针对性等。

（4）车本位设计

城市道路设计是涵盖多个专业的综合设计，而不仅是单一的道路设计。然而，传统的城市道路设计较多地参照了公路设计的思路，重点考虑机动车交通，过分注重车辆行驶线形几何指标，而行人和公交空间路权分配不足，通行安全性得不到保障。如优先采取压缩人行道或非机动车道宽度方式拓宽机动车道，降低路缘石外露高度方便机动车停靠人行道，交叉口转角采用大转弯半径不配套限速设施，双向 6 车道以上道路不设置行人过街安全岛和公交专用道或港湾式停靠站等。

设计质量首先取决于设计理念，新的发展时期应当秉持新的理念，即创新、协调、绿色、开放、共享。具体设计理念如下：

（1）创新设计

① 恰当运用规划和标准。创新设计首先应基于当前的城市规划和现行的设计标准。规划是建设的纲领，规划引领设计；标准是经验的总结，标准规范设计。然而规划和标准均基于一定的背景，不可避免地存在或多或少的缺陷。教条式设计会使规划和标准的缺陷得到放大，最终通过实施而形象化。如备受关注的城市交通拥堵现象，宏观因素是规划层面道路结构与布局不合理，微观因素是道路几何设计不正确。又如城市暴雨内涝现象，与城市排水系统设计标准偏低及执行设计规范时规范运用不当有关。故应在设计中恰当运用规划和标准。如道路横断面设计时结合两厢用地规划采用不对称布置形式，圆曲线超高设计时考虑与沿线街区的和谐而不采取“一刀切”，交叉口设计时将规划竖向局部调整以使各方向高程最低处不在交叉口范围内等。

② 积极探索新技术和新材料的开发应用。发展新时期，应积极探索新技术和新材料应用于设计。如将绿色、循环、低碳技术和材料应用于道路设计，大数据和智能交通信号灯系统应用于交通设计，建筑信息模型（BIM）技术应用于管线设计，三维仿真系统应用于设计优化等。

（2）协调设计

城市道路的复杂性决定了城市道路设计的重点和难点是协调设计，而不在于单纯的工程技术层面，这与其他类型的道路不同。重技术、轻协调是当前设计常态，导致不少设计因技术难度不大而平庸化，个别设计虽然技术优良但整体效果很一般。城市道路设计应追求整体最优，尽量做到设计与规划、管理、环境等的和谐，而不仅仅局限于设计自身。

① 道路设计与自身的和谐。城市道路设计涵盖多个专业，各专业均有相应的技术指标。城市道路设计不但要求各专业内部技术指标间的和谐，如道路专业的平纵组合，还要求各专业间设计观念的和谐，如绿化景观与交通安全。

② 道路设计与规划的和谐。城市道路设计上承城市规划，但规划侧重于整个规划区域，属于宏观或中观层面的指导，而设计侧重于区域内的某条或几条道路，属于微观层面的实施。因规划和设计侧重点完全不在同一层面，故设计阶段应加强对规划的研究，加强与规划相关人员的沟通协调，争取做到以设计促规划优化，至少做到设计是对规划的正确具体化。

③ 道路设计与管理的和谐。城市道路全寿命周期中涉及管理部门或单位众多，各管理部门或单位关注内容不同，如投资主管部门关注造价。道路设计应把握好设计原则与各管理部门要求间的平衡，尽量做到设计与管理的和谐。

④ 道路设计与环境的和谐。城市道路设计基于城市背景，应当与城市大环境和谐，如当前政策导向、城市定位、城市发展思路、城市历史与人文等。除此之外，城市道路设计还应考虑与城市路网、沿线的地形地貌、各类设施的协调。

（3）绿色设计

绿色道路是近年来道路建设领域的共识，也是新时期的发展方向。绿色道路是指道路在全寿命周期内最大限度地节约资源、保护环境和减少污染，为人们提供安全舒适、环境优美、质量优良、出行便利的道路。绿色道路力求道路在全寿命周期内与城市生态环境和谐，是绿色交通乃至绿色城市必不可少的组成部分。绿色道路设计应具备绿色、循环、低碳观念，树立“双优先”设计思路，即优先配置慢行交通、公共交通空间和优先采用绿色、循环、低碳技术与材料。故绿色道路设计同时也是协调设计。

① 优先配置慢行交通和公共交通空间。优先配置慢行交通和公共交通空间，即道路设计时首先从步行、非机动车和公共交通需要角度考虑。如道路横断面布置时，先根据步行流量和非机动车通行要求确定人行道和非机动车道宽度，再确定机动车道宽度；双向 6 车道以上道路原则上设置公交专用道或限时公交专用道，双向 4 车道道路原则上设置港湾式停靠站；道路交通优化确需增加机动车道时，先考虑压缩分隔带宽度和机动车道宽度，尽量不压缩非机动车道和人行道宽度等。

② 优先采用绿色、循环、低碳技术和材料。目前可用于道路的绿色、循环、低碳技术和材料见表 9-1，其中部分技术已经成功应用于上海嘉定新城、上海世博园区和天津滨海新区道路，并取得了良好的效益。

表 9-1　可用于城市道路的绿色、循环、低碳技术和材料

类别	内容
环保路面	长寿命路面技术、排水降噪路面技术、彩色路面技术、温拌沥青混合料技术、高性能沥青路面材料技术
路面再生	沥青路面再生技术、混合路面再生技术
废弃材料利用	废橡胶或废橡塑、废玻璃、工业碱渣、钢渣、煤矸石、建筑垃圾、废弃淤泥、盐渍土
水资源利用	低影响开发技术、灌溉节水技术、透水性人行道
其他	泡沫轻质土处理软土技术、绿化储碳技术、噪声防治技术、光触媒技术、生态护坡、LED 路灯

（4）开放设计

① 设计本身的开放。首先，设计应重视现场踏勘，积极与当地居民交流，认真对待其提供的信息，如历史洪水位，不能完全依赖规划高程。其次，设计应密切关注外界动态，如政策变化，与建设单位实时沟通，以免设计反复甚至造成不良后果。另外，设计应根据建设时序，注意近远期结合，近期实施工程预留远期改造空间。

② “大设计”思路和设计的“外延内视”。树立“大设计”思路，推进设计的“外延内视”。“大设计”指设计时将道路全寿命周期阶段、相关领域，如建筑设计、建设环境等一并纳入考

虑范围，而不局限于道路设计本身。“外延”指积极主动参与、配合规划和标准的编制，以便进一步了解编制思路和过程，更好地理解和应用，而不是“事不关己高高挂起”和被动遵循；“内视”指对已运营的道路及时组织设计回看，通过现状与设计的对比，审视原设计的科学性，总结经验、教训，提高设计水平。

(5) 共享设计

城市道路设计应坚持以人为本，使城市道路的服务功能得到充分体现，以增强城市主体的获得感。设计中不但应重视城市主体的共同参与，更应具有环保意识、生态意识和生命意识，以“双优先”和人性化为思路，使其出行更健康、更安全、更便利。

“双优先”设计对减少道路交通的碳排放，改善城市生态环境具有重要意义，为城市主体营造了更健康的出行环境。故“双优先”设计既是绿色设计，同时也是共享设计，其具体内容详见上文，在此不再赘述。人性化设计是精细化设计，注重于设计细节，以使城市主体出行更安全、更便利为目的。如完善缘石坡道、盲道、轮椅坡道等无障碍设施，人行横道偏长时设置过街安全岛，人行道坡道、非机动车道入口增设阻车桩，公交站牌线路信息面背离机动车道，指路标志牌上增添距离信息等。

9.2 道路勘测新技术

9.2.1 概述

近二十年来，现代道路测设技术在我国道路建设中得到广泛应用，新技术将设计人员从艰苦的外业测量和繁杂的内业设计工作中解脱出来，对加快工程测设进度、提高设计效率和质量、实现道路交通的现代化、适应全面建设小康社会需求等方面，具有重要意义。按工作内容不同，现代道路测设技术包括：数据采集与管理技术、计算机辅助设计技术。

道路外业勘测关键是快速、准确、有效获取设计所需的各种地形原始数据。传统地形数据的来源一般有三种方法：对已有大比例尺地形图的数字化；采用航测方法从航测相片上获取数据；野外实测采集地形数据。目前最能为道路测设提供技术支持的是3S技术（即遥感RS、全球定位系统GPS、地理信息系统GIS）以及全数字摄影测量技术。

航空摄影和摄影图像处理为大规模采集地形数据提供了快捷的手段。在国外，航空摄影测量已广泛应用于道路测设中。利用航空摄影测量方法采集数据能直观地确定地表形态，工作环境好，可随意和方便地控制地形点的分布和密度，获取的地形信息可靠、精度高。随着航测仪器的发展，目前较大范围的各种比例尺地形图都是由航测法成图的。

全数字化测图（亦称数字摄影测量）是在解析法测图基础上发展起来的更为先进的摄影测量方法。全数字化测图系统的测图过程是先将相片影像的灰度数字化，然后在计算机上进行数字处理。这种全数字化、自动化测图方法代表了航空摄影测量学科的发展方向，一些国家投入相当多的资金和人力对其进行研究，主要成果有Leica推出的由Helava公司开发的DPW系列，美国Intergraph公司推出的1DZ系列数字摄影测量工作站等。随着研究工作的深入，数字摄影测量系统在理论上不断完善，在技术上不断创新，它将成为道路测设中地形数据采集的理想方法。遥感技术（Remote Sensing，简称RS）是通过非接触传感器获得所摄目标的影像并提取各种几何与属性信息的技术系统。在道路勘测中，通过遥感判释技术可直接或间接获得大量有关工程地质及水文地质资料，如同把勘测现场搬到室内，减少了外业劳动强度，提高了勘测设计的质量和速度。国外目前广泛采用航天遥感资料进行计算机图像处理和信息提供，大量遥感信息已进入自动识别和自动处理成图阶段，为道路工程地质判释提供了准确可靠的信息来源。

全球定位系统(Global Positioning System，简称 GPS)是由美国国防部建立并控制的新一代卫星导航定位系统。GPS 定位技术具有观测点之间无需通视、定位精度高、观测时间短、提供三维坐标、操作简单和全天候作业等特点。目前 GPS 定位技术在地球科学研究、大地测量、摄影测量的野外控制、航摄机载 GPS 定位、普通及精密工程测量以及道路控制测量和放样测量等领域得到广泛应用。

地理信息系统(Geographic Information System，简称 GIS)是储存和处理与地理空间分布有关信息的系统。采用各种现代化的方法采集、运算、存储、管理、查询、显示、更新和应用与地理和空间分布有关数据的一门综合和集成的信息科学。计算机技术、数据库技术及遥感技术的不断发展，为 GIS 的发展提供了丰富的数据资源，使 GIS 向专家水平的智能分析与决策方向发展。GIS 与相关技术的集成，将为路线方案选择及优化设计提供技术平台。

我国于 1976 年开始航测在道路设计中应用的研究，进行了“航测电算在道路测设中应用的研究”“航测遥感在道路测设中的应用技术”“GPS、航测遥感及道路 CAD 集成技术”等科技攻关研究。

目前，航测等新技术在各省设计院的道路勘察中得到普遍应用，大比例尺地形图的测绘工作多采用航测手段完成。利用航测在测图时的地形数据建立数字地面模型(DTM)，用于路线初步设计及施工图设计的方法及相应的计算机辅助设计(CAD)系统已在道路设计中广泛应用；利用全站仪采集地形原始数据，建立数字地面模型，自动绘制大比例尺地形图，路线 CAD 集成系统完成路线设计，正在全国全面应用；GPS 在路线导线网的控制测量、航测外控测量及各类桥隧控制测量中得到了推广应用，有些设计院已将 GPS 直接应用于路线中桩测设。为了适应航测、DTM、GPS 等测量高新技术在道路测设中的应用，原交通部于 1997 年颁发《公路摄影测量规范》(JTJ 065—97)和《公路全球定位系统(GPS)测量规范》(JTJ/T 066—98)等相应的技术规范、标准。

道路勘测的数据采集与处理，是构成道路测设一体化的重要基础。道路勘测在技术上主要是解决数据的有效、准确获取问题，这取决于测量高新技术及新设备的应用。我国许多设计单位均引进了国外最先进的设备，并已投入使用。在采用的测量设备及手段方面，我国与国际先进水平基本同步。对数据处理主要取决于数字地面模型系统的成熟和完善，作为连接野外勘测(数据采集)和内业设计(CAD 系统)之间的纽带和桥梁，DTM 在道路测设一体化系统中起着关键作用。经过“七五”、“八五”、“九五”期间的研究、开发及应用，DTM 软件系统已得到很大发展，在软件功能、软件技术以及采用的核心算法等方面均已达到国际先进水平。

9.2.2 遥感技术的应用

9.2.2.1 遥感及其分类

(1) 遥感的定义

“遥感”一词产生于 1962 年，即“遥远的感知”。“遥感”有狭义和广义的不同理解。

广义上泛指一切无接触的远距离探测，包括对电磁场、力场、机械波(声波、地震波)等的探测。其中，重力、磁力、地震波等的探测被划为物探(物理探测)的范畴，只有电磁波探测属于遥感的范畴。

狭义上是指应用探测仪器,不与探测目标相接触,从远处记录目标的电磁波特性,通过分析,揭示物体的特性及其变化的综合性探测技术。

遥感与航测的区别在于,前者确定实体的物质成分,后者确定几何形态。如:一个山包,遥感可确定构成山包的物质是土或是岩石以及何种类型等,航测则确定其高程、面积及其形态等几何量。

(2) 遥感的类型

遥感的分类方法很多,主要有下列几种:

① 按遥感平台分类

a. 地面遥感:传感器设于地面平台上,如车载、船载、手提、固定或活动高架平台等。

b. 航空遥感:传感器设于航空器上,主要是飞机、气球等。

c. 航天遥感:传感器设于环地球的航天器上,如人造地球卫星、航天飞机、空间站、火箭等。

d. 航宇遥感:传感器设于星际飞船上,指对地月系统外目标的探测。

(2) 按传感器的探测波段分类

a. 紫外遥感:探测波段在 0.05~0.38 μm 之间。

b. 可见光遥感:探测波段在 0.38~0.76 μm 之间。

c. 红外遥感:探测波段在 0.76~1 μm 之间。

d. 微波遥感:探测波段在 1~10 mm 之间。

e. 多波段遥感:指探测波段在可见光波段和红外波段范围内,再分成若干窄波段来探测目标。

③ 按工作方式分类

主动遥感和被动遥感:主动遥感由探测器主动发射一定电磁波能量并接收目标的反向散射信号;被动遥感的传感器不向目标发射电磁波,仅被动接收目标物的自身发射和对自然辐射源的反射能量。

成像遥感与非成像遥感:前者传感器接收的目标电磁辐射信号可转换成(数字或模拟)图像;后者传感器接收的目标电磁辐射信号不能形成图像。

④ 按遥感的应用领域分类

从大的研究领域可分为外层空间遥感、大气层遥感、陆地遥感、海洋遥感等;从具体应用领域可分为资源遥感、环境遥感、农业遥感、林业遥感、渔业遥感、地质遥感、气象遥感、水文遥感、城市遥感、工程遥感及灾害遥感、军事遥感等,还可划分为更细的研究对象进行各种专题应用。

9.2.2.2 遥感技术系统

现代遥感技术系统一般由四部分组成,如图 9-1 所示。

① 空间信息采集系统。空间信息采集系统主要包括遥感平台和传感器两部分。遥感平台是运载遥感器并为其提供工作条件的工具。传感器是收集、记录被测目标的特征信息,并发送至地面接收站的设备。

② 地面接收和预处理系统。航空遥感获取的信息可直接送回地面进行处理。航天遥感获取的信息一般是以无线电的形式实时或非实时发送,被地面接收站接收和进行预处理

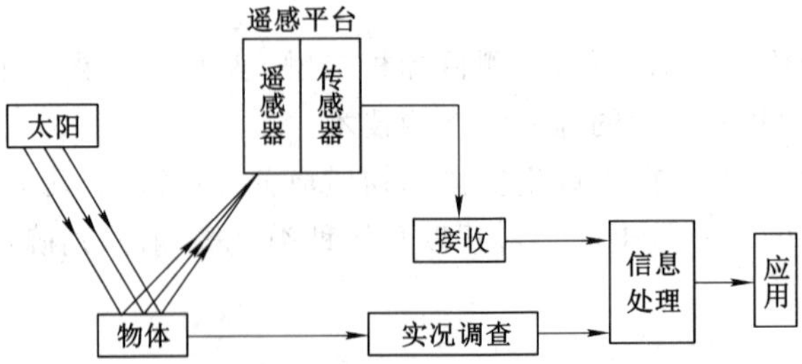

图 9-1　遥感技术系统的组成

(前处理、粗处理)。预处理是对信息所含噪声和误差进行辐射校正或几何校正，图像的分幅和注记(如地理坐标网等)，为用户提供信息产品。

③ 地面实况调查系统。地面实况调查系统主要包括在空间遥感信息获取前后进行的地物波谱特征测量，为设计传感器和分析应用遥感信息提供依据；在空间遥感信息获取的同时所进行的与遥感目的有关的各种遥测数据的采集(如区域的环境和气象数据)，主要用于遥感信息的校正处理。

④ 信息分析应用系统。信息分析应用系统是用户为一定目的而应用遥感信息所采用的各种技术，主要包括遥感信息的选择技术、处理应用技术、专题信息提取技术、制图技术、参数量算和数据统计技术等内容。

9.2.2.3　遥感专题地图

遥感技术的主要产品之一就是遥感专题地图。遥感专题地图是用图形符号，客观、系统地反映一定区域内环境与资源的空间分布和时间变化规律。

(1) 专题地图的种类

专题地图的种类很多，按其内容的专题性质分为三类，即自然地图(地质图、地貌图、气象气候图、土壤图、植被图等)、社会经济地图(行政区划图、居民分布图、经济地图、文化地图等)、其他专题地图(航海图、航空图、城市平面图等)。按其反映内容的概括程度，也可分成如下三种类型：

① 解析型(又叫分析型)，只反映单要素的位置和分布，对专题现象未经概括或很少概括，并以各自的具体指标显示某一方面的性质和特性。如城市人口密度等级图、污染源分布图、绿地分布图等。

② 组合型(又称合成型)，表示的不是各种现象的具体个性，而是将几种不同的但相互联系的指标进行组合和概括，以显示现象总的特征，如土地利用评价图、环境质量评价图、经济发展预测图等。

③ 综合型(又称复合型)，是在同一幅图上各自的概括程度和相应的表示方法，如城市用地现状图、综合经济图等。

(2) 遥感专题制图流程

遥感专题制图的工艺流程如图 9-2 所示。

9.2.2.4　遥感技术在道路工程中的应用

遥感技术获取信息，具有视域广、整体感强、影像逼真、信息量丰富、宏观、直接的特点，特别对地形、地貌、植被、地质等信息反映最为直接。因此，遥感与 GIS 系统相结合，可在路

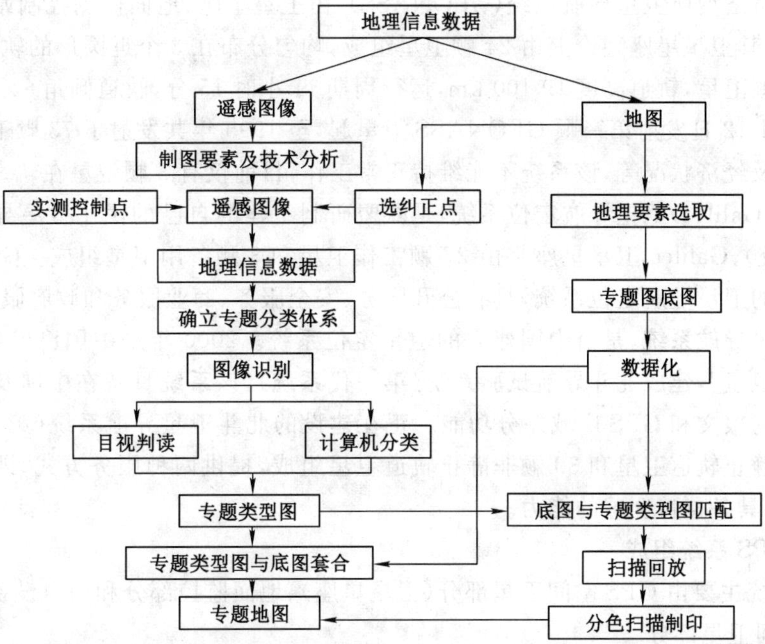

图 9-2 遥感专题制图工艺流程

线选线阶段为设计者提供丰富的空间信息支持。目前,遥感技术在道路工程中的应用主要是工程地质勘测方面。

① 重点工程的布局。路线走向选择中最主要的问题是沿线重点工程布局是否合理,各类重点工程的区域地质条件是否稳定。遥感图像能提供宏观的区域地质特征,如断裂构造的分布格局、活动构造和不稳定程度、构造薄弱带的分布规律等,道路勘测中能合理考虑重点工程的布局问题。

② 判释区域地质构造薄弱环节。区域地质构造薄弱环节是区域地质构造不稳定的部位,在卫星相片上都有比较明显的反映,可凭借这些特征合理选线。

③ 借助遥感图片对长隧道、大桥的区域进行稳定评价。在道路选线过程中,对长隧道、大桥等重点工程,应特别注意工程的区域稳定情况。对隧道工程除查明一般工程地质、水文地质条件外,尚应注意宏观的区域地质构造问题。应用遥感图像的宏观特征,分析区域地质构造的分布格局,能对隧道布设提供比较科学的依据。在遥感图像上,可分析水系与构造、水系与地貌、水系与岩类之间的相互关系,还可从线性构造、环形构造方面进行综合研究,从而选择稳定的桥址位置。

9.2.3 全球定位系统 GPS 的应用

目前全世界有四种已建和在建的全球定位系统,分别是美国的全球定位系统(GPS)、俄罗斯格洛纳斯全球导航卫星系统、欧洲伽利略导航卫星系统和中国的北斗卫星导航系统。美国全球定位系统(GPS)是目前应用最广泛、技术最成熟的卫星定位系统,它是一种可以授时和测距的空间交会定点导航系统,可向全球用户提供连续、实时、高精度的三维位置、三维速度和时间信息。

俄罗斯格洛纳斯卫星导航系统(GLONASS),由卫星星座、地面监测控制站和用户设备三部分组成,其卫星星座理论上由 24 颗卫星组成,均匀分布在 3 个近圆形的轨道平面上,每个轨道面 8 颗卫星,轨道高度 19 100 km,运行周期 11 小时 15 分,轨道倾角 64.80°该系统从 1982 年 10 月 12 日发射第一颗 GLONASS 卫星起,至 1995 年共发射了 73 颗卫星。由于卫星寿命过短及经济状况等,该系统不能维持正常工作,目前仅有 8 颗卫星在轨。

伽利略(Galileo)卫星导航定位系统,是欧盟研制组建的自己的民用卫星导航定位系统(Galileo 系统),Galileo 卫星星座将由 27 颗工作卫星和 3 颗备用卫星组成。Galileo 系统是一种多功能的卫星导航定位系统,具有公开服务、安全服务、商业服务和政府服务等功能。

北斗卫星导航系统,是由中国建立的卫星定位系统。2000 年来中国已发射了 4 颗"北斗导航试验卫星",建成北斗导航试验系统(第一代系统),该系统具备在中国及其周边地区的定位、授时、报文和 GPS 广域差分功能。正在建设的北斗卫星导航系统(第二代系统)空间段由 5 颗静止轨道卫星和 30 颗非静止轨道卫星组成,提供两种服务方式,即开放服务和授权服务,将具备覆盖全球的能力。

9.2.3.1 GPS 系统组成

GPS 系统主要由 GPS 空间卫星部分(卫星星座)、地面监控部分和用户设备部分组成。

(1) 空间卫星部分

如图 9-3 所示,GPS 卫星星座由 24 颗卫星组成,其中有 21 颗工作卫星,3 颗备用卫星。卫星分布在 6 个近似圆形轨道面内,每个轨道上有 4 颗卫星。卫星同时在地平线以上的情况至少有 4 颗,最多可达 11 颗,该布设方案将保证在世界任何地方、任何时间都可进行实时三维定位。

GPS 卫星基本功能是:① 接收和储存由地面监控站发来的导航信息,并执行它的控制指令。② 利用微处理机进行部分必要的数据处理工作。③ 通过星载高精度的原子钟提供精密的时间基准。④ 向用户发送导航与定位信息。⑤ 通过指令调整卫星的姿态和启用备用卫星。

(2) 地面监控部分

地面监控部分是由分布在美国本土和三大洋美军基地的五个地面站组成。按功能分为监测站、主控站和注入站三种。

(3) 用户设备部分

用户设备是指用户 GPS 接收机,是一种被动式无线电定位设备,其主要任务是捕获卫星信号,跟踪并锁定卫星信号。在全球任何地方只要能接收到 4 颗以上 GPS 卫星的信号,就可实现三维定位、测速、测时。

9.2.3.2 GPS 定位原理

GPS 定位方法主要有伪距法定位、载波相位测量定位和 GPS 差分定位。根据待定点运动状态可分为静态定位和动态定位。静态定位是指用 GPS 测定相对于地球不运动的点位,GPS 接收机安置在该点上接收数分钟甚至更长时间,以确定其三维坐标,又称为绝对定位;动态定位是确定运动物体的三维坐标。

(1) 伪距测量

伪距测量是测定卫星到接收机的距离,即由卫星发射的测距码信号到达 GPS 接收机的传播时间乘以光速所得的距离。

(2) 差分定位

差分定位也称 GPS 相对定位(图 9-4),是确定观测点(也称流动站)与某一地区参考点(也称基准站)的相对位置。相对定位广泛应用于大地测量、精密工程测量、地球动力学的研究和精密导航。

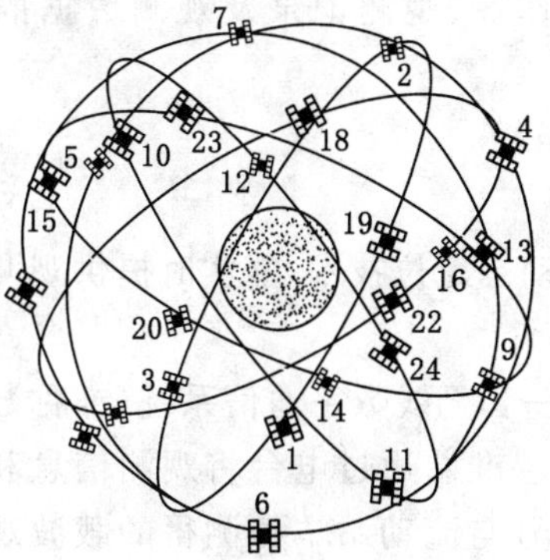

图 9-3　GPS 卫星星座

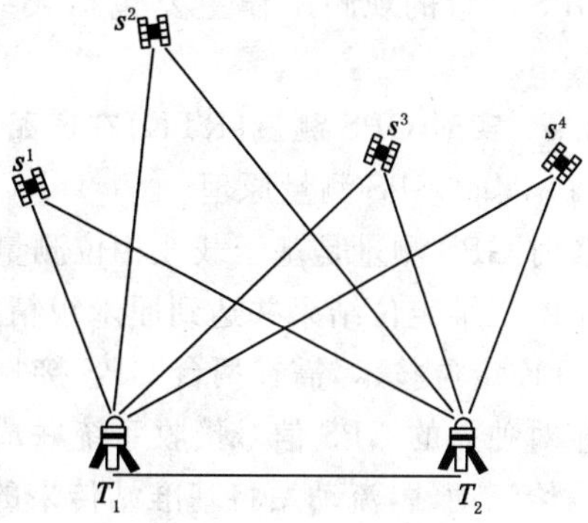

图 9-4　GPS 相对定位

(3) 载波相位测量

载波相位测量是测定 GPS 卫星载波信号到接收机天线之间的相位延迟。

9.2.3.3　GPS 测量的实施

GPS 测量按其性质可分为外业和内业两部分。外业工作主要包括选点、野外观测工作以及成果质量检核等;内业工作主要包括 GPS 测量的技术设计、测后数据处理以及技术总结等。

按 GPS 测量实施的工作程序,可分为 GPS 网设计、选点与建立标志、外业观测及成果检核与处理等阶段。

(1) GPS 网精度标准的确定

GPS 网的精度要求,主要取决于网的用途。精度指标通常以网中相邻点之间的距离误差 m_D 表示,其形式为:

$$m_D = \sqrt{a^2 + (bD)^2} \tag{9-1}$$

式中　D——两相邻点间的距离,km;

a——固定误差,mm;

b——比例误差,ppm。

不同用途的 GPS 网的精度不同,GPS 控制网分为 A、B、C、D、E 五个等级,详见相关规范。

(2) GPS 网的图形设计

网的图形设计取决于网的用途,但与经费、时间和人力的消耗以及接收设备的类型、数量和后勤保障等条件有关。

根据 GPS 测量的不同用途,GPS 网的独立观测边应构成一定的几何图形,基本形式有三角网、环形网、星形网。

(3) 选点、建标志

因 GPS 测量测站间不要求相互通视，所以选点工作简便。选点时除应远离产生磁场源的地方和保证观测站在视场内周围障碍物的高度角应小于 10°～15°外，其他要求及建立标志同常规控制测量。

(4) GPS 测量的观测工作

GPS 测量的观测工作主要包括天线安置、观测作业、观测记录及观测数据的质量判定等。

9.2.3.4 **实时 GPS 测量(RTK)在道路工程中的应用**

(1) 实时 GPS 测量原理

实时 GPS 测量是基于载波相位测量的一种实时动态定位技术，能实时提供观测点在坐标系中的三维定位结果并达到厘米级精度。

RTK 定位技术，需在两台 GPS 接收机之间增加一套无线数字通信系统(亦称数据链)，将两相对独立的 GPS 信号接收系统联成有机整体。基准站通过电台将观测信息和测站数据传输给流动站，流动站将基准站传来的载波观测信号与流动站本身测得的载波观测信号进行差分处理，解出两站间的基线值，同时输入相应的坐标转换和投影参数，实时得到测点坐标。

实时 GPS 系统通常由 GPS 信号接收系统、数据实时传输系统、数据实时处理系统组成。

(2) 实时 GPS 测量在道路建设中的应用

GPS 测量具有高精度、高效率的优点，在控制测量领域得到广泛应用。随着 GPS 接收机性能和数据处理技术的逐渐完善，GPS 应用领域也在不断拓宽。实时 GPS 测量在道路工程中可完成如下多种工作。

① 工程控制测量。用 GPS 建立控制网，精密方法为静态测量。对大型结构物，如特大桥、隧道、互通式立交等进行控制，宜用静态测量；而一般道路工程的控制测量，则可采用实时 GPS 动态测量。该法在测量过程中能实时获得定位精度，当达到要求的点位精度，即可停止观测，提高了作业效率。因点与点之间不要求通视，使测量简便易行。

② 制作大比例尺地形图。道路选线多是在大比例尺(通常是 1∶2 000 或 1∶1 000)带状地形图上进行。用传统方法测图，先建立控制网，再进行碎部测量，绘制成大比例尺地形图，其工作量大，速度慢，花费时间长。用实时 GPS 动态测量，在每个碎部点上仅需短暂时间即可获得测点坐标，结合输入的点特征编码及属性信息，构成碎部点的数据，在室内由绘图软件成图。因只需采集碎部点的坐标和输入其属性信息，采集速度快，降低了测图的难度，既省时又省力。当基准站设置完成后，整个测量系统可由一人持流动站接收机操作，也可设置几个流动站，利用同一基准站观测信息各自独立操作。

③ 道路中线测设。纸上定线后需将道路中线在地面上标定。采用实时 GPS 测量，只需将中线桩点的坐标输入 GPS 接收机，移动接收机就会定出放样点位。因每个点的测量独立完成，不会产生累积误差，各点放样精度一致。

④ 道路纵、横断面测量。道路中线确定后，利用中线桩点坐标，通过绘图软件即可绘出路线纵断面和各桩点的横断面。所用数据是测绘地形图时采集的，不需再到现场进行纵、横断面测量，减少了外业工作。

需进行现场断面测量时，也可采用实时 GPS 测量。

⑤ 施工测量。实时 GPS 系统有良好的硬件，也有丰富的软件可供选择。施工中对点、线、面以及坡度等放样方便、快捷。

9.2.4 数字地理系统 GIS 的应用

9.2.4.1 地理信息系统的基本概念

地理信息系统是一门学科，是描述、存储、分析和输出空间信息理论和方法的一门新兴交叉学科；地理信息系统又是一个技术系统，是以地理空间数据库为基础，采用地理模型分析方法，适时提供多种空间和动态地理信息，为地理研究和地理决策服务的计算机技术系统。

地理信息系统具有以下三个特征：

① 具有采集、管理、分析和输出多种地理信息的能力，具有空间性和动态性。

② 由计算机系统支持进行空间地理数据管理，并由计算机程序模拟常规或专门的地理分析方法，利用空间数据，产生有用信息，完成人类难以完成的任务。

③ 计算机系统的支持是地理信息系统的重要特征，使地理信息系统能快速、精确、综合地对复杂地理系统进行空间定位和过程动态分析。

9.2.4.2 地理信息系统的类型及构成

地理信息系统按其内容可分为三大类：

① 专题地理信息系统，是具有有限目标和专业特点的地理信息系统，为专门目的服务。如交通指挥地理信息系统、森林动态监测信息系统、水资源管理信息系统、矿业资源信息系统等。

② 区域信息系统，主要以区域综合研究和全面信息服务为目标，可有不同的规模，如国家级、地区或省级、市级和县级等为各不同级别行政区服务的区域信息系统；也可按自然分区或以流域为单位的区域信息系统。区域信息系统如加拿大国家信息系统、中国黄河流域信息系统等。

③ 地理信息系统工具，是一组具有图形图像数字化、存储管理、查询检索、分析运算和多种输出等地理信息系统基本功能的软件包。

一个完整的 GIS 主要由四个部分构成，即计算机硬件系统、计算机软件系统、地理数据（或空间数据）和系统管理操作人员。其核心是计算机系统（软件和硬件），空间数据反映 GIS 的地理内容，而管理人员和用户则决定系统的工作方式和信息表示方式。系统构成如图 9-5 所示。

9.2.4.3 地理信息系统在道路工程中的应用

(1) 基础数据信息管理

在道路设计中，会涉及大量基础数据信息，包括图形信息（如地形图、已有规划图、航摄像片、各种道路设计图等）、统计信息（如人口信息、资源信息、就业信息等）、道路及地面附着物（如房屋、各种管线、特殊地物等）及文本信息（如政府文件、规划文件等）。以往这些信息是分类管理并各自独立的，相互间缺乏必要的联系，当涉及多种信息时，设计人员不得不穿梭于各种信息载体之间，浪费大量的时间，效率低下。

GIS 能有效地组织和管理上述信息，并能在信息之间建立相互关系，使设计人员能对各种信息进行可视化管理，能容易地从一种信息获取与之相关的另一种信息。

(2) 道路选线

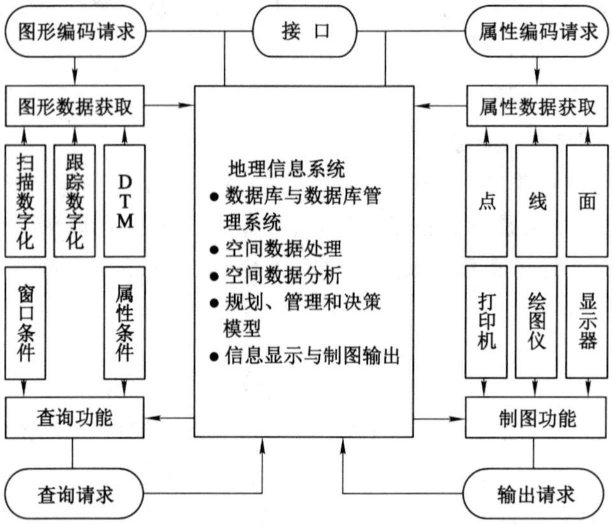

图 9-5 地理信息系统的组成

传统道路选线是在纸质地形图或航测相片上进行，通过对地物及地形的判读，选出路线，当需了解某些特殊地物(如高压走廊、煤气管线、军事设施等)及地质、水文情况时，不得不手工找寻相关的资料，费工、费时且效率低。GIS 的各种图形加载了相应的属性信息，需了解某图形信息的相关信息时，只需鼠标一点即可获取。另外，利用 GIS 的空间分析功能，设计人员在确定路线后可方便获得道路占地拆迁面积、相交道路条数及等级情况。

(3) 道路环境影响评估与方案比选

利用 GIS 的专题地图和缓冲区分析、叠加分析功能，可以迅速确定路线走廊带内的最小环境敏感区，确定对环境影响最小的路线方案。基于 GIS 的环保选线程序如图 9-6 和图 9-7 所示。

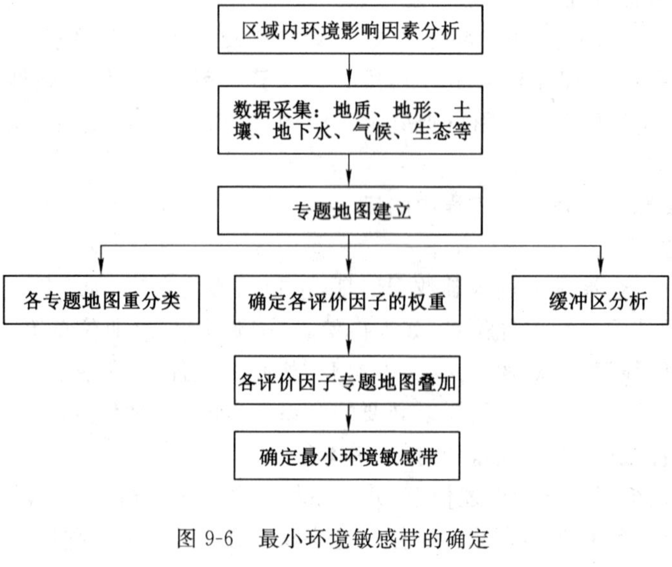

图 9-6 最小环境敏感带的确定

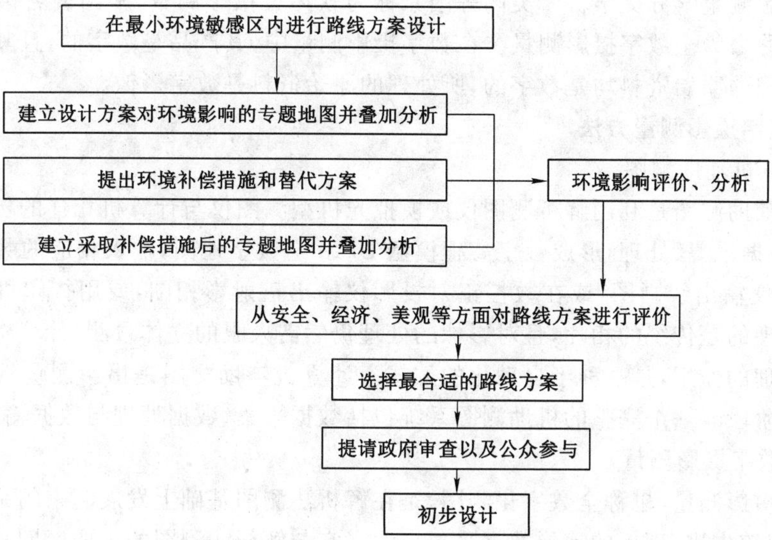

图 9-7　路线方案的确定与比选

在最小环境敏感区内进行路线方案设计建立设计方案对环境影响的专题地图并叠加分析提出环境补偿措施和替代方案建立采取补偿措施后的专题地图并叠加分析图 9-7 路线方案的确定与比选。

(4) 道路自然区划的研究

以 GIS 为平台,进行道路自然区划研究,为道路规划、设计提供宏观决策支持,是地理信息系统在道路工程应用的另一重要领域。利用 GIS 空间分析功能,通过环境要素计算和分析,确定水文、气候、地质、地貌等自然地理要素对道路建设影响参数,获得道路建设困难程度指数分区、道路综合气候不利系数分区、道路施工不利系数分区、道路地质灾害综合灾害分区等参数分区,形成道路地貌区划、道路气候区划、道路岩土区划、道路水文区划、道路水文地质区划、道路地质灾害区划、道路植被生态区划等专题区划,最终得到中国道路自然区划。

9.2.5　数字摄影测量技术 DPS 的应用

9.2.5.1　摄影测量学简介

按照成像距离不同,摄影测量可分为航天摄影测量、航空摄影测量、近景摄影测量和显微摄影测量等。按照应用对象不同,摄影测量可分为地形摄影测量和非地形摄影测量。地形摄影测量的主要任务是测绘各种比例尺的地形图及城镇、交通、资源、规划等部门所需要的专题图;非地形测量用于工业、考古、医学、体育、军事侦察等各方面。

摄影测量的技术手段有模拟法、解析法与数字法。随着摄影测量技术的发展,摄影测量经历了模拟摄影测量、解析摄影测量与数字摄影测量三个发展阶段,其中数字摄影测量是目前最先进、应用最广泛的摄影测量技术。

9.2.5.2　数字摄影测量的定义

数字摄影测量是基于数字影像与摄影测量的基本原理,应用计算机技术、数字影像处理、影像匹配、模式识别等多学科的理论与方法,提取所摄对象用数字方式表达的几何与物理信息的摄影测量学分支学科。美国等国家称为软拷贝摄影测量，中国著名摄影测量学者王之卓教授称之为全数字摄影测量。在数字摄影测量中，其产品是数字的，且其中间数据的记录以及处理的原始资料均是数字的，所处理的原始资料是数字影像。

9.2.5.3 数字摄影测量方法

(1) 计算机辅助测图

计算机辅助测图是利用解析测图仪或模拟光机型测图仪与计算机相连的机组(或机控)系统，进行数据采集、处理，形成数字高程模型 DEM 与数字地图，输入相应的数据库。也可在数控绘图仪输出线画图，或在数控正射投影仪输出正射影相图，或用打印机打印各种表格。该法处理的是传统的相片，且对影像的处理仍然需人眼的立体量测，计算机则起数据记录与辅助处理的作用，是一种半自动化的方式。计算机辅助测图是摄影测量从解析化向数字化的过渡阶段。一个完整的机助测图系统包括数据采集、数据处理与数据输出三部分。

(2) 全数字摄影测量

全数字摄影测量(也称全数字化测图)是在解析法测图基础上发展起来的一种摄影测量方法，是目前较先进、理想的地形数据采集方法。它与解析法测图的主要区别是利用相关技术和扫描技术将相片影像数字化，无需人眼进行观测便可得到被测区域的地表三维数据。全数字摄影测量从概念上、手段上、视觉上及最终成果等方面，与传统方法有较大区别。全数字摄影测量的主要设备是扫描仪和具有图形图像处理功能的计算机。

全数字摄影测量的测图程序是先将相片影像的灰度数字化，在计算机上进行数据处理。具体做法是通过扫描方式将相片上影像的灰度转换成电信号或数字信号，形成"数字影像"，用相关技术代替人眼自动立体照准(寻找)同名像点。目前自动化的相关技术还不能完全代替人眼的立体观测，在隐蔽地区、陡峭地形、影像质量极差或云层遮盖地区，以及对地物的处理等仍需人工协助解决这些问题。如何克服这一问题，也是目前摄影测量界研究的主攻方向。自动化测图系统速度快、无需人工量测、测量数据点密集，利于中、小比例尺的测图，特别是正射影像图的制作。这种全数字化、自动化测图方法代表了航空摄影测量学科发展方向，世界各国都在对其开展深入研究。随着相关技术的创新、数据采集精度的提高，全数字摄影测量将成为道路地形数据采集最理想的方法。

9.2.5.4 数字摄影测量在道路工程中的应用

数字摄影测量的主要产品都可应用于道路路线设计，并可作为道路 CAD 的基础数据。

① 建立数字地面模型 DTM。DTM 是地理信息系统(GIS)、道路 CAD 系统以及道路虚拟仿真系统的基础平台。

② 自动生成等高线地形图。等高线地形图是道路选线和定线的基本资料。

③ 制作正射影像图、景观图、DTM 透视图及立体模型等。

④ 提供各种工程设计需要的工程信息，各种信息系统、数据库所需的定向信息。

9.3 道路计算机辅助设计

9.3.1 概述

9.3.1.1 国外道路计算机辅助设计技术发展状况

计算机辅助设计(Computer Aided Design，简称 CAD)是包括绘图与说明的设计活动。

道路CAD是计算机辅助设计技术在道路设计中的具体应用。CAD技术将计算机迅速、准确处理信息的特点与人的创造思维能力及推理判断能力结合，为现代设计提供了理想设计手段。

1963年，美国麻省理工学院(MIT)首次建立CAD的概念，计算机运用到道路设计主要是完成繁重的计算任务，如多层路面结构力学计算、路基稳定性分析与计算、桥梁结构计算、路基土石方计算及平面和纵断面线形计算等。

为获得更大的经济效益，欧美发达国家，如英国、美国、法国、德国和丹麦等先后展开了路线纵断面优化技术研究，开发了路线纵断面优化程序，有代表性的为英国HOPS纵断面选线最优化程序系统、法国的APPOLON系统、德国的EPOS程序等。纵断面优化程序系统的应用，提高了道路设计的质量并降低了工程费用。联合国经济合作与开发组织于1973年在意大利西西里岛的一条道路上对上述各国的优化程序进行了联合试验，结果表明：使用纵断面优化程序可以节省土石方工程量8%～17%，平均10%，使道路的建设费用大大节省。

20世纪70年代，道路优化技术从纵断面优化扩展到一定宽度范围的平面线形优化和平、纵组合线形综合优化，数字地面模型开始应用，计算机绘图技术发展到实用阶段。平面优化技术有代表性的成果有英国的NOAN程序、美国的GCARS程序、德国的EPOS－1程序等。此时路线优化设计在理论和应用上已基本形成一门独立的学科，但因其涉及大量的非技术性因素，给研究工作带来很大困难，故仍处在研究探索阶段。数字地面模型主要用于等高线地形图绘制、土地填挖面积计算、支持路线优化设计等。20世纪70年代末期计算机制图功能逐步完善，期间开发的辅助设计系统均可完成大量设计图纸绘制工作，系统的功能进一步增强，逐步走向实用阶段。

20世纪80年代，道路CAD系统的发展更加完善，并逐步向系统化、集成化方向发展。一些国家建立了由航测设备、计算机和专用软件包组成的成套系统，可以完成从数据采集、建立数字地面模型、优化设计到设计文件编制的全部工作，系统具有图形环境支撑，商品化程度较高。如英国的MOSS系统、美国的INROADS、德国的CARD/1等。MOSS系统是英国MOSS系统有限公司经过20多年的不懈努力，开发出的大型三维道路路线设计计算机辅助设计分析软件，已在欧美一些发达国家的道路、铁路设计中广泛使用，完全摆脱了图板，实现了无纸化设计。CARD/1是德国Basedow & Tomow软件公司推出的，包括测量、道路、铁道、排水四个子系统的复杂系统，特别适用于道路的勘测与设计，对于铁道、排水以及建筑景观规划、水利工程、矿山工程等各种土木工程也能使用。这期间道路CAD系统的另一个特点是系统的开发环境由小型机或工作站向微机过渡，并以微机为主。

进入20世纪90年代，国外一些较成熟的道路CAD软件，向国际化方向发展。在系统开发中，积极研究相关国家的技术标准，尽量提高软件的适应性，使其满足不同国家设计标准的要求。在数据采集方面，研究采用GPS、数字摄影测量、遥感地质判释等新技术、新设备。

9.3.1.2 国内道路计算机辅助设计技术发展状况

我国道路设计应用计算机起步较晚。道路CAD技术的研究始于20世纪70年代末，经历了70年代末与80年代初期的探索、80年代中后期的发展和90年代的提高普及，目前已在数据采集、内业辅助设计和图形处理方面取得了较大成就。

20世纪70年代末至80年代初，国内有关高校和设计单位在收集国外路线优化技术和

CAD技术资料的基础上，开展了路线优化技术方面的研究，编制了相关优化程序。在辅助设计方面，编制了一些生产急需的路线计算程序，如中桩坐标计算、土石方数量计算等，开发了针对某种绘图机的绘图程序。因受当时计算机软硬件环境的限制，所编制的程序都是针对某一单项工作，以替代手工计算为目的，功能单一，缺乏系统性，应用面较窄。

20世纪80年代中后期，随着我国道路建设的快速发展，对道路CAD技术的需求也不断增大，促进了道路CAD技术的发展。1986年，原交通部在多次技术论证的基础上，把道路和桥梁CAD列入国家“七五”重点科技攻关项目，进行研究开发。道路CAD的研究内容包括数字地面模型、路线平纵面线形综合优化、路线设计、立交设计、中小桥涵设计、支挡构造物设计等；桥梁CAD的研究内容包括桥梁结构布置、桥梁结构有限元分析、桥梁施工详图设计、桥梁工程造价分析等。该项目以工作站为硬件平台，应用对象为一些较大的设计单位。由于配置了大量高档微机和外围设备，为微机专门研发的图形软件也趋成熟，给道路微机CAD软件的开发提供了良好的条件。根据各单位的实际需要，开展了道路CAD软件的开发工作，推出了一些各具特色的微机道路CAD系统。这一阶段CAD软件的特点是计算分析和成图一体化，以提高软件的自动化程度为目标，但大多数缺乏交互性能或交互性能不高，软件的子系统之间接口繁多，缺少统一的数据管理。

20世纪90年代至今是道路基础设施建设大发展期，道路建设的速度明显加快，建设规模不断扩大，对道路CAD软件的要求越来越高，也是CAD软件商品化发展阶段。软件开发商为满足市场需求和适应计算机硬、软件技术的迅速发展，在大力推销其软件产品的同时，对软件的功能、性能，特别是用户界面和图形处理能力进行了大幅度扩充；对软件的内部结构和部分软件模块，特别是数据管理部分，进行了重大改造，新增的软件大都采用了面向对象的软件设计方法和面向对象语言。以微机为平台的道路CAD系统逐渐取代了以工作站为平台的CAD软件。道路CAD软件发展的特点表现为：① 软件支撑平台由DOS系统向Windows系统过渡，软件界面及交互性能有所改善；② 部分软件自主开发了专业的图形支撑平台，系统具有较强的针对性和实用性；③ 道路CAD软件的应用深度和广度都有较大提高，应用范围基本覆盖了道路初步设计和施工图设计的各个方面（不包括方案设计、方案评价选优等），到1996年底，道路CAD技术已普及到地市级设计单位，设计文件全部由计算机完成，且在立交和独立大桥等复杂工程中应用了三维技术进行渲染和动画，开始实施院内计算机网络管理；④ 跟踪国际计算机应用技术的最新发展，开始了领域内不同新技术的集成研究。1996年原国家计委下达的国家“九五”重点科技攻关项目“国道主干线设计集成系统开发研究”，1998年原交通部重点资助项目“集成化道路CAD系统”等，研究的起点比以前有较大提高。

9.3.2 数字地面模型

9.3.2.1 数字地面模型的概念及应用

地形资料是道路设计的重要基础资料之一。传统设计中，一般用地形图或断面图来表示地形。地形图或断面图的获得需通过野外实地测量，再经过手工绘制而成，人力、时间消耗很大。利用计算机进行道路设计，让计算机能认识和处理地形资料，为此必须把地形资料变成计算机能接受的信息——数字。数字地面模型就是在这种背景下被引入道路设计领域的。

数字地面模型（Digital Terrain Model，DTM，简称数模）是指地形表面形态等多种信息的数字表示。它由许多规则或无规则排列的地形点三维坐标 x,y,z 组成,是数字化了的地形资料存储于计算机的产物。

数字地面模型一般由三部分组成:① 用离散形式将某一区域内一系列采样点的信息,按照一定规则存储在计算机中,形成一个有限项的向量序列。通常用 y 表示平面坐标系,用 z 表示高程,各种平面地理信息如建筑物、河流等用编码或分层方式表示。② 给定某种数学方拟合地表形态,可求得该区域任一平面位置点的高程,或推算其他地面特征,如坡度、坡向等。③ 实用程序块,主要完成坐标系的转换工作。

自 20 世纪 50 年代末期,美国麻省理工学院米勒教授研究用数字地面模型进行道路设计开始,人们对数模的研究与应用已有 50 多年的历史,随着计算机技术及其外围设备的发展,数模在测绘、铁路、道路、机场及其他新建工程领域得到广泛应用。

数字地面模型可用于道路设计的各个阶段。设计者利用数字地面模型进行路线方案比选,只需输入少量设计参数,计算机按照编好的程序自动完成设计和分析比较工作,输出比较结果。设计者可方便地对方案进行比较,选择较优方案,而不需重测。另外,数字地面模型还广泛地用于道路初步设计和技术设计中。设计者做一些必要的外业调查和实测,可直接利用计算机进行路线设计。数字地面模型也用于绘制地形图、路线平面图和地形透视图,可减轻设计者的工作强度。

9.3.2.2 数字地面模型原始数据采集

数据采集是指选取构造数模的地形数据点及量取其坐标值的过程,是建立数字地面模型的基础工作。目前道路数据采集的方式一般有三种:利用航测方法从航摄像片上获取数据,已有大比例尺地形图的数字化,野外实测采集地形数据。

(1) 用航测方法获取数模原始数据

用航测方法获取数模原始数据主要有两种途径:一是按相片测图原理,利用立体坐标量测仪建立立体模型,测定模型坐标 x,y,z;二是用数字摄影测量的方法采集,利用各种数字测图仪、解析测图仪和数字/模型立体测图仪,在测图过程中自动采集到 x,y,z 坐标。

(2) 地形图数字化

地形图数字化主要以大比例尺(1∶2 000～1∶500)等高线地形图为数据源,路线方案研究阶段也可用比例尺 1∶10 000～1∶5 000 的等高线地形图。

对地形图数字化可采用两种方式:一是利用数字化仪,沿等高线获取地形点的平面坐标,该条等高线的高程值则由人工读取;二是利用扫描仪,依据模/数转换原理将图形转换为离散的数字量,以实现图形数字化,因扫描输入的地形图信息是以点阵数据形式进入计算机,需对图形数据进行矢量化处理。

(3) 野外实测采集地形数据

用全球定位系统(GPS)、电子速测仪(全站仪)和电子手簿或测距经纬仪等设备,在已知点的测站上观测到未知目标点的方向、距离和高差三个要素,计算各目标点的 x,y,z 坐标,存储于电子手簿或袖珍计算机中,成为建立 DTM 的原始数据。

以上三种数据采集方式中,在采点密度相同的条件下,以野外实测精度最高,而工作强度也最大;地形图数字化的精度最差,而最经济、简单,一般只用于道路初步设计阶段;航测方法特别是全数字摄影测量速度快、精度较高、劳动强度小,是今后 DTM 原始数据采集发展方向。

9.3.2.3 常见数字地面模型的高程内插方法

(1) 移动曲面法

该方法求解任一待定点高程的基本思想是：以该待定点为圆心，选用一定半径 R 内的地形数据点为依据进行曲面拟合，用一个多项式曲面逼近地形，而多项式的余数用最小二乘法确定，其方法是使相对多项式表面的剩余高差的平方和最小，如图 9-8 所示。一般使用二次多项式和三次多项式两种曲面。

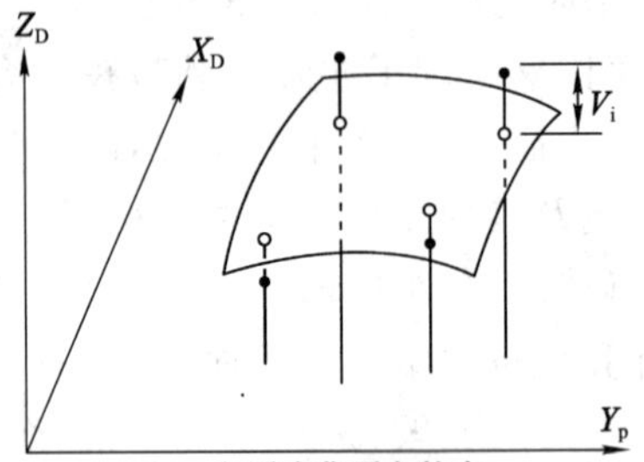

图 9-8　多项式内插

二次多项式曲面：

$$z = a_0 + a_1 x + a_2 y + a_3 xy + a_4 x^2 + a_5 y^2 \tag{9-2}$$

三次多项式曲面：

$$z = a_0 + a_1 x + a_2 y + a_3 xy + a_4 x^2 + a_5 y^2 + a_5 y^2 + a_6 x^2 y + a_7 xy^2 + a_8 x^3 + a_9 y^3 \tag{9-3}$$

式中　$a_0, a_1, \cdots, a_9$——待定系数；

z——任一地形点的高程。

从式(9-2)、式(9-3)可见，如果 $x=0$，$y=0$，则 $z=a_0$。因此，计算任一内插点的高程时，总是先把坐标移到该内插点上，然后画一个以该点为圆心、以 R 为半径的圆，用圆内包括的若干地形点，列出几个误差方程，用最小二乘法求解该点高程，如图 9-9 所示。

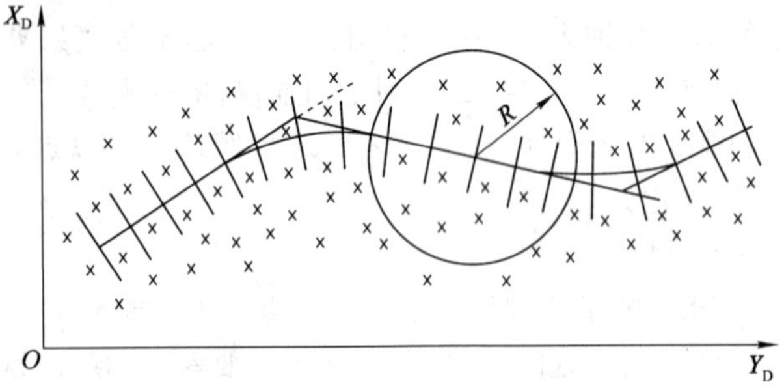

图 9-9　移动曲面法内插路线高程

在圆内二次曲面应大于 6 个点，三次曲面应大于 10 个点，如点数不够，可将圆扩大，直到满足要求为止。根据圆内的几个地形点，可列出如下误差方程：

对于二次曲面：

$$\begin{bmatrix} V_1 \\ V_2 \\ \vdots \\ V_n \end{bmatrix} = \begin{bmatrix} 1 & x_1 & y_1 & x_1y_1 & x_1^2 & y_1^2 \\ 1 & x_2 & y_n & x_2y_2 & x_2^2 & y_2^2 \\ \vdots & \vdots & \vdots & \vdots & \vdots & \vdots \\ 1 & x_n & y_n & x_ny_n & x_n^2 & y_n^2 \end{bmatrix} \begin{bmatrix} a_0 \\ a_1 \\ a_2 \\ a_3 \\ a_4 \\ a_5 \end{bmatrix} - \begin{bmatrix} z_1 \\ z_2 \\ \vdots \\ z_n \end{bmatrix} \tag{9-4}$$

对于三次曲面：

$$\begin{bmatrix} V_1 \\ V_2 \\ \vdots \\ V_n \end{bmatrix} = \begin{bmatrix} 1 & x_1 & y_1 & x_1y_1 & x_1^2 & y_1^2 & x_1^2y_1 & x_1y_1^2 & x_1^3 & y_1^3 \\ 1 & x_2 & y_n & x_2y_2 & x_2^2 & y_2^2 & x_2^2y_2 & x_2y_2^2 & x_2^3 & y_2^3 \\ \vdots & \vdots & \vdots & \vdots & \vdots & \vdots & \vdots & \vdots & \vdots & \vdots \\ 1 & x_n & y_n & x_ny_n & x_n^2 & y_n^2 & x_n^2y_n & x_ny_n^2 & x_n^3 & y_n^3 \end{bmatrix} \begin{bmatrix} a_0 \\ a_1 \\ a_2 \\ \vdots \\ a_9 \end{bmatrix} - \begin{bmatrix} z_1 \\ z_2 \\ \vdots \\ z_n \end{bmatrix} \tag{9-5}$$

参与内插的各地形点与待定点远近不同，对待定点高程所起的作用也不同，距离越近，对其影响越大，反之越小。因此按最小二乘法列法方程解算 $a_0, a_1, a_2 \cdots$ 待定系数时，要加入圆内各地形点的权 P_i，权函数一般选用 $P_i = l/R_i, R_i < R$。

一般认为用二次或三次多项式曲面逼近地形，可与山脊、山顶、沟谷、凹地、鞍部、斜面、平地等不同地貌的地形较好吻合。

(2) 双线性内插法

双线性内插法是在矩形格网节点高程已知的情况下，内插格网范围内待定点高程的方法。

设某矩形四个节点的高程为 z_1、z_2、z_3、z_4，则矩形内任一待定点的高程为：

$$z = a_0 + a_1x + a_2y + a_3xy \tag{9-6}$$

式中 $a_0 = z_1$；

$a_1 = (z_2 - z_1)/\Delta x$；

$a_2 = (z_3 - z_1)/\Delta y$；

$a_3 = (z_1 - z_2 - z_3 + z_4)/(\Delta x \Delta y)$。

其中，$\Delta x \Delta y$ 为格网两边的边长。该公式相当于把四个顶点拟合成一个双曲抛物面，如图 9-10 所示。

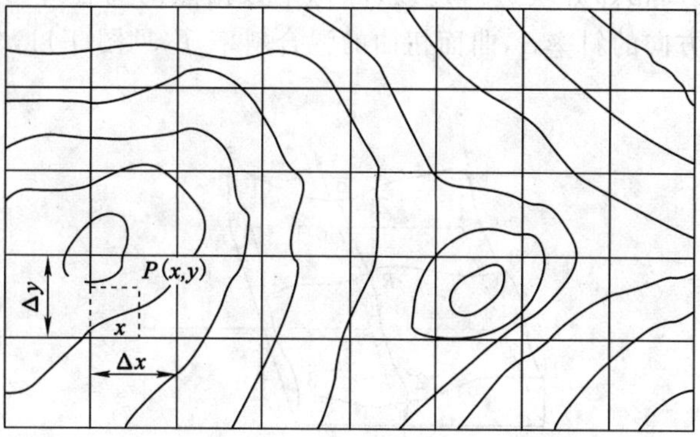

图 9-10 双线性内插

双线性内插适用于格网内无地形特征线的情况，否则将会造成不同程度的误差。具有运算速度快，占用内存小等优点。

(3) 三角格网内插法

该方法是以地形特征点为顶点组成三角形网格来逼近地形表面，认为各三角形是一倾斜平面，在三角形内的待定点高程可采用线性内插求得。设待定点 P 三维坐标为(x,y,z)，三角形三个顶点 P_1、P_2、P_3 的三维坐标分别为(x_1,y_1,z_1)、(x_2,y_2,z_2)、(x_3,y_3,z_3)，如果 P 和 P_1、P_2、P_3 位于同一平面，则以三角形为底，以待定点为顶点的四面体的体积为零，即：

$$\begin{bmatrix} x & y & z & 1 \\ x_1 & y_1 & z_1 & 1 \\ x_2 & y_2 & z_2 & 1 \\ x_3 & y_3 & z_3 & 1 \end{bmatrix} = 0$$

任意点 P(x、y 为已知)的高程为：

$$z = a_0 + a_1 x + a_2 y \tag{9-7}$$

该法需先寻找待定点所在三角形格网的位置，将三角形重心坐标和待定点坐标分别代入三角形每条边的方程中，判别待定点是否在该周边内，将三角形顶点坐标代入式(9-7)，解算出 a_0、a_1 和 a_2。再将待定点的坐标 x、y 代入该式求出高程 z。

该法计算简单，占用内存较少，数模内插的精度完全取决于采样点的分布及联网的合理与否，要求操作者具有一定的经验。为保证内插精度，数据采集时一般沿地形特征线采集，在坡面上适当选择控制点。构造三角网时，应使每个三角形都是锐角三角形，或三角形三边的长度近似相等，避免出现过大的钝角和过小的锐角，尽量使三角形周边以内所有等高线都呈直线且相互平行。

(4) 分块多项式法

分块多项式的计算有多种，对每一个分块可定义出一个多项式曲面，用于数模内插时多使用双三次多项式曲面作为分块单元，在方格网数据点条件下，每一分块 4 个角点所构成的曲面：

$$z = a_0 + a_1 x + a_2 x^2 + a_3 x^3 + a_4 y + a_5 xy + a_6 x^2 y + a_7 x^3 y + a_8 y^2 + a_9 x y^2 + a_{10} x^2 y^2 + a_{11} x^3 y^2 + a_{12} y^3 + a_{13} x y^3 + a_{14} x^2 y^3 + a_{15} x^3 y^3 \tag{9-8}$$

其中，$0 \leqslant x \leqslant 1$，$0 \leqslant y \leqslant 1$。此时只有 4 个数据点，而待定参数 a_i 共有 16 个。为使双三次多项式分块与其四周相邻分块边界连续，除每个数据点的高程外，还应知道各点处在 x 方向的斜率 R，在 y 方向的斜率 S，曲面扭曲的混合斜率 T，见图 9-11，分别与二次曲面方程的关系分别为：

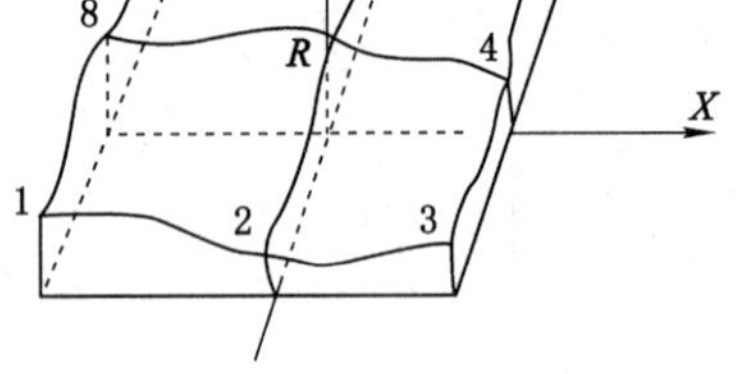

图 9-11　分块多项式内插

$$\begin{cases} R=\dfrac{\partial z}{\partial x} \\ S=\dfrac{\partial z}{\partial y} \\ T=\dfrac{\partial^2 z}{\partial x \partial y} \end{cases} \tag{9-9}$$

每个数据点(方格网交点)处的 R、S、T 值利用 4 个相邻方格点的高程推算,即:

$$\begin{cases} R_P=\dfrac{\partial z}{\partial x}=\dfrac{z_4-z_8}{2} \\ S_P=\dfrac{\partial z}{\partial y}=\dfrac{z_6-z_2}{2} \\ T_P=\dfrac{\partial^2 z}{\partial x \partial y}=\dfrac{z_1+z_5-(z_3+z_7)}{4} \end{cases} \tag{9-10}$$

(5) 内插方法选择

各种数模内插方法都有一定的使用条件和适用范围,选择内插方法要有针对性,其主要影响因素有:

① 建立数模的用途不同,内插方法可不同。移动曲面法逐点内插更适用于随长度延伸的设计线数模内插。

② 数模原始数据采样格式。按规则格网或布点比较均匀的离散点采样(包括地形特征点),适用于曲面拟合类的内插方法;按地形特征点采样构成的随机三角形格网,适合用三角形内插法;对于沿等高线采样,特别是各条等高线稀疏不均、差别较大时,最好采用三角形格网法,如采用多项式曲面内插,应按内插范围内地形数据点的分布和数量,进行自动判别选用相应的内插函数,如线性内插、一次、二次或三次多项式等。

③ 采样平均密度及对断裂线的处理。采样点平均密度越大(如≤10 m),内插方法越简单,使用双线性内插也能保证内插精度,考虑对断裂线等特殊地貌的处理,是对各种内插方法的共同要求。

9.3.3 道路 CAD 系统

计算机辅助设计(CAD)是近年来工程技术领域中发展最迅速、最引人注目的高新技术之一。它将计算机迅速、准确地处理信息的特点与人类的创造思维能力及推理判断能力巧妙地结合起来,为现代设计提供了理想的手段。

9.3.3.1 道路 CAD 系统

9.3.3.1.1 CAD 的系统组成

(1) CAD 软件系统组成

科学计算:包括通用的数学函数和计算程序,以及在设计中占有很大比例的常规设计、优化设计等,即 CAD 的应用软件包。

图形系统:包括几何构型;绘制工程设计图;绘制各种函数曲线;绘制各种数据表格;在图形显示装置上进行图形变换(即图形进行平移、旋转、对称删除和修改);分析和模拟等。

数据库:包括设计原始资料、设计标准与规范数据、中间结果、最终成果等。

(2) CAD 硬件系统组成:

硬件系统的基本配置:计算机、显示器、打印机及绘图机等。

9.3.3.1.2　国内外道路 CAD 系统介绍

本节主要介绍几种比较著名的国内外优秀的道路 CAD 软件，包括德国的 CARD/1、国内的集成化公路 CAD 系统、纬地道路辅助设计系统(Hint CAD)等。

(1) 德国 CARD/1 软件

德国 IB&T 有限公司出品的 CARD/1 软件系统是一款道路(公路和铁路)勘测设计一体化软件系统。软件具有高度集成、全面开放、设计与绘图分开、智能化与个性化、功能精细可靠、设计思想先进等特点。

在道路设计领域，软件以三维数字地图数据库为基础，进行道路的三维设计。模块与基本测绘模块的有机结合，使得工程师能够利用 CARD/1 系统在数字化地图上进行道路设计。CARD/1 系统将道路设计所需的各种平面线形、纵断面坡度组合、横断面形式、超高方式等设计要素归纳为符合工程师设计习惯和思维的"设计目标"概念，进行目标化设计，而不是单纯绘制线、点等几何图素。设计者是在三维数据模型中进行平面、纵断面及横断面设计的，其中各种地形信息、轴线线位、超高控制、数模数据可相互传递、参考，辅助工程师设计出合理的平、纵、横断面组合。设计完成后，CARD/1 系统能够自动绘出所需任意比例的平面图、纵断面图、横断面图。再一次修改设计或增加路线方案时，不需手工修改绘图，CARD/1 系统能方便地重新自动生成新的设计图纸。

(2) 集成化公路 CAD 系统

集成化公路 CAD 系统是由交通部教育司资助，由长安大学主持完成的公路集成化设计软件。此系统采用了面向对象的开发思想和组件技术，形成了一套集路线、路基、路面、中小桥、涵洞、交叉等设计、数据管理及图表输出为一体的公路设计集成系统。

此系统的主要特点表现在如下几个方面：

① 提出了数据集成＋控制集成接口的公路 CAD 系统集成方式。

② 开发了具有实时查询、实时修改、实时存储以及支持分布式设计功能的公路工程库和公路标准库。

③ 提出了公路设计的三阶段设计过程模型并建立了平面设计导航模型。

④ 建立了平纵自适应修改模型。

⑤ 引入了模板方法的设计原理，建立了工程实体模型。

⑥ 提出了基于 ActiveX Automation 技术实现应用程序与支撑软件无缝集成的思路和实现设计、计算与绘图一体化的方法。

⑦ 具备挡土墙、中小桥、涵洞、交叉口、路基路面、公路三维仿真等设计系统。

此系统的开发与研究，解决了大量公路 CAD 系统中的关键技术，为今后智能公路 CAD 系统的开发研究奠定了基础。

集成化公路 CAD 系统的主要功能包括：

① 方便灵活的定线手段。

系统提供的定线手段有屏幕交互定线、键盘输入交点坐标和读入已建的平面设计数据文件三种方式，以满足不同用户的要求。若设计单位已建立地面模型，交互定线过程中可实时显示所定路线的纵断面地面线供用户参考，如图 9-12 所示。对山区公路，用户在平面定线的过程中，直观地看出路线所经地带的地形起伏程度，判断纵断面设计的可能性，进而判断平面设计的合理性，及早避免过多的返工。

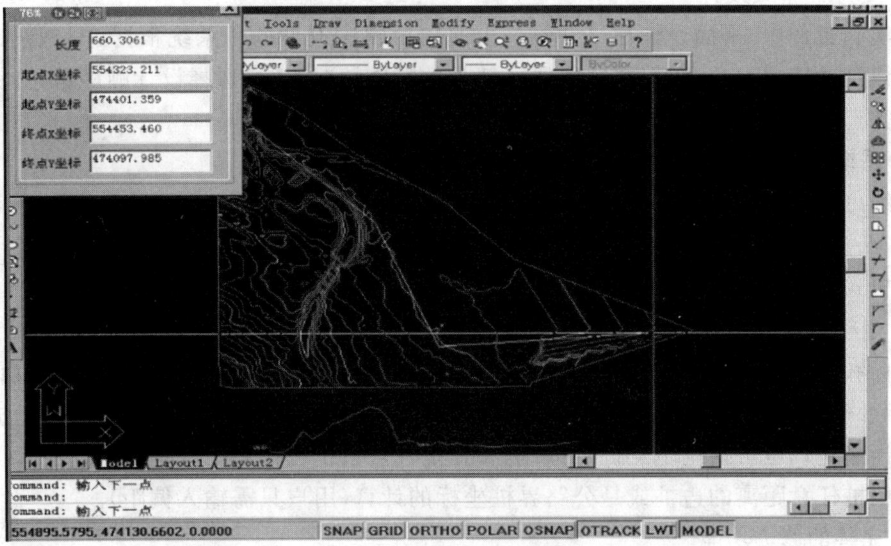

图 9-12 平面设计过程中实时显示纵断面地面线

② 自动进行平曲线组合设计，为用户提供智能导航。

用户选定约束条件后(只需选定切线边、对单曲线选定切线长或外距)，系统根据给定的约束条件，自动判断可能的曲线组合情况，自动完成曲线的组合设计和计算工作，给出各种可能组合情况下设计结果，供用户决策，如图 9-13 所示。若不满意系统提供的结果，用户可以任意给定，系统能够跟踪计算，实时显示设计图形和数据。

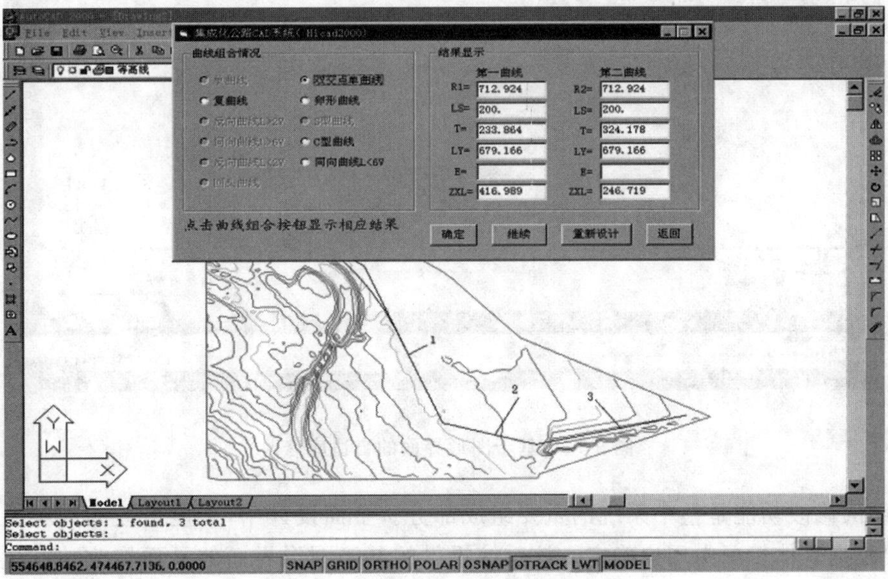

图 9-13 平面线形设计智能导航

③ 支持分布式设计。

在实际工作中，平面设计往往并不是由前向后顺序设计的。系统根据这一要求提供了分布式设计功能，用户可以根据路线所经地带的特殊情况，任意选择设计顺序，设计完成后，用户只需选定起始边和终止边，系统可自动排序。

④ 系统能够完成多种曲线的要素设计。

系统可完成对称或非对称基本形单曲线、双交点曲线、复曲线、卵形曲线、S 形曲线、C 形曲线、凸形曲线等多种类形的曲线要素计算，计算完成后，无论何种曲线均将设计结果以统一的格式存入数据库，便于后续计算调用。

⑤ 坐标和方位角计算。

坐标和方位角计算的桩号来源有两种：一种是由野外实测中桩得到；另一种是由程序根据计算起终点的桩号和用户指定的桩间距自动产生一系列桩号，包括主点桩、公里桩、百米桩等。当然用户也可指定主点桩、百米桩和公里桩。系统在计算中桩坐标的同时，可以同时完成距中桩任意距离的边桩或是公路界桩坐标的计算(用户只需输入偏距)。

⑥ 完善的修改功能。

a. 基于图形界面的自适应修改功能。

所谓自适应修改功能，即被修改实体(曲线、直线)在修改过程中，与其相关联的实体(曲线、直线)也能按照新的约束条件自动修改，如图 9-14 所示。

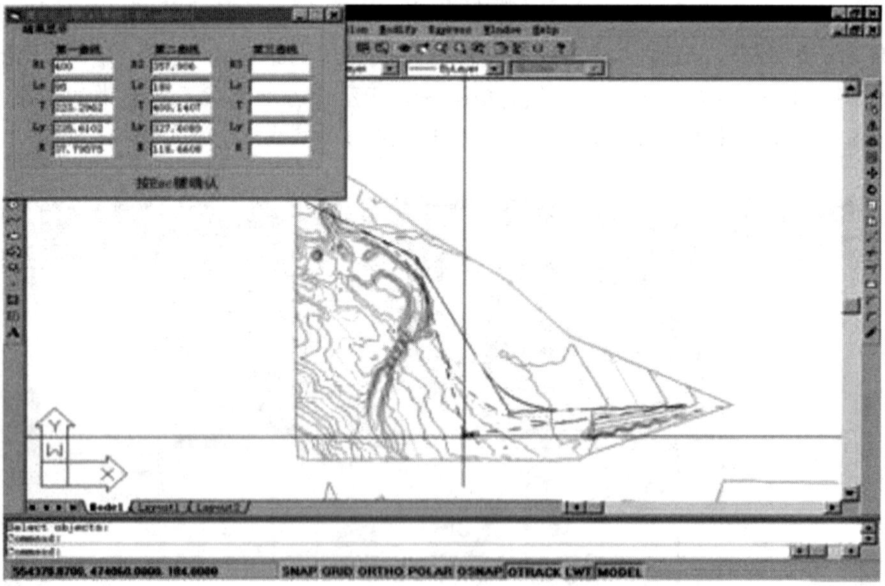

图 9-14　基于图形界面的自适应修改

系统的修改功能是整个系统的重要组成部分。平面设计中，可能修改的内容是多种多样的，要根据具体情况由用户确定。该系统提供的基于图形界面的平面修改功能包括修改数字和拖动图形修改两部分。修改完成后，系统通过工程数据库自动将成果数据更新。上图 9-14 下部图形为拖动过程中的平面线位的实时变化情况，上部显示框内结果为曲线要素的实时变化情况。

b. 功能强大的基于图形界面的纵坡修改功能。

纵断面设计过程中纵坡的修改是频繁的，修改的内容也是多种多样的。系统本着界面简洁直观、工程流程清晰、敏感帮助及时、过程及数据可视化及操作灵活的原则，提供以下的修改功能：增加或取消变坡点、抬高或降低变坡点、图形拖动修改纵坡及竖曲线等。其中减少变坡点，可一次减少一个也可一次减少多个。图 9-15 为纵断面交互修改过程中纵断面图形和相应的数据实时变化。

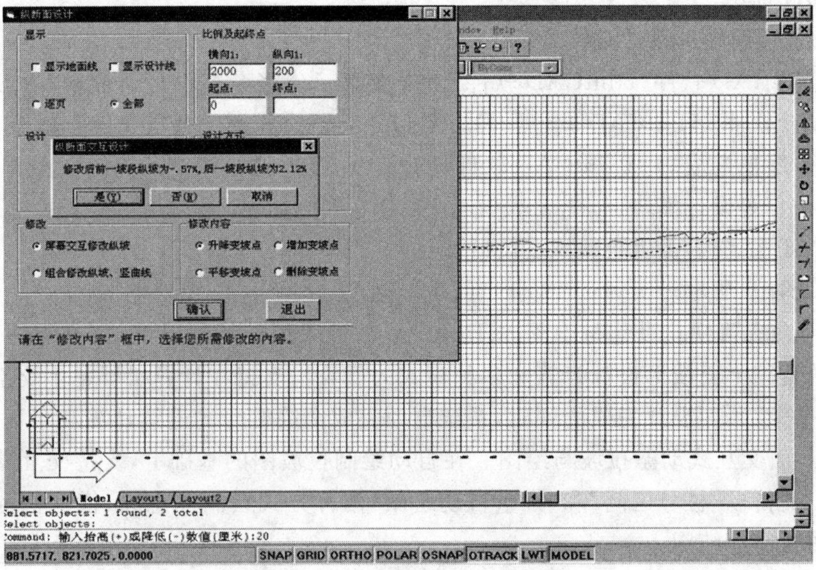

图 9-15　纵断面交互修改界面

c. 基于图形界面的横断面修改功能。

横断面的修改功能有：增加或取消防护工程、改变挖方或填方边坡。增加或减少防护工程包括增加和减少路肩墙、护肩、路堤墙、路堑墙等。各种修改均以图形方式提供和显示，修改后系统自动更新相关结果。

⑦ 在纵断面优化设计中，将人机功能重新分配，由计算机自动产生纵断面初始断面，根据用户提供的约束条件和目标函数，自动产生最优断面，该断面作为纵断面设计的初始设计断面，再由用户交互确定最终的设计断面。

⑧ 在交互设计过程中，系统提供了方便易用的辅助手段，实时显示设计结果，可以根据需要将坡长自动取为 10 的倍数，自动检测纵坡的合法性（如坡长、坡度是否超限），拒绝接受不合要求的纵坡。

⑨ 横断面设计模型采用了组件模板模型，将路幅、边坡和边沟分别定义，并将路幅分解为机动车道、硬路肩、中央分隔带、路缘带和土路肩等特征单元进行描述，边沟和边坡采用组边模型，可以处理左右路幅不同，边坡为任意形式的横断面设计。系统有很强的灵活性和适应性。

⑩ 与现有的横断面 CAD 相比，此子系统首次将专家经验融入程序设计中，可以智能地对一些明显存在不合理的断面进行处理，如提供的横断面地面线宽度不足，设计线无法与地

面线相交时的处理等，系统均能很好解决。

⑪ 系统提供各种常用超高过渡方式和超高计算方式。自动验算超高渐变率，对不满足超高渐变率要求的，自动按规范要求反算超高缓和段长。系统提供两种加宽计算方式，即按直线过渡和高次抛物线过渡，以满足不同等级公路的设计需要。

⑫ 图表自动输出。系统可以完成路线设计各种表格的自动绘制工作，设计图直接生成 DWG 格式，不需转换处理；设计表格直接生成 Excel 表格，系统提供多种表格形式，用户可根据集体情况选用。

(3) 纬地道路辅助设计系统

纬地道路 CAD 软件(HintCAD 软件)由中交第一公路勘察设计研究院 1996 年研发成功的公路设计软件，HintCAD 软件开发完成以来，经过 V1.0～V5.8 版本的升级，不断改进和完善，日臻稳定成熟。HintCAD 软件具有路线、互通式立体交叉、隧道、挡土墙、土石方调配、虚拟仿真等设计模块。

HintCAD 系统主要功能和特点包括：

① 路线辅助设计。

a. 平面动态可视化设计与绘图。HintCAD 软件采用传统的导线法(交点法)进行任意组合形式的公路平面线形设计计算和多种模式的反算。支持在计算机屏幕上交互进行定线及修改设计。在平面设计完成的同时，系统自动完成全线桩号的连续计算和平面绘图。

b. 纵断面交互式动态拉坡与绘图。在自动绘制拉坡图的基础上，支持交互式纵坡与竖曲线设计。支持以“桩号区间”和“批量自动绘图”两种方式绘制任意纵、横比例和精度的纵断面设计图及纵面缩图。

c. 超高、加宽过渡处理及路基设计计算。软件可以处理各种加宽、超高方式及其过渡变化，进而完成路基设计与计算、输出路基设计表。

d. 参数化横断面设计与绘图。软件支持常规模式和高等级公路沟底纵坡设计模式下的横断面戴帽设计，支持任意多级填挖方边坡和不同形式的边沟排水沟。提供了横断面修改和土方数据联动功能。横断面设计中提供了支挡防护构造物处理模块，可在横断面设计图中绘出挡土墙、护坡等构造物。

e. 土石方计算与土石方计算表等成果的输出。软件利用在横断面设计输出的土石方数据，计算并输出土石方计算表到 Excel 中。在计算中自动扣除大、中桥，隧道以及路槽的土石方数量，并考虑到松方系数等影响因素。

f. 路基沟底标高数据输出、沟底纵坡设计。软件的横断面设计模块支持输出路基两侧排水沟及边沟的标高数据，并支持交互式路基两侧沟底纵坡设计。

g. 平面移线。软件支持平面移线，该功能主要针对低等级公路项目测设过程中发生移线的情况，系统可自动搜索计算移线后的对应桩号、左右移距以及纵、横地面线数据。

② 互通式立体交叉辅助设计。

a. 匝道线位的动态可视化设计与绘图。采用曲线单元设计法和匝道起终点自动接线相结合的立交匝道平面设计思路，可以完成任意立交线形的设计和接线。提供立交平面线图的绘制功能和在线位图中绘制输出立交曲线表和立交主点坐标表的功能。

b. 互通式立体交叉匝道连接部纵坡搜索计算功能。软件提供了计算连接部相邻匝道的起始纵坡及设计高程搜索计算工具。

c. 任意的断面型式、超高加宽过渡处理。软件提供处理任意路基断面变化型式(如单、双车道变化、分离式路基等)和各种超高过渡处理功能。

d. 立交连接部设计与绘图。提供了自动搜索计算立交匝道连接部(加、减速车道至楔形端)的横向宽度变化的功能,并绘制连接部平面图。

e. 连接部路面标高数据图绘制。在连接部设计详图(大样图)的基础上,系统可批量计算、标注各变化位置及桩号断面的路基横向宽度、各控制点的设计标高、横坡及方向等数据。

f. 分离式路基的判断确定。软件自动判断互通式立体交叉的主线与匝道之间、匝道与匝道之间或高速公路分离式路基左右线之间的路基边坡相交的准确位置。

前面所述及的关于路线设计部分的所有功能,如纵断面设计与绘图、路基设计、横断面设计与绘图、土石方计算等均同时适用于互通式立体交叉设计。

③ 数字地面模型(DTM)。

a. 支持多种三维地形数据接口软件支持 AutoCAD 的 dwg/ dxf 格式、Microstation 的 dgn 格式、Card/1 软件的 asc/pol 格式,以及 pnt/dgx/dlx 格式等多种三维地形数据接口。

b. 自动过滤、剔除粗差点和处理断裂线相交等情况。软件自动过滤并剔除三维数据中的高程粗差点,自行处理平面位置相同点和断裂线相交等情况。

c. 快速建立数字地面模型(DTM)。软件提供了快速建立数字地面模型的功能,对处理的地形点的点数没有上限。

d. 多种数据编辑、修改和优化功能。软件不仅提供多种编辑三角网的功能,如插入、删除三维点,交换对角线或插入约束段,另外开发了自动优化去除平三角形的数模优化等模块。

e. 路线纵、横断面地面线插值功能。软件可快速插值计算,并输出路线纵、横断面的地面线数据,这为大范围的路线方案深度比选和优化提供了方便。

f. 数模边界自动优化功能。软件自动对数模的边界进行搜索、对比、按照概率推荐边界优化的参数(三角形最大高宽比和三角形最大底宽),实现边界的准确优化,使数模更加贴近地形图的边界变化。

g. 二维平面数字化地形图的三维化功能。软件提供了多种对二维平面数字化地形图三维化的工具,可快速将二维数字化地形图转化为三维图形,为建立数字地面模型提供数模数据。

④ 软件提供了平面交叉口设计功能。

⑤ 软件提供了多种实用的路线辅助设计工具。

⑥ 数据录入和修改工具。软件提供了平、纵、横等基础数据的录入和修改工具。这些工具方便实用,减少了数据录入的错误。

⑦ 输出成果。软件提供了强大的公路工程图表输出功能,基本上包含了路线设计的所有成果。软件输出的成果图表为 AutoCAD 图形、WORD、EXCEL 三种格式,并自动分幅分页,同时提供批量打印功能。

9.3.4　其他常用道路设计软件简介

鸿业市政道路设计软件(HY-SZDL)是北京鸿业同行科技有限公司推出的道路设计系列产品之一。系统旨在为市政道路设计部门提供一套完整的、智能化的、自动化的解决方案,开发内容覆盖市政道路专业设计的各层面,开发深度达到最终出施工图的需要,开发依据为市政道路专业的最新国家标准和权威部门的市政专业技术资料。

HY-SZDL 软件主要包含下列功能：

① 地形处理、场地土方计算——处理以离散点或者等高线等表示的地形信息，在此基础上自动进行场地的土方优化或土方计算，并且为随后的纵横断面设计提供基础数据。

② 道路平面——提供两种接口设定用户的测量坐标系，支持由测量坐标数据直接定义道路中心线。各种标准及非标准板块形式道路的平面自动生成，交叉口和弯道自动处理。缓和曲线动态设计，可以把道路中心线保存成文件，并可以根据文件来绘制中心线。超高加宽自动计算和绘制。道路渠化设计提供了多种高效实用的绘制、编辑工具。可以进行平面路线设计规范检测，并提供了智能化的平面自动裁图功能。

③ 道路纵断——提供多种接口提取中桩自然高程，实现了多控制点动态可视化纵断面拉坡技术。纵断表头设置灵活方便、根据设定自动分幅绘制、桩号列表可根据需要自由设置、支持大高差时的标尺自动切换。纵断面绘制中可以处理桥涵等沿线构造物。统计纵断技术指标以及纵断规范检查。视距验算。

④ 道路横断——提供多种接口自动提取任意桩号点横断面自然高程，识别多种格式的横断面自然标高文件。全面支持变宽变板块道路。模糊、智能、可视化的边坡设计，挡土墙动态设计。工程量统计。任意图幅和比例下自动分幅出图，按照用户输入桩号范围进行横断出图；自动绘制工程范围线、示坡线、标准横断面、多种横断详图和路拱曲线。

⑤ 平交口竖向——自动处理正交、斜交、错位、丁字及多条道路相交等各类刚性、柔性交叉口。自动划分板块、绘制等高线、计算板块角点高层，自动生成交叉口竖向三维视图。

⑥ 标志标线——收集了国标《道路交通标志和标线》(GB 5768—1999)中的所有标志，可直接调用；可自动统计各类交通标志；提供了各种标线的设计绘制功能。

9.4 道路虚拟仿真技术

计算机仿真技术是利用系统模型对实际或设想的系统进行试验研究的一门综合性技术，是把数字信息变为以图形图像形式表示，随时间和空间而变化的直观演示过程，使研究者掌握系统中变量之间、变量与参数之间、变量与外部环境之间的关系，直接获得系统的静态和动态特性。将计算机仿真技术引入道路设计评价，可在项目未开工前对设计方案进行反复虚拟实验，并通过与道路 CAD 系统的协同作业，对设计进行科学、合理地修改，达到科学设计的目的。

9.4.1 计算机仿真基础

9.4.1.1 仿真基本概念

仿真是为分析与研究已存在或尚未建成的系统，建立系统模型，并对模型进行实验与分析的过程。过去的仿真一直着重于“实验”，即如何获得有关变量的时间响应。现代仿真技术扩展到系统建模、仿真建模和仿真实验三项活动中，使传统的仿真概念产生了变革。在应用仿真技术确定实际模型方面，提出面向对象的建模，在类库的基础上实现模型拼合与重用；在仿真建模方面，采用模型与实验分离的技术，即模型的数据驱动；在仿真实验方面，将实验框架与仿真运行控制分离。因此，现代仿真的基本概念框架“建模—实验—分析”。

仿真概念框架总结了仿真研究的三个基本要素：

(1) 对仿真问题的描述

任何一个仿真问题都由模型和实验两部分组成，而任何一个数学模型都由一个参数模型及一组参数值组成，同样实验也可由实验框架及仿真运行控制组成。

一个实验框架可以定义为一组条件，在该条件下系统可被观测或被实验。实验框架可由四部分组成：① 可观测变量；② 初始设置；③ 中止条件；④ 对数据的采集及压缩的具体说明。

(2) 行为产生器

它是一套对模型进行实验的软件，可产生一组系统变量随时间变化的数据。

(3) 模型行为及其处理

模型行为有三种：点行为、轨迹行为及结构行为。点行为是指模型行为的一种特定属性；轨迹行为常被表示为一组系统中描述变量随时间而变化的数据；结构行为是通过改变系统的静态结构或动态结构可获得系统模型行为随结构而发生变化的规律。行为处理包括行为分析及行为显示。

图 9-16 表示了三个要素的具体内容及相互关系。

因此，仿真是一种基于模型的活动，包括：建立模型，对模型进行实验(行为产生)，对实验产生的模型行为进行分析处理。

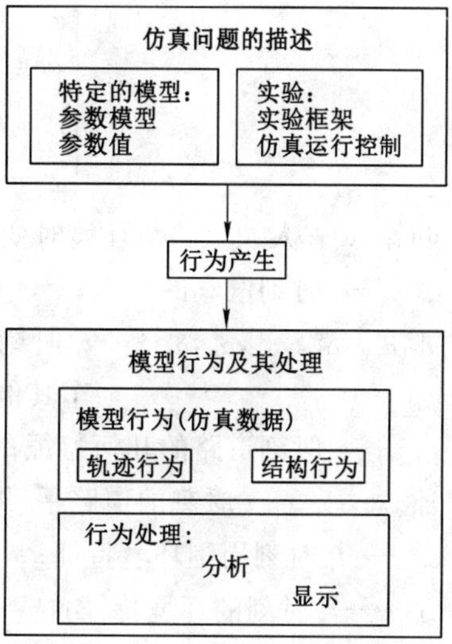

图 9-16 仿真研究的基本要素

9.4.1.2 **仿真系统开发的基本原则**

(1) 实验与模型分离

实验与模型分离：一是指模型的建立过程与对模型进行实验、观察模型行为的过程相分离；二是指模型行为通过实验框架实现，但模型本身仅是实验对象，而不是实验框架的具体组成部分。

(2) 模型与数据分离

模型与数据分离是在模型与实验分离基础上的细化，是指在仿真系统中仿真模型与实验数据的分离，实现了模型功能的专一，不必做过多的实验数据准备、记录、统计、分析以及相关文件操作等复杂的工作。这些工作由实验数据库完成，这样做优点如下：

① 仿真模型系统功能明确，便于设计和分析。

② 实现同一实验框架下不同仿真模型系统仿真。对多数仿真任务，实验数据的处理工作都是相似的，不必为每套仿真模型编写一套数据处理程序，而应采用同一数据库，与仿真模型平行，用于管理不同仿真模型的实验数据。

9.4.1.3 **仿真系统的基本结构**

仿真实验要使模型能在计算机上运行，该工作由仿真软件完成。根据仿真的基本概念框架，仿真软件必须具备的功能为：

① 模型描述的规范及处理。

② 仿真实验的执行与控制。

③ 数据与结果的分析、显示及文档化。

④ 对模型、实验模式、数据、图形或知识的存储、检索与管理。

9.4.2 道路线形仿真与评价

9.4.2.1 道路线形仿真特点

行驶在道路上的汽车与驾驶员、道路以及周围环境共同构成一个时变的行驶状态：驾驶员根据道路环境状态，通过速度、方向控制影响汽车的行驶状态，而汽车的行驶状态又改变汽车所处的道路与环境。反映这种状态的仿真系统，具有时变性和混杂性的特征。

道路仿真过程中的时变特点可用人、车、路与环境时变特征模型描述：

$$\begin{cases}\varphi(t_i)=\{\alpha_i,r_i,\omega_i\}\\ \alpha^i=\{\alpha_v^i,\alpha_{aV}^i,\alpha_{aH}^i,\alpha_\beta^i,\alpha_o^i,\alpha_p^i\}\\ r^i=\{r_H^i,r_v^i,r_c^i\}\\ \omega^i=\{\omega_E^i,\omega_C\}\end{cases}\tag{9-11}$$

式中　$\Phi(t_i)$——人、车、路与环境时变特征模型；

α_i——t_i 时刻汽车的状态；

$\alpha_v^i,\alpha_{aV}^i,\alpha_{aH}^i,\alpha_\beta^i,\alpha_o^i,\alpha_p^i$——$t_i$ 时刻的汽车速度、纵向加速度、横向加速度、前轮转角、汽车其他状态以及位置描述；

r^i——t_i 时刻道路的几何特征；

r_H^i,r_v^i,r_c^i——t_i时刻的道路平、纵、横几何特征；

ω^i——t_i 时刻周围环境特征；

ω_E^i——t_i 时刻的环境特征；

ω_C——天气特征。

用 $Q_{i+1}[\Phi(t_{i+1})]$描述在 t_{i+1}时刻由环境信息确定的行驶状态，则：

$$Q_{i+1}[\Phi(t_{i+1})]=p_i\{Q_i[\Phi(t_i)]\}\tag{9-12}$$

P_i 为与道路、环境不相关的只对汽车发生作用的操作算子，即驾驶员对汽车的操作。上式也表明过程期望的行驶状态 $Q_{i+1}[\Phi(t_{i+1})]$可通过对过程特征参量 α_i 进行调整，达到行驶目标。

由上述时变特征模型，道路仿真系统具有下述特征：

① 持续响应反馈特性。道路仿真实验是随路线的延伸，持续推进的过程。仿真系统中的驾驶员模型、汽车模型和道路虚拟环境模型具有持续响应的特性。

② 智能仿真特征。道路仿真系统的驾驶员控制行为是一种智能决策行为，仿真系统中的驾驶员模型应具有自适应的特点，随人、车、路与环境时变状态的改变，驾驶员模型自动调整其控制策略。

9.4.2.2 仿真系统建立及应用方法

根据道路线形仿真特点，可在仿真框架指导下对仿真模型进行整合，并应用于道路设计评价中。系统建立与应用方法如下：

① 汽车系统、道路环境的物理抽象。

② 获取模型的运动学(几何定位)参数，建立抽象系统的运动部件、约束，建立运动学

模型。

③ 获得模型的动力学参数，定义模型中部件、铰链等及外界条件，如道路特性、空气阻力等，建立动力学模型。

④ 选择设计车型，对汽车模型进行仿真验证。

⑤ 建立道路模型，根据道路模型和汽车模型特点，确立驾驶员操纵策略并建立驾驶员模型。

⑥ 进行仿真，获得汽车的速度、加速度、操纵特性等数据。

⑦ 对仿真计算结果进行后处理，评价道路线形设计的合理性。

9.4.2.3　仿真模型的建立

(1) 汽车多体动力学模型

汽车动力学模型是基于多体动力学系统，把一个庞大的系统分解为若干子系统模型。为便于建模和数学表达，并考虑道路线形仿真系统的特点，对汽车系统可适当简化：

① 把驾驶室、车架和货厢看作一个物体(车身)处理。

② 前桥、后桥可相对于车身上下移动和绕平行于汽车纵轴的轴线转动，前后减振器简化为一阻尼约束；车架与前后车桥通过钢板弹簧和减振器连接。

③ 转向系方向盘和转向柱简化为一可绕车身转动的物体。

④ 轮胎模型采用 FIALA 轮胎模型。

利用 MSC 公司的 ADAMS 软件建立的整车仿真模型如图 9-17 所示。该模型有 16 个自由度，5 个为前悬架自由度，分别是左右悬架的上下摆动、左右车轮绕车轴的转动和车轮绕主销(转向系统)的转动；转向机构齿条的 1 个移动自由度；后悬架 4 个自由度，分别为左右悬架的上下摆动、左右车轮绕车轴的转动；车身有 6 个自由度。

图 9-17　汽车仿真模型

(2) 基于预瞄理论的驾驶员模型

汽车在行驶过程中将一个时变动态的道路环境呈现给驾驶员，驾驶行为对汽车的影响，是驾驶员对环境感知后采取的操纵行为。驾驶员控制汽车的基本原则，是使汽车的运动尽可能与其预期轨迹和速度相一致。因此，根据“对人的刺激—机体—反应”经典模式，驾驶汽车的行为可分为三个阶段：信息感知、判断决策和操作校正，如图 9-18 所示。

如驾驶员速度选择：第一步，在确定最大速度(v_{max})、最大侧向加速度 a_{xmax}、路径曲率 k 后，用公式 $v_c{}^2 = a_{xmax}/k$，可计算转向速度(v_c)，在最大速度和转向速度之间取最小值作为预

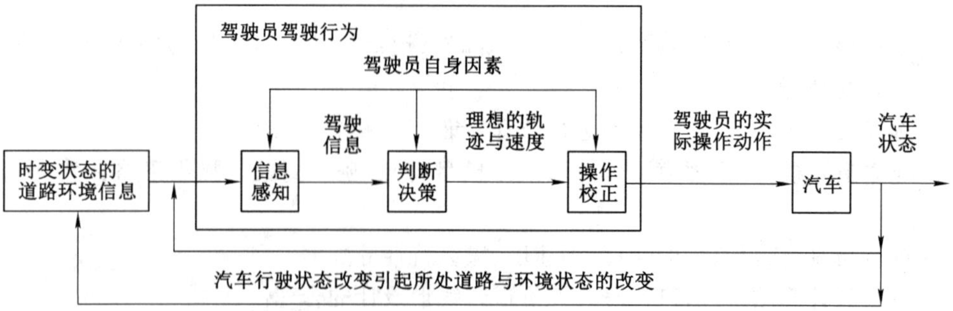

图 9-18　驾驶员操纵行为流程图

期速度。第二步，对速度曲线按最大纵向加速度 a_{ymax} 和最小纵向减速度 a_{ymin} 校正，最后执行一个合理测试决定速度，并对速度突变处进行平滑。

(3) 道路视景仿真模型

道路视景仿真模型的建模可分为地形建模和道路三维建模两部分。在地形建模中，Delaunay 三角网在地形拟合方面较理想，常被用于不规则三角网(TIN)的生成。当不相交的断裂线、道路三维实体等被作为预先定义的限制条件作用于 TIN 的生成时，则必须考虑带约束条件的 Delaunay 三角网。道路仿真系统要求在仿真的过程中以不同的分辨率表示道路视景模型，基于约束的 Delaunay 三角网(CDT)则满足这方面的要求，因此采用的建模方案为基于 CDT 的道路仿真模型，建模过程描述如下：

① 对地形数据进行预处理，进行数据滤波，剔除错误点和重合点，将数据网格化，以提高数据的检索速度。

② 利用逐点插入算法，建立基本 Delaunay 三角网。

③ 利用道路设计中横断面“戴帽子”原理，求得道路边坡与三角网的交线，形成闭合多边形。

④ 利用 CDT 算法将闭合多边形按线段插入基本三角网中形成约束 Delaunay 三角网。

⑤ 利用三角网病毒算法，剔除闭合多边形内部三角网。

⑥ 用逐点插入算法，建立道路三维模型，将道路三维模型与地形模型叠加，形成视景仿真模型——线框模型，如图 9-19(a)所示。

⑦ 根据边折叠算法，建立视景仿真模型的多层次细节模型(LOD)。

⑧ 对模型赋材质、纹理，建立视景仿真模型——视景模型，如图 9-19(b)所示。

9.4.2.4　仿真系统在道路设计评价中的应用

选择某山区二级道路的一段进行设计评价，纵坡底部接不同半径的平曲线采用，以期得到平面线形指标对汽车运动的影响规律。

仿真实验条件：仿真车辆为东风 EQ140 车型，载重量 5 t，汽车起始速度采用 40 km/h，采用纵坡 5%、坡长 600 m 的直下坡路段，其后接一个 3% 的缓坡，竖曲线半径为 7 000 m。平面指标为：缓和曲线 35 m，圆曲线半径分别采用 100 m 和 270 m。仿真结果(下坡)如图 9-20 所示。

根据上述仿真结果，在坡底半径不同而纵断面相同的情况下，在长直线下坡的坡底设置小于一般最小半径的圆曲线，会出现驾驶员在坡底发现小半径圆曲线时，紧急采取制动措施

(a) (b)

图 9-19 道路视景仿真模型

(a) 线框模型;(b) 视景模型

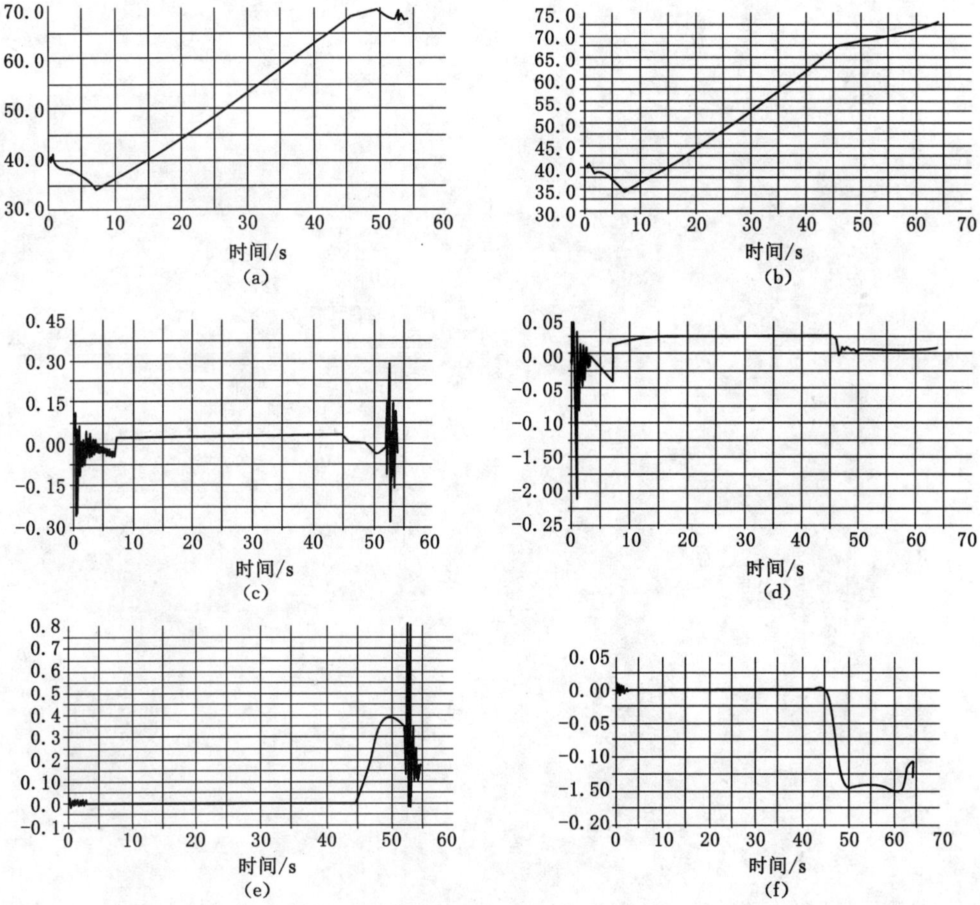

图 9-20 平面设计仿真结果比较

(a) 5%纵坡上的汽车实时速度和时间的关系图;(b) 3%纵坡上的汽车实时速度和时间关系图;
(c) 5%纵坡上的汽车纵向加速度和时间的关系图;(d) 3%纵坡上的汽车纵向加速度和时间的关系图;
(e) 5%纵坡上的汽车侧向加速度和时间的关系图;(f) 3%纵坡上的汽车侧向加速度和时间的关系图

的情况，此时由于速度比较大，就会使汽车发生侧翻，从而引发交通事故，因此该段设计圆曲线半径采用 270 m。

习　题

1. 道路勘测设计的新理念包括哪些内容？
2. 道路勘测设计的新技术有哪些？如何将这些勘测新技术应用于道路工程中？
3. 数字地面模型的原始数据采集方法有哪些？
4. 如何建立道路仿真模型？

10 城市道路排水设计

〖内容提要〗 本章主要内容介绍雨水管渠系统布置的原则;雨水口布设要点;雨水口横断面布设形式;检查井的设计;锯齿形街沟的作用;锯齿形街沟的设计;城市道路雨水管道的设计步骤等问题。

〖能力要求〗 通过本章的学习,学生应了解城市道路雨水管道设计的一般要求,熟悉雨水管道设计各项指标的规定及要求,掌握城市道路雨水管道设计方法及步骤的能力。

10.1 概述

道路工程实践证明,道路的强度与稳定性同水的关系十分密切。路基路面的病害有很多种,导致病害的因素也有很多,但都不同程度地与地表水和地下水的侵蚀有关,水的因素直接影响到道路的使用寿命,因此道路排水设计对保证道路的使用性能和适用寿命具有十分重要的作用。

道路排水系统的设置应以保障结构稳定和行车安全为目的,要着重分析研究所遇到的各种水的来源及它们对道路的危害程度,根据其轻重缓急,分别采用不同的排水设施。要考虑每一项排水设施的作用,以及在位置、构造等方面的具体要求,把对道路确有危害的水流有效地排除。

道路排水按区域可分为公路排水和城市道路排水。公路一般采用明渠排水,城市道路采用管渠排水。

道路排水设计应该防排结合,以防为主。道路排水包含两类排水:第一类排水是防水,即减少地面水、地下水、农田排灌水对路基稳定性及强度的影响。如提高路基最小填土高度;在路基底部设置隔水垫层;在路堑坡顶外设置截水沟。对于地下水位较高路段,施工期间在施工前开挖临时排水边沟,排除地表水并降低地下水等。第二类排水是指将路表水迅速排除在路基之外,最大限度地减小雨水对路基、路面质量的影响,减小因路表水排水不畅或路表水下渗对路基、路面结构和使用性能产生的损害。

道路第二类排水设计一般包括:① 路面水:通过道路横坡、急流槽、边沟及排水构造物等形成完整的排水系统,把路面水收集并排出路基范围;对于超高路段,可通过设置在中央分隔带处的中央排水沟和横向排水管等排出地面水,或通过中央分隔带开口把超高路段外侧路面水排到路面另外一侧并通过路面横坡排出。② 下渗水:一是中央分隔带下渗水,可通过在中央分隔带下设置纵向盲沟收集,并每隔一段距离设置集水井和横向排水管将下渗水排出路基;二是路肩下渗水,一般处理方法为在路肩设置纵向渗沟,并通过横向排水管排出路基。

排水设计的一般原则与要求如下:

① 全面规划、合理布局、因地制宜，充分利用当地有利地形和天然水系。

② 设计前必须进行调查研究，根据道路等级、沿线地形、地质、水文、气象等条件以及桥涵设置等情况进行综合考虑。

③ 在不断总结生产实践经验和科学试验的基础上，积极采用新材料、新工艺。

④ 考虑施工场地的临时性排水设施，尽可能使之与永久性排水设施结合起来，注意就地取材，以防为主，既要稳固适用，又必须讲究经济效益。

⑤ 穿越城镇的道路，其排水设计应与城镇现有或规划的排水系统和设施相协调。

⑥ 特殊路段的道路，其排水设计应结合该工程的其他处治措施进行特殊设计。

10.2 雨水管渠系统布设

雨水管渠系统的布置，要求使雨水能顺畅及时地从城镇或厂区排出去。管渠布置一般可以从以下几个方面进行考虑。

① 充分利用地形，就近排入天然水体。规划排水管线时，首先按地形划分排水区域，再进行管线布置。根据地面标高和河道水位划分自然排区和强排区。自然排区利用重力流向将雨水排入河道；强排区需设雨水泵站提升所汇集的雨水，然后排入天然水体。

根据分散和直捷的原则，多采用正交式布置，使雨水管渠尽量以最短的距离（重力流）排入附近的池塘、河流、湖泊等水体中。只有当天然水体位置较远且地形较平坦或地形不利时才需要设置雨水泵站。

一般情况下，当地形坡度较大时，雨水支管宜布置在地形低处或溪谷线上；当地形平坦时，雨水干管宜布置在排水流域的中间，以便尽可能扩大重力流排除雨水的范围。

② 尽量避免设置雨水泵站。由于暴雨形成的径流量大，雨水泵站的投资也很大，且雨水泵站在一年中运转时间短、利用率低，所以排除雨水应尽可能靠重力流。但在一些地势平坦、区域较大或受潮汐影响的城市，必须设置泵站时，应将经过泵站排泄的雨水径流量减少到最低程度。

③ 结合城市规划布置雨水管道。通常应根据建筑物的分布、道路布置及街坊内部的地形、出水口位置等布置雨水管道，使雨水以最短距离排入街道低侧的雨水管道。干管两侧应根据用地需要每隔一段距离设置预留管和接户井以使将来收集两侧用地的雨水。对竖向规划中确定的填方或挖方地区，雨水管渠布置必须考虑今后地形变化，作出相应处理。

雨水干管的平面和竖向布置应考虑与其他地下构筑物（包括各种管线及地下建筑物等）的相互协调，排水管道与其他各种管线（构筑物）在竖向布置上要求的最小净距应满足有关规范要求。在有池塘、坑洼的地方，可考虑雨水的调蓄。在有管道连接条件的地方，应考虑两个管道系统之间的连接。

④ 合理布置出水口。雨水出口的布置有分散（图 10-1）和集中（图 10-2）两种布置形式。

当出口的天然水体离流域很近，水体的水位变化不大，洪水位低于流域地面标高，出水口的建筑费用不大时，宜采用分散出水口，以便雨水就近排放，使管线较短，减小管径；反之则可采用集中出水口。

城市中靠近山体建设的中心区、居住区、工业区，除了应设雨水管道外，尚应考虑在设计地区周围或设计区以外适当距离设置排洪沟，以拦截汇水区以内排泄下来的洪水，使之排入

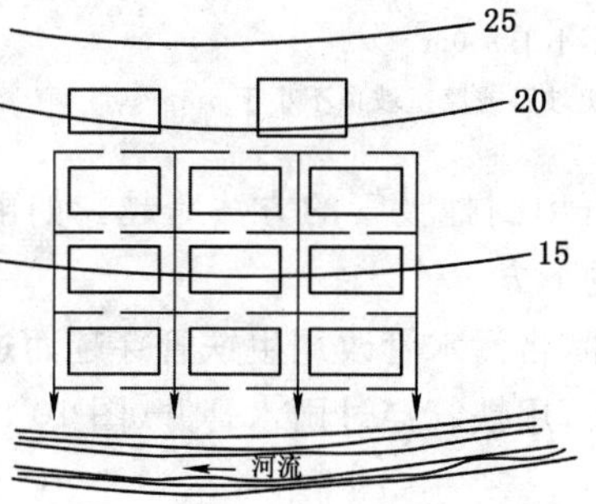

图 10-1　出水口分散布置示意图

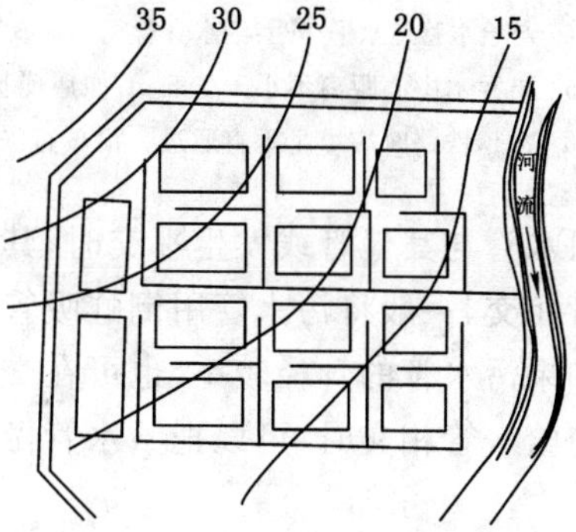

图 10-2　出水口集中布置示意图

天然水体，避免洪水的损害。

(2) 雨水管道的布设

城市道路的雨水管线应平行于道路的中心线或规划红线。雨水干管一般设置在街道中间或一侧，并宜设在快车道以外。当道路红线宽度大于 40～60 m 时，可考虑沿街道道路两侧作双线布置。

由于雨水管道施工及检修对道路交通干扰很大，因此雨水干管应尽可能不布置在主要交通干道的车行道下，而宜直接埋设在绿化带或较宽的人行道下，并注意与行道树、杆柱、侧石等保持一定的横向距离。此外，雨水管线还应尽可能避免或减少与河流、铁路以及其他城市地下管线的交叉，避免造成施工困难；必须交叉时，应尽量正交，并保证相互之间有一定的竖向间隙。雨水管道离开房屋及其他管道的最小距离表 10-1。

表 10-1　　排水管道与其他管线(构筑物)的最小净距

名称		水平净距/m	垂直净距/m	名称	水平净距/m	垂直净距/m
建筑物		见注 3	—	乔木	见注 5	—
给水管		见注 4	0.4	地上柱杆道(中心)	1.5	—
排水管		1.5	0.15	路侧石边缘	1.5	—
煤气管	低压	1.0	0.5	铁路	见注 6	轨底 1.2
	中压	1.5		电车路轨	2.0	1.0
	高压	2.0		架空管架基础	2.0	—
	特高压	5.0		油管	1.5	0.25
热力管沟		1.5	0.15	压缩空气管	1.5	0.15
电力电缆		1.0	0.5	氧气管	1.5	0.25
通行电缆		1.0	直埋 0.5 穿管 0.15	乙炔管	1.5	0.25
				电车电缆	—	0.5
				明渠渠低	—	0.5
				涵洞基础底	—	0.15

注：1. 表列数字除注明之外，水平净距均指外壁净距，垂直净距系指下面管道的外顶与上面管道基础之间的净距。

2. 采取充分措施后，表列数字可以减小。

3. 与建筑物水平净距：管道路埋深浅于建筑物基础时，一般不小于 2.5 m(压力管不小于 5.0 m)；管道埋深深于建筑物基础时按计算确定，但不小于 3.0 m。

4. 与给水管道水平净距：给水管管径小于或等于 200 mm 时，不小于 1.5 m；给水管管径大于 200 mm 时，不小于 3 m。

5. 与乔木中心距离不小于 1.5 m；如遇现状高大乔木时，则不小于 2.0m。

6. 穿越铁路时应尽量垂直通过。沿单行铁路敷设时应距路堤坡脚或路堑坡顶不小于 5m。

雨水管与其他管线发生平交时，其他管线一般可用倒虹吸管的方法跨越。如雨水管和污水管相交，一般将污水管用倒虹吸管穿过雨水管的下方。

如果污水管的管径较小，也可在交汇处加建窨井，将污水管改用生铁管穿越而过。当雨水管与给水管相交时，可以把给水管做成向上的弯头，用铁管穿过雨水窨井（图 10-3）。

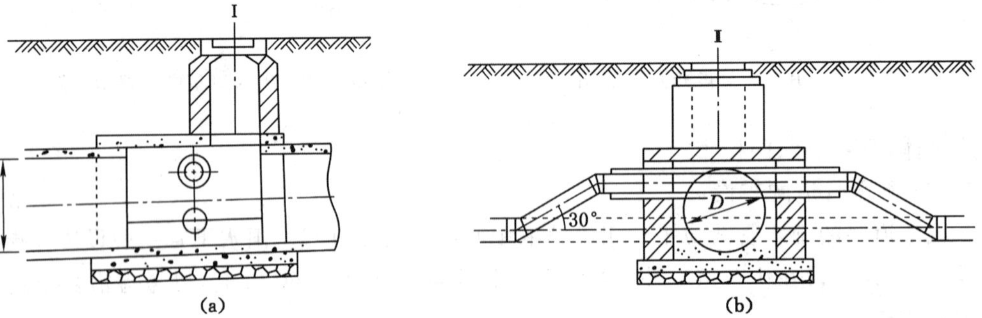

图 10-3　雨水管和给水管线相交（上穿式）

(a) 正面；(b) 侧面

由于雨水在管道内是靠本身重力流动的，所以雨水管道应由上游向下游倾斜。雨水管的纵断设计应尽量与街道地形相适应，即管道纵坡尽可能与街道纵坡取得一致，这样不致使管道埋设过深，可节省土方量。因此在城市道路纵断面设计时应考虑雨水的排除问题，为排除雨水创造条件。从排除雨水的要求来说，道路的纵坡最好在 0.3%～0.4%范围内。道路过陡需要设置跌水井等特殊构筑物，增加基建费用。道路过于平坦，将增加埋设管道时开挖的土方量，如果车道过于平坦而排除地面水有困难时，应使街沟的纵坡大于 0.3%，设计成锯齿形街沟，以保证排水。

管道的埋深指管道内壁底到地面的深度。管道的覆土厚度指管道外壁顶部到地面的距离。管道的埋深对整个管道系统的造价和施工影响很大，管道埋深越大，施工越困难，工程造价越高。在满足技术要求的条件下，管道埋深越小越好。但是，管道的覆土厚度有个最小限值，称为最小覆土厚度。

最小覆土厚度一般根据雨水管可能承受的外部荷载、管材强度、当地冻深以及临街建筑内排水支管的衔接要求等条件确定，一般不小于 0.7 m。在保证管道不受外部荷载损坏时，最小覆土厚度可适当减小。至于北方冰冻地区，则要由防冻要求来确定覆土厚度。

除考虑管道的最小埋深外，也应考虑雨水管道的最大埋深。管道的最大埋深决定于土壤性质、地下水位及施工方法等。在干燥土壤中一般不超过 7～8 m；在地下水位较高、流沙严重、挖掘困难的地层中通常不超过 5 m。当管道埋深超过最大埋深时，应考虑设置雨水泵站等措施，以减少管道埋深。

不同直径的管子在检查井内衔接时，应使上、下游管段的管顶等高，即管顶平接（图 10-4），这样可以避免在上游管中形成回水。

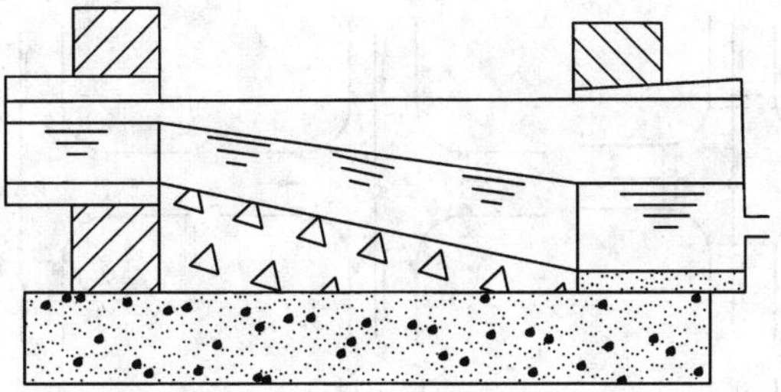

图 10-4　管顶平接

10.3　雨水口设计

10.3.1　雨水口布设要点

① 雨水口是雨水管道或合流管道上收集雨水的构筑物。地面上、街道上的雨水首先进入雨水口，再经过连接管流入雨水管道。雨水口一般设在街区内、广场上、街道交叉口和街道边沟的一定距离处，以防止雨水漫过道路或造成道路及低洼地区积水、妨碍交通。

② 雨水口的布设数量应按汇水面积所产生的流量及雨水口的进水能力确定。在纵断面凹处、街道低洼点、汇水点及人行横道线上游，应设置雨水口。雨水口应避免设在临街建筑物的门口、停车站、分水点及其他地下管道顶上。

③ 布置雨水口时首先应确定街沟纵断面上低洼积水点和交叉点竖向规划上必需的雨水口，然后根据道路纵横坡度、街道宽度、路面种类、周围地形及排水情况，选择雨水口形式及布设方式，根据当地暴雨强度、雨水口的排水能力等因素，确定雨水口的数量、位置与间距，间距一般为 25～50 m。纵坡较大时，水的流速大，不能充分进入雨水口，部分水流会越过雨水口；纵坡过小时，往往形成积水，此时均适应缩小雨水口的间距，具体的数值由计算确定。

④ 在道路交叉口处应根据路面雨水径流情况及方向布置雨水口，可按图 10-5 所示图式设计，使来自街道的雨水在交叉口前人行横道上游就被截住而流入进水口，不允许在交叉口上漫流，以免妨碍车辆和过街行人交通。

⑤ 雨水口的连接，必要时可以串联，一般不超过 3 个，并应加大出口连接管径。雨水口连接管最小管径为直径 200 mm。坡度小于 1%，长度不超过 25 m，覆土厚度不小于 0.7 m。

⑥ 雨水口的泄水能力按式(10-1)计算：

$$Q=\omega C\sqrt{2ghk} \tag{10-1}$$

式中　Q——雨水口排泄的流量；

W——雨水口进水面积；

C——孔口系数，圆角孔用 0.8，方角孔用 0.6；

g——重力加速度；

h——雨水口上允许储存的水头，一般认为街沟的水深不宜大于侧石高度的 2∶3，一般采用 h=0.02～0.06 m；

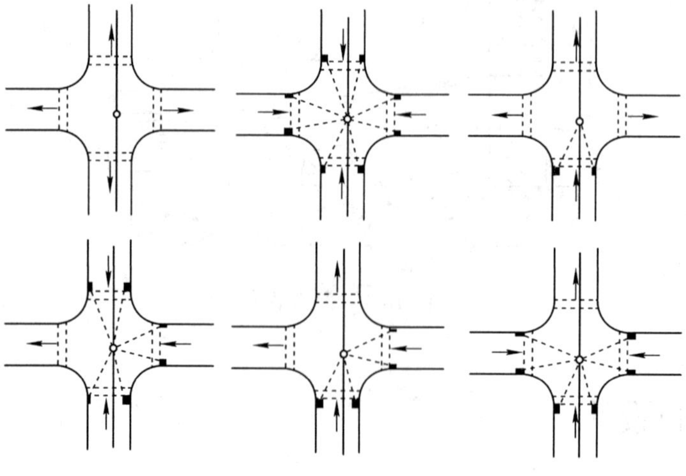

图 10-5　道路交叉口雨水口布置

k——孔口阻塞系数，一般为 $k=2:3$。

由上式可知：当由暴雨强度计算需要排泄的流量，并规定了允许积水深度后就可计算每个雨水口所需的进水面积，从而决定了进水篦的数量。

在直线段设置进水口的最大间距可按下式计算：

$$L=\tilde{a}\frac{Q}{q} \tag{10-2}$$

式中　L——雨水口的最大间距；

$\tilde{a}$——雨水口的漏水率，与雨水井盖的形式和进水面积、街沟的流量及纵坡、进水孔口的阻塞情况等因素有关，估算时可采用 0.60～0.70；

Q——街沟的允许流量，L/s，根据街沟的过水断面积按水力学有关公式计算；

q——街沟单位长度，m，根据降雨强度及汇水面积计算。

街沟的过水断面积，如图 10-6 所示。为了不影响车行道上的车辆交通和行人过街，水面宽度 B 和水深 h 宜加控制，一般控制 $B=0.5$ m，h 不大于缘石高度的 $2:3$；街沟横坡 i 值在不影响车辆和行人交通的情况下，宜尽量采用大的横坡。

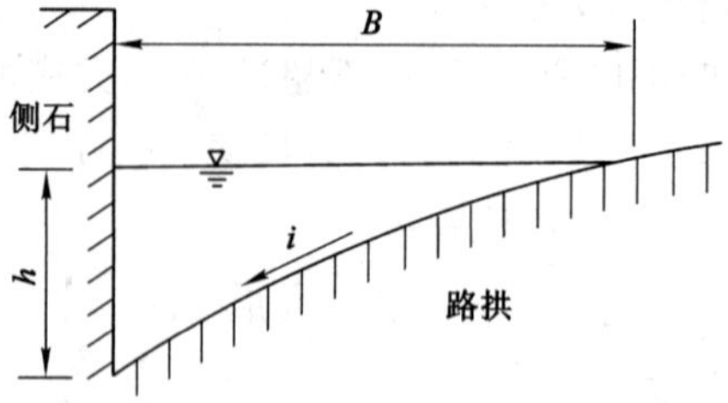

图 10-6　街沟过水断面计算图示

⑦ 通常雨水口的间距一般为 25～50 m。

⑧ 在交叉口处雨水口的排水能力应加大，避免积水影响交通。在加大井盖的进水面积的同时，也可适当缩小雨水口的间距。

10.3.2 雨水口横断面布设形式

雨水口的布设形式，应根据不同的道路横断面形式合理布置。目前国内常见形式有以下三种：

① 单幅式——布置两排雨水口(图 10-7)。

② 双幅式——布置两排或四排雨水口(图 10-8)。

③ 三幅式——布置两排至六排雨水口，又分 A 型、B 型两种(图 10-9)。

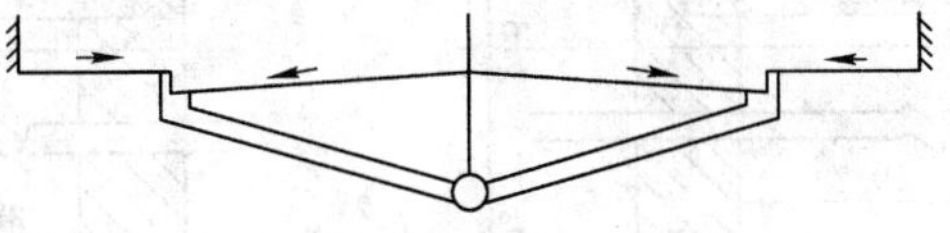

图 10-7 单幅式雨水口布置

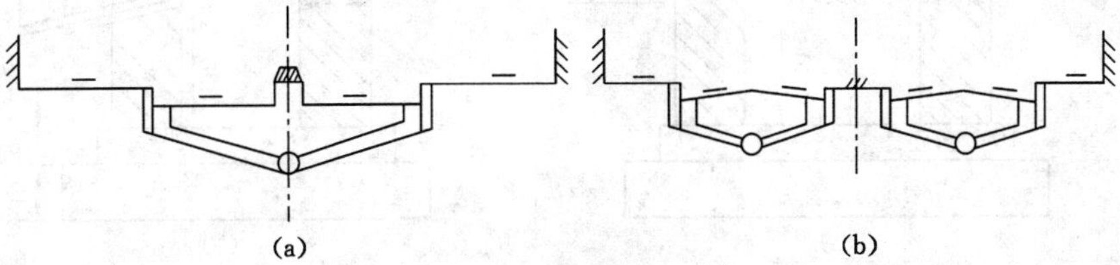

图 10-8 双幅式雨水口布置

(a) 布置双排；(b) 布置单排

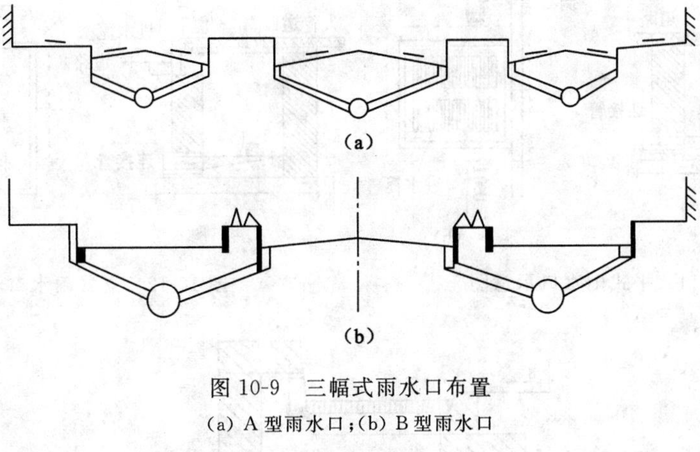

图 10-9 三幅式雨水口布置

(a) A 型雨水口；(b) B 型雨水口

10.3.3 雨水口的构造

雨水口的构造包括进水篦、井身和连接管三部分(图 10-10)。根据进水篦布置的不同，雨水口可分为平式、立式和联合式三种。

① 平式雨水口——雨水口的盖平铺在道路边沟上，雨水沿边沟进入雨水口(图 10-11)，进水篦宜稍低于边沟或邻近地面约 3 cm。平式雨水口的盖子易被车辆压坏，设计中应注意结构问题。

② 立式雨水口——雨水口设置在人行道上便于清捞垃圾，在道路缘石处设置带格栅的进水口，雨水由格栅流入雨水口(图 10-12)。这种雨水口，因为雨水沿边沟流来时需要转 90°才能

流入雨水口，以致水流不畅，进水较慢，所以间距不宜过长，在严重积水区不宜使用。

③ 联合式雨水口——在水平和垂直方向上均有雨水箅子(图 10-13)，宜用于径流集中且有杂物堵塞处。

雨水口底部可分为有沉泥槽和无沉泥槽两种。沉泥槽可截留雨水所夹带的泥沙，不使它们进入管道而造成淤塞，但它往往影响环境卫生，增加养护的工作量。

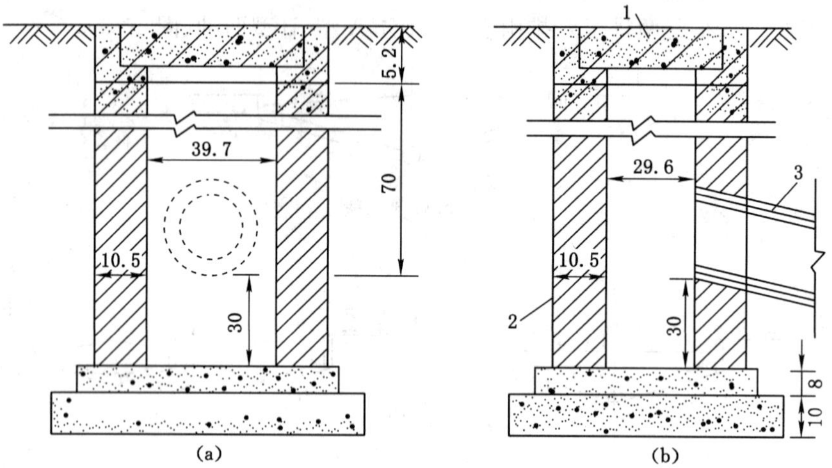

图 10-10　雨水口(单位:cm)

1——进水篦;2——井身;3——连接管

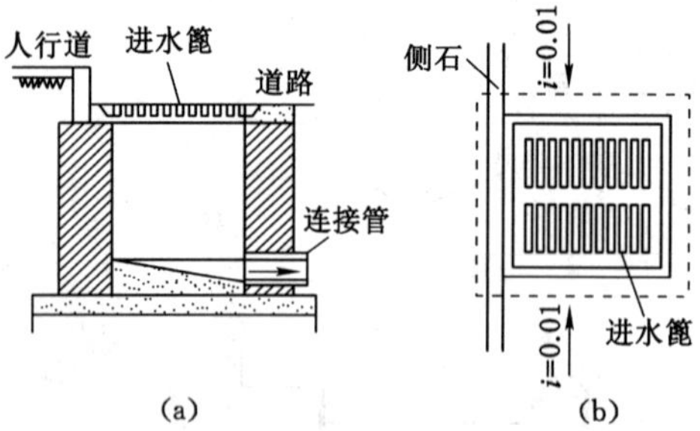

图 10-11　平式雨水口示意图

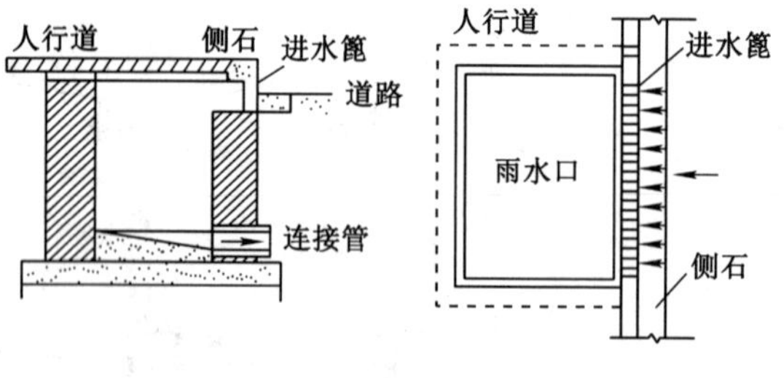

图 10-12　立式雨水口示意图

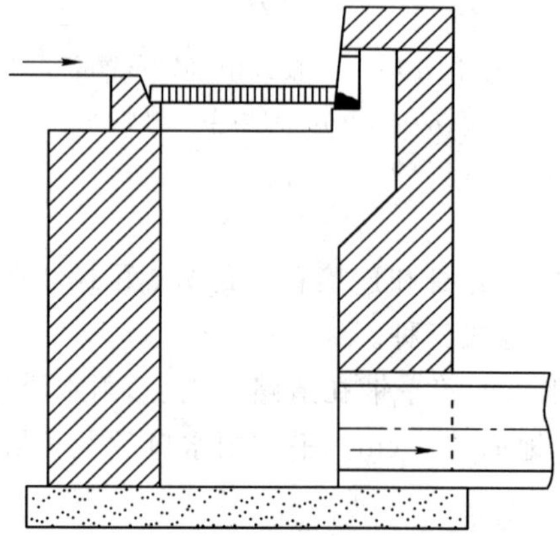

图 10-13　联合式雨水口示意图

10.4　检查井设计

检查井又名窨井，是设在主干管上的一种井状构造物。为了对管道进行检查和疏通，管道系统上必须设置检查井；同时检查井还起连接沟管的作用(图 10-14)。相邻两个检查井之间的管道应在同一直线上，便于检查和疏通操作。检查井一般设置在管道容易沉积污物以及经常需要检查的地方，如管道改变方向处、改变坡度处、改变高程处、改变断面处和交汇处、跌水处，以及直线管段上每隔一定距离，都应布设检查井。检查井在直线管段上的最大间距根据《城市排水设计规范》(GB 50013—2006)规定按表 10-2 采用。

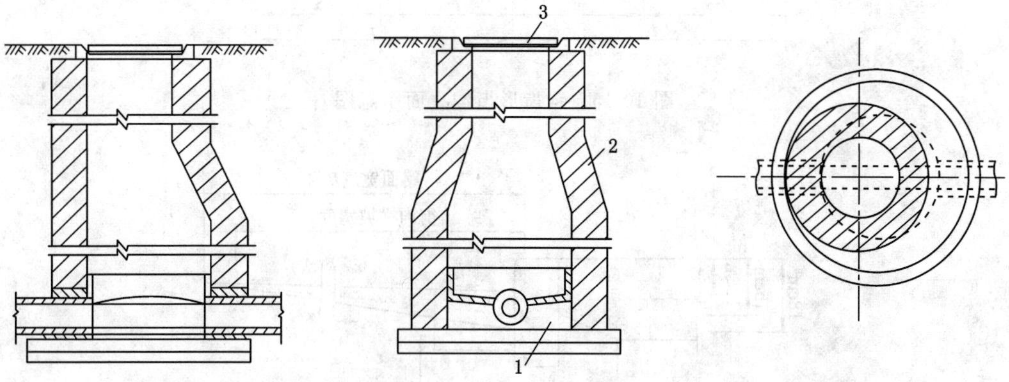

图 10-14　检查井

1——井底；2——井身；3——井盖

表 10-2　雨水管道检查井最大间距

管径或暗渠净高/m	最大间距/m	管径或暗渠净高/m	最大间距/m	管径或暗渠净高/m	最大间距/m
≤700	50	800～1 500	100	>1 500	120

10.5　锯齿形街沟设计

10.5.1　锯齿形街沟的作用

我国大多数城市位于平原地区，有些旧城市在街坊或沿街建筑已形成的情况下修建道路，以致纵坡很小甚至为零，这样虽然有利于路面行车，但对街坊排水(应排到路上)和道路路面排水极为不利。尽管道路设置路拱横坡，以排除雨、雪水，但通常街沟和人行道的纵坡均与路中心线纵坡相近，当纵坡很小时，积留的雨、雪水就很难沿街沟的纵向排除，尤其在暴雨或多雨季节，路面成片积水，既影响路基路面的稳定，又妨碍交通。所以城市道路纵坡小于 0.3%的路段必须设置锯齿形街沟。

10.5.2　锯齿形街沟设计

街沟即指路面部分的缘石与路面边缘或平石间作为城市道路排水的三角形沟。锯齿形街沟设置的方法是保持缘石顶面线与路中心线平行(即两者纵坡相等)的条件下,交替改变侧面线与平石(或路面)之间的高度,即交替改变侧石外露于路面的高度(图 10-15)。在低处设置雨水进水口,使进水口处的路面横坡 i_4(图 10-16)大于正常横坡 i 横,在两相邻进水口之间的分水点处的路面横坡 i_3 小于正常横坡。这样雨水由分水点流向两旁低处进水口,街沟纵坡(即平石纵坡或路面边缘纵坡)交替升降,呈锯齿形。

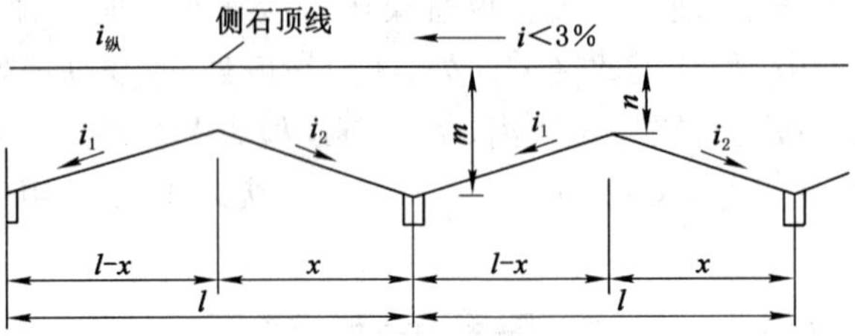

图 10-15　锯齿形街沟立面示意图

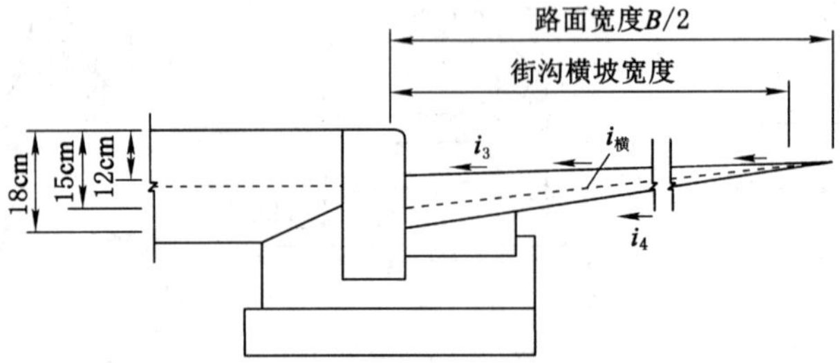

图 10-16　街沟横断面示意图

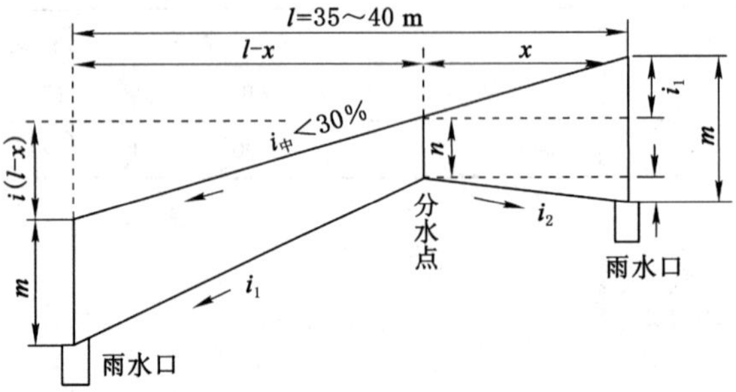

图 10-17　锯齿形街沟雨水口布置的计算

通常缘石全高 30 cm,高出路面部分的高度为 10～20 cm。如高出值过高,则不便于行人跨越,且不利构造设置。所以常用的缘石外露高度为 0.15 m,设锯齿形街沟处的最低高度取 0.12 m(即 n 值),最高高度取 0.18 m(m 值),则 $m-n=0.06$ m。设两进水口间距为 l,一般城市常用雨水口间距为 35～40 m。个别雨量少、路面窄的道路可取 45 m,路中线纵坡为 i 中,街沟纵坡为 i_1 和 i_2,见图 10-17,则分水点距两边进水口的间距为 x 及 $l-x$,此时:

左端:　$$i_1(l-x)+n-i_中(l-x)=m$$

右端：

$$i_{中}x+n+i_2x=m$$

两式相等，则得：

$$x=\frac{(i_1-i_{中})l}{(i_1+i_2)}$$

$$x=\frac{m-n}{i_2+i_{中}}$$

或

$$l-x=\frac{m-n}{i_1-i_{中}} \tag{10-4}$$

通常设计时，根据地物在沿线建筑物出入口、交叉口行人横道线上游，以及凹形竖曲线最低处已布置好雨水口，然后在每段长度上取进水口间距 l，i 中在纵断面设计时已确定，m、n 值已定，则可计算分水点距离 x 及 $(l-x)$，再计算 i_1。锯齿形街沟示意图见图 10-18。

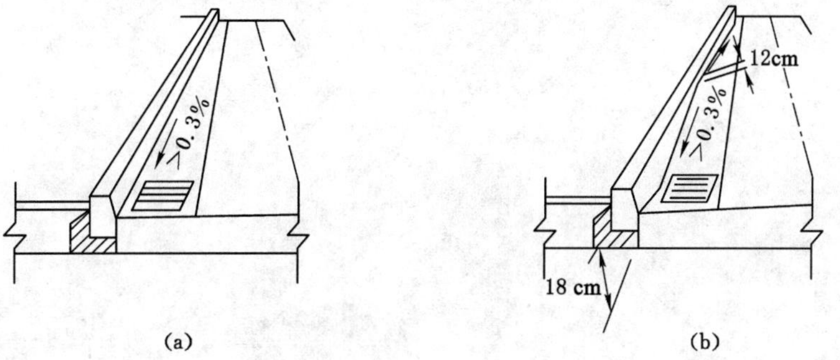

图 10-18　锯齿形街沟示意图

(a) 正常路缘式街沟；(b) 街沟纵坡呈锯齿状；(c) 透视图

实际设计中常将雨水口间距按设计地形、地物安排好，即 l 为定值，然后再根据标准横断面相对关系，用中心线标高推算分水点标高(比正常断面街沟高 0.03 m)与进水口处标高(比正常断面街沟低 0.03 m)，最后再计算 i_1 和 i_2，做到满足 $i>0.3\%$ 的排水要求即为可行。

10.6　城市道路雨水管道设计步骤

城市道路雨水管道设计步骤如下：

① 在 1：2 000～1：5 000 并绘有规划总图的地形图上划分汇水面积，规划雨水管道路线，确定水流方向。

② 划分各段管道的汇水面积，并确定水流方向，将计算面积及各段管道的长度填写在图中。各支管汇水面积之和应等于该干管所服务的总汇水面积。

③ 依地形图的等高线，确定各设计管段起讫点的地面标高，确定沿干管的控制点的高程，准备进行水力计算。

④ 按整个区域的地面性质求出径流系数。

⑤ 依道路、广场、建筑街坊的面积、地面种类、坡度、覆盖情况以及街坊内部的排水系统等因素，计算起点地面集水时间。

⑥ 根据区域性质、汇水面积、地形以及漫溢后的损失大小等因素，确定设计重现期。

⑦ 推求暴雨强度公式，并绘制单位径流量与汇流时间关系图。

⑧ 确定设计流量，进行水力计算，确定管渠断面寸尺和纵断面坡度，并绘制纵断面图。

习　题

1. 城市道路排水设施有哪些？简述设置雨水口及检查井的作用。

2. 城市道路排水系统由哪些部分组成？综述分流制、合流制排水系统的特点及适用条件。

3. 城市道路排水设施有哪些？简述设置雨水口及检查井的作用。

4. 简述锯齿形街沟设计要点。

参 考 文 献

[1] 交通运输部公路局，中交第一公路勘察设计研究院有限公司. 公路工程技术标(JTG B01—2014)[S]. 北京：人民交通出版社，2014.
[2] 中交第一公路勘察设计研究院. 公路路线设计规范(JTG D20—2017)[S]. 北京：人民交通出版社，2017.
[3] 北京市市政工程设计研究总院，等. 城市道路工程设计规范(CJJ 37—2012)[S]. 北京：中国建筑工业出版社，2012.
[4] 中交路桥技术有限公司. 公路排水设计规范(JTG/T D33—2012)[S]. 北京：人民交通出版社，2012.
[5] 孙家驷. 道路勘测设计[M]. 北京：人民交通出版社，2012.
[6] 许金良. 道路勘测设计[M]. 重庆：重庆大学出版社，2015.
[7] 张金水. 张廷楷. 道路勘测设计[M]. 上海：同济大学出版社，2009.
[8] 许金良. 道路勘测设计[M]. 北京：人民交通出版社，2016.
[9] 刘文生. 道路勘测设计[M]. 北京：北京大学出版社，2012.
[10] 韩皓. 道路勘测设计[M]. 武汉：华中科技大学出版社，2013.
[11] 许金良. 道路勘测设计[M]. 北京：人民交通出版社，2016.
[12] 王军锋. 道路景观评价指标体系研究[D]. 西安：长安大学，2005.
[13] 杨少伟. 道路勘测设计[M]. 北京：人民交通出版社，2009.
[14] 王熙博. 基于模糊软集合的道路线形设计综合评价研究[D]. 重庆：重庆交通大学，2015.
[15] 交通部公路司. 新理念公路设计指南(2005 版)[M]. 北京：人民交通出版社，2005.
[16] 交通部公路司. 降低造价公路设计指南(2005 版)[M]. 北京：人民交通出版社，2005.
[17] 付超. 大数据时代公路勘测设计面临的机遇和挑战[D]. 西安：长安大学，2016.
[18] 华杰工程咨询有限公司. 公路项目安全性评价规范[S]. 北京：人民交通出版社，2015.
[19] 中交第一公路勘察设计研究院有限公司. 公路路线安全性优化设计与评价指南[M]. 北京：人民交通出版社，2010.
[20] 项乔君. 道路交通设计[M]. 北京：人民交通出版社，2017.
[21] 林雨，陶明霞. 道路勘测设计[M]. 武汉：武汉大学出版社，2013.
[22] 上海市政工程设计研究总院(集团)有限公司. 城市道路路线设计规范(CJJ 193—2012)[S]. 北京：中国建筑工业出版社，2012.
[23] 华中科技大学. 城市道路交叉口设计规程(CJJ 152—2010)[S]. 北京：中国建筑工业出版社，2010.
[24] 何勇. 公路安全设计指南[M]. 北京：人民交通出版社，2011.

[25] 唐彩梅.基于功能需求的城市道路平面交叉口空间设计方法研究[D].重庆:重庆交通大学,2009.

[26] 朱照宏.公路计算机辅助工程[M].北京:人民交通出版社,2000.

[27] 雒应,许娅娅.公路测设新技术[M].北京:人民交通出版社,2006.